외면당한 시대정신

외면당한 시대정신

초판 1쇄 발행 2024년 11월 22일

저자 장석열
펴낸이 장영도
표지 디자인 장영도, 김상숙
표지사진 제주 4.3 기념관에서 저자와 손자
교정 유미경
교열 및 편집 장영도
펴낸곳 도서출판 청진
주소 충남 금산군 부리면 어재길 70
전화 041-752-1261
이메일 wkddbs@nate.com
등록 2010년 3월 12일 제 455-2010-1호

ISBN 979-11-89108-04-5-03910
정가 25,000원
저자와 협의로 인지 생략합니다.
파본은 구입처에서 교환해드립니다.
이 책은 저작권법에 의하여 보호를 받는 저작물이므로
무단 전재와 복제를 금합니다.

"사냥개도 한 번 굴러떨어진 벼랑에는 다시는 가지 않는다. 비극이 반복되지 않아야 사람 사는 곳일진대 인류는 과학이 발달할수록 더 큰 사건이 반복하여 문명화한 이 시간에도 하루 수백, 수천 명씩 죽어가는 전쟁으로 맹수의 地雷(지뢰) 밭이 되어가고 있다."

- 책 속에서 -

목차

머리말　　8

1장

1. 민족의 뿌리를 잃어버린 시대　　12
2. 韓日合邦(한·일 합방)의 비극　　25
3. 이병도와 이마니시류　　31
4. 滿洲(만주)벌판의 눈보라　　43
5. 카이로 포츠담 회의　　60

2장

1. 마르크스(Karl Heinrich Marx) 자본론　　66
2. 社會主義(사회주의)의 진상　　73
3. 革命(혁명)의 피바람　　78
4. 안중근(安重根)과 열사들　　84
5. 잊지 말아야 할 33인의 鬪士(투사)들　　101

3장

1. 8.15해방과 聯合軍(연합군)   128
2. 좌익 우익 중도파   137
3. 제주 4.3사건 대학살   151
4. 여순사건의 피에 젖은 비극   161
5. 로마넨코 사령관의 北韓(북한) 러시아 군정   173

4장

1. 6.25의 비밀   184
3. 共産主義(공산주의)를 만든 기독교   195
3. 빨갱이란 대관절 무엇인가?   200
4. 좌파 우파가 무엇인가?   217

5장

1. 基督教(기독교)를 떠나는 사람들   232
2. 共産主義(공산주의)를 만든 러시아교회   243
3. 피를 부르는 宗敎戰爭(종교전쟁)   252
4. 이승만 장로는 신앙인인가?   259

5. 영락교회 한경직 목사 재조명   276
6. 예수그리스도를 버린 교회   289
7. 교회와 공산주의는 커플이다.   315

6장

1. 역대 政府(정부)의 대북 송금   322
2. 시대 情報(정보)는 의식의 진보다   333
3. 衣食住(의식주)에서 자유   346
4. 人不學不知道(인불학부지도)   368
5. 역의 순환   373

7장

1. 정신의 뿌리를 찾아서   380
2. 인간의 휴식(休息)   389
3. 평화를 만든 사람들   401

* 後記(후기)   415

외면당한 시대정신

장석열

역사 의식이 없으면 이 땅의 주인이 아니다

머리말

 인류 역사는 한마디로 고통의 역사라고 나는 결론 내린다. 의식이 진화할수록 아픔과 통증은 크고 깊다. 우리 민족만 해도 석기시대부터 족장 시대, 고조선 시대, 近世(근세)까지 내란외란으로 900회에 달하는 난리를 겪었으며, 서양 역사 역시 피 마를 날이 없는 戰爭史(전쟁사)이다.
 그 으뜸인 예가 유대 전쟁사다. 舊約聖經(구약성경)은 전쟁 백과사전이며, 유대 민족은 하마스와 이스라엘 전쟁을 포함해 970여 회가 넘는 전쟁을 치르고 있다.
 '예루살렘'이란 말뜻은 '평화'이다. 그들 인사법도 우리와 같아서 '안녕하세요?'처럼 '샬롬?', '평안하십니까?', '평안을 빕니다.'라는 형식을 갖춰 인사하지만, 5천 년 동안 그들은 평화롭지 못했고 늘 불안하게 나라를 빼앗기고 나그네처럼 살았다.
 서양사에서도 전쟁의 피해는 심각했다. 중세 시대의 종교전쟁, 종족전쟁, 계급전쟁, 십자군 전쟁, 베트남 전쟁, 인도차이나 전쟁, 아프리카와 소말리아 전쟁, 우리나라의 6.25 전쟁, 러시아-우크라이나 전쟁 등에서 죄 많은 몇몇 권력자들에 의해 많은 사람들이 희생되었다. 착한 사람들의 피 울음소리가 곳곳에서 이명처럼 들려온다. 우리는 한국동란을 비롯해 세계 여러 곳에서 계속되는 분쟁과 공산주의의 위협에 두려움을 느끼며 살아왔다.
 그러나 오늘날 베트남, 쿠바, 볼리비아, 루마니아, 라오스, 중국, 러시아 등을 비판적으로 보면, 세계 정세를 위협하는 문제는 공산주의자들의 위협만이 아니라는 것을 알 수 있다. 자본주의자들의 이기심과 분배를 무시하는 욕심이 테러, 반란, 파업, 政經癒着(정경유착) 등의 병폐로 나타난다. 더욱 안타까운 현실은 역사 왜곡과 민족의 뿌리를 잊고 살아가는 오늘의 한국 사회다. 글로벌 시대에 모든 국가와 교류하며 잘 지내는 것은 우리가 원하는 평화로운 소망이다.

그러나 우리는 민족의 뿌리를 지키고 보존해야 한다. 개개인이 족보와 주민등록이 있듯 민족은 조국에 대한 뿌리 의식과 투명한 역사의 거울을 보존하고, 따라서 지난 과거사가 슬프고 굴욕적이며 뼈아파도 후세에게 알리고 다시는 우리가 조국을 팔아먹지 않고 지켜 보존하는 일에 두 주먹을 불끈 쥐고 잠에서 깨어나야 한다. 조국 위에 조상이 있고, 종교 위에 조국이 있다.

뿌리 의식은 간단한 문제가 아니다. 包括的(포괄적)이며 有機的(유기적)으로 문화유산과 사상을 움직여 때로는 형제의 우애를 끊어놓고 때로는 전쟁을 불사하기도 한다. 첫 단추가 잘못 끼워진 옷은 실수를 인정하고 고쳐 입으면 되는데도, 가인의 후예들은 자기 실수와 허물을 인정하지 않는다. 원망과 憎惡(증오)를 남기고 흑백 싸움은 종식될 기미가 보이지 않는다. 날이 갈수록 더 골 깊은 투쟁이 계속되고 있다.

교장 선생님이 보기엔 청군과 백군이 다 제자들이다. 운동장에서 우리 편, 너희 편으로 갈라져 싸우다가도 호루라기를 불면 모두 교실로 들어가 형제와 친구로 돌아간다. 그러나 이 지구촌은 형제끼리 진짜 싸움을 하고 있다.

이것이 善惡果(선악과)다. 이 책은 인간의 어리석음과 유아적인 의식에서 벗어나, 과거를 거울삼아 흐트러진 역사의식을 바로 보고 수선하여 오해와 거짓을 씻어내자는 의미로 쓰였다.

그리고 오해와 증오 속에서 욕처럼 꺼리는 빨갱이, 빨치산, 좌익·우익이니 다투는 용어들을 설명하는 부분들과 時代(시대) 狀況(상황) 설명을 위해 反復的(반복적) 설명과 사건이 어떤 면에서는 앞뒤 순서가 바뀔 수도 있으니 참고하길 바란다.

그리고 이 책에 남기려는 사상의 메커니즘을 위해 어쩔 수 없이 러시아 혁명과 공산주의의 탄생, 사회주의의 진상을 간추려 언급할 수밖에 없었다. 왜냐하면 빨갱이, 좌익, 우익 등 원수같이 대하는 옹졸하고 적대적 느낌의 말투들이 얼마나 한심하고 짜증나는 무식한 말들인지, 모든 이데올로기 근원이 러시아 교회의 타락으로 일어난 공산주의 혁명에서 태어난 용어들이기 때문이다. 그런데 거기에 휘둘려 형제를 원수로 여기는 못난 인간들의 회개를 촉구하며 단 한 사람이라도 나의 뜻이 전달된다면 더 바랄 것이 없을 것이다.

내가 교회와 일본인, 공산주의 肅淸(숙청)을 비판하는 것은 일면적이고 획일적인 판단이 아님을 밝힌다. 일제의 살상과 공산당 숙청, 신의 이름으로 사람을 죽이는 종교 전쟁을 증오하며, 깊은 잠을 자는 줏대 없는 교인들과 큰 성 바벨론 교회를 절대자의 이름으로 심판한다.

이 글을 쓰며 내가 겪은 심적 고통과 鬱憤(울분)을 생각하면 가슴이 쓰려오지만 독자들의 共感(공감)을 기대해 본다.

漢子(한자) 문화권인 우리나라가 1970년대 敎科書(교과서)에 한자가 한동안 없어져 학계가 난리였다. 高等學校(고등학교)를 졸업하면 한자 3천 자를 익혔으나 박정희 대통령은 한자와 단군 역사를 1962년도에 없애버렸다. 고유명사에 한자 표기를 한 것은, 다만 몇 자라도 익혀 우리 東夷族(동이족)이 만든 한자를 잊지 말자는 의미로 기록하였다.

- 檀紀(단기) 4357년 8월 하나(Oneness) 명상 센터에서

1장
민족의 뿌리를 잃어버린 시대

1. 民族(민족)의 뿌리를 잃어버린 시대

 우리 민족은 청나라, 당나라의 간섭과 핍박도 신경 쓰이는 문제였고, 침략자들의 노략질(擄掠)과 행패는 우리 민족을 괴롭혔으며, 특히 일본 왜인들의 좀비 같은 침략은 끈질기게 고요한 아침의 나라를 괴롭혔다.
 세월이 흘러 지난 백년 동안 우리는 日帝强占期(일제강점기)를 겪고 義兵(의병)들의 오랜 투쟁으로 지칠 즈음, 우리의 독자적 힘이 아닌 聯合軍(연합군)의 도움으로 일제로부터 解放(해방)을 맞이하여 나라를 찾은 기쁨으로 만세를 외치고 거리로 뛰쳐나와 흥분된 가슴으로 서로 끌어안고 눈물을 흘렸다.

[그림1] 해방 직후 거리로 뛰쳐나와 기쁨을 누리는 국민들

잠시 해방의 기쁨을 느꼈지만, 연합군들이 도움의 대가로 러시아와 미국이 남북을 나누어 점령했다. 서울 시청 앞과 독립문 앞에는 대한민국 태극기 대신 미국의 성조기가 나부꼈고, 결국 대한민국은 분단되었다.

[그림2] 재조선 미국 육군사령부 군정청 군정사령관
존 리드 하지 John Reed Hodge
한국의 군정을 지휘했으며 일본이 항복하자 서울시청앞에는 미국 성조기가 올라가 펄럭였고 대한만국의 태극기는 없었다. 일본 식민지에서 미국의 식민지로 이전되었다.

세월이 흐르며 여러 외래종교와 사상이 유입되어 들어왔고 수많은 外侵(외침)과 함께 다른 민족의 지배를 받으며 그동안 우리 민족이 지켜오던 고유의 하늘 가르침은 한갓 傳說(전설)로 만들어버리고 아예 神話(신화)를 만들었다. 왜인들과 우리 역사학자들은 일본 교과서 왜곡을 눈감고 모르는 체하며 입을 닫고 역사적 진실을 신화와 저잣거리의 怪談(괴담)으로 변형시키고 말았으니, 나라를 잃고 歷史 文化(역사 문화)까지 잃어버리는 기막힌 비극을 남겼다.

일제는 한민족의 역사서 약 18만 권을 36년 동안 낱낱이 뒤지고 협박하고 빼앗아 불태웠고, 국보가 될 만한 신령한 자료들은 일본 황실도서관에 옮겨 祕藏(비장)하고 있다. 결국 다 빼앗기고 남은 〈三國遺事(삼국유사)〉 한 권이 있는데, 마침 내용 안에 〈天符經(천부경)〉이 보존되어 있어서 다행이다. 桓雄(환웅) 천황이 神市(신시)를 세운 후 한민족에게 내려준 天法(천법) 〈천부경〉은 本性(본성) 光明(광명)이며 弘益人間(홍익인간), 理化世界(이화세계)인 우리 고조선 하나님의 율법이다.

〈천부경〉과 〈삼일신고(三一神誥)〉, 〈참전계경(參佺戒經)〉은 우리 민족의 교과서 진리이다. 〈천부경〉은 조화경으로 81자 짧은 기록이지만 우주 만물의 원리를 담고 있으며, 〈삼일신고〉는 敎化經(교화경)으로 하늘과 하나님, 하늘나라와 세상, 그리고 인류에 대한 가르침 등으로 구성되어 있다. 우리 민족은 古朝鮮(고조선) 시대부터 하늘의 법을 잇는 法統(법통)으로 단군왕검의 誕降(탄강) 일을 기념하는 단군왕검 오신 날, 즉 단군왕검이 조선을 建國(건국)하였음을 기리는 '開天節(개천절)'이라는 명절이 세계 최초로 제정되어 4,500여 년 동안 지켜오고 있다.

우리 민족은 그러므로 天孫(천손)의 후예들이며, 유대민족이 생겨나기 수천 년 전에 찬란하고 밝은 흰옷을 입은 천손 민족으로 1만 2천 8백여 년의 역사를 안고 살아왔다.*

禮拜堂(예배당)은 강화도 마니산 웅장한 돌 성전이며 역사는 4,500여 년의 세월을 지키며 온갖 풍화작용에도 건재하고 있다.

廣開土大王(광개토대왕), 이성계, 乙支文德(을지문덕) 장군 이하 고관대작들이 이 성전에 올라 하늘에 예배하고 국가와 백성의 안녕을 기도했다. 이곳은 무당이나 일반 수행자가 수련하는 곳이 아니다. 여기는 수천 년 天上界(천상계)와 하나님을 禮拜(예배)하는 우리 조국의 최고 聖地(성지)이며 국보로 지정되어 있다.

일본의 역사 교수 이마니시 류는 그의 문하생인 이병도와 함께 역사

---

* 대종교(大倧敎) 사전, 도덕회(道德會) 사전

적 진실과 문헌 자료들을 모조리 수집하여 없앴는데, 일만 년이 넘는 단군 역사를 4,356년 절반으로 쪼개어 신화를 만들고 역사 교과서를 전부 고쳐버렸다. 그러나 당시 박정희(朴正熙)는 그에게 훈장을 수여하였다.

이렇게 세월이 흘러 단군 이야기는 무슨 귀신 이야기처럼 되어 어느 교인들은 檀君(단군) 상의 목을 잘라버렸다. 겨우 李朝(이조) 오 백년 王妃(왕비) 列傳(열전)과 大祚榮(대조영) 정도는 드라마를 통해서 그 이름을 겨우 떠올리며, 三國統一(삼국통일) 이전 역사는 아예 관심이 없다. 이는 밥만 먹고 살면 된다는 식의 돼지 의식이다. 이렇게 하여 우리 국민 90% 이상이 뿌리를 잃어버렸고, 잊어버리고도 궁금해 하지도 않고 아주 자유롭게 살아간다.

1만 2천 800여 년의 한 민족의 찬란한 뿌리가 이렇게 사라져 간다.

뿌리의 正體性(정체성)

유대인들은 아주 오래전 洪山(홍산) 文明(문명) 시대에 '少昊(소호) 金天王(금천왕)'이 고비 사막을 거쳐 유프라테스강 유역에 都市(도시)를 건설했는데 그 나라가 곧 수메르문명이다.

수메르문명이 여러 事情(사정)에 의해 한바탕 꽃피우다 천년 뒤에 히브리 민족의 시초가 되었다. 히브리란 말은 '강을 건너왔다.'라는 뜻이다. 그러니까 수메르문명이 몰락한 다음 약 천년 뒤에 히브리 문명이 시작되어 유대 나라가 시작된 것이다. 나의 책 〈진리의 근원〉에 밝혔듯이 히브리인들의 제사 제도, 성소에서 祭床(제상) 진설하는 방법이나 제단의 모형, 촛대나 香爐(향로), 놋그릇, 피 뿌리는 儀式(의식), 손 씻는 물두멍 대야, 누룩 없는 떡 無酵餠(무교병), 백설기, 전병, 삶은 고기 제물 등은 우리 古朝鮮(고조선) 제사 문화다.

여러 학자들의 견해를 모으면 이스라엘의 단 지파 민족이 우리 민족이라 추정하기도 하는데, 그렇다 해도 그들이 한민족의 始祖(시조)는 아니다. 왜 그런가 하면 홍산 지방에서 유브라데스 강으로 넘어간 소호 금천 왕은 단군 민족 전부를 데리고 간 것이 아니고 인구 수효는 알 수 없으나 극히 일부가 넘어가서 도시를 건설한 것이다.

大同江(대동강) 유역에서 발견된 고대 히브리어 문양의 瓦當(와당=기왓장)은 뚜렷한 檀君(단군) 민족 증거의 실상이다. 현재 국립 중앙박물관에 일본인 '이우찌 이사오'에 의해 대동강 유역에서 수집한 고대 히브리어 문양이 새겨진 기왓장이 보관되어 있다고 발표되었다. 이 자료가 세상에 알려지게 된 것은 1986년 당시 유명세를 달리던 서울대학교 종교철학 교수 신사훈 박사의 鑑定(감정)으로 판독한 결과였다.

히브리어 文樣(문양)은 '하늘나라 회복'이라는 의미였다. 단 지파 민족은 東邦(동방)의 해 돋는 나라 평양 아사달에 도착했다. 조상 대대로 꿈에 그리던 本鄕(본향)을 찾아 도읍을 정하여 神市(신시)를 건축하려는 의도였다. 이러한 히브리어 문양은 고조선 初期(초기)까지 알타이 말을 사용하면서 문자로는 祖上(조상)이 사용하던 히브리어를 사용했다는 증거가 된다.

히브리어 문자는 수메르어 쐐기형 문자와 같이 상형문자이면서 뜻글자요, 소리글자로 읽히는데 이는 이스라엘 민족의 조상인 아브라함이 수메르 지방에 살았기 때문에 그들이 사용하던 문자가 히브리 문자로 발전하였다. 이스라엘 단 지파 민족이 사용하던 히브리어 문자는 '단군

왕검'이 다스리던 고조선 동이족을 통하여 BC. 1,700년 전에 만들어진 한자와 더불어 더욱 발전했다 할 수 있다. 3세 단군 嘉勒(가륵) 시대에 소리글자인 정음 서른여덟 글자의 가림토 문자를 創製(창제)하였다고 전해진다. 이러한 고유의 한글이 고조선의 멸망으로 사라지고, 중국의 지배를 받으며 섞여 살다 한자 문화로 전향하다시피 했는데 이 또한 우리 민족 우리 조상들이 만들어 놓은 글이다.

이처럼 단군조선은 건국 초기부터 청동기 문명과 더불어 고유의 문자를 가지고 弘益人間(홍익인간) 사상을 펼칠 수 있는 고도의 정신문명과 더불어 성벽을 쌓고 기와를 구워 宮殿(궁전)을 짓는 물질문명 또한 발달한 나라였음을 알 수 있다.

韓民族(한민족)이 단 지파인 이유

1) 씨받이 등 결혼풍습이 같다.

우리나라는 예로부터 家系(가계) 血統(혈통) 계승을 위한 방법으로 씨받이 제도가 있었다. 여인이 결혼하여 자식을 낳지 못하면 이혼 사유가 되기도 하였는데, 이러한 경우에 後妻(후처)를 들이든가 일시적 계약으로 외부 여인을 선택하여 아들을 낳으면 본처 자식으로 입양하여 그 집안의 대를 이어가는 풍속을 말함이다. 성경에서는 '이스마엘'이 그런 경우다. 또한 이스라엘의 시조 야곱의 본처 라헬이 자식을 늦도록 낳지 못하자 몸종 빌하를 통하여 얻은 다섯째 아들 '단'을 본처 장자로 입양하였다. 그 민족들이 古朝鮮(고조선) 우리 민족과 합류하여 천손 직계 민족의 명분을 얻게 된 것이다.

그리고 우리 고대 전통은 형이 결혼하여 자식이 없이 죽게 되면, 동생이 형수와 결혼하여 살면서 처음 난 자식을 죽은 형님의 자식으로 입양하여 대를 이어갔다. 성경 創世記(창세기) 38장 6절에서 유다에게 세 아들이 있는데 큰아들 엘이 다말이라는 여자와 결혼하여 자식이 없이 일찍 죽자, 유다는 이스라엘 풍속을 따라 둘째 아들 오난을 형수 다말과 결혼시켜 장자의 대를 잇게 하려 했다.

그러나 둘째 오난은 형수에게서 난 자식이 자기 아들이 되지 못할 것을 알고 고의로 질 외 泄精(설정)을 했고, 신의 보시기에 악하여 둘째 아들 오난도 죽게 된다. 여기서 다말이 몸을 變裝(변장)하고 시아버지를 유인하여 베레스와 세라 쌍둥이를 낳게 된다. 신명기 25장에서도 형제 중 하나가 죽으면 대를 끊지 말고 아내는 타인에게 시집가지 말고 남편의 형제에게 들어가서 후사를 잇게 하라는 내용은 우리 韓民族(한민족)의 전통과 같다.

2) 유대인과 한국인의 風習(풍습)은 흡사하다.

사람이 죽었을 때 곡하는 풍습이나 굵은 베옷을 입는 것과 매장 문화, 액땜의 피를 집안 벽이나 대문에 뿌리는 등 조선시대의 풍습과 흡사하다.

신라의 古都(고도)인 경주 시내 한복판에 있는 대릉원에서 출토된 유물의 기원은 金冠(금관)부터가 유라시아 샤먼들과 동일하다고 考古學者(고고학자)들은 말했다. 알타이 공화국의 우코크(Ukok) 평원에서 발견된 무덤이 신라 초기 돌연 출현한 무덤 양식은 적석 목곽분과 출토된 유물의 대다수가 당시 지중해와 흑해 연안에서 사용하던 것과 동일함을 실물과 비교 분석하여 밝혔다.

특히 이스라엘 앞 바다에 있는 사이프러스 지역에서 출토된 遺物(유물)과 신라 황남대총에서 발굴된 그것은 완전히 똑같은데, 과연 이게 어찌 된 일일까? 쓰던 물건들이 똑같다는 것은 생활양식도 비슷했다는 게 아닐까? 가장 보수적인 전통 중에는 무덤 양식이 똑같았다. 돌탑이나 돌 제단 쌓는 것도 똑같다. 이스라엘 북부나 중부 일부에 사는 일부 종족들은 아직도 돌담으로 지은 집에 살고 있으며 祭司(제사)를 지낼 때도 강화도 摩尼山(마니산) 천제단과 비슷하게 쌓는다.

그리고 향불 앞에 盞(잔)을 세 번 돌리고 제상에 올려놓는데 유대인들도 마찬가지다. 유대인들의 장례문화는 우리와 똑같다. 상주들이 굵은 베옷을 입고 삼베로 만든 두건을 쓰며 향을 피우고 대나무 지팡이를 짚고 곡을 하는 행위(창세기 37:34, 역대상 21:16) 곡을 할 때에 "아이고, 아이고!" 하며 슬픔을 고하는 풍습은 가까운 일본이나 중국인들도 그리하지 않는다. 초상 때에 굵은 베옷을 입고 고하는 민족은 이스라엘과 한국뿐이다.*

---

* [천지일보] 이스라엘민족과 한민족의 닮은꼴을 찾아서 2008.01.24

그림3. 이스라엘 사이프러스와 신라 황남대총의 유물

(좌)사이프러스의 유물, (우)황남대총의 유물
출처 : 황금나라의 비밀, 황남대총 / 기마민족의 후예를 알리다 [역사실험] KBS 1997.04.06. 방송분 [유튜브 KBS 실험실]

그리고 고대 이스라엘은 우리와 같은 농기구를 사용하였는데 쟁기, 도리깨, 부삽, 부지깽이, 불집게, 숟가락 놋그릇 사용(열왕기하 25:14) 매운 음식과 부추, 마늘 등이다.

3) 동지 팥죽과 踰越節(유월절) 犧牲羊(희생양)

冬至(동지)가 되면 우리 조상들은 지금까지도 붉은 팥죽을 끓여 각방의 문설주나 장독대, 헛간, 곡식창고 등에 뿌려 陰鬼(음귀)의 재앙을 쫓는 의식을 행하였고, 고관대작들은 염소나 닭의 붉은 피를 뿌려 귀신을 쫓는다는 의식을 행하였다.(출애굽기12:6~23) 모세의 말을 들은 이스라엘 민족은 문설주에 짐승의 피를 묻혀 災殃(재앙)을 면하였다. 그러나 이 지시를 따르지 않은 자는 모조리 저주의 재앙을 받아 죽었다. 조선인들은 붉은 색깔은 陽(양) 색이므로 陰氣(음기)를 쫓는 효력이 있다고 믿어 붉은 복숭아나무 가지를 귀신 쫓는 데 이용하기도 하였고 무덤가에는 映山紅(영산홍)이나 붉은 동백꽃 나무를 심지 않는다.

유대 사상이 단 지파를 통하여 유입된 것이 아니고 본래의 古朝鮮(고조선) 신앙과 문화풍습이 소호 금천 왕을 始祖(시조)로 한 수메르문명과 그 후 천년 뒤 히브리인 중 단 지파를 통하여 다시 反本(반본)하여 돌아온 것이다. 애굽이나 히브리 遊牧民(유목민)들처럼 양과 염소가 많지 않은 조선인들은 붉은 팥을 써서 고사를 지낼 때 떡을 쪄서 사용하였다. 유대인의 踰越節(유월절) 명절은 3,600년이란 전통을 가진 명절이며 지금도 이스라엘 사마리아인들은 이 의식을 고스란히 지키고 있다.

4) 흰옷을 즐겨 입는 韓國人(한국인)과 유대인

사마리아 사람들은 흰 두루마기를 입고 그리심 산에 올라가 羊(양)을 잡아 제사 지내고 양의 피를 얼굴과 두루마기에 묻혀 피투성이가 된 채로 기도를 드린다. 붉은 피로 속죄함을 얻는다고 믿기 때문이다. 훗날 예수의 붉은 피가 贖罪(속죄)의 표가 된 것도 犧牲(희생) 祭物(제물)에 대한 레위기 속죄 제물의 예표였다.

사마리아인들의 흰 두루마기는 마치 조선시대 선비들의 옷을 생각나게 한다. 유월절 명절만큼은 반드시 흰옷을 입는 것이 그들의 전통이다. 우리 민족은 이들보다 더욱 白衣民族(백의민족)으로 가난한 서민들도 흰옷을 입었고 머슴과 몸종들까지도 흰옷을 입었다. 본래 흰옷은 노동복이 아닌 예복이었다. 舊約時代(구약시대) 제사장이 至聖所(지성소) 안에 들어갈 때 입었던 細麻布(세마포) 두루마기는 모시옷이었다.(레위기 16: 4) 1970년대 이전의 사진들을 검색해 보면 군중들 99%가 흰옷을 입고 시장을 가고 나들이를 하고 장사꾼들이나 노동자들도 흰옷을 입고 喪家(상가) 집에는 100% 흰옷에 굵은 삼베옷을 덧입었다. 1990년 중반으로 접어들면서 서양 풍속이 들어와 사람이 죽으면 장례식장은 온통 검은 양복 검은 치마저고리로 저승사자를 부르는 연습을 하고 있다.

5) 붉은 댕기와 붉은 연지

이스라엘의 베두인(Bedouin)족은 아직도 고대 풍습을 그대로 지키며 산다고 한다. 베두인 족은 결혼할 때 신부의 부모가 사는 천막 근처에 임시로 草幕(초막)을 짓고 3일 동안 新房(신방)을 꾸민다. 이때 그 초막 위에 양의 피를 뿌려 재앙을 쫓고 귀신을 퇴치하고 축복을 빈다.

그러나 우리나라는 유목민에 비해 양이나 염소 수효가 적어 신부의 부모가 일일이 양의 피를 뿌릴 수 없어 피를 상징하는 붉은 색으로 치장할 수밖에 없었고 문헌의 자료에 의하면 부잣집은 동물 피를 뿌렸다고 한다. 결국 우리나라 처녀들은 붉은 댕기와 多紅(다홍) 치마를 입어 빨간 끝동과 옷고름이 달린 저고리를 입고서 얼굴에는 빨갛게 연지곤지를 찍었다. 이 의식은 원나라와 고려 여인들도 즐겨 하였다. 이처럼 옛날 유대인들의 풍습이 너무나 닮았다.

〈동아 백과사전〉에서는 한국인의 골격구조와 骨相(골상)이 고대 유대인의 골상과 동일하다고 기록하고 있는데 골격뿐 아니라 외모상으로 황인종도 있었다. 머리카락이 검고 키가 그다지 크지 않았다. 수메르문명과 유적들을 보면 검은 머리카락에 삼베 천, 골격이나 土版(토판)에 새겨진 한자, 여러 문양이 있고, 이를 판독한 결과 수메르인 역시 우리 고조선인들로 밝혀졌다. 그리고 므깃도 평야에서 발견된 短劍(단검)과 고조선의 銅劍(동검), 한반도와 만주 홍산(紅山) 지방에서 출토되는 靑銅檢(청동검)과 이스라엘 열두 지파가 사용하던 단검의 모양이 같다.*

혹자는 이와 같은 문화 형식들, 조상에게 제사 지내는 것이나 흰옷을 입고 동지 팥죽을 먹는 것 등을 귀신 풍속으로 여기고 전통 결혼식마저도 천한 풍습으로 여긴다. 나는 이것이 가슴 아프다.

최근 결혼식 문화는 소리를 지르며 엄청난 비용을 허비하고, 한 시간 빌려 입는 옷에 몇백만 원씩 지불한다. 조상님 산소에 벌초하는 일도 귀신 숭배로 여기는 이 시대는 분명히 크게 병이 들어 말기암 환자처럼 제정신이 아니다.

역사도 빼앗기고 교과서도 엉터리이며, 쌀을 버리고 수입 밀가루에

---

* 〈성서 대백과사전〉 정인찬 저, 6권 749p

攝生(섭생)을 의지하고 장례식은 저승사자 모임으로 변해간다. 그러면서도 아직 24절기와 東洋(동양) 철학자들이 만든, 신 태양력과 구태양력 달력을 쓰고 있으니 모순이다.

뿌리를 버린 민족은 지구촌의 孤兒(고아)이다. 조상들의 슬기롭던 풍습을 귀신 숭배로 여기는 신세대들은 아마 버섯처럼 땅에서 솟았던가 하늘에서 뚝 떨어졌을 것이다.

자기 할아버지 임금 상이신 단군을 귀신이라고 교회에서 배워 여기저기 단군상의 목을 쳐 잘라버린 이 패륜 이후, 한국교회는 황야를 걷고 있다. 대형 교회부터 사실상 崩壞(붕괴)되고 성령은 떠났다. 그들은 山上垂訓(산상수훈) 대신에 돈이 신앙의 대상이며 이웃사랑보다는 물질적 축복 받는 것이 우선이고 천국 가려고 교회에 출석하는 사람들이다. 그들은 된장 대신 초콜릿을 택했고 쌀 대신 햄버거와 버터를 택하였고, 南北統一(남북통일)보다는 미국을 짝사랑하며 성조기를 흔들어댄다. 스위스 비밀 은행 계좌에 財産(재산)을 숨기고 옆집에 사람이 죽어도 관심 없는 뿌리 없는 나무가 되어간다.

2. 韓日合邦(한·일 합방)의 비극

　1910년 8월 29일은 일제에 의해 우리나라의 국권을 상실한 날이다. 庚戌年(경술년)에 있었던 국가적 치욕이라 이를 '庚戌國恥(경술국치)'라 한다. 이날은 일제가 대한제국(大韓帝國)의 통치권을 일본에 讓與(양여)함을 규정한 한일병합조약을 강제로 체결한 檀君(단군) 이래 가장 수치스러운 영원히 잊을 수 없는 날이다.

　1910년 8월 22일 대한제국과 일본제국 사이에 合倂 條約(합병조약)이 강제로 체결되었다. 대한제국의 내각 총리대신 이완용과 제3대 한국 통감인 데라후치 마사타케는 뻔뻔하게도 순종 황제가 보는 앞에서 형식적인 회의를 거쳐 합병조약을 통과시켰다. 8월 29일, 이 조약이 공포되면서 대한제국은 국권을 상실하게 되었다. 이로써 1905년을 '乙巳勒約(을사늑약)'이 되어 실질적으로 통치권은 잃었다. 이토록 비겁하고 약해빠진 매국노 官僚(관료)들 몇 명이 나라를 넘겨줌으로 대한민국은 일본에 편입되었고 일제 强占期(강점기)가 시작되었다.

　조약의 조인 사실은 1주일 동안 비밀에 부쳐졌다가 8월 29일 이완용이 윤덕영을 시켜 황제의 玉璽(옥새)를 강제로 날인(捺印)하여 이른바 勅諭(칙유)와 함께 '병합 조약'을 반포하였다. 이로써 朝鮮王朝(조선왕조)는 27대 519년 만에 멸망하고 한국은 일본의 植民地(식민지)가 되는 祕極(비극)의 시작된 것이다.

박제순 외부대신, 이지용 내부대신, 이근택 군부대신, 이완용 학부대신, 권중현 농상부대신 등을 乙巳五賊(을사오적), 즉 나라를 팔아먹은 도둑이란 명예를 택한 賣國奴(매국노)들로 슬픈 역사의 원수들이다. 몇 년 전에 이완용의 후손이 국가를 상대로 벌인 재판에 승소하여 몰수한 재산 일부, 약 35억 원을 돌려받아 캐나다로 이민을 떠났다.

合倂條約 全文(합병조약 전문)

한국의 황제 폐하와 일본의 천황폐하는 두 나라 사이의 특별히 친밀한 관계를 고려하여 상호 행복을 증진하고 더 나아가 東洋(동양)의 평화를 영구히 확보하자고 하며 이 목적을 달성하고자 한국을 일본에 倂合(병합)하는 것이 낫다는 것을 확신하여 이에 두 나라 사이에 합병조약의 체결을 결정하였다. 이를 위하여 한국 황제 폐하는 내각 총리대신 이완용(李完用)을, 일본 황제 폐하는 統監(통감)인 데라후치 마사타케를 각각 그 전권 위원으로 임명하는 동시에 위의 전권 위원들이 공동으로 협의하여 아래에 기록하는 모든 조항을 협정하게 된다.

- 제1조: 한국 황제 폐하는 한국 전체에 기재된 통치권을 완전히 또 영구히 일본 황제 폐하에게 양여함

- 제2조: 일본 국 황제 폐하는 앞 조항에 기재된 讓與(양여=넘겨줌)를 수락하고 완전히 한국을 일본제국에 倂合(병합)하는 것을 승낙함

- 제3조: 일본 국 황제 폐하는 한국 황제 폐하 태황제 폐하, 황태자 전하와 그들의 황후, 皇妃(황비) 및 후손들로 하여금 각기 지위를 응하여 적당한 존칭, 위신과 명예를 누리게 하는 동시에 이것을 유지하

는데 충분한 세비를 공급함을 약속함

• 제4조: 일본 국 황제 폐하는 앞 조항 이외에 한국 皇族(황족) 및 후손에 대해 상당한 명예와 대우를 누리게 하고 또 이를 유지하기에 필요한 자금을 공급함을 약속함

• 제5조: 일본 국 황제 폐하는 공로가 있는 한국인으로서 특별히 표창하는 것이 적당하다고 인정되는 경우에 대하여 영예 爵位(작위: 관직)을 주는 동시에 賞金(상금)을 줌

• 제6조: 日本國(일본국) 정부는 앞에 기록한 병합의 결과로 완전히 한국의 시정을 위임하여 해당 지역에 시행할 법규를 준수하는 한국인의 신체 및 재산에 대하여 전적으로 보호를 제공하고 그 복리의 증진을 도모함

• 제7조:, 일본 국 정부는 성의 충실히 새 제도를 존중하는 한국인으로 적당한 자금이 있는 자를 사정이 허락하는 범위에서 한국에 있는 제국 관리에 등용함.

이 조약은 한국 황제 폐하의 재가를 받은 것이므로 공포일로부터 이를 시행함.

위 증거를 삼아 양 전권 위원은 본 조약에 기명 조인한 융희 4년 8월 22일 내각 총리대신 이완용,

메이지 43년 8월 22일 통감 자작 데라우치 마사타게…

庚戌國敵(경술국적)

이날 불려 나온 대신들이다. 학부대신 이용직은 正義感(정의감)이 있어 조약을 강력히 반대하다 쫓겨났다. 이 경술국적은 친일파 대신 8명으

로 조약 체결에 찬성함으로 협조하였다.

이 8명은 한일병탄 조약 체결 이후 그 공로를 인정받아 爵位(작위:벼슬)를 수여받았다.

'이완용(내각 총리대신), 윤덕영(시종 원경, 왕실 사무관청), 민병석(국내부 대신, 대통령비서실), 고영희(탁지부대신, 기획재정부), 박제순(내부대신, 행정안전부), 조중응(농상공부대신, 농상공부), 이병무(친위부 장관 겸 시종무 장관, 대통령 경호처), 조민희(승령부 총관, 이완용의 처남)'이다.

송병준, 이완용의 合倂(합병) 흥정

통감 정치 이후 실질적인 통치권을 모두 일본에 빼앗긴 한국의 國號(국호)마저 박탈하려 한 일본제국은 倂呑(병탄) 방침을 1909년 7월 6일 內閣 會議(내각회의)에서 확정해 놓고 있던 狀態(상태)였다. 그들은 이미 시나리오를 준비하고 있던 인물들이었다. 이에 앞서 송병준은 일본으로 건너가 매국 흥정을 벌였다. 여러 차례 이토 히로부미에게 합병을 연설한 바 있었으나, 일본 측의 병탄 계획 때문에 일이 늦어지게 되자 직접 일본으로 건너가서 가스라다로(수상) 등 일본제국의 정객들을 상대로 合倂(합병)을 흥정하는 일을 집착하고 다녔다.

한편 이완용은 송병준의 이런 활동을 눈치채고 고마쓰 미도리(통감부 외사국장)와 조선 병합 문제 교섭에 나섰다. 이완용은 일본어를 할 줄 모르기에 일본 유학을 했던 이인직을 심복 비서로 삼아 교섭에 나섰다. 결국 이들은 조약 시 전권위임장을 관례로는 다르게 順宗(순종)의 이름으로 서명하였다. 그러나 이것은 순종의 親筆(친필)이 아니고 僞造

(위조)된 것이었다.

賣國奴(매국노)들이 받은 조약의 대가

이들이 일본으로부터 받은 조약의 대가를 현재 추산 가치로 환산하면 다음과 같다. 조선총독부(朝鮮總督府)에서는 양반들에게 벼슬을 내리며 은혜로운 돈을 내려 회유 정책을 하였다.

박영효 : 그 당시에 28만 엔(약 56억 원)

박제순 : 10만 엔(약 20억 원)

이완용 : 1억 삼천만 평 이상(여의도광장 50배, 256.5만 평 기준) 은사 공채금(은사금) 15만 엔(약 30억 원), 그는 친일파 1위로써 조약 체결 후 관직을 사퇴했으나 일본 정부로부터 1등 백작의 벼슬 직위로 잔무 처리금 60여 원, 退職金(퇴직금) 1.458원 33전, 총독부 은사 公債金(공채금) 15만 엔을 지급받았다.

1910년 조약 締結(체결) 후 이완용이 받은 금액은 總計(총계) 151,518원 조선 엽전으로 약 7,576만 닢으로 당시 일본 돈 10원이면 조선 엽전 5천 닢과 동일하였다. 1만 원이면 오늘날 한화 약 2억~3억, 당시 10원이면 쌀 한 가마값, 노동자 1명 월급으로 쌀 1~2 말에 불과했다.

結果(결과)

러·일 전쟁이 일본의 승리로 끝나게 되자, 미국의 중재로 러·일 兩國(양국)은 1905년 포츠머스 강화조약을 체결하고 러시아는 일본에 대하여 조선에 관한 모든 이권을 인정한 후에 조선에서 손을 떼게 되었다.

이때 일본과 미국은 일본의 수상 카쓰라와 미국의 테프트 특사와 '카쓰라 테프트의 密約(밀약)'을 체결하였는데, 이 밀약에서 미국은 필리핀을 점령하고 일본은 조선을 점령한다는 것을 양해하기로 비밀리에 합의하게 되었다. 영국 또한 자신의 植民地(식민지) 확장 관리하기 위해 1902년 영·일 동맹을 맺어 일본이 조선을 植民地化(식민지화) 하는데 협조하고 있었다.

급기야 조선은 1905년 '乙巳(을사) 보호조약'을 체결, 외교와 군사권을 일본에 빼앗기고 韓日(한일) 倂合(병합)이 이루어지게 되었다. 이조 오백년의 장구한 역사 속에서 힘을 기르지 못한 우리 민족은 國際的(국제적) 안보 상황에 대한 無知(무지)와 스스로 自國(자국)을 지켜야 한다는 국방력 미약, 양반 관료들의 부패와 事大主義(사대주의) 사상과 국력 미약에 의한 결과로 당시의 안타깝고 슬픈 일이지만 나라의 운명이 타락하고 썩은 官僚(관료)들 때문에 必然的(필연적)일 수밖에 없었다.

관료들 登庸(등용)이 이렇게 중요한 것이다. 이와 같이 朝鮮(조선)을 점령하기 위해 일본은 청나라 러시아와 戰爭(전쟁)을 벌였고 전쟁은 강대국끼리 했지만, 전쟁터가 우리 땅이었고 피도 우리 민족이 많이 흘리게 되었다.

그 후 일제가 벌인 소위 大東亞 戰爭(대동아전쟁)에도 수많은 우리 조상이 전쟁 경험도 없이 끌려가 총알받이가 되었다. 우리들의 젊은 여인들까지도 정신대로 끌려가 유린을 당하고 創氏改名(창씨개명)까지 당하는 역사적 단절을 억지로 경험해야 했다. 이 민족의 受難(수난)이 누구를 탓하기에 앞서 우리 스스로 지키지 못한 부족했던 힘에서 비롯되었음을 역사적 교훈으로 삼아야 할 것이다.

3. 이마니시 류와 이병도

1) 이마니시 류(1875년~1932년)

　출생지는 일본 기후현으로 직업은 한국 역사학자였다. 그는 도쿄대학 사학과를 졸업하고 뒤이어 동 대학원에서 한국사를 전공하여 도쿄대학 교수로 재직하며 韓國史(한국사)를 강의, 朝鮮(조선) 古史(고사)를 연구하여 문학박사 학위를 받았다.

　그는 우리나라 경주를 답사하며 우리 문화 역사를 유심히 연구했다. 그는 중국과 영국에 유학하여 학문을 넓혔고, 1925년 朝鮮總督府(조선총독부) 조선사편수회 회원이 되었으며, 이듬해 경성 帝國大學(제국대학) 교수로 취임하였다. 그는 1만 2천 8백 년의 장구한 우리 古朝鮮(고조선) 역사와 신비한 문헌들을 세심히 살펴보았다. 그는 섬나라 뿌리 없는 일본과 조선을 비교하며 내심 위대한 단군조선의 경이로운 배달겨레의 전통에 많이 놀라고 흥분하였다.

　그는 〈신라사 연구〉〈백제사 연구〉〈고려사 연구〉〈朝鮮史考(조선사고)〉〈古朝鮮史(고조선사) 硏究(연구)〉의 著書(저서)를 남기며 조선인보다 더욱 공부하였다. 그의 제자 중에는 대표적인 친일 학자로 이병도와 신석호, 김창균 등이 있었다. 신석호는 우리나라 古書(고서)를 보이는 대로 사들였고, 책을 사는 데는 돈을 아끼지 않았다.

한 逸話(일화)로 이마니시 류는 서울, 인사동 고서점에서 안정복이 주석을 단 〈삼국사기〉 초판 중종본을 발견하고는 당시 책 가격이 20원이었는데 그 금액은 당시의 3개월 치 하숙비 정도였다고 전해진다. 하지만 그는 오히려 더 많은 금액인 50원을 支拂(지불)하였다고 한다.

그가 이렇게 수집한 朝鮮史(조선사) 관련된 귀중본들은 현재 교토대학과 덴리 天理(천리)대학에 보관 전시되어 있다. 우리나라 도서관이나 서점에는 없는 고조선 역사 자료가 동경대에는 현재까지 보관 중이다. 그는 朝鮮史(조선사) 완성에 몸을 아끼지 않았다.

그가 조선사를 집필할 당시 엄지와 검지 사이에 계속 물집이 생겨 악화해 결국 3번이나 실핏줄이 터져 고생하였다. 그는 조선의 장구한 역사를 공부하며 왜곡하기 위하여 비장한 각오로 朝鮮史(조선사)를 완성할 때까지는 잠을 잘 때에도 손에서 펜을 놓지 않았다. 심지에 밥을 먹으면서도 기록하였다. 결국 그는 6번의 수술로 오른손 감각이 없어져 펜을 잡을 수 없게 되자, 왼손으로 펜을 잡는 연습을 하여 조선사를 완성하였다. 그는 歷史(역사) 歪曲(왜곡)을 위해 자기 몸을 일제 정부에 바쳤고 학자의 양심을 버리고 조선 역사의 영원한 원수요, 敵(적)이 되었다.

學者(학자)로서 화인 맞은 이마니시 류

그는 한국 역사를 멋대로 조작한 악마 같은 사람이었다. 한국 역사를 충분히 공부하고는 밑뿌리를 뽑아버린 장본인으로 전 세계 역사학자들도 이를 알고 있으며, 러시아 학자들과 중국 학자들도 그의 악행에 놀라고 있다.

〈삼국유사〉에 기록된 惜有桓國(석유환국)의 國(국) 자를 변조시킨 사건이 왜곡의 시작이 되었다. 석유 환국이란 옛적에 '還國(환국)이 있었다.'라는 말이다. 환국은 우리 桓族(환족)이 세운 가장 오래된 나라로 인류의 첫 나라, 알파와 오메가, 宗主國(종주국)을 의미한다. 그런데 동경제국대 대학원에서 韓國史(한국사)를 전공한 뒤 조선에 파견된 이마니시 류 今西龍(금서룡)은 삼국유사의 석유 환국에서 가운데 國(국) 자를 因(인) 자로 고쳐버렸다, 물론 실수가 아니라 계획적인 그의 말살 정책의 시초였다. 그 결과로 昔有 桓因(석유 환인), 즉 '옛적에 桓因(환인)이 있었다.'로 바꾸어버린 것이다. 이 결과로 환국이라는 나라는 우리 역사에서 사라지게 되었고, 이를 뒷받침하던 옛 고서들도 强占期(강점기) 때 다 빼앗기게 되어 환국을 계승한 옛 조선 역사는 神話(신화)가 되어버렸다. 장구한 한민족의 고대 역사의 核(핵)이 도려내지니 한국사의 밑뿌리는 뽑히고 왜인들의 계획대로 神話(신화)가 되어버렸다.

일본은 일찍이 〈日本書紀(일본서기)〉를 지어, 본래 1,300년인 그들의 역사를 2,600년으로 늘려 기록하였다. 그리고 조선의 역사는 衛滿朝鮮(위만조선)(기원전 194년)에서 시작되었다고 가르치며, 그 위치를 지금의 평양 지역에다 만들어 놓았다. 이리하여 조선은 기원전 2세기에 한반도 안에서 시작된 일본보다 짧은 역사로 2,206년을 가진 나라가 되어버렸다.

邪惡(사악)한 이마니시 류

일제는 한반도 침략 및 강점을 合理化(합리화)하기 위하여, 皇國史觀(황국 사관)을 만들어 냈다. 일제는 조선보다 국력이 강화됨에 따라, 한일 관계 역사도 재편성한 것이 황국사관 일본 제국주의의 국력이 과거 上古(상고) 고대에도 똑같았다는 관점이다. 이러한 방식으로 우리의 古

代史(고대사)를 歪曲(왜곡)하고 造作(조작)하였다. 그들의 이론은 당시 조선은 정체되어 있고 발전 가능성이 전혀 없는 상태였다고 보고 힘 있는 일본이 다스리는 것이 양국이 다 현명한 일이라는 논리다.

이마니시 류는 진정한 역사학자가 아니었으며, 그의 황국사관은 일본에 유리한 내용만 중국 자료에서 뽑아다가 우리 역사를 그 아래에 끼워 넣는 방식으로 황국사관을 만들어 나갔다.

'낙랑 바다 가운데 있는 왜인들이 백여 국으로 나뉘어져 있는데 중국에 해마다 조공하고 있다.' 〈한서 地理志(지리지)〉

이마니시 류는 이 시기를 서기 1세기경으로 보았다. 그런데 이 시기 三韓(삼한: 상고시대의 마한, 진한, 변한)이 中國(중국)과 교통하는 기록이 보이지 않는다는 것에 착안해 삼한보다 왜가 발전된 나라라는 논리를 펼쳤다. 이때 왜는 열도 섬에서 중국대륙까지 왕래할 만큼 강국이었다는 것이다. 반면에 우리 배달민족은 중국과 교류할 선박도 만들지 못하는 저발전 상태의 후진국이라는 것이다. 이때 倭人(왜인)은 한반도를 경유해서 중국과 교류했다고 하며 삼한은 왜인에게 길을 열어주었고, 이는 왜인이 우리나라 남부지방에 영향력을 행사하는 과정이었다고 한다. 任那(임나) 일본 정부가 생기기 전 단계 모습이라는 것이다. 이른바, 한나라 낙랑군 시대에 와서는 왜는 낙랑군과 교통하기 위해 韓半島(한반도)를 이용하였다. 이렇게 되려면 남부 지방은 강력한 백제나 신라가 존재해서는 안 된다.

끝없는 造作(조작)

그들은 거짓말 기계들이다. 신라를 두고 꾸며대는 말을 보라. 또 신라는 三國統一(삼국통일) 전이나 후나 일본에 끊임없이 조공을 바치는 신하의 나라로 묘사하고 있다. 〈일본서기〉 신공황후 조에서 '신공황후가 신라를 징벌했다.'라고 한 기사에 근거하여, 이른바 삼국을 통일한 시기 이후에도 일본에 臣屬(신속)한 것으로 그리고 있다. 이를 뒷받침하는 근거로 신라가 일본을 심히 두려워하여 文武王(문무왕)이 일본 침략을 막겠다고 뼈를 바다에 뿌려 나라를 지키는 용이 되겠다는 일화를 끌어왔다. 그는 廣開土王(광개토왕)의 비문을 我田引水(아전인수) 격으로 풀고, 우리나라 역사를 완전히 왜곡시키는 일에 온 힘을 기울인 원수다. 그는 서기 1906년에 考古學的(고고학적) 조사를 하기 시작했다.

1910년 庚戌國恥(경술국치) 이후에는 囑託(촉탁)을 받고 조선총독부 고적 조사위원으로 활동하며 전국의 주요 유적들을 파헤쳤다. 그 과정에서 이미 날조된 것으로 증명된 秥蟬縣 神祠碑(점제현 신사비)를 내놓았다. 또한 평양과 황해도 일대를 중국 한나라 식민기관인 낙랑군 및 대방군으로 확정했다. 또한 조선총독부의 朝鮮 半島史(조선 반도사) 편찬 사업에도 뛰어들어, 조선사에서 고대사 부분을 담당하였다.

그는 〈稠禪師 槪論(조선사 개론)〉〈加羅疆域考(가라강역고)〉〈史林(사림)〉 등 수많은 韓國史(한국사) 책을 왜곡하여 펴냈다. 한편 그는 한일 관계 고대사를 연구하면서 조선인과 일본인이 필연으로 혈연관계가 있음을 파악하였다. 그러나 그는 애써 이를 부정하려고 온갖 궤변을 늘어놓았다. 조선인과 일본인은 人種的(인종적)으로는 가까울지 모르나 섬과 半島(반도)라는 이미 주요한 점에서 풍속을 달리하여 별개의 민족이 되었다는 것이라고 변명하였다. 한일 관계 역사가 동족을 증명하는 것은 아니라는 궤설을 늘어놓았다.

그는 일제의 日鮮同祖論(일선동조론)과 관련된 것인데 이 시기는 아직 일선동조론을 전면으로 내세운 정책이 시행되기 이전으로 보인다. 그래서 한국과 일본의 조상이 같다는 주장에 부정적인 태도를 보인 것으로 판단된다. 그러나 일제는 일제 침략이 막바지에 들어서면서부터 우리 민족을 일제에 완전히 흡수시키려고 일선동조론을 적극 펼친 바 있다. 일본과 한국은 본래, 한 조상에서 나왔으니 식민 통치에 저항하지 말고 순응하라는 植民史觀(식민사관)이다.

2) 이병도의 親日(친일)

[그림4] 이병도

이병도는 1896년 9월 20일 생으로 매국노 이완용의 후손인 친일파 윤치형의 처남이기도 하다. 그는 보성 전문학교 법과 3년을 마치고 일본 와세다 대학에서 사학을 전공한 뒤에 귀국하여 교육자가 되었다.

일본인들의 장기적인 계략에 포섭되어 일본 國費(국비)유학생으로 선발되어 유학을 떠났던 것으로 이때 일본의 학자 요시다가 이미 한국의 역사를 변조하여 저술한 〈日韓 古史斷(일한 고사단)〉이라는 책을 讀

破(독파)하여 소화하였다. 또한 우리나라 역사 왜곡의 주역인 일본인 학자 東京帝國 大學(동경제국 대학)의 츠다 교수로부터 문헌 고증학을 배우고 익혀 즉, 실증사학의 기초를 다지며 한국 역사 왜곡에 대한 개인적인 세뇌 지도 교육에 대하여 칭찬을 들어가며 받았다.

이병도는 일본 국비로 선발된 영광을 받은 몸으로 뿌듯하고 행복하였다. 당시 나라를 빼앗긴 원한에 대한독립을 위하여 수많은 청년 학도가 목숨을 바쳤으나 이병도의 뇌리에는 애초부터 抗日(항일) 의지라고는 손톱만큼도 없었다. 1919년 3.1 만세운동이 일어나던 해 귀국한 이병도는 이케노우치의 추천을 받아 1925년에 설치된 '조선 반도사' 편수회의 핵심 위원으로 들어갔다. 그는 촉탁이기 때문에 무보수로 일했다고 변명하면서 이 시절 奎章閣(규장각) 도서를 열람할 수 있었던 것이, 자신의 학문적 발전에 지대한 영향을 끼쳤다고 합리화하였다. 그 당시 그는 조선사편수회에서 발간하는 학술지 등에 漢四郡(한사군) 疆域(강역)에 대한 한반도 존재설을 강력히 주장하고 고려시대 風水圖讖(풍수도참) 사상 그리고 조선시대 유학사에 관한 논문을 발표했는데 全文(전문)을 일본어로 쓴 것들이었다. 그는 철저히 일본인으로 살았다.

당시의 논문들은 문헌 考證學(고증학)의 관점에서는 상당히 수준이 높은 것들이었으나 일제 식민 치하에서 丹齋(단재) 신채호의 민족주의 사학과는 서로 배치되는 논리들이었으니 여기서 애국자와 친일의 길이 정해졌던 것으로 보인다.

1920년대 연희전문, 보성전문, 이화여전, 등이 민립대학 건설 운동을 일으키자, 일본은 경성제대의 문을 열어 이 운동을 좌절시켰는데, 경성제대는 이런 불순한 목적의 대학답게 식민사학을 맹렬히 전파하여 〈조선 반도사〉를 합리화시켰다. 이외에도 호소이를 비롯하여 아노야나기, 청유남명(青柳南冥) 같은 일본 국수주의 국학자들도 조선사 편수위원회와 경성 제국대학과 함께 식민사학을 쏟아내어 조선국은 고대로부터 반도 국가로서 미개한 민족이라고 역설하고 있었다.

이병도는 이런 연설을 조용히 듣고 있었다. 일왕(日王)의 칙령에 의하여 〈朝鮮半島史(조선반도사)〉 편찬에 착수한 일제는 조선은 고대로부터 반도 국가로 왜곡시킨 우리 역사를 합리화하고 세뇌하기 위한 목적으로 御用(어용) 학술단체를 만들었는데, 그것이 바로 1922년의 '조선사편찬위원회'와 1925년의 '조선사편수회'였다. 이 모임의 顧問(고문)에는 일본인들과 한국인들이 함께 포함되었는데, 일본 측은 경성대 교수인 로이타와 미우라 같은 학자들이었고, 반면 한국 측은 역사학자가 아니고 일본을 좋아하는 빈대들인 친일 정계 이완용, 박영효, 이윤용, 권중현 같은 역적으로 임명하였다. 이들은 이 영광스러운 자리를 죽을 때까지 내어놓지 않았다.

당시 초대 朝鮮總督府(조선총독부)는 취조국이 관장하던 업무를 1915년 중추원으로 이관하고 〈조선 반도사〉 편찬과를 설치하고 우리 민족의 대역적(大逆賊)인 이완용과 권중현 등 역적들을 고문으로 앉히고, 1916년 1월 조선총독부 중추원은 참의(參議)와 부참의(不參議)의 15명에게 〈조선 반도사〉 편집 업무를 맡기고 일본 동경 제국대학 구로이 다가쓰미 박사와 일본 경도 제국대학 미우라 교수, 경도제대 이마니시 류(今西龍(금서룡) 등 3인에게 지도 감독을 의뢰하였다.

그러나 이완용과 권중현 등 역적들과 일본인 어용학자들이 합작하여 한국인 학자들의 외면으로 〈조선 반도사〉 편찬 사업이 순조롭게 진행되지 않자, 총독 사이토는 '朝鮮 半島史(조선 반도사) 편찬위원회'를 '조선사편수회'로 명칭을 바꾸고 천황의 칙령으로 설치 근거의 격을 높이고 확대 개편하였다. 1925년 6월에는 일왕 칙령 제218호로 조선사편수회 관제를 제정 공포하고 朝鮮總督府(조선총독부) 총독이 직접 관할하는 '독립관청'으로 승격시켰다. 총독부의 절대적인 지원을 받는 이 모임은 막대한 인적 물적 역량을 동원하여, 삼한과 삼국은 고대로부터 한반도 중부 이남 지역에 위치한 부족 국가로 중국에서 설치한 漢四郡(한사군), 樂浪郡(낙랑군), 臨屯郡(임둔군), 玄菟郡(현도군), 眞番郡(진번군)이 한반도 내에 있었다고 주장하여, 고대로부터 한국은 중국의 속국이라는 이론을 수도 없이 쏟아내고 발표하고 끝없이 계몽하고 洗腦(세뇌)하여 조선의 식민지화를 가장 큰 업무로 정당화시켰다. 이병도는 이 일을 아주 당연하게 받아들여 충성스럽게 일하였다.

1926년 문을 연 경성 제국대학도 植民史學(식민사학)을 전파한 또 다른 기관을 만들었다. 1930년 5월 경성제대 교수와 조선사편수회 그리고 총독부 관리들이 총동원되어 靑丘學會(청구학회)라는 어용 학술단체를 조직하는데, 이들 역시 조선총독부의 막대한 지원을 받았다. 일제의 한반도 및 대륙침략 의도에 발맞춰 조선과 만주를 중심으로 한 극동문화연구와 보급을 목적으로 만들어진 이 어용단체는 저술, 출판, 강연 등의 활발한 활동을 전개했다. 이 단체의 회무 감독은 경성제대 교수인 일인 '소우다'였고 서기는 '마에다'란 일본인이었는데 이병도는 신석호와 함께 이 단체의 핵심 위원이었다.

또한 이병도는 '이나바우' 일본인과 함께 손진태, 홍희, 유홍렬 등 한국인들과 이 어용 학술단체의 기관지인 〈靑丘學叢(청구학총)〉의 주요 필자이며 또 다른 식민사학의 학술지인 〈조선 사학〉의 주요 필자들이었다.

일본인 학자들과 함께한 청구 학총이 어용단체로 밝혀지자 이를 두려워한 일제와 이병도는 일인(日人)을 배제하고 순수 민간 학술단체로 위장하여 1934년 5월에 '震檀學會(진단학회)'를 설립하였다. 이렇게 위장하여 국내 및 주변 지역에 대한 역사, 언어, 문학 등 인문학 연구 목적으로, 한국학자의 힘으로 연구하고 그 결과를 국어로 발표한다는 의도로 창립되었다. 초대 편집 겸 발행인 이병도는 이화 여자 전문학교에 출강하면서 기관지인 〈震檀學報(진단학보)〉를 발행하고 일제강점기인 1941년 6월 제14호로 종간하고 해산되었다. 그 후 1945년 8.15 광복 후 다시 진단학회가 發足(발족)되었다.

植民 史學(식민사학)의 억지 합리화

일제가 끈질긴 세뇌로 유포시킨 史學(사학)의 핵심은 크게 두 가지를 들 수 있다. 그 하나는 事大性(사대성) 이론이며, 다른 하나는 정체성 이론이다. 그러므로 조선의 역사는 고대로부터 중국에 대한 事大主義(사대주의)의 역사이자 고대 이래로 발전 못 하는 정체된 사회라는 것이 두 이론의 논리였다. 따라서 일본의 지배를 받는 것은 역사의 진보이며 조선의 크나큰 축복이라는 것이 그들의 植民(식민) 支配(지배) 논리였다. 이들 실무자 20여 명의 日人(일인) 학자들과 반역자들, 이완용의 후손 두계 이병도, 신석호, 홍희 등 한국학자들이 참여하여 드디어 24,409쪽에 달하는 〈朝鮮史(조선사)〉 34권이 완간되었다.

민족의 반역자 이병도는 1922년 12월 日皇(일황)의 勅令(칙령)에 따라 '조선사 편찬위원회' 설치 때부터 1938년까지 만 16년 동안 24,409쪽에 달하는 〈반도 조선사〉 34권을 완간한 것이다. 결국 일본의 계략대로 일본 국비로 와세다 대학에서 공부한 사람답게 天皇(천황)에게 忠誠(충성)을 다하였다. 이렇게 조선의 역사를 왜곡한 이병도는 일본의 세

1등 공신으로 인정을 받아 일본 천황으로부터 거액의 포상금과 金櫃(금궤), 금시계를 받았고 일본 전역에서도 이병도의 명성은 찬란했다. 해방 이후에도 경성대학과 그 뒤를 이어 서울대학교 文理大學(문리대학) 교수로 취임하였고 곧이어 서울대학 대학원장에 취임하였다.

그때 김상기, 이상백, 이인영, 유홍렬, 손진태 등 사학자들과 조윤제, 이숭녕 등 국문학자들이 서울대 교수로 취임해 진단학회는 親日 學者(친일 학자)들이 완전히 掌握(장악)하였다. 그러나 이병도에게 해방은 곤혹스러울 수밖에 없었다. 해방 다음 날, 경제사학 계열의 백남운을 중심으로 '조선 학술원'이 결성되고 같은 날 '진단학회'도 재건되었으나 진단학회가 곧 親日派(친일파) 除名(제명) 운동에 들어간 것이다.

이병도는 남한에서의 활동이 해방 이후 떳떳하지 못했으나 남한 학계의 주도권을 장악할 수 있었던 결정적 계기는 1950년 6.25 전쟁이었다. 6.25 전쟁은 많은 민족주의 인사들이 拉北(납북)됨으로써 남한 학계는 가짜 實證學(실증학)인 이병도의 독무대로 만들었다. 1954년 남북 휴전 다음 해에 이병도는 진단학회 이사장으로 취임할 수 있었으며, 6.25 전쟁을 계기로 親日派(친일파) 청산 제1호에서 벗어나 국사학계를 장악하였다.

같은 해 이병도는 식민사학을 유포하던 경성제대의 후신인 서울대학교 대학원장과 학술원 부원장을 맡아 역사학계의 최고 元老(원로)로 부상했다. 1960년 그는 文教部長官(문교부 장관)에 등용되고 같은 해 학술원 회장에 선임되었다. 1962년 서울대학교 명예교수, 1965년 동구학원 이사장, 1966년 성균관대학교 교수 겸 대동 문화 연구원장에 취임하였다. 1969년 국토 통일원 고문, 1980년 국정 자문위원에 위촉, '문화훈장' '학술원 공로상' '서울특별시 문화상' '5.16 민족상'을 받았다.

이병도의 짧은 양심고백

대일본제국의 천황폐하 만세를 부르던 지식인 이병도는 解放(해방)이 되는 8월 15일, 그의 뇌리는 번개를 맞은 듯 천지가 무너지는 듯하였다. 비상한 머리로 그는 살길을 찾았다. 그도 이제 高齡(고령)이 되었고, 忠誠(충성)을 바쳤던 일제는 항복했다. 왜인들은 모든 것을 놓고 한국에서 떠났다. 萬感(만감)이 교차하는 1986년 10월 9일 목요일 자 조선일보에 그는 짧은 핵심으로 선언하였다. '단군은 절대로 신화가 아니고 우리나라 國祖(국조)이며 역대왕조의 마니산 단군 제사는 일제 때 끊겼다.'라는 제목으로 특별 기고를 하여 우리나라 고대 역사 왜곡의 사실을 발표하고 1989년에 죽었다.

그래도 가장 핵심 되는 역사적 실증을 짧게나마 선언하고 죽어 덜 밉다. 대륙의 절반 이상이 우리 땅이었고, 여러 문헌과 고대 유물들, 洪山(홍산) 문명이 밝혀주는 東西(동서) 五萬里(오만리) 영토를 자랑하던 민족의 고대 장구한 역사를 말살해 버리고, 우리나라를 중국의 노예 비슷한 아주 작은 반도 屬國(속국)으로 묘사해 버린 그의 만행은 조국의 역사 앞에 영원한 汚點(오점)으로 남을 것이다. 인적 재원으로 볼 때는 아까운 사람이다. 그렇게 많이 배운 학자가 조국에 몸을 바쳐 일했더라면 지금 우리 역사 문화는 세계 강국이 되었을 것이며 天孫(천손) 子孫(자손)답게 세계 宗主國(종주국)이 되어 아시아가 통일되었을 것이다.

4. 만주벌판의 눈보라

1920년대 진짜 김일성 장군이 존재했었다. 1923년 동아일보 7월 23일 자에 장문으로 기재하였다. 본명은 김경천이었으며, '青山里戰鬪(청산리전투)'에서 지석규와 함께 활약했다. 1983년 사단법인 한국독립유공자협회 자료에 따르면, 항일투쟁의 영웅, 1888~1925년 실종된 인물의 이름은 김경천(金擎天), 일명 김일성으로 밝혀졌다. 그는 1910년 일본 육사 23기 기병 과를 졸업하고 기병 중위(기마부대)로 근무하다가 1919년 3.1 만세운동이 일어나자, 抗日鬪爭(항일투쟁)을 결심하고 1919년 6월 6일 명장 지석규, 일본군 중위와 함께 근무지였던 京城(경성)을 脫出(탈출)하여 평안북도 신의주를 거쳐 만주 유하현 삼원보에 있는 독립군 양성기관인 新興武官學校(신흥무관학교) 교관이 되었다.

1919년 12월 무기를 획득하기 위해 시베리아로 가자 마침 시베리아로 출병한 일본군과 러시아 백군을 상대로 1922년 10월까지 수많은 전투를 벌인 것으로 인해 항일투쟁의 상징이고 전설적인 독립군 영웅인 김일성 장군으로 칭송을 받았다. 당시 6.25 전쟁 시 공산정권이 싫어 남쪽으로 탈출한 함경남도 출신 박현 95세 및 1·2세들의 증언에 따르면, 실제로 함경남도 주민들에게는 抗日鬪爭(항일투쟁)의 영웅 김일성 장군은 함경북도에서 활약한 것이 아니라, 주로 시베리아지역에서 활동했으며, 당시 함경남도 보천의 일본 주재소 습격 사건과는 전혀 관계가 없다고 증언하였다. 특히 북한 정권의 김일성은 본명이 '김성주'로 본래 김일성 장군이 아님을 당시 독립운동가들은 다 아는 사실이다. 본래 김일성 장군은 전투에서 白馬(백마)를 타고 지휘했으며, 민첩하고 통솔력이 卓越(탁월)하였고 전투에 능하였다.

당시 북한 주민들은 장군이 돌아왔다는 말을 듣고 광장에 나가보니 자신들이 알고 있는 장군이 아니라 나이 어린 애송이 청년이 소련군과 함께 나타나 주민들은 모두가 술렁거렸다. 1923년 7월 29일 자 동아일보는 특종기사로 '빙설에 쌓인 시베리아에서 홍백 전투(血鬪=혈투)를 한 실제 경험담'이라는 제목으로 시베리아지역(현 중국, 흑룡강성) 한국 獨立軍(독립군)의 생활과 전과를 보도했다. 또한 함경남북도 주민들에게 膾炙(회자)되었던 抗日鬪爭(항일투쟁) 영웅으로 칭송받은 김일성 장군의 항일 시 한 편이 아래와 같다.

〈시베리아 벌판〉 全文

뜬구름 방황하는 시베리아 벌판

칼을 잡고 홀로 서서

흰 뫼 저편 바라본다.

사랑하는 무궁화는 희미하고

독립에 목마른 2천만 우리 동포

뜻을 펼 곳 없으니 애처롭도다.

黑龍江(흑룡강)에 눈물 뿌려

두 주먹 불끈 쥐고

오늘 다시 祖國(조국) 위해 맹세하노라!

※ 위 시는 高地(고지)가 보이지 않는 왜인들과의 전투를 끝없이 거듭하며 춥고 배고프고 모든 것이 부족한 환경에서 오직 조국의 독립만을 바라보며, 타는 목마름으로 흑룡강에 눈물을 뿌리며 다짐하는 獨立軍(독립군)의 고독한 결의가 보이는 슬픈 노래로 본래 김일성 장군의 민족 시이다.

북한의 김성주는 중국 공산당에 입당하려고 무장을 하고 중국인 지주들을 털거나 농촌주민들을 괴롭히면서 자기의 이름을 숨기고 만주 지방과 시베리아에서 이름을 떨치던 김일성 장군의 이름을 盜用(도용)하기 시작하였다. 1930년 8월 1일, 간도 농민 폭동으로 116명의 조선인이 피살되었고, 1,200여 명이 검거되면서 匪賊(비적)처럼 地主(지주)들을 괴롭히던 김성주는 친구인 진한장과 몸을 숨겼다. 당시 김성주와 진한장은 중국 공산당 예비 당원으로 비준받은 상황에서 고유수로 떠난 것이지만 중국 공산당에서 맡긴 임무를 완성하지 않고 숨어 지내다 보니, 이전에 중국 공산당에 가입하기 위해 물불을 가리지 않고 노력한 것이 수포로 돌아갈 수 있는 상황이 되었다.

결국 공산당이 중국에 살고 있는 조선인들 특히 공산 사상에 매혹되어 있던 조선인들을 동원해 지주들을 처단하는 농민 폭동을 일으켰고 이것을 지켜보던 진한장의 아버지는 "조선인들이 일본을 상대하기도 힘에 부치는데 어떻게 중국 사람들까지 모조리 적으로 만드느냐."라고 소리쳤다고 하였다.

　진한장의 아버지는 조선인 중에서도 연길 師範學校(사범학교)를 졸업하고 소학교에서 교사로 근무하였던 이광을 신뢰하였는데, 때마침 이광의 꼬임에 빠진 한장은 집을 떠났다. 당시에는 조선 공산당이나 중국 공산당, 민족주의 反日(반일) 애국 투사들이 역량구축을 위해 사람들을 자기들에게 끌어들여 勢力(세력) 擴張(확장)에 열을 올리던 터라, 이광도 김성주도 나이는 어려도 물불을 가리지 않는 모험주의 청년들이었다고 역사가들은 말한다. 한마디로 말하면 자기들의 부하나 끄나풀로 만들기 위해 청년들을 모았다고 보면 될 것이다.

　이광은 돈화에서 진한장에게 김성주에 대한 얘길 듣고 고수유로 갔지만 미리 대기하고 있던 경찰들에게 붙잡힌 것을 알게 되었다. 이통현으로 압송된 김성주는 留置場(유치장) 신세를 지게 되었는데 이때 이광이 감옥으로 면회를 왔다. 경찰들은 김성주에게 "네가 지주들을 습격하여 재산을 털었던, 별명이 金一星(김일성)이라 불리는 놈이냐?"라고 물으며 조사를 하였는데, 이광은 경찰들에게 "이 애는 내 동생인데 별명이 김일성이 아니고 같은 김일성이지만 한자가 다른 金日成(김일성)입니다. 세금을 거둔다며 匪賊(비적)같이 활동한 김일성은 다른 이름입니다."라며 거짓말로 김성주를 변호하였다. 경찰이 당시에 그 말을 선선히 들어준 것은 운이 좋은 일이었다.

　가까스로 풀려난 김성주는 김일성으로 서서히 이름을 바꾸기 시작하였다. 그때 이광은 가지고 있던 돈 10원을 경찰에게 뇌물로 찔러주었다. 노력이 대단하였다. 10원이면 소를 한 마리 살 수 있을 때였으니 말이다.

　그러면 과연 당시에 만주 지역에서 유명했던 진짜 김일성 장군은 누구였을까? 가짜 김일성인 김성주가 역사 왜곡을 하면서 둔갑하였던 진짜 김일성은 대한민국에서 反日(반일) 鬪爭(투쟁) 업적을 기리기 위해 '건국훈장 애국장'을 추서한 함경남도 단천 출신 애국 군인이다.

또한 1888년에 태어난 김일성도 있었으니 그의 본명은 김창희였다. 그의 부친은 金斗天(김두천) 씨로 온성군수를 지냈고 모친은 설씨 성을 가진 여성이었다. 김창희 장군은 김성주가 태어나던 해인 1912년 단천 일진 소학교를 졸업한 후에 한성부의 배제 학당을 졸업하였다.

1) 歷史的 眞實(역사적 진실)

대한민국 〈독립유공자 공훈록〉에는 진짜 김일성에 대해 김창희 異名(이명)인 '김일성은 일제 강점으로 1907년 8월 조선 군대가 해산되자 義兵隊(의병대)를 조직하고 의병장으로 항일투쟁을 전개하였으며 白頭山(백두산)을 중심으로 일본군과 수십 차례의 激戰(격전)을 벌여 큰 성과를 올리는 행동을 하다가 1926년 전사했다.'라고 기록되어 있다. 또한 '정부에서는 고인의 공훈을 기리어 1991년에 건국훈장을 추서하였다.' 라고 기록되어 있다.

그는 20년 동안 일제의 조선 强占(강점)을 반대하여 반일 투쟁을 활발히 벌였으며, 만주 지역에서 그의 명성은 자자했다. 義兵隊(의병대)를 조직하고 의병장이 되면서 그는 자신의 본명은 김창희라는 이름을 숨기고 김일성으로 활약하였다. 당시 만주 지역에서는 그를 모르는 사람이 없을 정도로 알려진 인물이었다. 진짜 김일성인 김창희 장군이 태어난 1888년은 김성주가 태어나기 24년 전이다. 그리고 그렇게 명성이 자자하던 진짜 김일성이 전장에서 사망한 1926년은 김성주가 14세 되는 나이였다. 그리고 당시에는 김성주가 中國(중국) 共産黨(공산당) 산하의 동북 항일 연군에서 복무하느라 중국말을 쓰던 때여서 조선인들이 쓰는 한글 발음은 김일성보다 중국어 발음인 '찐뤼청'을 더 많이 쓰게 되면서 누가 그에 대하여 말할 사람도 없었다.

해방 후 김성주는 명성이 자자했던 진짜 김일성 장군으로 자신을 둔갑시키며 현재의 현대판 김씨 왕조를 구축했지만, 가짜 역사는 반드시 드러나게 되고 역사의식에 조금만 눈이 뜨인 사람이라면 이 사실을 다 알고 있다.

〈 북한 칠천삼백 일: 동서 문화원 〉 전 5권에서는 이 사실이 적나라하게 기록되어 있다.

2) 가짜 김일성

滿鮮日報(만선일보) 1940년 4월 16일 6면에 실린 기사. '匪首(비수) 金日成(김일성)의 生長記(생장기)' 비수란 匪賊(비적)을 의미하는 말이다.

滿洲 事變(만주사변)이 발발된 이래로 양정우, 김일성, 최현 등 비적들은 通化省(통화성) 방면에 근거지를 두고 다년간 각지 부락을 습격하여 주민의 금품과 식량을 약탈하면서 통화성 오지 방면의 주민들을 괴롭혔다. 1939년 4월 7일 밤 길림성 화천현 조선인 집단 부락을 습격하여 금품을 약탈한 다음 8월에는 安圖縣(안도현)에서 금품, 식량, 의복 등을 약탈하며 농민들을 괴롭혔고 공포에 떨게 했다고 기록되어 있다. 김일성의 본명은 김성주였고 13세 때 무송에서 소학교를 졸업하였고

길림 육문 중학교에 다니면서 중국 공산당 간부였던 담임교사의 영향으로 점차 공산화되기 시작하였다. 그는 중학교를 중퇴하고 18세부터 匪賊(비적) 질을 했다. 그는 삼촌 김형권이 서대문 刑務所(형무소)에서 사망하자 더 과격해져서 이종탁, 박근원, 신영근, 박단 등과 손을 잡고 의형제가 되었다.

본래 김일성 장군이 토벌대에 의해 사살당하자, 18세 되던 해 1930년부터 자기 이름을 김일성으로 고치고 활동하였다고 밝혔다. 김일성은 비적 생활을 하면서도 점차 만주 지역에서 세력을 확장해 가는 일본의 군사 팽창에 대해 주시하였으며, 한동안 귀순을 결심하기도 하였다.*

그러다 갑자기 김일성은 마음이 바뀌어 이종락에게 '내가 갑자기 볼 일이 있어 다른 지방에 갔다 오게 되어 만날 수 없으니 그리 아세요.'라는 회답 편지를 남기고 歸順(귀순)을 포기하였는데, 이 이유에 대해 만선일보 기자는 '이종락의 신변은 물론이고 자기 신변에까지 위험이 있을 것 같아 그런 행동을 했다.'라고 기록하고 있다. 김일성이 소련으로 도망치기 6개월 전인 1940년 4월에 〈만선일보〉에 5회에 걸쳐 실린 기사이다. 김일성이 비적 생활을 하면서 얼마나 중국인들과 조선인들을 괴롭혔으며, 怨讐(원수)를 많이 만들자, 마지막에는 생명의 위험을 직감하고 귀순하려 하였다가 결국은 소련으로 도주하였다는 사실을 알 수 있다.

가짜 김일성은 소련으로 도주하여 共産主義(공산주의) 학을 배우는 유학생이 되었다. 그는 소련의 극동 방면군 휘하 88 정찰 여단에 소속되면서 소련군 생활을 하게 되면서 운명이 결정되었다 할 수 있다. 즉, 소련에서는 자신들이 韓半島(한반도) 북부까지 일제로부터 빼앗아 점령한 뒤 북한을 로마넹코 司令官(사령관)이 장악하여 러시아 군정이 시작

---

* 만선일보(1940년 4월 21일 기록)

될 즈음, 여기서 자기들한테 충성할 共産主義(공산주의) 정권을 세우는 과정에서 김일성이 말을 잘 들을 적합한 자로 판단하고 '조선 인민주의 人民共和國(인민공화국)'의 우두머리 지도자로 세웠다. 1945년 8월 8일 소련군과 함께 국내 진공 작전에 참석하였으며, 나머지 朝鮮人(조선인)들은 9월 원산항을 통해 조국에 돌아왔다.

같은 해 9월 19일 김일성 등 조선인 항일 유격대원들은 원산항을 통해 귀국, 사흘 뒤인 22일 평양에 도착했다. 당시 소련 군정에 의해 1945년 5월 14일 평양에서 7만여 명의 군중이 참여한 가운데 '朝鮮解放(조선 해방) 축하 집회'가 열렸고 이 자리에서 처음으로 김일성이 '김일성 장군'으로 평양 시민들에게 소개되면서 정치활동이 시작되었다. 김일성은 해방 후의 한국에서는 정치 기반이 전혀 없었으나 소련 軍政(군정)의 도움으로 1946년 2월 8일 '북조선 임시 人民委員會(인민위원회)'를 조직하고 위원장이 되어 공산주의 政策(정책)을 추진하였다. '조선 인민 민주주의 공화국 정부수립'이 정치 이념이다.

1945년 일본의 항복 뒤 소련군은 북조선에 진주하여 자기네 군정 정책을 시작하였다. 이때 김일성은 소련의 만행을 방관하는 태도를 고수했고 강경 대처하지 못했다. 실제로 소련은 북한 여성들에 대한 폭력, 상인들에 대한 收奪(수탈)을 여러 차례 저질렀으며 이는 북조선 인민들이 자발적으로 養護團(양호단)과 같은 단체를 구성하는 계기가 되었다.

또한 소련군은 일본과 치른 전쟁에 대한 배상의 一環(일환)으로 북조선의 수력발전소 시설, 공장 시설, 그리고 북조선 쌀농사 수확을 供出(공출)하는 등 심각한 경제 수탈을 저질렀으며, 이에 대한 결과로 북조선에서 많은 탈북자가 남한으로 넘어오기도 하였다. 이에 대하여 김일성은 소련의 수탈에 대해 강력하게 대응하지 못했다는 기록도 없다.

이리하여 만주벌판 독립군들은 눈보라의 그 피 어린 자국은 해방의 기쁨을 채 맛보지도 못하고 북한은 소련의 북서풍 경보로, 남한은 하지 중장의 군정으로 미국이라는 힘센 나라를 70년 이상 짝사랑하는 축복을 안고 북한을 적으로 보지 않으면 간첩, 빨갱이, 左派(좌파)로 낙인이 찍혀 기약 없는 休戰線(휴전선) 철조망을 원망하며 바라볼 수밖에 없는 오늘을 우리는 살고 있다.

3) 김좌진 장군

　김좌진 장군(1889~1930)은 충남 홍성 사람으로 抗日其(항일기) 독립운동가로 자는 明汝(명여), 白冶(백야)였다. 부유한 명문대가 출신으로 15세 때 家奴(가노)를 해방시킬 정도로 그는 진취적인 개화사상과 올곧은 정신 그리고 정의감이 강하였다. 1905년 서울에 올라와 육군 무관학교에 입학하였으며 굴욕스러운 乙巳勒約(을사늑약) 체결 이후 국권 회복의 신념을 가지고 여러 애국지사와 진지한 교류를 하며 국운을 바로 찾기로 굳게 결심하였다.

[그림5] 김좌진

1907년 고향으로 돌아와서 家産(가산)을 정리하여 糊明學校(호명학교)를 세우고 대한 협회 홍성지부를 조직하는 등 조선 독립 계몽운동을 하기 시작하였다. 다시 서울로 올라와 畿湖興學會(기호흥학회)에 가입하면서 1909년 〈한성신보〉의 간부를 지냈고, 島山(도산) 安昌浩(안창호) 등과 함께 西北 學會(서북학회)를 조직하였다. 그리고 서북학회의 산하 기관인 五星學校(오성학교) 교감을 역임하였으며, 청년학우회 설립에도 참여하여 적극적으로 활동하였다. 1911년 군자금 모금 혐의로 일본 경찰에 체포되어 2년 6개월 동안 옥살이를 하면서 굳은 결심을 뼈저리게 느끼며 출옥하여, 1915년 비밀결사 조직 '大韓光復會(대한광복회)'에 가입하였고 1916년에는 노백린(盧伯麟), 신현대(申鉉大=고종 말기 유학자) 등과 함께 광복단에서도 활동하여 틈만 나면 조국의 독립을 앞당기려는 의지로 동분서주 움직였다.

1917년 대한 광복회의 군자금을 모금하다 체포되었으나 예심에서 면소 판정으로 석방되었다. 1918년 만주로 자리를 옮겨 활동 중 또다시 체포 위기를 겪으며, 그해 12월 戊午(무오) 獨立宣言書(독립선언서)에 39명 중 한 사람으로 서명하였다. 1919년 대한 정의단의 기반 위에 군정부를 조직하여 본거지를 왕청현으로 정하고 70여 개의 지회를 설치한 뒤 광복 운동을 위한 기반을 조성하였다. 이를 大韓民國臨時政府(대한민국임시정부)로 개편한 뒤 그 기관의 총사령관이 되어 1,600명 규모의 독립군을 훈련하였다. 이어서 士官鍊成所(사관련성소)를 설치하여 사관 훈련과 무기 수입에도 힘을 기울였다.

이렇게 무장한 김좌진 휘하의 독립군은 만주 일대에서 가장 막강한 실력을 갖춘 군대로 1920년 이후 10여 년간 본격적인 항일전투를 전개하여 왜인들을 섬멸하였다. 1920년 10월 20~23일 青山里(청산리) 80

리 계곡에서 유인해 들어오는 일본군을 맞아 백운평, 천수평, 마록구 등지에서 3회에 걸쳐 격전을 전개하였고 일본군 3,300명을 섬멸시켰다. 이 靑山里(청산리) 대 전투는 봉오동 전투와 함께 독립 전쟁 사상 최대의 승리로 꼽는다.

그 후 부대를 이동 黑龍江(흑룡강) 부근으로 전진하여 최진동(崔振東) 투사와 연합하고 대한 독립군단을 결성하고 부총재에 취임하였다. 일본군들은 두려움에 떨면서도 보복 작전의 전개로 1921년 러시아령 自由市(자유시)로 이동하다가 이듬해 黑河 事變(흑하 사변)으로 타격을 입고 다시 만주로 돌아왔다. 1925년 신민부를 창설하여 군사 부위원장 겸 총사령관으로 있으면서 城東 士官學校(성동 사관학교) 설립, 부 교장으로 독립군 간부 양성에도 주력하였다.

1927년 만주의 신민부, 참의부, 정의부의 3부를 통합하려다 실패하자, 민족유일당 在滿策進會(재만책진회)를 조직하고 중앙 집행위원장에 취임, 단일 단결성을 재촉하였다. 1929년 한족 연합회를 결성, 주석에 취임하여 〈황무지〉 개간, 문화계몽 사업, 독립 정신, 고취와 단결을 시간만 나면 호소 계몽하였다.

1930년 1월 24일 중동 철도선 산시역 부근 정미소에서 고려 공산청년회 김봉한의 甘言利說(감언이설)에 빠진 박상실의 흉탄을 맞고 순국하였다. 남북한 모두가 왜인을 물리치고 독립운동에 몸을 바쳤으나 미국과 러시아의 개입으로 남북 이념이 갈려, 넘지 못할 이데올로기 氷壁(빙벽)이 가로막혀 이렇게 아까운 김좌진 장군은 同族(동족)의 손에 의해 숨을 거두었고 백마를 타고 만주벌판 눈보라를 헤치고 용맹을 떨치던 본래 김일성 장군도 동족의 손에 암살되었다고 전해진다. 우리 정부에서는 1920년 김좌진(金佐鎭)에게 '건국훈장 대한민국장'이 추서되었다.

4) 洪範圖 將軍(홍범도 장군)

洪範圖(홍범도)는 1868년 평안북도 자성에서 출생하였다. 일찍 부모님을 잃고 광산에서 노동과 사냥을 하여 생계를 이어나갔다. 평양 서문 안에 있는 문렬사 부근에서 살던 그는 아버지 홍윤식은 증조부가 홍경래와 가까운 문중으로 '홍경래의 난'이 실패한 뒤 평양으로 피신하여 와서 살았다. 남의 집 머슴살이를 했던 아버지와 결혼했던 어머니는 홍범도가 태어날 때 산고로 죽었다. 그의 아버지는 심 봉사처럼 이집 저집 젖동냥으로 홍범도를 키웠다. 그가 아홉 살 되던 해

[그림6] 홍범도

아버지마저 죽었다. 그는 가난한 숙부 집에서 어렵게 자랐으며, 조금 자라서는 떠돌며 머슴살이하였고 절에서 잠시 승려 생활도 했다.

壬午軍亂(임오군란) 때에 나이를 두 살 올려 속이고 지역방위군 자원에 합격하였다. 그는 진위대에 배치되어 3년 동안 복무하다가 탈출하였

다. 그는 단조로운 군대 생활이 무료하여 새로운 세계로 도망쳐 나온 것이다.

그는 新溪寺(신계사)를 찾아가서 머리를 밀고 승려가 되었다. 그러던 중 비구니 이옥녀와 열애에 빠져 결국 임신을 시켰다. 그는 이옥녀와 해로하기로 하고 처가가 있는 함경도 북청으로 돌아가는 중 건달 패들에게 이옥녀를 탈취당하고 말았다. 만삭이었던 이옥녀는 천신만고 끝에 풀려나 북청인 고향으로 갔으나 그녀가 죽은 줄로만 알던 홍범도는 상심한 마음으로 세상을 떠돌다 7년 뒤에 부인과 상봉하여 태어나 자라는 아들도 만났다.

어느 날 강원도 회양 근처에서 예사롭지 않은 사냥꾼들을 만나 태백산 밀림에서 수렵 생활을 하면서 담력을 키우고 호랑이를 잡는 발차기와 바위에서 뛰어 내리기 등의 기술과 무술을 익히고 東學農民戰爭(동학농민전쟁) 소식을 접한다.

전봉준이 처형되었다는 말을 듣고 그는 분개하였고 특별히 閔妃(민비) 살해 사건 소식을 듣고는 부들부들 떨며 반드시 일제에 복수를 해야 하겠다는 결심을 하고 결국 義兵將(의병장)이 된 것이다.

1907년 전국적인 의병 봉기에 자극을 받던 중, 그해 9월 일제는 '총포와 화약류 단속법'을 공포하고 포수들의 총을 회수하려 하였다. 11월 차도선(車道善), 태양욱(太陽郁), 宋相鳳(송상봉), 許瑾(허근) 등과 함께 山砲隊(산포대)를 조직한 뒤 삼수, 갑산 지방 포수들의 총포를 회수하러 온 일본군들을 대적하여 北靑(북청) 厚峙嶺(후치령)을 중심으로 갑산, 삼수, 혜산, 豊山(풍산) 등지에서 유격전을 벌여 격파하였다.

이 싸움에서 그는 9시간의 전투 끝에 일본군들을 전멸시켰는데 한때 갑산을 완전히 장악하였다. 이들은 이렇게 스스로 의병이 되어 왜인을 소탕하기 시작하였고 사냥꾼답게 명사수들이었다.

 1907년 이 의병들은 1,500명 이상이 조직되어 전국 13도 창의군을 개설하였다. 1908년 서울진공작전을 시작으로 하여 의병들의 활동이 시작되었다. 1910년 한국이 일제에 의하여 강제 점령되자 홍범도는 소수의 부하를 이끌고 만주로 건너가 독립군 양성에 전력하였고, 박영신을 함경북도 慶源(경원)의 수비대를 습격하게 하여 큰 성과를 거두었다.

 1919년 3.1운동이 일어나자, 대한독립군의 總司令官(총사령관)이 되어 약 400명의 독립군으로 1개 부대를 편성, 국내에 잠입하여 갑산, 해산, 자성 등의 일본군을 급습하는 전과를 거두었는데, 특히 滿浦鎭(만포진) 전투에서 일본군 70여 명을 사살하였다.

 이에 놀란 일본군들은 1920년 6월 반격으로 9 산단 병력과 南陽(남양)의 수비대로 부대를 편성하여 독립군 본거지인 鳳梧洞(봉오동)을 공격해 오자, 700여 명의 독립군을 지휘하여 3일간의 치열한 전투를 벌인 끝에 일본군 157명을 사살하였다. 일본군은 산새와 지리를 잘 몰라 독립군들의 유인을 알 수 없었다. 독립군들은 나라를 잃은 원한을 품고 비장한 각오로 사격훈련과 담력을 키워 모두가 명사수들이었다. 죽은 왜인들의 무기와 실탄들을 빼앗아 비축하였다. 독립군의 총병력이 1,950명, 일본군은 총병력이 7,000여 명이었다. 청산리 일대에서 독립군의 뛰어난 전술로 완전무장 한 일본군을 농락했으며, 6일간의 전투에서 일본군은 1,254명이 사살되었고 부상자를 합하면 인명피해가 3천 명이 훨씬 넘었다. 안타깝지만 독립군들도 200여 명이 전사하였다.

 같은 해 10월에는 청산리 전투에 김좌진 장군이 이끄는 북로군정서와 함께 제1연대장으로 참가하여 큰 공을 세웠다. 그 뒤 독립군 연대가 黑龍江(흑룡강)의 국경지대에 집결하자, 항일 단체들의 통합을 주선하여 대한독립군단을 조직하고 부총재가 되었다. 독립군단은 1921년 러시아 領(령) 알렉세예프스크(Alekseyevsk)로 이동하여 '스랍스케' 부근에 주둔하였다. 그러나 같은 해 6월 소련당국의 한국 독립군에 대한 무장해제령으로 빚어진 自由市事變(자유시사변)을 통하여 많은 독립군이 희생되고 말았다.

이후 홍범도는 남은 독립군들과 함께 이르쿠츠크로 이동하였고 레닌 정부의 협조를 얻어 설립된 '고려혁명군 사관학교'에서 혁명군 양성에 참여하기도 하였다.

1922년 다시 연해주 이만으로 돌아왔으며 1923년~1924년 무렵부터는 그곳에서 집단농장을 구성하여 농사를 지으며 한인들에게 민족의식을 고취 시켰다. 1937년 스탈린이 한인 강제 이주 정책을 시행하면서 연해주의 한인들은 중앙아시아로 강제 이주되었다. 홍범도는 카자흐스탄의 '야니쿠르 간사나리크'로 이주했다가 이듬해 '크질오르다'에 정착하였다.

1941년 제2차 세계대전이 발발하자 소련 정부에 참전을 요청했으나 고령을 이유로 거부당하였다. 카자흐스탄의 한글 신문〈레닌 기치〉에 젊은이들의 참전을 촉구하는 기고문을 싣기도 하였다. 말년에는 한인극장인 고려극장에서 일을 봐주며 조용한 여생을 보냈다. 그러나 이국땅인 카자흐스탄 한인사회에서는 독립군 장군 홍범도의 용맹과 업적은 널리 알려져 있었다. 생전에 이미 고려극장에서 그의 항일투쟁을 주제로 한 연극 '홍범도'가 공연되었고 그의 일대기가 〈홍범도일지〉로 정리되었다.

그는 해방을 불과 2년 앞두고 1943년 10월 25일 이역만리 타국에서 끝내 숨을 거두었다.

굵은 골격과 큰 키의 건강체였고 명사수였던 그는 일평생을 오직 조국의 독립만 생각하며 싸웠다. 아늑한 보금자리는 없었고 기름진 음식과 화려한 옷과 식탁이 아니었다. 장신으로 건강체였으나, 많은 날 전쟁과 몸을 숨기는 긴장감과 신경 쓰임으로 얻은 관절통과 지병으로 그는 눈감는 순간까지 조국의 독립을 기원하였다. 그의 遺骸(유해)는 집 근처에 임시로 안장되었다가, 2차 대전이 끝나고 중안 공동묘지로 옮겨졌다. 1951년 〈레닌 기치〉 기자들을 비롯한 한인들이 중심이 되어 '홍범도 장군 분묘 수리위원회'를 조직하여 흉상과 기념비를 세웠다. 그가 거주하던 집은 역사 기념물로 지정되었고 집 근처의 거리는 '홍범도 거리'로 지정되었다.

1962년 대한민국 정부에서는 독립운동에 기여를 한 공훈을 기려 '건국훈장 대통령상'을 추서하였다. 2019년 4월 카자흐스탄을 방문한 文在寅(문재인) 대통령이 토카예프 대통령과의 정상회담에서 장군의 유해 봉환을 요청하였고, 이에 따라 2021년 8월 15일 카자흐스탄으로부터 유해가 봉환되었다. 이후 대한민국 정부가 建國勳章(건국훈장) 중 최고 등급인 '大韓民國章(대한민국장)'을 추서하였고, 유해는 대전 현충원에 안장되었다.

오늘날에 와서 현 정부는 홍범도 장군의 흉상을 뽑아 없애야 한다는 이들과 한쪽으로 옮기자는 右派(우파)들의 여론 등 말이 많은데 北韓(북한)을 敵(적)으로 보는 이들의 어리석은 생각들이다. 그때는 3·8선이 생기기 전 아닌가? 1917년 볼셰비키는 러시아 기독교가 일으킨 혁명이다. 이 혁명은 역사상 최초로 공산당을 만들었다. 해방 이후 소련은 북한을 점령하고 미국은 남한을 주관하며 군정을 시작하였고 나라는 두 동강이로 분단되었다. 그러나 解放 前(해방 전) 의병들은 다함께 일본군과 싸우고 조국의 독립을 위해 재산과 젊음을 바쳐 투쟁했으나 결국 또 다른 역사적 비극을 안고 우리는 녹슨 삼팔선을 咀呪(저주) 하며 형제끼리 적이 되어 지구촌에서 유일하게 남은 미국의 품에서, 북은 러시아의 품에서 짝사랑으로 이렇게 살아가고 있다.

5. 카이로·포츠담 회의

1) 카이로 회담(1943년 11월)

미국, 영국, 중국이 이집트 카이로에 모여 聯合軍(연합군)이 2차 세계대전 승리 이후의 정세를 논의하고 확정한 회담을 말한다. 고등학교 교과서, 世界史(세계사), 일반상식에도 다 짧게나마 언급되어 있는 역사지만 우리는 이런 역사를 기억하려는 사람들이 날이 갈수록 희소해진다. 이 회담을 통해 '카이로선언'이 발표되는데 이때 한국의 독립을 보장한다는 내용을 분명히 담고 있었다. 그런데 미국, 중국, 영국, 3개국이 한국인들의 노예 상태를 유념하여 적당한 절차에 따라 독립을 허용할 것이라고 발표하였다.

당시 이승만은 미 白堊館(백악관)에 '카이로선언의 적당한 절차'라는 文句(문구)가 구체적으로 무엇을 의미하는 것인지 명확히 밝혀줄 것을 요구하였다. 이승만에 대한 비난도 많지만 어느 한 편으로 그는 유창한 영어와 정식으로 박사학위를 받은 사람답게 루즈벨트 대통령에게 편지를 보내며 대한민국을 알렸고, 한국인으로서는 처음으로 출판한 책이 미국 전역에 알려지는 運(운)이 있는 사람이었다. 이승만은 루즈벨트 대통령과 미 國務府(국무부)에 편지를 보내고, 성명서를 밝히기도 하였다. 이승만이 걱정했던 이 논란은 훗날 信託統治(신탁통치)였으며, 이 신탁

통치는 해방 후 미군정 정치가 되어 오늘날까지 대한민국은 일본 식민지에서 벗어나는가 했더니 미국의 그늘 아래서 上官(상관) 눈치 보며 사는 卒兵(졸병)이 되었다. 이 카이로 회담은 한국의 독립에 대하여 각자의 入藏(입장)이 달랐다. 세계 2차 대전의 聯合國(연합국)들은 한국을 일본의 통치에서만 벗어나게 하고 자기들이 국제 공동 관리를 하려 하였다.

미국의 루즈벨트는 새로운 국제질서를 재편하려는 의도였고, 영국의 처칠은 대영제국을 유지할 속셈으로 부정적이었다. 소련의 스탈린도 1941년 일본과 맺은 中立 條約(중립 조약) 때문에 주저하였고. 중국은 한국을 지배할 욕심이라는 의심을 받기도 하였다.

세계의 100여 국가가 植民地(식민지)였으나 한국만이 독립 국가로 해방되어 카이로 선언문 特別條項(특별조항)에 포함돼 한국독립의 里程標(이정표)는 되었으나 이는 결국 미군정 신탁통치로 이어졌다.

[그림7] 카이로 회담의 장소인 메나하우스 호텔의 현재 모습 (사진. 나무위키)

2) 포츠담 회의 (1945년 7월)

포츠담은 역사적으로 유럽 내 이민의 중심지였고 종교적 寬容性(관용성) 덕분에 프랑스, 러시아, 네덜란드, 보헤미아 등 여러 국가의 사람들이 이곳에 이민자 定着村(정착촌)을 세웠다. 그리하여 이곳 부담 없는 장소를 정해 회담을 한 것 같다.

영국, 미국, 소련이 독일 포츠담에 모여 유럽의 재건과 太平洋戰爭(태평양 전쟁)과 일본제국에 대한 처분을 논의한 회담이다. 이때 카이로선언을 계승하여 일본제국의 무조건적인 항복과 전범재판, 한국을 비롯한 植民地(식민지) 포기 등을 촉구하는 선언이 이 포츠담에서 발표되었다.

7월 17일부터 8월 2일까지 스탈린, 처칠, 애틀리, 트루먼이 만났다. 그들은 얄타에서의 이전 합의에 따라 제 2차 세계대전 종식을 위한 조건을 협상하는 것을 목표로 했다. 연합국 3대국의 정상회담이 열린 것은 이것으로 3번째이며 마지막이었다. 독일이 패배하면서 공동의 적이 없어 유럽 재건에 대한 합의가 어려운 상태였다. 주요 문제는 독일을 다루는 것이었는데 소련은 막대한 賠償金(배상금)을 원했고 미국과 영국은 경제를 방해하지 않기를 원했다. 독일의 비무장화 계획과 연합군 구역을 확정했다. 독일은 완전한 무장 해제, 비 나치화, 猶豫(유예) 된 국가 정부로 民主化(민주화) 되어야 했다.

論難(논란)의 여지가 있지만 분쟁지역에서 독일인의 국경 수정 및 추방이 합의되었다. 외무장관 회의는 독일 同盟國(동맹국)들과 평화조약의 초안을 작성하기 위해 구성되었다. 포츠담 선언은 일본이 즉시 항복하지 않으면 파괴할 것이라고 위협하였다. 트루먼은 스탈린에게 미국이

원자폭탄 실험에 성공했다고 알렸고 이는 협상에 영향을 미쳤다. 연합국 3국은 전후 협력을 논의하기 위해 다시는 만나지 않았다. 요약하면 포츠담은 제2차 世界大戰(세계대전) 종식을 위한 주요 조건을 설정했지만 냉전 시대의 시작을 알리는 긴장이 발생한 것이다.

[그림8] 포츠담 회담. 왼쪽부터 클레멘트 애틀리, 해리 S. 트루먼, 이오시프 스탈린 (사진. 나무위키)

2장
사회주의의 진상

1. 마르크스 資本論(자본론)

社會主義(사회주의), 共産主義(공산주의)를 대변하는 카를 마르크스(Karl Marx)의 〈자본론〉은 자본주의 사회에서 보호받지 못하는 약자를 보호하기 위해 나온 최초의 사상이다. 資本主義(자본주의)의 속성을 최초로 폭로한 마르크스의 핵심 사상은 자본가와 노동자 사이에 발생하는 엄청난 貧富(빈부) 隔差(격차)가 능력 차이 때문이 아니라 노동자에 대한 구조적 搾取(착취) 때문임을 과학적으로 증명하는 이론이다. 말하자면 자본가의 이윤은 노동자로부터 착취한 剩餘價値(잉여가치)에서 나온다는 것이다.

영국 격언에 '부자의 재물은 가난뱅이의 눈물로 벌어들인 것이다.'라는 말처럼 말이다. 나도 이 책을 서재에 두고 틈틈이 읽었었다. 처음에는 어렵고 충격적이었는데 시간이 흘러 나이를 더 먹고 알게 되었다. 전 세계 강대국들과 재벌들과 쪽방촌, 소말리아, 난민촌 등 가진 자와 못 가진 자의 문제가 그들의 能力(능력) 때문이 아니라 分排(분배)의 법칙이 잘못되어 간격이 벌어진다는 것을.

차별 없는 평등한 사회로 나아가는 데에는 이 자본론이 큰 영향을 끼칠 것이다. 〈자본론〉에 의거하면 民間企業(민간기업)의 이윤은 노동자로부터 착취한 잉여가치에서 나오는 것이지만 公企業(공기업)은 이윤을 추구하는 조직이 아니니 또 다른 각도에서 생각하면 헛갈릴 수도 있다.

말하자면 국민 건강 보험공단 같은 공기업은 대한민국 국민이라면 누구나 합리적인 비용으로 의료 서비스에 접근할 수 있도록 공익을 목적으로 운영된다.

때로는 적자운영을 감수하기도 하며 임금, 예산, 사업 등은 정부와 의회의 계획과 통제하에 결정되고 집행된다. 그런 의미에서 공기업은 資本主義(자본주의)라기보다는 社會主義的(사회주의적)으로 운영된다고 볼 수 있는 것이다. 하지만 資本主義(자본주의) 사회의 공기업은 민간 부분의 영향과 압력에 그대로 노출되어 있다. 설립 목적과 역할이 다름에도 불구하고 민간기업의 효율성을 벤치마킹해야 한다며 체질 개선을 요구받고, 공공부문 노동자 역시 민간 부분 노동자와 끊임없이 비교되며 공공의 적이자 改革的(개혁적)인 대상으로 내몰린다. 그러므로 해당 국가가 자본주의 시스템을 지향하는 경우 공기업 노동자 역시 자본주의 착취의 磁氣(자기)장에서 자유로울 수 없을 것이라는 결론이다.

자본주의 사회에서는 기업의 소유권이 자본금을 투자한 자본가에게 귀속되고 그러한 소유권을 명분으로 자본가는 해당 기업에서 이윤을 戰取(전취) 한다. 기업의 운영 방식이나 이윤의 사용처 등은 전적으로 자본가의 의지와 선택에 달려있다. 정규직을 고용할지 비정규직을 쓸지, 인건비는 어떤 수준으로 할지, 이윤을 어디에 투자할지를 결정하는 것도 궁극적으로는 자본가의 權限(권한)이다.

반면에 사회주의 사회에서는 기업의 소유권이 공동체에 귀속되기 때문에 어떤 특정인의 의사에 따라 운영될 수 없으며 임금 수준, 잉여 유보금의 규모 및 사용처 등이 공적인 영역에서 민주적인 의사 결정 과정을 거쳐 결정된다.

그런 관점에서 보았을 때 社會主義(사회주의)를 구현하는 길은 자본가의 獨裁(독재)와 마음대로 주무르는 專橫(전횡)으로 운영되는 불평등한 경제구조를 民主化(민주화)하려는 것이라고 말할 수 있다.

資本論(자본론)이 레닌에게 끼친 영향

마르크스 〈자본론〉을 읽고 가장 큰 영향을 받은 사람은 레닌(1870년 4월 22일)이다. 그는 소비에트 사회주의 공화국 연방 초대 인민 위원으로 소련을 건국한 최고의 지도자이다. 러시아제국의 혁명 조직인 볼셰비키의 지도자였으며, 소련 장관회의 초대 위원장 겸 소련공산당 創立者(창립자)이다. 마르크스 이후 가장 위대한 사상가인 동시에 뛰어난 혁명 지도자로 추앙받는다.

반면 반공주의자를 위시한 反(반) 좌파 인사들이나 같은 좌파 중에서도 무장봉기를 반대한 멘셰비키, 즉 私民主義者(사민주의자)나 프롤레타리아 독재를 반대한 自由(자유) 至想主義的(지상주의적) 사회주의자, 즉 아나키스트(Anarchist)들에게는 소련의 폭압적 체제의 기반을 만든 원흉이자 스탈린 못지않은 학살자라는 극과 극의 평가를 받고 있다. 그가 사회정의의 실현을 위해 자기 자신을 희생하고 모든 것을 바친 사람으로 활동한 것은 큰 인물이긴 하지만 나는 그의 방식이 실용적이라고 박수를 보낼 수는 없다. 그러나 한 가지는 확신한다. 레닌과 같은 사람은 인간성의 수호자이자 혁명가이며 復元者(복원자) 임이 틀림없다.

당시 소련은 正敎會(정교회)가 국교였다. 그러나 성직자들은 노동자들을 해방하거나 천국으로 인도하지 못했다. 노동자들은 하루 열두 시간을 일하고 겨우 하루 먹을 빵 두 개를 구했다. 그러나 성직자들은 기름진 생활로 의식주가 넘치고 비만했다. 이때 〈자본론〉을 읽고 크게 감동 받은 사람이 바로 레닌이었다.

레닌에 따르면 자본주의 국가들은 불균형적으로 성장하며, 따라서 자본주의의 최고 형태로서 제국주의자들은 불균형적으로 식민지를 분할한다. 1차 대전 당시 후반 자본주의 독일의 경제력은 영국과 프랑스를 추월했지만 식민지는 거의 없었다. 이처럼 경제력과 식민지 지분이 일치하지 않을 경우, 제국주의 전쟁이 일어날 수 있다. 바로 이런 불균등 발전이 제1차 세계대전의 배경이 되었다.

전 세계가 이미 분할됐으므로 거대 제국주의 열강이 식민지를 확대하는 방법은 다른 경쟁자들을 희생시키는 방법밖에는 없었고, 이것은 결국 전쟁을 의미함이다. 자본주의에서 세력권과 식민지 등을 분할하는 근거는 오직 그 분할에 참여하는 나라들의 경제력, 군사력뿐이다,

제국주의 나라들의 힘은 현재도 미래도 균등하게 변화하지 않는다. 10~20년이 지나도 제국주의의 열강 사이의 상대적 힘이 변화하지 않을 것이라고 상상할 수 있는가? 제국주의 간 동맹이나 초 제국주의 동맹은 전쟁과 전쟁 사이의 일시적 휴전에 불과하다. 실제로 1차 대전이 끝난 후 제국주의 국가들은 군비경쟁에 나서 2차 대전에 돌입했다.

레닌에 따르면 '인터내셔널(International) 제2차 대회에서 기회주의 혹은 改革主義(개혁주의)가 풍미한 것은 제국주의와 이들 세력의 물질적 관계에 기인한다.'라는 것이다.

레닌은 이미 19세기 중후반 영국이 산업과 식민지를 독점한 것과 영국 노동운동에서 개혁주의가 득세한 것 사이에 연관이 있다고 봤다. 제국주의 국가 내에서 독점 자본가들은 세계에도 없는 초과 이윤으로 사회주의 정당과 노동조합의 관료들을 매수할 수 있었다.

레닌은 생각하기를 제국주의가 식민지에서 반 帝國主義(제국주의) 투쟁을 유발하기 때문에 그런 투쟁을 적극 지지하는 것이 혁명적 사회주의자들의 의무라 했다. 레닌의 이러한 주장 전에는 사회주의 운동이 식민지의 민족해방 운동을 중요한 전략적 의미가 있는 운동으로 간주하지 않았다. 레닌의 입장에 따라 코민테른 勞動者 協會(노동자협회)가 창설되어 공산당이 잉태되었다.

페트로그라드(Petrograd)와 모스크바에서 열린 코민테른 2차 세계대회에서는 '민족 식민지 문제'가 핵심 주제가 됐다. 레닌은 억압 민족과 피억압 민족의 민족주의를 구별해야 한다고 강조하면서 한편으로 식민지 피억압 민중 사이의 혁명적 동맹을 제안했다.

1920년 9월 코민테른이 아제르바이잔의 바쿠에서 개최한 제1차 동방 민족대회의 구호는 '만국의 노동자와 피억압 민족이여 단결하라!' 였다.

資本論(자본론)이 러시아 교회에 끼친 영향

지구상의 모든 주의 주장은 변한다. 이것이 자연계의 순환이며 易(역)의 實相(실상)이다. 지구와 인류와 생명체 역사 중 가장 진실한 것은 恒常(항상)이 없다는 것이다. 이조 오백년도, 옐친 동상도 무너졌다. 이것이 유일한 진실이며 易(역)의 순환이다. 솔로몬 현자는 일찍 이를 알아 전도서 3장에 '천하의 범사는 기한이 있다.'라고 物質世界(물질세계)의 無常(무상)을 언급한 바가 있다. 수천 년 전 그리스 철학자들도 이구동성으로 이르길 '강물에 손을 담그면 우리는 다시는 똑같은 강물과 만날 수 없다.'라고 하였다. 현생인류로 진화한 인류는 문명과 과학, 기술, 문화는 바뀌었지만, 주체인 인류는 동일하니, 지혜도 다 동일할 수밖에 없다. 우물 안 개구리와도 같은 인간들은 지구상 최고의 捕食者(포식자)가 되었지만, 他力(타력)과 자연과 現存(현존)하는 다른 존재들의 쉼 없는 움직임과 그에 따른 體(체)인 리액션(reaction)에 직접 간접적으로 영향을 받게 되는 것이다. 어제와 같은 오늘이 반드시 내일로 이어지리라 착각하는 생각은 이미 퇴보적인 어리석음이다.

러시아는 볼셰비키 혁명 이후 러시아 전체에 존재하던 정교회 소속 수도원과 교회는 모조리 閉鎖(폐쇄)되었고, 100만 명 이상의 성직자들과 수도사, 수녀들은 전부 강제로 환속을 당하거나 시베리아 강제 수용소에서 죽었다. 성경책은 전부 빼앗기고 박애 정신이 있어 나눔을 실천하던 80여 명의 성직자는 재판에서 살아남고 나머지 자본주의에 물든 비정한 교인들은 2천4백만 명이 학살당하였고 교회는 일부 불태우고 모스크바 대성전은 본보기로 남겨두고 공산당원들 모임 장소로 이용되었다.

스탈린은 신학교 출신이며, 레닌도 독실한 정교회 신자였다. 그들은 사도행전 2장과 4장 사이의 초대교회의 재산관리와 공동체 생활을 하나의 이상주의 국가로 생각하였다. 그러나 아벨이 사는 곳에는 가인이 있고 인간의 감정이나 사념은 易(역)의 循環(순환)에 따라 바뀌는 것이다. 〈신약성경〉에서 말하는 소위 마음속에 聖靈(성령)이 없는 생 속으로 단행하는 의협심들은 영원하지 않은 것이다. 그리고 원한에 사무친 사람들이 피 맛을 보면 미쳐버리는 것이다. 중국혁명 후 중국 전체에서 존재하던 불교 사찰 수만 개가 전부 폐쇄되었고 오백만 명 이상으로 추정되던 승려들은 전부 강제 환속을 당하거나 처형되거나 정신병원에 수감

되어 스트레스와 인간 이하의 대접으로 말려 죽게 했다.

김일성 공산정권이 수립된 후 북한 내의 존재하던 모든 종교 시설과 세계 '예루살렘'이라 칭하던 기독교가 전부 사라지고 끝내 교화가 불가능하다 생각되는 종교인들은 수십만 명이 순교를 당하거나 강제 노역으로 뼈만 남아 굶어 죽었다. 박해가 시작되자 고향을 버리고 미리 남한으로 넘어온 사람들은 영락교회로 모여들었다. 공산정권이 수립된 후 자행된 수많은 학살과 강제노역은 전 세계 곳곳에서 자행되었다.

기독교가 예수그리스도 정신이나 初代敎會(초대교회) 정신을 외면하고 자본주의를 꿈꾸며 지상에서의 부자 되는 축복의 꿈을 신앙 유산으로 알고 성경과 예수 정신에서 크게 빗나간 것에 대한 예비 심판이며 100% 카르마의 데미지(Damage)라고 나는 생각한다.

2. 社會主義(사회주의)의 眞相(진상)

　社會主義(사회주의) 국가에서는 돈을 벌기 위해 개인 사업을 하는 것이 아니다. 사회주의에서는 국가가 제1 당이며 제1 기업이다. 대한민국에서 잘 나가는 기업이 삼성이라면 사회주의 국가에서 잘 나가는 기업이 국가이다. 부와 권력의 最頂点(최정점)에 국가가 있는 것이다. 民主主義(민주주의)에서는 부와 권력이 나누어져 서로를 견제한다면 사회주의에서는 오직 하나 국가다. 그러므로 국가사업을 따내려면 능력보다는 로비이다. 中國(중국)만 해도 사업을 하다가 너무 잘 나가거나 정부한테 찍히면 끝이다.(알리바바, 디디추싱, 텐센트, 틱톡, 메이탄, 에러머, 등등)

　사회주의 국가에서는 정부보다 더 잘 나가는 私企業(사기업)은 숙청 대상이다. 국가의 규제가 심하기 때문이다. 규제의 기준은 정부 마음에 달렸다. 어느 정도 이상 기업이 성장하면 정부가 쳐낸다. 러시아나 미얀마, 베트남, 볼리비아, 루마니아, 북한, 중국을 봐도 세계적인 기업이 없다. 국가의 지원을 받는 국유기업 빼면 없다.

　社會主義(사회주의) 국가에서는 개인 사업이 아닌 나랏돈을 해 먹는 것이 가장 가치가 있다. 자유주의 국가에서는 개인에게 돈이 모인다고 하면 사회주의는 돈은 국가가 제일 많이 가지고 있고 전체를 통제 관리한다. 한 나라의 전체 부의 대부분을 국가가 관리하니 거기서 떨어지는 부스러기가 군중의 몫이다. 중국만 해도 개인은 토지를 소유할 수 없다. 다만 지상 건축물만 소유를 인정한다. 그 바람에 우리나라처럼 땅 투기꾼들은 있을 수가 없다. 사회주의는 그리하여 官僚主義(관료주의)가 심해지고 효율성과 능력은 떨어지게 되어 있다.

사회주의 국가에 진출하여 성공한 事業家(사업가)를 본 적 있는가? 중국에서 어느 정도 기반을 잡은 듯 한 개인 사업가들은 더러 있다. 그러나 그들이 목돈을 한국으로 송금할 수 없다. 베트남에서도 성공한 사업가가 없다. 러시아에 진출한 현대자동차 역시 이유야 어찌 되었든 지금 거대한 공장 장비가 녹슬고 있고, 2년 동안 단 한 대의 자동차도 못 팔고 있다. 현 정부가 우크라이나 전쟁을 도왔기 때문에 러시아 정부가 자존심이 상한 탓이다. 北韓(북한)만 해도 무기 생산 외에는 내놓을 만한 세계적 명품이 없다.

사회주의 국가에서는 지도자를 神格化(신격화)하는 과잉 충성의 문제가 심각하다. 북한 김정은은 물론 러시아의 역대 대통령들, 베트남의 호치민, 모택동, 시진핑 등이 그렇다. 大統領(대통령)도 사람이고 따뜻한 피가 혈관에 흐르는 인간이다. 실수도 있고 눈물도 있다.

레닌도 혁명에 성공했지만 아이러니하게도 자본주의를 도입하였다. 그 당시 경제가 바닥이었는데 레닌을 '국가 자본주의'라는 용어까지 도입하면서 新經濟(신경제) 정책을 도입했다는 것은 사회주의 공산주의로는 경제를 일으킬 수 없다는 것을 알았다. 다만 레닌은 자본주의와 공산주의의 공존에 회의적이었고 어느 정도 經濟發展(경제발전)이 되면 자본주의를 버리고 공산주의로 가려고 했던 것 같다. 발전된 경제 상황에서는 공산주의로 가도 경제가 유지될 것으로 생각했다. 하지만 그런 생각이 빗나갔음을 그의 사후에 현존하는 공산주의 국가들이 몸소 보여주었다. 공산주의는 경제의 下向(하향) 평준화이다.

　사회주의와 공산주의는 짝이 맞고 민주주의는 자본주의랑 짝이 맞는 바람에 개념이 헛갈리는 사람들이 있을 것 같아 짧게 정리하자면 공산주의와 자본주의는 경제체제이고 사회주의와 민주주의는 정치체제(사회제도)이다.

러시아 革命(혁명)

　1900년대의 러시아 상황은 어수선하였다. 일반 백성들은 극심한 생활고에 시달리고 귀족과 성직자들에게는 무자비한 착취를 당하였고 이를 항의 하였다가 하루에 3,000명 이상이 학살을 당하기도 하였다.

　혁명의 즉각적인 촉매제는 '피의 日曜日(일요일)'로 알려진 1905년 1월 22일 상트페테르부르크의 겨울 궁전에서의 학살이었다. 왕실 경비대에 의해 평화적인 노동자 시위가 시작되었고 20만 명이 넘는 노동자들과 그 가족들이 모여들었다.

　1년 전 朝鮮(조선)을 둘러싸고 일본과 전쟁을 벌이다가 패배한 러시아 경제는 심각하였다. 니콜라이 2세에게 자비를 구하려 궁전으로 몰려갔다가 돌아온 건 난데없는 총탄 세례와 피바람이었다. 수백 명이 그 자리에서 쓰러져 죽고 수많은 사람이 부상으로 쓰러졌다. 그 사건은 전국에 충격을 주었고 광범위한 시위의 불길이 되었다. 이러한 소문은 빠르게 퍼져 나갔다. 搾取(착취)와 무능 및 봉기가 1906년 한 해 동안에 2,600건 이상이 일어나기도 하던 때였는데 거기에다 기근이 발생하여 가난한 농민들은 식량이 없어 굶어 죽는 사람이 헤아릴 수 없었다.

1차 世界大戰(세계대전)에서 독일에 참패당한 뒤, 그 피해가 극심하여 전 국민의 사기가 땅에 떨어졌으며 나라는 질서가 없고 無政府(무정부) 상태처럼 흔들렸으며 기존가치가 몰락하면서 극심한 혼란에 빠져버렸다.

1917년 2월 마침내 레닌이 주도하는 개혁적 민족운동으로 공산주의 국가가 탄생하게 된다. 마르크스 〈자본론〉을 讀破(독파)하고 크게 영향을 받은 레닌은 고향에서 부패한 자본주의를 바로잡고 평등하고 골고루 잘 사는 사회를 만들자고 연설하였다. 나와 같이 일할 사람은 앞으로 나오라고 호소하자 8명이 두 주먹을 쥐고 합류하였다. 이튿날은 장소를 옮겨 연설하니 20여 명이 합류하였고, 다음날은 100여 명, 500여 명, 5,000여 명, 10만 명, 100만 명 이상이 요원의 불길처럼 들고 일어났다. 이 러시아 혁명은 지금까지 러시아를 이끌어왔던 기존가치를 완전히 부정하고, 왕과 貴族(귀족) 및 종교에 대한 憎惡(증오)와 怨恨(원한)을 숙청과 암살 및 학살을 통해 제거하는 방법을 과감히 선택하였다. '가난한 자가 배운 사람과 가진 사람에 대한 투쟁은 항구적으로 계속되어야 하며, 이것은 전쟁으로 발전되어야 하며, 이는 정의의 전쟁이다.'라는 카를 마르크스의 階級(계급) 鬪爭(투쟁)의 정의를 철저히 이행했다. 또한 카를 마르크스는 '전쟁은 생산수단을 소유하고 이를 강화하며 확대하기 위하여 행해지는 사회집단 상호 간에 무력 투쟁이다. 즉, 生産手段(생산수단)의 소유를 위한 수단과 방법 및 행위가 전쟁이다.'라고 정의했다. 암살, 학살, 전쟁을 통하여 생산수단을 국유화하는 것을 정당화했다.

러시아의 로마노프 왕조가 무너지니 니콜라이 2세가 폐위되고 레닌을 통한 혁명 단은 노동을 최고의 가치로 인정하고 기존 질서를 파괴하기 위한 무자비한 숙청과 토지몰수, 공장과 모든 생산수단을 국유화하고 공동 생산하고 공동 분배하고 지금까지 왕권을 신성시하고 함께 부패한 종교를 부정하는 無神論(무신론)의 공산국가가 탄생하였다.

지금까지 皇帝(황제)라는 그늘 밑에서 황제를 神格化(신격화) 시켜주고 같이 부패한 종교를 박살내기 시작하였다. 황제와 함께 부패한 지주, 자본가 귀족 용병대장 등 성안에서 호화롭게 사는 일당을 송두리째 거부하고 이 무리를 모조리 屠戮(도륙 : 잡아 죽임)을 해버리기 시작하였다. 스탈린이 집권하는 동안 완전한 共産主義(공산주의)를 달성하기 위해 하루 평균 40,000명 이상을 처형하였다. 이렇게 죽은 사람이 3,300만 명이 넘었고 공산주의가 자리 잡는 동안 숙청당한 사람이 1억 명에 가깝다. 스탈린은 '인간 백정'이라는 별명이 붙었다.

[그림9] 소비에트 사회주의 공화국 연방 초대 인민위원장 **블라디미르 레닌**
Влади́мир Ле́нин | Vladimir Lenin
(사진. 나무위키)

[그림10] 소비에트 사회주의 공화국 연방 제4대 장관회의 주석 **이오시프 스탈린**
Ио́сиф Ста́лин | Joseph Stalin
(사진. 나무위키)

2장 사회주의의 진상

3. 革命(혁명)의 피바람

1) 革命家(혁명가) 레닌

"친애하는 여러분! 나는 여러분이야말로 러시아 혁명의 승리자이며, 전 세계 프롤레타리아, 군대의 전위대라고 생각합니다. 여러분이 이루어낸 러시아 혁명은 새 시대를 열었습니다. 세계 사회주의 혁명 만세!"

레닌을 이렇게 민중들 앞에서 최초의 社會主義(사회주의) 국가가 탄생하였음을 선언하였다 1917년 4월 3일 군중들이 상트페테르부르크의 기차역 廣場(광장)으로 모여들었다.

노동자들과 흥분된 병사들이 계속해서 "레닌! 레닌!"을 외치며 몰려들었다. 레닌은 손을 번쩍 들고 환호하는 군중 앞으로 아무런 호위병도 없이 당당히 나아갔다. 그는 외쳤다 "이제 빵과 평화를 위하여 모든 권력을 소비에트가 갖도록 합시다. 모든 토지를 국가의 소유로 만듭시다. 무엇보다 이 지긋지긋한 제국주의 전쟁을 끝냅시다!" 사람들의 환호는 더욱 높아갔다. 레닌은 차르를 암살하려다 붙잡혀 사형당한 형의 영향을 받아 혁명운동에 뛰어들었다.

지하신문을 만들고 사회주의 정당을 건설하려다 체포되어 시베리아로 유배되기도 하고 스위스로 망명하여 외로운 생활을 견뎌야만 하였다.

그러던 그가 이제는 당당하게 조국에 돌아와 혁명의 지도자로서 민중들 앞에 선 것이다. 인류역사상 최초로 사회주의 국가를 탄생시킨 1917년의 혁명은 이렇게 시작되었다. 그는 전쟁 반대에 대한 강력한 주장을 연설하였다.

2) 지키기 어려운 革命公約(혁명 공약)

소비에트 革命政府(혁명정부) 앞에는 혁명보다 더 험준한 가시밭길이 기다리고 있었다. 귀족들과 부자들, 지주, 대 자본가들이 반 혁명군을 만들어 격렬하게 저항하고 나서서 거세게 저항하는 난관이 앞을 막았다. 자본주의 열강도 직접 파견하여 反 革命勢力(반 혁명세력)을 지원하였다. 이리하여 러시아 전역에서는 내전이 일어났다. 혁명을 막아야 했고 토지를 지키려고 무기를 들고 일어선 노동자, 농민, 병사들은 치열한 격전을 거듭하며 많은 피를 흘려야만 하였다. 결국 1920년 반혁명 세력을 완전히 물리칠 수 있었는데 이는 대격변이었다. 레닌은 각 나라의 사회주의자들을 연결하는 코민테른을 건설하여 혁명의 세계화에 나섰다. 코민테른은 제국주의에 반대하는 노동운동과 식민지 민족해방 운동을 지원하여 사회주의가 전 세계로 확산하는 데 큰 영향을 미쳤다.

3) 성경에서 얻은 共産主義(공산주의) 靈感(영감)

'믿는 사람들이 다 함께 있어 모든 물건을 서로 通用(통용)하고 또 재산과 소유를 팔아 각 사람의 필요에 따라 분배하고 날마다 마음을 같이 하여 모이기를 힘쓰고 기쁨과 순전한 마음으로 음식을 먹고 하나님을 찬미하더라.'(사도행전 2:44~46)

우리가 바라는 이상세계다. 이대로만 된다면 여기는 위대한 공산주의다.

'믿는 무리가 한 마음과 한뜻이 되어, 모든 물건을 서로 통용하고 자기 재산을 자기 것이라고 욕심부리는 사람이 하나도 없더라, 무리가 모든 재산과 토지를 팔아 사도들의 발 앞에 갖다주니 각 사람의 필요를 따라 분배하니라. 그중에 가난하거나 모자란 사람이 없었다.'(사도행전 4:32~36)

이는 천국이다. 성자들만이 가능한 이 운동은 그야말로 이상세계다.

레닌이 죽은 뒤에 뒤이어 집권한 스탈린은 신학대학을 졸업한 사람이었다. 그는 성경에서 영감을 얻어 더욱 확고한 계획으로 경제를 실시하여 군수 사업을 비롯한 중공업과 농업을 발전시키면서 경제를 성장시켰다. 그리고 반대파들을 대거 숙청하여 피바람을 일으켜 강력한 독재 체제를 강화하여 나갔다.

4) 독재와 파시즘(Fascism)

파시즘(Fascism)은 위대한 신화와 초월적 사상에 호소하는 혁명적, 반체제적, 浪漫的(낭만적), 이상적 형태의 민족 국가주의다. 파시즘은 불가능한 꿈을 실행하고 영웅과 초인의 사회를 탄생시키고 세상을 변화시키고 또 완전히 바꾸기 위해 노력한다. 파시즘 경제는 사회주의 혹은 中道的(중도적) 사회주의 방법을 취한다. 따라서 개인과 이기적인 경제적 이익을 민족국가 전체의 厚生(후생), 정의로움, 그리고 형제애라는 원칙 하에 종속 시킨다.

파시스트 태도는 지식인의 본질, 즉 너무나 인간적인 인본주의 정신의 급진적 거부를 기초로 한다. 파시스트는 지식인을 혐오한다. 지식인은 가식적 부르주아, 허세부리는 속물, 호사가, 그리고 무책임한 비겁자의 무리에 불과하다. 파시스트는 잔인함, 초인적 그리고 천사 같음을 동시에 추구한다. 파시스트는 추위와 비극을 사랑하지만, 안락을 추구하지 않는다. 이 모든 것을 하나로 요약하자면 파시즘은 민족국가 사회주의의 본질적 구성요소로 모든 것을 경멸한다. 파시즘은 민족국가 자본이 아니라 민족 국가적 이상주의의 지배와 부르주아 및 지식인에 맞선다.

그들을 위하지도 함께 하지도 않는다. 모두가 동지일 뿐이다. 파시즘은 노동적이고 영웅적이며 전투적, 창조적, 이상적, 미래적인 이념이다. 장사꾼을 위한 정부의 특혜와 사회적 기생충인 지식인들에게 일자리를 주는 것은 파시즘의 관심사가 아니다. 이들의 중심은 농민 노동자 군인이었다.

5) 스탈린의 暴政(폭정)

레닌은 民族自決主義(민족자결주의) 사상을 앞세워 당시 고려인들에게도 하나의 민족으로서의 자결권과 民族(민족) 解放運動(해방운동)을 지원할 것을 약속했으며 많은 獨立軍(독립군)이 이를 독립운동과 連啟(연계) 시키기 위해 레닌의 초기 소비에트 공산당에 입당했다. 하지만 러시아 內戰(내전)이 끝나고 소비에트 연방이 출범하면서 정치적 안정기에 들어서자, 스탈린의 중앙집권화 정책과 함께 고려인들의 자결권도 무효화 되고 이들은 스탈린 탄압 정치의 희생자가 되었다.

스탈린의 대 숙청과 동시에 연해주 고려인들의 본격적인 강제 이주가 시작되었다. 이들의 강제 이주 배경에는 전쟁을 대비한 인종청소 외에도 정부 차원의 경제적 이유도 있었다. 이들이 연해주에서 보여준 근면성과 성공을 본 소비에트 지도부가 당시 불모지였던 중앙아시아 개발을 위해 이들을 강제 이주시켰다는 것인데 이를 증명이라도 하듯, 정작 초기에 혹독한 환경을 이겨낸 고려인들은 지역사회에 同化(동화)되어 빠르게 성공을 거뒀고 중앙아시아의 벼농사도 이들이 본격화시켰다.

사할린의 고려인들은 일제강점기 일본령이었던 南(남) 사할린에 강제 徵用(징용)을 당했다가 그곳에 정착한 사람들로, 남한 출신이 대부분이었다. 강제 징용되어 끌려온 사할린의 고려인들은 스스로 漢人(한인)으로 부르며 한국에 귀화 의지가 더 강한 편이라 한다. 그러나 세대가 내려가면서 점차 희미해지며 오늘에 이른 것이다.

스탈린은 과격한 폭군으로 변해갔다. 많은 사람이 肅淸(숙청)과 감옥, 유배 생활을 하며 러시아 사회주의 공산당은 오늘날에 와서 지난날 소련 시절을 그리워하게 되었다. 세월이 흘러 1970년 후반 전체 농토의 4%에 불과했던 텃밭에서 나온 생산량이 러시아 전체 과일, 채소, 家禽類(가금류: 닭이나 오리) 생산량의 40%를 차지했다는 사실은 집단화의 폐해와 비효율성을 단적으로 보여주는 결과다.

이후 소련 공산당의 입지가 본격적으로 축소되는 사태로 이어지며, 東歐圈(동구권) 민주화 작용과 동유럽 혁명으로 이어지는 시민운동은 폴란드, 헝가리, 공산정권 붕괴를 시작으로 동구권 국가들은 하나둘 소련의 영향력에서 벗어나게 되었다. 직접적인 계기를 만들어준 것은 바로 고르바초프의 '페레스트로이카(Perestroika: 개혁 정책)이었다. 얼마 후 옐친 동상이 무너지는 뉴스가 전 세계로 방영되면서 사회주의도 느슨해지며 숙청이 사라졌다.

유일하게 우리의 동족인 북한만 러시아와 중국의 後光(후광)으로 외로운 벼랑에 서있다. 10만 명 임시정부 독립군들의 원한을 안고 빨갱이라는 훈장을 달고 말이다. 언제 미군과 중공군이 머리를 맞대고 終戰(종전) 선언을 하고 이 땅에 봄날이 오려는지 우리 정부는 참으로 태평하게 아무 일 없는 듯 기찻길 옆 오막살이 아기처럼 잘 먹고 잘도 잔다.

4. 안중근(安重根)과 열사들

[그림11] 대한민국의 독립유공자 **안중근 安重根** | Ahn Jung-geun
(사진. 나무위키)

안중근 義士(의사)는 國寶(국보) 같은 존재로 교과서, 영화, 연극 등으로 대한민국 국민이라면 모르는 이가 없고, 중국에서도 모택동은 중국 청년 1억 명보다 안중근이 귀한 의인이라며 칭송하였고, 많은 소수의 단체가 지금도 祭祀(제사)를 지내주는 등 지구촌을 흔들어 놓은 의인으로 생각만 해도 콧등이 저려 오는 靈驗(영험) 있는 이름이다.

30세의 청년 안중근, 오늘날 같으면 한창 연애질하고 먹고 마시고 클럽 다니고 쾌락에 젖을 나이에 조국을 위해 목숨을 바친 이 엄청난 각오는 이미 왜인을 이긴 戰爭(전쟁)이었다. 일본은 이미 안중근의 총탄에 멸망한 것이다. 목숨을 바친 그의 기운으로 결과야 어찌 됐든 간에 원자탄 세례를 세계 최초로 겪은 죄 많은, 조선을 통째로 먹고 문화재와 古朝鮮(고조선) 역사서를 모조리 빼앗아 간 그들! 천벌을 받은 것으로 나는 생각한다.

황해도 海州(해주)는 고려의 피가 뜨거운 지역으로 강감찬, 이성계 등 용맹한 기상이 홍범도 장군을 낳은 지역이다. 大韓帝國(대한제국) 말기에 활약한 계몽 운동가이며 군인, 獨立(독립) 運動家(운동가)로서 아시아 평화를 꿈꾸는 大人(대인)이다. 1879년 9월 2일 황해도 해주에서 태어나 1910년 3월 26일 殉國(순국)으로 나라에 몸을 바쳤다.

그는 法政(법정)에서 담담한 자세로 흐트러짐 없이 모친이 만들어준 흰 한복을 입고 살인죄를 적용하는 法官(법관)을 꾸짖었다.

"나는 조국을 지키는 군인이오! 군인이 적을 무찌르는 것은 전쟁이지 살인이 아니오. 내가 당신들에게 목숨을 구걸할 것 같소? 나는 살인자가 아니오. 나 말고도 많은 안중근이 전국에서 부활할 것이오!"

우리 심장을 뜨겁게 자극하는 이 정의로운 기강은 본래 우리 민족의 始祖(시조) 치우천황의 기운이다.

유관순, 김구, 안창호, 윤봉길, 여운형, 남자현 등과 더불어 독립운동을 선두 지휘한 저명한 인사들이다. 안중근은 천주교의 영향으로 교육 사업 등 민족의 啓蒙 事業(계몽 사업)을 중심으로 꾸준히 활동하던 중 일제의 침탈이 사실상 國權(국권)을 뒤흔드는 수준으로 확대되기 시작하자 抗日(항일) 武裝(무장) 투쟁으로 노선을 바꾸고 러시아 블라디보스토크로 망명한 후 의병을 조직하였다.

안중근은 大韓獨立軍(대한독립군)의 장군 격인 참모 중장으로 활동했으며, 'FNM 1900' 권총으로 일본 내각 총리이며 초대 한국 통감인 이토 히로부미를 저격 사살하는 義擧(의거)를 단행하였다. 그는 체포된 뒤 뤼순 감옥 옥중에서도 침착하게 수행자처럼 흔들림 없이 수많은 揮毫(휘호)를 남겼다.

庸工難用 連抱奇材(용공난용 연포기재)

'서투른 목수는 아름드리나무를 다룰 수 없다.'

라는 이 휘호는 안중근이 이토를 서투른 木手(목수)로 비하하여 남긴 글인데 아름드리나무는 한국과 동양을 의미한 것이다. 여러 휘호를 남기고 자신의 사상과 〈東洋(동양) 平和論(평화론)〉의 서문을 저술하다 사형이 집행되어 생을 마감하게 되었다. 안중근에 대한 자료는 방대하지만, 워낙 알려진 의인이니 간추려서 기록하고자 한다.

안중근은 태어날 때부터 가슴과 배에 北斗七星(북두칠성)의 뚜렷한 검은 점이 정확히 새겨져 있었다. 가족들과 이웃 혹 친지들은 이 기이한 点(점)을 보고 장차 큰 인물이 되리라고 수군거렸다.

북두칠성은 우리 고조선 민족의 故鄕(고향)이며 성인들의 本鄕(본향)이다. 의인들이라야 이곳으로 영혼이 돌아간다. 이 궁전을 七星宮(칠성궁), 또는 紫微垣(자미원)이라고도 하는데 天帝(천제)가 거하시는 곳으로 마음이 희고 의로운 사람이 태어나고 돌아가는 곳, 본향이다. 예로부터 우리 민족은 흰옷을 입고 살아온 白衣民族(백의민족)인데 紫微垣(자미원)에서 내려온 백성들이다. 사람이 죽어 관에 들어가기 전 관 아래에 七星板(칠성판)을 만들어서 깔아줬는데 이는 영혼의 내비게이션으로 돌아갈 본향 천국 칠성궁을 잊지 말라는 표시였다. 이 별에서 온 민족은 의협심과 애국하는 마음이 아주 분명하고 기백과 용기, 博愛(박애) 情神(정신)이 뚜렷하다.

오늘날 서구 문명에 길들어 혼잡한 학문, 3S(Screen, Sport, Sex) 정신에 혼잡한 雜靈(잡영)들이 나라 전체를 덮어버려 애국애족도 없고, 옆집에 사람이 죽어도 관심 없고 정치한다는 도둑놈들이 나라를 다 말아먹고 거덜 내도 돼지 같은 의식들은 잡혀 죽는 날까지 속고 또 속아 역사를 100% 왜곡해도 그런가 하며 삼겹살은 매일 구워 먹고, 살은 뒤룩뒤룩 찌고 밤새 술 퍼마실 돈은 있는데 일 년에 책을 한 권도 안 읽는 사람이 이 나라에 80%가 넘는다니 기가 막힌 일이다.

안중근(安重根) 같은 의인이 이 나라에 열 명만 있다면 大韓民國(대한민국)은 세계 최강의 나라가 될 것이다.

1) 안중근의 삶

그는 몸에 北斗七星(북두칠성) 모양의 선명한 점을 안고 태어나 어릴 때는 應七(응칠)이라 불렀다. 어릴 때부터 무술과 무공을 좋아하였고 사격의 명사수였다. 명중률이 50%밖에 안 되는 화승총으로 10미터 거리에서 동전을 명중시키는 명사수로 〈백범일지〉에서는 안 씨 집안의 놀라운 사격수로 묘사하였다.

안중근의 아버지는 開化派(개화파) 청년 그룹이었는데 甲申政變(갑신정변)으로 일본 유학(박영효를 통한 장학생)이 좌절되자 7세인 안중근과 일가친척들이 함께 황해도 신천군 청계동으로 이주하여 은둔하였다. 1894년 동학농민운동이 일어나자, 황해도 관찰사 정현석과 해주 감사가 지원을 요청했는데 16세의 안중근이 출전하여 백석골 전투에서 승리를 거두었다. 16세에 결혼하여 아내 김아려에게서 두 아들과 딸 하나를 낳았다.

안중근은 프랑스 신부 니콜라 빌렘에게 세례를 받고 토마스라는 이름으로 洗禮名(세례명)을 받았다. 일본군의 侵奪(침탈)이 나라를 장악하자 그는 11명의 동지를 모아 손가락을 자르는 斷指(단지) 同盟(동맹)을 맺었는데 이는 조국을 위해 이미 한 번 죽은 몸으로 남은 목숨마저 거사를 치르기 위해서는 죽음을 不死(불사)한다는 의미였다. 이들은 이토 히로부미를 반드시 없애려고 굳은 맹서로 다짐하였다. 안중근과 그의 동지들은 자나 깨나 조국의 독립만 생각하였고 목숨을 걸면 못 할 일이 없음을 알고 반드시 이토를 제거하리라 확신하였다.

이토 히로부미를 성공적으로 狙擊(저격)함

안중근과 거사를 함께했던 유동하 선생의 증언은 거사일 당시 안중근은 이토 히로부미의 얼굴을 몰랐다고 한다. 알고 있는 것은 대략적인 얼굴상과 특징만 들어서 알 뿐이었는데 사진을 쉽게 구할 수도 없는 시대였고 원태우의 돌팔매에 중상을 입고 죽을 뻔한 일을 겪은 후에 이토의 사진이 시중에 나도는 일이 일절 없었다. 안중근은 히얼빈역에 이토가 나타난다는 소식을 듣고 러시아어 통역 담당 조도선, 유동하와 함께 조를 나누어 유덕순과 조도선, 유동하는 蔡家溝(채가구) 역에, 안중근은 하얼빈역에 침착하게 매복했다. 그런데 채가구 驛(역)의 지하 숙소에 매복하던 유덕순과 유동하는 기차가 멈춘 4분 동안 문이 잠기는 바람에 거사를 일으키지 못했고 기차는 그대로 하얼빈역에 정차했다. 동지들의 運命(운명)이 흔들이는 절정의 순간이었다. 안중근이 저격을 成功(성공)하자 멀리서 이를 지켜보다 목이 터져라 '만세'를 불렀다고 전해진다.

플랫폼(platform)에 이토가 하차했을 때는 많은 수행원들이 함께하여 도저히 누가 이토인지 분간할 수 없었다. 그리하여 체념하려는 순간에 이토의 하얼빈 방문을 환영하는 현지 일본인들 환영객 중 누군가가 이토의 이름을 부르자 이토가 뒤를 돌아보며 손을 흔들어준 덕분에 안중근이 이토의 얼굴을 확인하고 권총 3발을 당겨 저격했고 그 주변 인물들도 혹시 몰라 4발을, 오른쪽 팔꿈치를 관통해 흉복부에, 제3탄은 윗배 중앙 우측으로 들어가 좌측 복근에 박혔다. 3발 모두 급소에 박혔다고 전해진다.

그리고 남은 총알로 일본 총영사 가와카미 도시히코, 이토의 수행비서인 모리 다이지로, 만주 철도 이사, 다나카 세이타로에게 1발씩 저격했다. 그리고 총알 한 방을 남기고 逮捕(체포)되었다. 저격을 받은 이토는 즉시 병원으로 옮기기 위해 열차 안으로 옮겼으나 총을 맞은 지 30분 만에 사망하였다.

의거 소식이 퍼지자, 한국인 안병찬은 물론 러시아의 콘스탄틴 미하일로프, 영국인 더글라스, 스페인 변호사, 심지어 일본에서까지 수많은 국제변호사가 안중근의 변론을 맡겠다고 몰려왔다.

그러나 선임은 不許(불허) 되었고, 일제 측의 형식적인 절차로 관선 변호사인 미즈노 키치타로와 카마타 쇼지가 辯論(변론)을 맡았다. 재판장은 마나베 주조, 검사는 미조부치 다카오가 각각 맡았다.

안중근 義士(의사)는 대체로 법정에서 사실관계보다는 제국주의에 근거해 조선의 자주성이나 역사를 완전히 부정 폄하하고 식민지 近代化論(근대화론)에 가까운 주장을 펼치는 검사를 상대로 사상적 싸움을 벌이며 자신의 정치적 주장을 알리고자 했다.

일본의 先進的(선진적)인 수준의 우위는 인정하나 搾取的(착취적) 식민지 관계를 비판했고, 조선의 국가적 존엄과 주권을 박탈하고 屈辱的(굴욕적)인 조약들을 강요한 것과 기타 일제의 여러 잔악성을 지적했으며 나는 군인으로서 적과 싸웠을 뿐이라는 변호로 분명한 어조로 흐트러짐 없이 말했다.

1910년 2월 14일에 마나베 주조 재판장은 그에게 사형선고를 내렸다. 법정을 자신의 의견을 펼칠 場(장)으로 생각했던 안중근은 항소를 생각하기도 했지만, 안중근을 존경하던 일본인 미즈노는 이를 조심스레 제지하면서 "항소하면 조선의 愛國志士(애국지사)가 목숨을 구걸했다는 인상을 주지 않겠느냐." 했고 안중근은 여기에 동조하여 항소를 포기하겠다고 말한 뒤 수감 뒤에 서예와 〈동양 평화론〉 집필에 몰두하였다. 그 후 3월 26일 오전 9시에 가족과 마지막 면회를 마치고 10시에 絞首刑(교수형)으로 순국하였다.

본인은 대한민국 참모총장 신분으로 銃殺刑(총살형)을 일제에 요구했으나, 일제에서는 단순한 테러리스트로 간주해 교수형을 집행하였다. 이때 안 의사의 나이는 32세였으며, 조선인들에게는 유언으로 자신의 유해를 하얼빈 공원에 묻었다가 故國(고국)이 해방되거든 고국 땅에 묻어달라는 부탁을 남겼다. 또한 자신을 존경하던 일본인 사다키치 辯護士(변호사), 미즈노 기치타로 등, 사형에 입회한 사람들에게는 "여러분께서는 앞으로 東洋(동양) 平和(평화)에 전력해 달라."는 말을 남겼고 이에 미즈노는 안 의사의 사형 직후 "동양 평화를 위해 만세삼창을 하자."는 요청을 했으나 형무소 측에게 거부당했다. 그 후 두 동생이 유해를 인수하기 위해 찾아왔지만, 일본 당국은 안중근 의사의 묘지가 독립운동의 성지가 될 것을 우려하여 온갖 트집을 잡으며 유해를 끝끝내 넘겨주지 않았다. 遺骸(유해)는 뤼순 감옥 인근 죄수 묘지에 묻힌 것으로 추정되나, 기독교 묘지에 매장되었다는 내용의 당시 러시아 신문 기사가 발견되기도 했다. 안중근의 유해는 남북공동 조사 발굴단의 많은 노력에도 불구하고 안타깝게도 아직도 유해를 찾을 수 없으니, 왜인들에 대한 미운 감정이 우리의 감정을 후빈다. 2024년은 안중근 의사 殉國(순국) 114주기이다.

純宗 皇帝(순종 황제)가 바라본 안중근

순종은 이토 히로부미의 사망 소식을 전해 들은 뒤 얼마 지나지 않아 勅問(칙문:조서)을 발표했는데, 그 내용은 미친 짓이며 도덕성이 없는 자라 했고 장춘단에서 이토의 추도식을 성대히 열도록 하라는 내용이었다. 실제로 대한제국은 이토 히로부미의 국장에 박제빈(고종의 칙사), 민병석(순종의 칙사), 엄주익(왕실 종친의 칙사), 조중용(대한제국의 내각 대표)를 공동대표로 하는 대규모 조문단을 파견했고, 이들은 '안중근은 흉악한 凶獸(흉수:짐승)'이라는 내용의 순종 친필 추도문을 지참했다.

다만 일제에 억눌리다 보니 진심인지 아닌지에 대한 뒷이야기들이 논란이 되었으나, 무엇보다도 순종 본인이 안중근에 대한 적개심과 이토에 대한 추모의 마음을 여러 차례 드러냈고, 안타까워하는 태도가 당시의 상황과 정세를 보아 순종이 일제에 압력을 받았을 수도 있었을 것이라는 설도 있다. 그러나 순종은 왕실에서 성장하여 이미 자신의 모든 언행이 기록된다는 사실을 알고 있었던 인물이었다.

순종은 정치에 관심이 없었고 즉위하고도 정치에 관여할 수 없었기에 이토 히로부미가 자신에게 매우 친절하고 정중하게 예우해 주던 측면만을 생각하고 그를 평가했을 수도 있을 것이라는 평도 있다. 이러한 측면은 순종이 정치적 감각이 제로에 가깝다는 것이 증명되는 계기가 되어 본 친일파들은 이토 장례식이 끝나는 대로 한일 합방을 해야 한다고 충동질을 하기 시작하였다. 한편 순종의 어머니가 明成皇后(명성황후)이기 때문에, 혈관에 피가 흐르는 사람이라면 혹시 이토를 진심으로 가깝게 생각했을까도 할 만하다. 그리고 당시 고종인 자기 아버지가 일제에 의하여 강제 退位(퇴위) 당하는 비극을 경험했지 않은가? 나라가 완전히 장악당했으니 대항할 엄두를 못 낸 비약함으로 생각한다.

이승만이 생각한 안중근

이승만은 외교 독립론자로 個別的(개별적)인 암살이나 폭탄 테러, 기습사건 같은 걸 부정적으로 생각하였고, 아나키즘(Anarchism) 같은 것도 인정하지 않았다. 안중근의 이토 히로부미 저격 사건에 대해서도 否定的(부정적)으로 평가했다. 그리고 윤봉길의 의거에 대해서도 비판하였으며 독립운동가들의 暗殺(암살)을 비판하는 편이었다.

이승만은 미국 韓人社會(한인사회)에서 말도 많고 문제가 많은 위치였다. 그러나 나름대로 대미 외교에는 분명 역할을 한 건 사실이었다. 정통 독립군들의 눈에는 비자금 문제도 그렇고 갈등이 많았다. 반면 영어를 잘했고 유학에서 박사학위를 받은 엘리트였고 루즈벨트, 윌슨, 하딩, 트루먼, 아이젠하워 등 유명한 대통령과 편지를 주고받으며 외교를 하다 1958년 루즈벨트와 면담하며 한국 실정을 알렸고 하와이 교민들의 歎願書(탄원서)를 제출하고 도움을 요청했다. 분명 이를 인정해야 한다. 이승만은 한성 監獄(감옥)에서 풀려 난 뒤 1904년 11월 4일 서울을 떠나 미국으로 건너갔던 것이다.

박정희의 평가

박정희는 안중근에 대하여 긍정적으로 평가하였다. 1963년에는 안중근 의사 순국 53주년 기념식에 참예하기도 했고 안중근 의사에게 '건국훈장'을 1962년에 수여했고 안 의사의 기념관설립, 안중근 의사의 유묵비, 등 각종 기념사업도 지원했다. 또한 안중근 의사의 정신을 널리 알리기 위해 육군사관학교에 爲國獻身軍人本分(위국 호신 군인본분)을 새긴 바위를 세웠다. 이 글은 안 의사가 뤼순 감옥에서 남긴 휘호 중 하나였다. 박정희는 안중근을 이순신 장군에 버금가는 동격의 인물로 높이려고 애를 썼다.

日本(일본)의 평가

일본의 유명 百科事典(백과사전)인 〈고지엔〉을 비롯한 일부 일본의 매체에서는 안중근을 독립운동가로 소개하고 있다. 〈고지엔〉 사전에서는 다음과 같이 소개하고 있다. '안중근은 조선의 독립운동가, 가톨릭교도이며 학교를 설립. 의병을 조직, 1909년 10월 26일 당시 한국 통감 이토 히로부미를 하얼빈역에서 살해하여 사형. 한국과 북한에서 의사로 칭해진다.' 1910년 일본 '다이린지' 사찰에는 안중근의 휘호 '위국헌신 군인본분'이라는 글의 紀念碑(기념비)에 새겨져 있는데 사무라이 정신을 기리는 사람들은 안중근은 시대 상황에 맞는 정의로 존중하는 사람들이 많아 아직도 記念碑(기념비)가 보존되고 있다.

中國(중국) 대만의 평가

일본에 공격받고 난징대학살을 겪은 피해를 본 이유 때문인지 중국 外交部(외교부)는 대변인 성명을 통해

"안중근은 저명한 抗日(항일) 義士(의사)로서 중국 인민의 존경을 받고 있다."

고 일본 측 항의를 일축했다. 또 중국 〈공인 일보〉는 안 의사를 '아시아 제일의 의로운 협객'이라고 높게 평가함과 아울러 그의 삶과 업적을 리얼(real)하게 조명하였다.

러시아의 평가

러·일 전쟁으로 인해 당시 감정이 매우 좋지 않았으므로 의거 직후 안중근 의사를 높이 평가하여 러시아 전역에 소식이 퍼져나갔다. 당시 러시아 신문들의 평가는 안 의사를 '日本(일본) 帝國主義(제국주의)에 맞서 싸운 영웅'으로 표현한 하얼빈 의거를 군인정신으로 평가하였다.

오늘날의 안중근

2009년 12월 1일 대한민국 해군에 그의 이름을 부여받은 214급

잠수함 3번 함 '안중근 艦(함)'이 就役(취역) 되었다. 독립운동가로는 2번째로 군함 명으로 명명되었다. 첫 번째는 동급 함의 네임 쉽(Ship)은 '손원일 艦(함)'이다.

2) 崔在亨 鬪士(최재형 투사)

[그림12] 대한민국의 독립유공자 **최재형** 崔在亨
(사진. 나무위키)

최재형은 1860년 8월 15일 함경북도 慶原(경원)에서 둘째 아들로 태어났다. 최재형의 러시아 이름은 최 표트르 세묘노비치다. 최재형의 부친 최흥백은 가난한 小作人(소작인)이었지만 매우 낙천적이며 호방한 성격을 가진 인물이었다. 최재영의 어머니는 재색을 겸비한 기생이었다.

1869년 가을 부친 최흥백은 부인을 고향에 남겨둔 채 최재형과 형만을 데리고 훈춘을 거쳐 러시아로 들어가 地新墟(지신허)라는 韓人村(한인촌) 마을에 정착했다.

지신허라는 마을은 1836년 겨울 함경도 국경 茂山(무산)의 최윤보와 양응범 등이 13호의 한인들을 이끌고 정착하여 일군 러시아 최초의 한인 마을이었다. 당시 頭滿江(두만강) 국경의 六鎭(육진)지방은 대흉년과 기근이 휩쓸어 수많은 사람이 굶어 죽고 있었다. 최재형의 가족이 이주할 당시 1869년 6월부터 12월에 이르는 6개월 동안에 무려 6,500명의 咸境道(함경도) 농민들이 두만강을 건넜다.

이주한 지 2년 후에 11살의 어린 최재형은 매우 불편한 가족 상황을 못 견디고 무단가출을 감행하게 된다. 얼마 전에 형 알렉세이와 결혼하여 새로운 식구가 된 형수의 미움과 눈칫밥, 냉대, 차별 때문이었다. 가출을 약속했던 2명의 친구는 두려움으로 도중에 포기하고 돌아가고, 11세 어린 최재형은 무작정 걷다가 정신을 잃고 쓰러졌다.

해변 가에서 여러 날 굶주림과 피로로 탈진해 쓰러졌던 어린 최재형을 구조한 사람들은 러시아 상선 선원들이었다. 이들은 최재형을 자기들의 배로 데려갔다. 상선의 선장과 부인은 최재형을 정성껏 보살펴 주었고 선원들의 심부름을 할 수 있도록 허락해 주었다. 이들 부부는 양부모가 되어주었고 러시아교회의 세례를 받고 선장 아버지의 이름을 따서 '표트르 세묘노비치 최'라는 이름을 갖게 되었다. 결과적으로 가출은 어린 최재영이 예상치 못했던 엄청난 행운이 되었다.

선장의 부인은 어린 최재영에게 러시아어는 물론 러시아 고전문학 등 다양한 분야의 지식을 가르쳐주었다. 정식학교를 다니지 못한 최재형이 깊은 소양과 폭넓은 안목을 갖게 된 것은 선원 시절 선장 부인의 가르침 덕분이었다. 최재형은 블라디보스토크에서 페트로그라드를 두 번 왕복하는 등 여러 나라의 文物(문물)들을 접할 수 있는 귀중한 경험을 하게 되었다. 더욱 그는 소년 선원으로서 고된 노동을 통해 굳은 의지와 인내심을 키울 수 있었다. 6년 동안의 선원 생활은 최재형에게는 그야말로 훌륭한 인생 대학의 구실을 했다. 1878년 商船(상선)이 블라디보스토크로 돌아왔을 때, 선장은 최재형을 친구가 경영하는 商社(상사:수출회사)에 소개하여 주었다. 여기서 그는 선원 생활과는 다르게 비즈니스 세계를 경험하며 상법을 공부하여 사업상의 러시아어를 습득, 인간관계를 넓히고 성인으로서 독립적인 생활을 하였다.

그 뒤 최재형은 10년 만에 1881년 부친과 가족들을 찾았다. 부친은 변변찮은 농사를 지으며 살고 있었다. 최재영은 그동안 모은 돈으로 말과 젖소, 닭 등을 키우며 새로 집을 지었다.

1년 뒤 22세에 결혼을 하였다. 첫 번째 부인이 아이를 출산하다 사망하였다. 최재영은 두 번째 부인과 첫 번째 부인 사이에서 3남 5녀를 多産(다산)하였다. 최재영은 러시아 관리들과 負役(부역)에 동원된 한인들 간에 仲裁者(중재자) 역할을 하였는데 특히 불행하게도 러시아어를 몰라 차별받고 불이익을 당하는 한인들의 입장 代辯(대변)을 해주었다. 한인들은 그를 英雄(영웅)처럼 대우하였고 인기는 대단하였다. 그는 러시아 관리들에게도 돈독한 신뢰를 얻었는데 그의 정직성 때문이었다. 1888년 러시아 정부는 도로 공사 중 열성과 노고, 속임수 없는 양심을 좋게 여겨 은급 훈장을 수여하였다. 그는 러시아 정부의 두터운 신뢰를 얻고 있었고 한인사회에서 지도력을 인정받아 두 번째 훈장을 수여받았다.

그는 러시아식 한인학교를 설립하였고 졸업생들은 상급학교에 진학하였다. 졸업생 중에는 사관학교를 졸업하고 장교가 된 젊은이들도 많았다. 러시아 정부는 그의 공헌을 인정하여 1902년 금메달 훈장을 수여하였다. 그가 세운 연추의 니콜라예프스코 소학교는 교육 博覽會(박람회)에서 동메달을 수상하여 최우수 소학교라는 평가를 받았다.

최재형은 교회건축과 학교 건물 외에도 교사와 사제를 위한 건물도 지었다. 최재형은 연추에 우신학교를 설립하고 교장이 되어 학교 운영을 담당하였다. 최재형의 장학금으로 고등교육을 받아 저명한 40여 명의 청년들이 배출되었는데, 김 아파나시, 김미하일, 한명세, 오하묵, 최고려, 박엘리야 등 후일 사회의 정치적 지도자로 성장한 인물들이 많다. 최재형은 러시아 군대에 소고기를 납품하여 財政(재정)을 모았고, 러시아 병영 건축과 벽돌 제조공장을 경영하여 財力(재력)을 모았다. 가옥 임대업까지 사업을 확장하여 재력을 모아 교육 사업과 기타 선한 곳에 투자하였다.

抗日鬪爭(항일투쟁)의 지도자로 변신

최재형은 떠나온 조국의 운명이 기울어지는 것을 너무나 안타까워했다. 특히 조국 강토가 러·일전쟁의 戰場(전장)이 되어 主權(주권)이 유린되는 현실을 많이 걱정하였다. 러·일 전쟁이 끝나자, 최재형은 일본으로 건너갔다. 일본의 한반도 정책을 직접 파악하기 위해서였다. 당시 일본에 체류 중이던 朴泳孝(박영효)와 기맥이 통하여 그와 상의하기 위한 것이었다고 한다. 6개월 동안 일본에서 그들의 계획을 파악하고 연추로 돌아온 그는 바로 항일투쟁을 위한 義兵(의병) 組織(조직)에 나섰다.

1908년 봄, 자금과 의병 모집을 목적으로 비밀결사를 조직하여 이미 87명의 회원을 확보하고 있던 안중근(安重根), 金基龍(김기룡), 嚴仁燮

(엄인섭) 등이 다른 동지들과 함께 최재형의 의병본부에 합류했다.

1908년 4월 이들과 함께 항일 조직인 同義會(동의회)를 조직하고 총장에 선임되었고 副總長(부총장)에 이범윤, 이위종, 부회장에 엄인섭, 서기에 白圭三(백규삼) 등이 선출되었다. 최재형은 동의회의 軍資金(군자금)으로 당시 1만 3천 루블이란 거금을 만들었다. 이외에도 이위종이 1만 루블을 가져왔고 6천 루블이 水淸(수청) 지방에서 모금되었고, 각지로부터 소련제 拳銃(권총) 100정이 수집되었다. 동의회 소속 의병부대는 1908년 7월 초부터 9월에 걸쳐 함경도 국경지대로 진출하여 일본군 수비대와 격전을 벌였지만, 일본군의 우세한 화력과 수적인 영세로 퇴각하는 수밖에 없었다.

최재형의 집에는 한인 애국지사들이 자주 체류하였다. 안중근도 이등박문을 처단하러 떠나기 전 최재형의 집에 머물면서 사격 연습을 하였다. 이때 안중근과 최재형은 거사 성공을 굳은 악수로 맹세하고 결의하였다. 만일 안중근이 실패하면 자신이 이토 히로부미를 무슨 수를 써서라도 제거할 것을 다짐하고 거사 뒤에는 안중근의 아내와 가족들을 모두 책임지고 돌볼 것을 굳게 약속하였고 안중근 또한 최재형의 신실함을 믿어 의심치 않았다. 후일 안중근의 가족을 돌보고 지켜주었고 그 당시 안중근의 활동 자금도 최재형이 보냈다.

1911년 초 日帝(일제)는 같은 수법으로 최재형을 제거하려 음모를 꾸몄다. 러시아 정부에게 이간질 하여 최재형은 매우 위험한 인물이니 추방할 것을 건의하였는데 러시아 정부는 오히려 일제의 奸計(간계)를 폭로하고 최재형은 러시아의 의심할 바 없는 충성스러운 애국자라며 변호했고, 포세트 구역 경찰 서장 역시 최재형은 러시아에서 勳章(훈장)을 세 번이나 수여한 존경받는 인물이라고 옹호하였다. 이후로도 최재형은

獨立軍(독립군)들을 뒤에서 돕는 일을 크게 힘썼다. 그러나 군자금 모은 일을 눈치챈 일본은 虎視眈眈(호시탐탐) 기회를 노렸고, 1920년 4월 4~5일 최재형은 저녁 늦게 귀가하였다.

부인과 딸들은 일본군의 보복을 걱정하여 최재형에게 도피하라고 독촉했다. 그러나 그는 도피를 거절하면서 "만약 내가 숨는다면 그들은 너희들에게 잔인하게 복수할 것이다. 나는 일본인들 기질을 잘 안다, 그들이 아이들을 어떻게 학대하는지"라며 부인과 딸들을 설득하였다.

다음 날 아침 최재형은 일본군에게 체포되었고 김이직, 엄주필, 황카피톤, 3명의 인사들과 함께 재판도 없이 만행적으로 총살되었다. 한인사회의 大恩人(대은인)이었던 최재형은 국권을 상실한 조국을 위해 투쟁하다 비참한 최후를 마쳤다. 뒤에 남은 그의 부인과 10명의 자녀 등 유족들의 앞날에도 엄청난 시련과 고통의 세월이 기다리고 있었다. 자녀들이 겪을 精神的(정신적) 상처의 깊이는 어찌 우리가 말로 짐작하랴?

1921년 상해 臨時政府(임시정부) 대표단은 최재형의 유족들을 방문하여 부인과 유족들을 위로했다고 한다. 정부는 많은 軍資金(군자금)을 모아 독립군들을 뒤에서 도운 최재형의 功勳(공훈)을 기리이 1962년 '建國勳章(건국훈장)'을 추서하였다.

5. 잊지 말아야 할 33인 투사들

　33인은 손병희를 위시한 천도교계 인사들이 주축이 되었다. 이들은 한규설, 윤용구, 박영효, 윤치호, 이완용과도 접촉하여 뜻을 전하였으나 별 반응이 없었다. 그러나 별 반응이 없자 개신교, 불교, 가톨릭, 유교, 등의 종교계 인물들과 접촉하여 민족 대표를 꾸리게 되었다. 이때 가톨릭과 유교는 각 단체의 이해관계로 참여하지 않았고, 불교계는 일본 불교의 침투로 혼란스러운 상황이라 두 명만이 참가했다. 반면 改新教(개신교)는 개신교 내의 민족 독립운동을 탄압하는 105인 사건으로 일제에 대한 반감이 있던 상태라 天道教(천도교)의 제의에 적극적으로 동참하였다. 결국 천도교 15인, 개신교 16인, 佛教人(불교인) 2인으로 33인의 민족 대표단이 결성되었다.

① 손병희(孫秉熙)

　천도교의 지도자, 독립운동가로 출생지는 충북 清州(청주)이며 '건국공로 훈장(현 건국훈장 대한민국장)' 수여. 3.1운동을 주도하다 체포되어 서대문 형무소에서 3년을 살다가 병보석으로 出監(출감)하여 이듬해 10월 치료 중 고문 後遺症(후유증)으로 사망하였다.

② 권동희

한 말의 독립운동가로 경기도 포천 출생, 1962년도에 '건국훈장' 수여, 독립운동 중 일본군에게 체포되어서 西大門(서대문) 刑務所(형무소)에 3년 형을 받고 출옥한 뒤 다시 1년을 복역하였다. 8.15 광복 후 政界(정계)에 투신하여 신한민족당 총재로 民主議員(민주의원) 등을 역임하였다.

③ 오세창(吳世昌)

독립운동가, 서예가, 언론인으로 활동. 서울출생. '건국훈장 대통령장' 수여. 1962년 저서는 〈근역서 화징〉〈근역인수〉 등이 있다. 독립운동 중 체포되어 3년간 옥고를 살았다. 서울신문사 사장, 大韓獨立 蜀城國民會(대한독립 촉성국민회) 회장역임, 6.25 전쟁 중 대구에서 별세. 사회장으로 장례를 치렀다.

④ 임예환(林禮煥)

일제강점기에 적극적으로 활동한 독립운동가로 평남 中和(중화) 출신이다. '건국훈장'이 수여되었다. 독립운동 중 체포되어 2년 형을 선고받고 옥고를 치렀다. 출옥 후에도 운동을 계속하다 고문 후유증으로 病死(병사)하였다.

⑤ 나인협(羅仁協)

평안남도 成川(성천) 출생으로 독립운동 중 체포되어 서대문 형무소에서 2년간 복역한 뒤 6.25 때 病死(병사)하였다. 1962년 '건국훈장'이 주어졌다.

⑥ 홍기조(洪基兆)

평남 용강 출생으로 홍경래의 후손으로 漢學者(한학자)였고 동학운동에도 가담하였다. 한 말의 독립운동가이며 33인의 한 사람으로 운동 중 체포되어 2년 옥고를 살았다. 고향에 돌아가서 청년들을 계몽하여 民族精神(민족정신)을 高趣(고취)시켰다.

⑦ 朴準承(박준승)

전북 임실 출생으로 독립운동이 직업이었다. '건국훈장'이 수여되었다. 천도교의 지도자였고 손병희의 지시를 받고 인쇄된 〈獨立宣言書(독립선언서)〉 5,000장을 주면서 남원, 임실, 등 각지에서 궐기하게 하고 서울로 올라와 독립선언에 서명하고 난 뒤 체포되어 刑務所(형무소)에서 고문을 받다 獄死(옥사)하였다. 1962년에 '건국훈장'이 수여되었다.

⑧ 신석구(申錫九)

충북 청주출생으로 協成 神學校(협성 신학교)를 졸업하고 감리교 목사가 되었다. 서울, 개성, 춘천, 원사, 남포 등지에서 전도 사업을 하며 民族思想(민족사상) 고취에 진력하였고 3.1 獨立宣言(독립선언)에 서명하고 주동 인물이 되었다. 2년간 옥고를 치른 후에도 神社參拜(신사참배) 결의에 반대 운동으로 여러 번 투옥되어 많은 고난을 받았다. 反動(반동) 祕密結社(비밀결사)의 고문으로 추대되었다는 혐의로 또 체포되어 10년 형을 받고 복역 중 6.25 전쟁 때 銃殺(총살) 당하였다. 1963년

'건국훈장 대통령장'이 추서되었다.

⑨ 정춘수(鄭春洙)

충청도 청주 출신이며 감리교 목사로 조선감리회 연맹 이사장으로 3.1운동 때 민족 대표 33인의 한 사람이었으나, 1938년 이후에는 독립이 어려울 것이라 믿고 공개적인 親日派(친일파)로 변절하고 말았다.

⑩ 金完圭(김완규)

서울출생. 天道敎(천도교) 인이었으며 1919년 2월에 손병희, 권동진, 오세창 등을 만나 독립운동에 뛰어들어 만세운동에 참가하고, 33인의 한 사람으로 활동하다 일본 경찰에 체포되었다. 서대문 형무소에 2년형을 받고 출옥하여 민족운동을 계속하였다.

⑪ 李承勳(이승훈=남강)

평안북도 청추 출생으로 한국의 교육자이며, 獨立運動家(독립운동가)로 오산학교를 세웠다. 105인 사건에 연루되어 옥고를 치렀고 3.1운동 민족 대표 33인의 한 사람이었다. 동아일보 사장에 취임, 물산장려운동과 民立大學(민립대학) 설립을 추진하여 교육사업에 힘썼다. 독실한 크리스천으로 올곧은 양심으로 교육사업을 하다가 고향에서 사망하였고 사회장으로 오산에 안장되었다. 1962년 '建國勳章(건국훈장) 대한민국장'이 추서되었다.

⑫ 한용운(韓龍雲)

충남 홍성 출신으로 독립 運動家(운동가)이며 시인이고 작품으로는 도서 335건이 남아 있다. 일제강점기에 抵抗(저항) 文學(문학)으로 불교를 통한 청년운동을 강화하였다. 종래의 무능한 불교를 개혁하고 현실 참여를 주장하였다. 1910년 국권이 피탈되자 중국에 가서 독립군 軍官(군관) 學校(학교)를 방문하여 이를 격려하고 만주, 시베리아 등지를 방랑하다가 3년 뒤 귀국하여 불교 학원에서 교편을 잡았다. 여러 권의 도서를 집필하였는데 〈佛敎大典(불교 대전)〉〈반야사상〉 등을 남겼다. 33인의 한 사람으로 왜인들에게 체포되어 3년 형을 선고받고 복역하였다. 많은 論文(논문)과 월간지에 獨立事象(독립사상) 고취에 전력하였다. 불교계의 지성인이며, 常綠樹(상록수)인 승려 한용운은 1944년 5월 9일 독립을 보지 못하고 성북동에서 눈을 감았다.

⑬ 權東鎭(권동진)

1861년 12월 15일 충북 괴산출생, 민족 대표 33인 중 한 사람으로 독립운동가이며 정치인이다. 朝鮮(조선) 末期(말기) 무신, 군인이었으며 天道敎人(천도교인)이었으며 일본으로 건너가 文物制度(문물제도)를 시찰하고 돌아와 그는 을미사변 당시 일본인들의 길 안내를 하는가, 하면 明成皇后(명성황후)를 刺殺(척살)하기 위한 음모에 동참하게 되어 행동대장이 되고 말았다.

그러나 일본 낭인들이 명성황후를 먼저 발견하여 사살했다. 1805년 10월 乙未事變(을미사변) 직후 오세창, 정난교 등과 함께 화를 피해 일본으로 망명했다. 그 후 얼마 뒤에 그는 비밀리에 귀국했다. 여러 開化派

(개화파) 인사들과 만나다가 느낀 바가 있었는지 독립운동을 하기로 결심하였고 손병희를 만났다. 만세운동을 하다 朝鮮總督府(조선총독부) 경무국에 체포되어 서대문 형무소에 투옥되어 수감 생활 중 재판을 받고 3년 형을 받았다. 여러 활동 중 또 한 번 체포되어 1년을 더 복역하고 김구 등과 접촉하여 右翼(우익) 활동을 하다 86세까지 장수했다.

⑭ 權秉悳(권병덕)

충북 청원에서 태어나 유년 시절 儒學者(유학자) 유도관으로부터 한학을 공부하였다. 1882년 15세의 나이로 일찍 결혼하였고 동학에 입교하여 해월 崔時亨(최시형)을 찾아가 가르침을 받았다. 천도교도로 살면서 소파 방정환을 만나 도와주고 여러 민족주의자를 만나 견문을 넓혔다. 1919년 3.1운동에 33인 중 한 사람으로 참가했으며, 체포되어 2년 형을 받고 복역하였다. 1930년 〈이조 전란사〉〈조선총사〉〈궁중 비사〉 등을 출간하며 저술 활동에 힘썼다. 〈조선 총사〉는 일제 침략에 항거한 義烈(의열) 투쟁의 역사를 담은 역사서다. 1944년 7월 13일 解放(해방)을 보지 못하고 서울 신설동 309번지 자택에서 76세로 별세하였다.

⑮ 吉善宙(길선주)

한국 최초의 장로교 牧師(목사)였고 교육자였고, 민족 대표 33인의 한 사람이다. 평양 장대현 교회에서 목회, 숭실학교, 崇德學校(숭덕학교)를 설립하여 교육사업에 힘썼다. 저서로는 〈懈惰論(해타론:게으름)〉〈萬事 成就(만사 성취)〉〈講臺 寶鑑(강대 보감)〉〈末世學(말세학)〉 등이 있다. 힘이 장사였던 그는 19세 때부터 산에서 차력술을 연마하며 禪道(선도)

에 심취하다 선도를 권했던 김종섭을 만나 기독교에 입문하였다. 〈天路驛程(천로역정)〉을 읽고 크게 감동되어 29세에 세례를 받고 장대현 교회의 장로가 되었고 평안도와 황해도 지방을 맡아 布敎(포교)하였다.

⑯ 金秉祚(김병조)

1877년 평북 용천출생. 漢學(한학)을 공부하고 서북학회와 대한 협회에서 활동하다가 항일운동에 뛰어들었다. 신앙에 귀의하여 장로교 신학교에 입학하여 목사가 되었다. 神學校(신학교)를 다니면서 남강 이승훈, 함태영, 송병조, 유여대 등의 고유한 인물들을 만나면서 抗日運動(항일운동)을 벌였다. 그는 일제에 유린 된 國權(국권)에 울분하여 33인으로 활동하면서 1924년 〈대동역사〉와 〈獨立 血史(독립 혈사)〉를 발간하였고 임시정위원의 이사를 지냈다. 초등학교인 변산 학교를 세우고 장로교 신학을 고부하고 목사가 되었다. 1946년 12월 24일 겨울, 반공운동을 하다가 체포되어 시베리아 強制勞動(강제노동) 수용소에서 총살당하였다. 대한민국 정부는 그의 공헌을 기려 1990년 '建國勳章(건국훈장) 대통령장'을 추서하였다. 그에 대한 著書(저서)로는 차남인 목사 김행식이 저술한 〈일재 김병조 평전〉〈김병조의 민족운동〉이 있다.

⑰ 金昌俊 (김창준)

改新敎(개신교) 측 대표로 함경북도에서 抗日運動(항일운동)을 주도하던 중 光復 後(광복 후) 공산주의 개신교 운동 전개, 남북 연석회의가 열린 1948년경 월북하여 독립유공자에서 理念(이념) 差異(차이)로 제외되었다.

⑱ 나용환(羅龍煥)

평안남도 성천 출신으로 일제강점기 때 33인의 한 사람으로 獨立宣言書(독립선언서)에 서명한 天道敎(천도교) 인이었다. 23세 때 동학에 가담하여 農民運動(농민운동)을 하였다. 만세운동으로 체포되어 일본 경찰에 끌려가 2년간 옥고를 치렀다. 1962년 '건국훈장 대통령장'이 추서되었다.

⑲ 박동완(朴東完)

경기도 양평 양서면에서 태어나 박형순의 막내아들로 여유 있는 유년 시절을 보냈다. 5세에 천자문을 떼고 소학교에 입학하였다. 한성중학교를 거쳐 한성 외국어학교에서 영어를 배우고 배제 대학에 전입하였다.

改新敎(개신교)에 입문한 뒤 YMCA 위원으로 활동하다 神學校(신학교)를 졸업하고 목사가 되었다. 박희도의 권유로 항일운동에 뛰어들어 33인의 한 사람으로 활동하였다. 35세 때 체포되어 2년 징역을 살았다. 고문 後遺症(후유증)으로 늘 앓다가 하와이로 파견되어 오아후섬에서 목사로 12년간 재직하다 〈한인 기독신문〉을 창간하는 등 한글학교를 세우고 역사와 한국 문화를 가르치다 1941년 2월 23일 향년 57세로 눈을 감았다.

사망한 다음 달에 시신이 한국으로 돌아왔으며, 함태영 목사의 집례로 망우리 共同墓地(공동묘지)에 安葬(안장)되었다. 대한민국 정부는 그의 공헌을 기려 1962년 '건국훈장 대통령장'을 수여하였고 1966년 현재의 국립 서울 현충원 愛國志士(애국지사) 묘역으로 이장하였다.

⑳ 백용성(白龍城)

불교 대표로 전북 장수군 번암 출생. 16세에 출가하여 해인사의 승려가 되었고 불교 정화 운동에 힘쓰며 서울 시내에 최초로 포교당을 세우는 일을 시작하였다. 大覺寺(대각사) 창건 후 60여 종의 불경 어록을 저술하였다.

윤봉길 의사를 귀의시킨 뒤 그를 임시정부로 보냈다. 윤봉길 의거 후에는 직접 중국으로 건너가 장제스와 마오쩌둥을 만나 독립운동 지원을 요구하는 등 무장투쟁을 준비하였으나 密偵(밀정)에 걸려 실패하였고, 실의 속에 1940년 세상을 떠나 입적하였다. 독립선언에 서명한 후 항일운동을 계속하다 체포되어 1년 6개월 형을 선고받아 복역하였다. 그는 스님들도 노동해야 한다며 함양에 花園(화원)과 과수원을 만들고 北間島(북간도)에도 농장 만들어 농사도 지었다.

1940년 임종을 미리 알고 "사자 배 속에 蟲(충)이 생겼구나!"라고 一聲(일성)을 남긴 뒤 그다음 날 열반에 들었다. 당시 깨달은 스님으로 알려졌다.

1962년 대한민국 정부는 그의 供獻(공헌)을 기려 '건국훈장'을 추서하였고, 1990년 은관 文化勳章(문화훈장)이 추서되었다.

㉑ 신홍식

충북 청원 가덕면 출생으로 민족 대표 33인으로 3.1운동을 주도한 독립운동가이다. 35세 때 청주 북 監理教會(감리교회)에서 미국 선교사에게 세례를 받고 기독교 신자가 되었다. 1913년 서울 協成(협성) 神學校(신학교)를 졸업하고 감리교 목사가 되었고 공주와 평양에서 포교를 하던 중 이승훈으로부터 3.1운동 소식을 전해 들었다. 그는 즉시 상경하여 이 운동에 동참하였다. 상경하자마자 손병희 선생 집에서 다른 민족 대표들과 함께 거행된 독립선언을 상의하여 일을 꾸몄다. 체포되어 2년형을 받고 법정에서도 일제가 제시한 東洋(동양) 平和論(평화론)의 허구성을 질타하며 독립에 대한 확신을 피력하며 외인들을 꾸짖었다. 정부는 1962년 그에게 '건국훈장 大統領章(대통령장)'을 추서하였다.

㉒ 양전백(梁甸伯)

改新敎(개신교) (장로회) 목사로 민족정신이 강한 사람이다. 평안도 의주부 고군면 출생으로 1919년 김병조에게 3.1 독립 만세 계획을 듣고 이명룡, 유여대, 김병조와 함께 서울로 상경하여 민족 대표 33인의 한 사람으로 서명하고 항일운동에 뛰어들었다. 얼마 후 일본 경찰에게 체포되어 2년간의 옥살이를 하며 얻은 후유증으로 1933년 62세로 사망하였다. 1962년 '建國勳章(건국훈장)'을 추서 받았다.

㉓ 양한묵(梁漢默)

전남 해남군 옥천면 영신리 출생, 天道敎(천도교) 신앙인으로 독립운동가이며 교육자다. 명문가 양반 집안에서 윤택하게 살던 중 어머니는 奴婢(노비)들을 다 풀어주고 아버지는 콜레라가 성행할 때 여러 비방약을 동원하여 수많은 사람의 목숨을 구했다. 많은 사람의 존경을 받았다.

開化派(개화파) 관료 출신인 권동진, 오세창 등을 만나 天道敎(천도교)에 입교하여 신앙에 귀의하였다. 1909년 12월 이재명 의사의 이완용 암살 미수 사건을 양한묵의 지시로 일어났다 하여 체포되었다. 4개월 옥살이를 하고 풀려났다. 太和館(태화관)에서 개최된 獨立宣言(독립선언) 식에 참여하고 33인이 되어 체포당하여 서대문 형무소에 수감 되었다. 가혹한 고문을 동반한 심문 과정에도 그는 민족의 氣槪(기개)를 잃지 않아 심문하는 일본 경찰이 당황할 정도였다.

1919년 5월 26일 향년 57세 일기로 모진 고문으로 옥중 사망하였다. 국가에서는 1962년 '建國勳章(건국훈장) 대통령장'을 수훈하였다.

㉔ 오화영(吳華英)

1879년 4월 5일 황해도 평산 금암면에서 출생하였다. 어릴 때부터 漢學(한학)을 공부하다 東學(동학)에 입문했다. 改新敎(개신교)로 개종하여 1906년 세례를 받았다. 협성 신학교를 졸업하고 감리교 목사가 되어 선교활동을 하다가 1919년 3.1운동 때 민족 대표 33인으로 抗日運動(항일운동)에 적극 참여하였다. 일본 경찰에 체포되어 2년 6월을 선고받고 옥고를 치렀다.

1950년 5월 30일 서울 종로구에서 2대 民議院(민의원)으로 당선되었으나, 바로 6.25 전쟁이 일어나 북한군 퇴각 때 拉北(납북)되었다. 그 후 한동안 생사를 알 수 없었다.

〈002년 통일신보〉 보도에 따르면 오화영은 1960년 9월 2일에 사망하여 평양 근교의 애국열사릉에 묻혔다고 한다. 서울 동작구 현충원 묘소에는 묘소 대신 位牌(위패)만 봉안되어 있고 경기도 고양시 덕양구 선유동에는 2014년 고창오씨 종친회에서 세운 追慕碑(추모비)가 서있다. 독립운동가이며 정치인이었던 그에게 1989년 '건국훈장 대통령장'

이 추서되었다.

㉕ 유여대(劉如大)

1878년 평북 의주에서 출생하여 미국 북 장로회 선교사 휘트모어 (N.C. Whittemore)를 만나 洗禮(세례)를 받고 신앙에 귀의하여 1899년 의주 최초로 일신 학교를 세우고 교사로 재직하며 1905년에 양실학원을 세우고 교육 사업에 힘을 기울이다가 평양신학교에서 공부한 뒤 목사가 되었다.

남강 이승훈으로부터 서울에서 독립운동 준비를 한다는 기별을 듣고 동참하기로 약속하고 교사 정명채와 김두칠을 만나 함께 운동할 것을 결의하였다. 33인의 한 사람으로 1919년 3월 1일 오후 2시 30분 서울에서 도착한 獨立宣言書(독립선언서) 200매가 도착하자 공터에서 양실학교 학생 100명을 포함하여 800여 명의 군중들이 모인 가운데서 독립선언을 낭독하고 식을 거행하였다.

선언식이 끝나고 시위대는 행진하며 "대한독립 만세!"를 외치며 거리로 나섰다. 유여대는 이날 憲兵隊(헌병대)에 체포되어 3월 7일 평양지방법원 검사국에서 취조받고 拷問(고문)을 받았다. 징역 2년 형을 받고 옥고를 치렀다. 고문 후유증으로 얻은 병으로 백마 교회 목회자로 재직 중 잠시 휴양생활에 들어갔으나 1937년 1월 병마를 이기지 못하고 눈을 감았다. 1962년 국가는 '建國勳章(건국훈장) 대통령장'을 추서하였다. 서울 현충원에 墓域(묘역)이 있다.

㉖ 이갑성(李甲成)

1889년 대구출생으로 1915년 세브란스 醫學(의학) 專門學校(전문학교)를 졸업하였다. 1919년 최연소자로 청년을 대표하여 33인의 한 사람이 되어 독립선언서에 서명하였다. YMCA 이사로 항일 청년운동을 지도하며 민족운동을 하였다. 일본 경찰에게 잡혀 7개월간 옥고를 치렀고 1950년 2대 民議院(민의원)에 당선되어 國民會(국민회)의 최고위원에 추대되었다. 80세 이후에는 민족 대표 33인 중 유일한 생존자로서, 또한 3.1운동의 기념비적 인물로서 해마다 거행되는 기념행사를 지켜보다가 1981년 여생을 마쳤다. 1962년 '建國勳章(건국훈장) 대통령장'을 받았다.

㉗ 이명룡(李明龍)

    독립운동가. 평안북도 철산 출신으로 독실한 기독교인으로 교육사업에 힘쓴 사람이다. 독립운동에 투신하여 1912년 105인 사건에 緣坐(연좌) 되어 3년간 복역 생활을 하였다.

    1919년 3.1 독립선언에 기독교 대표로 가담하여 3.1운동으로 太和館(태화관)에 모여 만세운동에 앞장서다가 종로경찰서 경찰들에게 체포되어 또다시 2년 형을 치르는 중 獄中(옥중)에서 성경을 40 讀(독) 하며 인내와 내공을 키웠고 출소 이후에도 교육사업을 하며 시종 抗日鬪爭(항일투쟁)에 전념하였다.

    8.15해방으로 조만식(曺晩植)과 '조민당'을 창립하고 최고 고문에 취임했으나 공산당의 탄압을 못 견디고 越南(월남)하였다.

    그는 돈을 벌어 오직 조국의 독립과 교육에 투자하였다. 〈東亞日報(동아일보)〉에서 언론인, 기타 여러 기독교 단체에서 영성 활동을 하며 청년들에게 3.1정신을 심어주려 강연을 왔다가 1956년 11월 12일 새벽 84세의 일기로 기도하는 자세로 눈을 감았다.

㉘ 李鍾一(이종일)

충남 태안군 원북면에서 양반 가문에 태어났다. 1872년 상경한 후 과거에 급제하면서 開化派(개화파) 관료의 길을 걷게 되었다. 1882년 8월 수신사 박영효가 일본에 갈 때 사절단 일원으로 수행하면서 일본의 近代(근대) 文物(문물)을 직접 보고 온 것이 영향을 끼쳤다.

이후 開化(개화) 思想(사상)에 관심을 보여 1894년에 보성 보통학교 교장에 취임하여 교육사업에 힘썼다. 1905년 최학래의 권유로 天道敎(천도교)에 입교한 뒤 손병희를 만나며 3.1운동의 33인으로 항일운동에 깊이 관여하였다. 최남선과 이승훈을 통해 연결고리를 통해 사비를 투자하여 獨立宣言文(독립선언문) 3만 5천 부를 인쇄하여 배포하였다. 결국 주범으로 체포되어 3년 형을 받고 복역하였다.

그는 한국 〈獨立祕史(독립비사)〉를 쓰다가 원고를 압수당한 뒤로 〈옥파 비망록〉을 남기고 집안이 가난했던 그는 하루 1식으로 끼니를 해결하던 중 1925년 경성부 죽첨정 정목 31번지 자택에서 營養失調(영양실조)로 어느날 쓰러져 영영 일어나지 못하고 사망하였다.

그의 몸은 화장되어 이태원 공동묘지에 安葬(안장) 되었다가 1936년 5월 17일 손녀 이장옥에 의해 미아리 공동묘지로 이장되었고 그의 생가터에 2009년에 紀念館(기념관)이 설립되었다. 정부는 그의 공헌을 기려 1962년 '건국훈장 대통령장'을 추서하였다.

㉙ 李種勳(이종훈)

1858년 2월 9일 경기도 광주에서 출생하여 유년 시절부터 한학을 공부하고 1894년 高宗(고종) 재위 기간에 갑오 東學運動(동학운동)에 가담하여 활약하다가 天道敎(천도교) 장로가 되었다. 1919년 3.1운동에 적극 참여하여 33인이 되었다.

서대문 형무소에서 2년의 옥고를 치렀다. 천도교 2대 敎祖(교조) 崔時亨(최시형)이 서울 감옥에서 斬首刑(참수형)을 당하자 많은 돈을 주고 옥리를 매수하여 시체를 빼내어 광주에서 장례를 치르는 일을 하기도 했다.

출옥한 뒤 왜인들의 억압에 원한을 품고 1922년 7월 14일 밤 천도교를 중심으로 하여 '高麗 革命委員會(고려 혁명위원회)'를 조직하여 해외와 연락하여 光復運動(광복 운동)을 전개하고 뒤에 만주로 건너가 활약하다가 노환으로 숨졌다. 1962년 '대한민국 건국 공로 훈장'을 받았다.

㉚ 李弼周(이필주)

이필주는 1870년 1월 13일 경기도 고양시에서 태어났다. 1890년 大韓帝國(軍(대한제국군)에 입대하여 장교가 되었다. 1894년 동학 農民運動(농민운동)을 일으킨 농민군과 전투를 벌이기도 했다. 8년간 군 생활을 정리한 후 개신교 신안에 귀의하여 활동하다 감리교 신학을 하고 목사가 되어 왕십리 정동교회 등에서 목회하며 抗日運動(항일운동)을 계속하였다. 3.1운동이 구체화 되던 1919년 독립선언서와 기타 서류 초안을 만들고 민족 대표 33인으로 참여하여 가담하여 활동하다 1919년

2장 사회주의의 진상

2월 28일 손병희 집에서 결의하고 만세운동에 동참하여 체포되고 2년 동안 옥살이를 하였다.

神祀參拜(신사참배) 거부 등 철저한 民族主義者(민족주의자)로 항거하다 지병으로 1942년 4월 21일 74세 일기로 별세하였고, 묘역은 서울 현충원 愛國志士(애국지사) 묘역이다. 1962년 '건국훈장 대통령장'이 추서되었다.

㉛ 최성모(崔聖模)

1873년 1월 9일 황해도 해주에서 출생하여 경성부의 협성 신학교를 졸업하고 감리교회 목사가 되었다. 1919년 3.1운동의 33인으로 참가했다가 체포되어 2년 징역을 선고받고 복역하였다. 출옥 후 만주로 가서 목회하며 항일운동을 계속하였다. 감리교 인물 사전에 수록되어 있고 1962년 '建國勳章(건국훈장) 대통령장'을 추서하였다.

㉜ 홍병기(洪秉箕)

1869년 11월 5일 경기도 여주군 금사면 이포에서 출생하였다. 1887년 19세 나이로 무과에 급제하여 무관으로 활동하였다. 동학혁명에 참가했다 손병희가 주도하는 3.1운동에 동참. 33인의 한 사람이 되어 독립 만세운동을 하다 체포되어 2년 형을 받고 서대문 형무소에서 복역하였다. 해방 후 홍병기는 '삼일 동지회' 고문으로 활동하였다. 그리고 임시정부 계열 인사들이 참여한 한국독립당을 지지하였다. 1945년 8.15 광복 이후 감개무량한 심기로 조용히 칩거하다가 1949년 1월 26일 트럭 교통사고로 숨졌다. 1962년 정부는 그의 공헌을 기려 '建國勳章(건국훈장) 대통령 훈장'을 추서하였다.

㉝ 박희도(朴熙道)

1889년 8월 11일 황해도 해주에서 출생하였다. 숭실학교와 연희전문학교를 졸업했으며, 監理教(감리교) 神學校(신학교)를 중퇴하고 기독교 학교 교감으로 재직, 유치원을 설립하기도 하며 교육사업을 펼쳐 나갔다. 33인의 한 사람으로 참여했다가 체포되어 2년 형을 받고 옥고를 치렀다. 33세로 최연소자였다. 투옥됐다가 풀려난 후로는 자치론 경향으로 흘러가 민족개량주의 노선으로 기울다 1934년 전후로 親日派(친일파)로 변절하여 1948년 반민특위에 회부 되었다가 1952년에 병사하였다. 이렇게 공이 많은 사람이 어쩌다 2002년 親日派(친일파) 708명 명단에 수록되어 안타까운 일이다.

1) 전 재산 독립을 위해 바친 李會英(이회영)과 6형제들

우당 이회영은 1867년 서울출생으로 그의 부친은 고종의 吏曹 判書(이조판서)였고 10대조 할아버지가 선조 때 영의정을 지낸 李恒福(이항복)이다. 이들은 조선의 최고 부잣집이었다 대략 1조 원대 재산을 소유했고 양주 일대가 모두 그들 땅이라 할 정도로 재산가였다.

領議政(영의정)만 다섯 명 정도가 나랏일을 하던 명문 사대부가 어느 날 한 마음 한뜻으로 전 재산을 처분하고 눈보라가 몰아치는 만주벌판으로 이주하여 祖國(조국)의 獨立(독립)을 위해 6형제와 가족은 여생을 바쳤다. 처분한 전 재산은 소 1만 3,000여 마리에 해당하는 값이었다.

지금 돈으로 약 70억쯤 될 것이다. 물론 급히 처분하느라 제값을 다 받지 못했다.

1910년 독립운동 기지 건설과 軍官學校(군관학교) 설립을 위해 이회영과 전 가족들은 一心同體(일심동체)가 되어 온 가족이 함께 西間島(서간도) 유하연으로 이주하여 신흥학교 운영에 전념하였다. 1924년 북경에서 한인 동지회, 무정부주의연맹, 3.1운동 義烈團(의열단), 우리가 알고 있는 익숙한 이름 新興武官學校(신흥무관학교)를 세우고 항일 구국연맹을 조직하고 1925년 4월 베이징에서 조직된 항일 비밀운동단체인 '多勿團(다물단)'의 단원으로 친일 인사 처단과 함께 다물단에 재정과 무기를 지원하는 활동을 하였다.

이회영은 일가의 막내로 1910년 12월 30일 겨울 6형제와 전 가족은 함께 망명을 결심했다. 압록강을 건너서 간 때는 1911년 2월 초순이었으며 柳河縣(유하현) 삼원포에 도착했다. 그곳에서 이상룡, 김동삼과 荒蕪地(황무지)를 개간하여 독립운동기지 건설에 매진하였다. 1911년 최초로 한인 자치기관인 耕學社(경학사:농촌지도소)가 조직되고 점차 기반을 잡기 시작하였다. 이들 다물단은 친일파 밀정을 자아내어 처단하기도 하였는데 간첩 김달하가 붙잡혔다.

전 재산을 쏟아부어 나라를 위해 헌신했지만, 일제에게는 핵폭탄 같은 인물들로 낙인찍혔다. 6형제 중 가장 부자였던 둘째 이석영은 전 재산을 독립운동에 쓰고 1934년 80세의 나이에 입은 옷 한 벌만을 남긴 채 상하이 貧民街(빈민가)에서 모진 고생을 겪으면서도 오직 조국의 독립을 위해 싸우다 먹을 것이 없어 결국 굶어 죽었다. 이석영 선생의 장남 규준은 친일 變節者(변절자)를 암살하는 다물단 단장으로 활동하던 중 북경에서 암살되었다.

이회영의 아들 규창은 아버지를 죽게 한 밀정의 정보원이 자기의 사촌 이규서임을 알고 그를 처단하였다. 이회영 선생 역시 조카 때문에 잡혀 살해되었다. 참으로 기구한 운명이었다.

이회영 선생의 아들은 이후에도 밀정 처단에 주력하였고 일제에 체포되어 감옥 생활 중에도 일제를 규탄하는 기세를 보였다. 이들 6형제 중 5명이 독립운동으로 죽었다.

유일하게 광복을 본 것은 다섯째 李時英(이시영) 선생이다. 그가 대한민국 초대 부통령이다. 이회영 선생의 손자들에는 이종찬(李鐘贊) 국정원장과 5선 이종걸 국회의원이 있다. 그나마 천만다행이다.

'이루고 못 이루고는 하늘에 맡기고 사명과 의무를 다하려다가 죽는 것은 얼마나 떳떳하고 가치 있는 일인가?' - 우당 李會英 -

2) 女性(여성) 독립투사들

남자현

남자현은 1873년 경북 영양군 석보면 지경리에서 부친 남정한의 3남매 중 막내딸로 태어나 어릴 때부터 품성이 단정하고 총명하였다. 6세에 국문에 능통하였고 부친의 가르침으로 小學(소학)과 大學(대학)을 통달하였다.

19세에 결혼하여 단란한 가정을 꾸렸으나, 일제의 만행이 극성을 부리며 박해가 심해지자, 남편은 남자현에게 "나라가 망해가는데 어찌 장부가 가만히 있을 수 있겠느냐." 하면서 "지하에서 다시 보자!" 하는 인사를 남기고 의병장 김도현과 의진에서 왜인과 전투하다 전사하였다.

남편의 소식을 들은 여사는 복수심에 밤잠을 이루지 못했다. 3대 독자인 유복자 아들과 시부모를 봉양하지 않을 수 없어, 養蠶(양잠)을 하며 손수 명부를 짜서 내다 팔아 가계를 이어나가 효부로도 이름이 높았다.

남자현의 나이 46세에 3.1운동이 일어나자, 항일 구국만이 남편의 원수를 갚는 길임을 깨닫고 3월 9일에 아들과 함께 鴨綠江(압록강)을 건너 중국 요령성으로 이주하여 西路(서로) 軍政署(군정서)에 가입하여 군사들의 뒷바라지를 시작하였다. 여기서 활약하며 북만주 12곳에 교회를 설립하고 10여 곳에 '여성 교육회'를 조직하여 독립 정신과 여성 계몽을 고취 시켰다.

어려서부터 儒學(유학)과 개신교회에 정통하였다. 남자현 투사는 47세의 당시 고령으로 독립운동에 뛰어들어 남자들 못지않은 능력과 軍資金(군자금) 조달 등에서 혁혁한 공을 세웠다.

어수선한 만주벌판에서 무장 세력들의 당파싸움과 밀정들이 숨어서 비열한 짓을 할 때에 손가락을 깨물어 血書(혈서)를 써서 단합을 이뤄낸 신화의 주인공이기도 하다. 1925년에 박청산과 함께 사이토 총독을 암살하려고 본국에 잠입하였다가 실패하여 다시 만주로 망명하였다. 그녀는 왼손 무명지를 잘라 '朝鮮(조선) 獨立(독립)'이라는 혈서를 쓰고 잘려진 손가락과 함께 싸서 국제연맹 조사단 리튼 경이 하얼빈에 왔을 때 보내어 조선 독립을 호소하였다. 이를 본 리튼 경은 놀라움에 부르르 떨었다. 士大夫(사대부) 집안의 女傑(여걸) 남자현은 현모양처로 살고 싶었던 조선의 여인이었으나, 3.1운동으로 인하여 180도 삶이 바뀌었다. 그녀는 獨立宣言文(독립선언문)을 각처에 배포하면서 본격적인 독립운동에 몸을 던졌으며 그녀는 죽음을 각오하였다.

抗日鬪爭(항일투쟁)의 성지였던 만주에서는 90여 개의 獨立運動(독립운동) 단체가 활동하였다. 그런데 義俠心(의협심)은 많으나 인격의 수양이 문제였으니 이들은 출신지와 사상의 이념 차이로 무력 충돌이 잦았다.

일제의 손에 남편을 잃은 그녀는 금식과 혈서로서 목숨을 걸고 호소력 있는 연설로 마침내 남만주 17개 단체가 통합을 이루게 되었다. 그녀는 만주에서 武裝(무장) 鬪爭(투쟁)을 하던 중 두 차례 본국에 잠입하여 軍資金(군자금) 조달을 위해 國境(국경)을 넘었다. 1926년 4월 조선의 원수 사이토 總督(총독)을 암살할 목적으로 몸에 권총을 숨기고 서울을 찾았다. 그러나 뜻을 이루지 못하고 발각되어 일 경에 체포되었다. 그녀는 8월 6일부터 단식하여 14일 만에 파란만장한 생을 마감하였다. '내가 남긴 돈은 독립을 위해 바친다.'라는 유서를 아들에게 남겼다. 그녀는 총기를 분해하여 귀신같이 다루고 사격 솜씨도 탁월하여 명중시키는 스나이퍼였다. 1962년 여성 운동가로는 최초로 '건국 공로 훈장' 복장을 받았다.

항일 여전사 박차정(朴次貞)

박차정은 1910년 5월 8일 부산 동래 복천동 출신으로 동래여고의 전신인 동래 신일 여학교에 다니던 1727년 1931년 義烈團長(의열단장) 김원봉 선생과 결혼하여 조선 혁명 간부학교를 함께 설립하여 교관으로 활약하였고 '남경 부인회'를 조직하는 등 적극적인 抗日運動(항일운동)에 투신하여 싸웠다.

1939년 중국 강서성 崑崙山(곤륜산) 전투에 참전하여 어깨에 여러 발 총상을 입으면서 後遺症(후유증)으로 건강이 급속히 악화해 해방을

1년 남기고 1944년 5월 27일 34세의 젊은 나이로 순국하고 말았다.

해방 이후 그녀의 遺骨(유골)은 남편의 고향인 경남 밀양 감전동에 이장되었다. 유관순 열사에 이어 두 번째로 '대한민국 건국훈장 독립장'을 추서 받은 여성 독립운동가로 불꽃 같은 삶은 해방의 꽃을 피운 크나큰 밑거름이 되어 뒤늦게나마 전해지고 있다.

조선의 잔다르크 金命時(김명시)

김명시는 1907년 경남 마산, 지금의 창원 합포, 동성동 189번지 출신으로 5남매 중 셋째로 태어났다. 부친을 일찍 여의고 생선 행상을 하는 어머니 김인석 손에서 길러졌다.

그녀의 가족은 모두가 獨立運動家(독립운동가)다. 어머니는 행상을 하면서도 만세운동을 하다 부상으로 눕고, 오빠와 남동생은 社會主義(사회주의) 계열 항일 투사로 옥살이를 치렀다. 그녀는 1923년 마산 공립 보통학교를 졸업하고 1925년 서울 배화 여학교에 입학하였다. 그러나 가난하여 중퇴하고 고려 共産靑年會(공산청년회) 유학생으로 선발되어 모스크바 대학에 입학했으나 1927년에 중퇴하고 상하이로 가서 사회주의 운동에 뛰어들었다.

그녀는 한 손에는 총을 잡고 한 손으로는 擴聲器(확성기)를 잡고 일본군과 싸웠고, 白馬(백마)를 타고 달리며 사격을 한 女性(여성) 將軍(장군)이다. 1932년 국내로 잠입해 활동하다가 일본 경찰에 체포되어 酷毒(혹독)한 고문과 심문을 받고 7년간 옥고를 치렀다. 그 후 다시 중국으로 망명하여 항일 무장투쟁을 이어갔다. 1942년 여성부대를 지휘하면서 '여장군'이란 호칭을 얻게 되었다. 解放(해방) 이후 서울에서 활동하다가 극렬한 이념 갈등이 이어지는 가운데 1948년 10월 부평경찰서에서 생을 마감하였다. 2020년 마산 합포구 오동동 문화광장 그녀의 생가터에는 '김명시 장군 학교길'을 개장하고 표지판을 세웠다.

동풍신 烈士(열사)

남한에는 18세 어린 나이에 순국한 충청도의 유관순(柳寬順) 열사를 모르는 사람이 없듯 북한의 함경도에는 유관순 열사보다 한 살 어린 나이에 순국한 동풍신 열사가 있다. 남한에서는 조금 생소한 이름일 것이다. 아무래도 地域感情(지역감정)의 특성상 안타까운 일이다.

99주년 3.1절을 맞아 문재인 대통령이 記念辭(기념사)를 통하여 그녀의 이름을 언급하였다. 17세 어린 나이에 순국한 동풍신 열사는 함경북도 明川(명천) 출신으로 1919년 3월 15일 하가면 대화동 일대에서 전개된 독립 만세운동에 참여하였다. 이곳에서는 1월 14일 함경북도에서 전개된 만세 시위 중 최대 인파인 5천여 명의 시위군중이 화대 헌병분견소에서 시위를 벌이다가 일본 헌병의 無差別(무차별) 사격으로 5명이 현장에서 순국한 곳이다.

일제의 이 蠻行(만행)으로 분노에 찬 주민들은 3월 15일 다시 5천여 명의 군중이 화대 장터에 모여 대규모 만세를 외쳤다. 오랜 병상에 누워 있던 동풍신 아버지 동민수는 사람이 다섯 명이나 일제의 총탄에 죽었다는 소식을 듣고 病床(병상)을 떨치고 일어나 시위대와 합류하였다. 그러다 騎馬(기마) 헌병들의 무차별 사격에 現場(현장)에서 즉사하였다.

당시 17세 소녀 동풍신은 현장에서 피를 뿜는 아버지를 부둥켜안고 오열하였다. 어린 가슴은 피 맺힌 원한으로 슬픔을 딛고 일어나 입술을 깨물고 다시 거리로 나아가 외쳤다. 그녀는 왜인들의 事務室(사무실)과 일제 앞잡이 면장실을 불태워 버리고 결국 憲兵隊(헌병대)에 체포되어 함흥 형무소에 수감 되었다가 西大門(서대문) 刑務所(형무소)로 이감되었다.

악랄한 일본군의 拷問(고문)으로도 그녀의 氣槪(기개)를 꺾지 못 하자 경찰은 감방에 같이 있던 여성을 시켜 그녀의 어머니가 죽었다고 거짓말을 전하여 애를 태우자, 그녀는 몇 번이고 기절하며 하루 한 덩이씩 주는 주먹밥마저 거부, 식음을 끊고 단식 투쟁을 하다 마지막으로 '반드시 일본은 천벌을 받아 멸망할 것이다.'라고 외친 뒤 1921년 17세 소녀는 한 맺힌 병든 장미로 獄中(옥중)에서 눈을 감았다.

윤희순

윤희순은 1860년 6월 25일 경기도 양주군 구지면에서 출생하였다. 儒學者(유학자)의 딸로 태어나 시아버지의 영향을 받아 1895년 을미사변 이후 의병 운동에 투신하여 최초로 여성 義兵將(의병장)이 되어 최초로 한글로 된 義兵歌(의병가)를 짓고 大韓帝國軍(대한제국군)이 해체되자 군자금을 모아 화약 제조소를 운영하는 등 남자도 어려운 일을 시작하였고 전투에 직접 참가하지는 않았으나 후방에서 獨立軍(독립군)을 적극 지원하였다.

일본제국의 탄압을 피하여 만주로 옮겨가 중국인들과 손을 잡고 운동을 계속하였으나 아들 유강돈이 고문으로 죽고 난 뒤 그녀는 식음을 전폐한 뒤 11일 만에 1935년 75세의 나이로 세상을 떠났다.

1990년 '건국훈장 애촉장'이 추서되었고 그의 유해는 중국에서 199

4년 고국으로 봉환되어 춘천 애국지사 墓域(묘역)에 아들 유돈상과 시아버지 유홍석과 함께 묻혀있다.

신정숙(김구 선생의 비서)

신정숙은 커다란 눈에 동그란 안경을 쓴 여인으로 여성 광복군 1호로 활약한 의병이다. 그는 만주로 건너가 전투공작대원으로 유격 활동을 수행하면서 1년 6개월 동안 민첩한 軍事(군사) 訓練(훈련)을 받았다. 그녀의 100일 된 어린 아들을 등에 업고 기관총을 들고 일본군과 전투를 벌인 일화는 뜨거운 감동을 전해준다.

기타 숨은 女性(여성) 독립운동가들

대한민국 정부수립 이후 1만 7,748명이 독립유공자로 포상되었고 이 중에 640명이 여성 투사들이다. 이외에도 조국을 위해 物心(물심)으로 몸을 바친 여인들과 이름 없이 뒷바라지한 남자들이 얼마나 많을지는 잊혀 가는 역사 속에서 신만이 아실 것이다.

독립운동을 했던 여성들은 직접 총칼을 들지 않았어도 몸을 바쳐 일한 사람들이 헤아릴 수 없다. 2008년 간호사 74명을 찾아내어 有功者(유공자)로 선정하여 훈격별로 훈장 표창하였다.

숱한 여성들이 抗日運動(항일운동) 중 감옥에서 拷問(고문)을 받으며 외치는 공통적인 一聲(일성)이 우리의 가슴을 울린다.

"나는 조선의 딸이다. 그래서 나는 독립운동을 하는 것이다."

[그림13] 3.1 운동의 민족대표 33인

[그림14] 김구와 민족주의자들

3장
피에 젖은 비극

1. 8.15해방과 聯合軍(연합군)

우리나라가 일제로부터 해방된 지 79년 되는 해이다. 그러나 **解放**(해방)이란 말이 사실은 매우 어색하고 결론적으로 우울하다.

일제 식민지 아래 억눌렸던 것은 우리 민족과 우리의 터전인 대한민국이 저들이 일으킨 태평양 전쟁에서 패망하여 덕택에 업은 부산물이기 때문이다. 승전한 연합군이 한반도를 일본에서 떼어내어 독립시켜 주겠다고 하여 일제강점기에서 벗어나긴 했으나 우리의 힘으로 광복을 찾은 것이 아니라 연합군이 동원되어 일본이 항복했기 때문에 사실적 해방은 아니었다.

일본이 조선을 강제 점령하고 지배할 때 서구 열강들은 묵인하고 있었다. 그렇다고 여러 식민지 나라들이 연합하여 일본이 일으킨 전쟁에 이기고 한국이 고스란히 나라를 찾은 것이 아니니 우리는 아무런 힘이 없어 미국과 소련의 눈치만 보며 남북이 또다시 아니 일제 당시보다 더 큰 고통을 안고 형제끼리 생이별을 하고 나라의 허리가 잘려 형제가 총칼을 들고 지금까지 싸우고 있으니, 이보다 더 한 식민지가 어디 또 있으랴!

20세기 초반에 저들이 부추겨 일본이 빼앗은 땅들, 한반도와 대만, 사할린, 만주 등을 돌려준 것은 그들의 **密室**(밀실)에서 결정된 작품들이다. 그러므로 해방 후의 한반도는 식민지보다 더한 **混沌**(혼돈)으로 전국이 홍역을 앓고 있었다. 소련과 서방들은 연합군들이었지만 이념적으로는 극과 극으로 이미 冷戰(냉전) 상태였다 해도 과언이 아닐 것이다.

전쟁에 패한 독일은 저들 나라가 분단된 것은 패전국이니 할 말은 없겠으나, 한반도는 왜? 분단 됐는지 정말 역사를 還元主義(환원주의) 시각으로 본다고 해도 억울하고 원통하여 분통이 터질 일이다.

분단은 결국 6.25를 불러왔고 오늘날까지 鐵條網(철조망)을 사이에 두고 피를 나눈 친형제가 대치중이니 어찌 이런 문명과 이런 과학, 이런 윤리가 있는가? 짐승도 한 마리 사냥을 끝내면 더는 죽이지 않는다.

연합군의 자의적인 분단이 한국의 기구한 운명을 만들어 놓은 것이다. 그들의 위대한 작품이다. 아직도 우리는 지금 離散(이산)의 고통을 안고 살아가는 失鄕民(실향민)이다.

광복절이라는 국경일이 과연 경축의 의미가 있는 것인지 민족의식을 조금만 유념해 보면 우울하지 않은 것이 곧 정신병자들이다. 일본은 저들이 일으킨 전쟁에 대해 아무 죄의식도 없고 오히려 패전이란 말 대신 종전일이라 부른다. 그리고 도리어 원폭 피해자라는 코스플레이(cosplay)까지 뇌까린다. 일본의 광기 서린 잔인한 폭정에서 벗어났다는 것만으로도 기뻐 만세를 목이 터지라고 부르던 시절, 우리 조상들은 서로 곡식을 퍼주고 춤을 추고 음식점은 국밥 값을 안 받고 하루 종일 퍼 먹이고 엿장수도 신이 나서 돈을 받지 않고 아이들에게 엿을 잘라 나누어주었다.

1) 광복 직전의 生活相(생활상)

35년간 일제의 통치는 한국 사회의 정상적 발전을 기본적으로 왜곡시켰다. 100% 왜인들 방식으로 정치를 펼쳤기 때문이다. 제2차 대전이 종말단계에 접어들자, 한반도는 전쟁 수행을 위한 인적, 물적 동원과 收奪(수탈)의 강요가 극에 달하여 荒弊(황폐) 狀態(상태)에 들어갔다. 1942년 당시 한국인 인구는 2,552만 5,409명이었으나, 이미 그때 일본에 거주하고 있었던 한국인은 약 160만 명이었고 광복 당시에는 약 210만 명으로 늘어났다. 그간에 약 50만 명이 增加(증가)하였고 이들 중 36만 5,000명 정도는 이른바 강제 徵用(징용) 된 사람들이었다. 그러나 국내에서 일본군에 각종 명목으로 징용된 사람도 414만 명에 이르고 있었다.

거기에 1938년 이후 일본군의 군속, 군인으로 징발된 사람이 陸·海軍(육·해군) 합해서 약 21만 명이 되었다. 이들은 대부분 가족을 부양해야 했던 사람들이었기 때문에 일본군에 의한 徵兵(징병), 徵用(징용)은 한국인의 가족 형태를 파괴하는 결과를 가져왔다.

이것은 전체 사회를 공동화시켰고 중심을 잃게 하였다. 거기에다 가혹한 식량 供出(공출)로 쌀을 빼앗아 가는 악행으로 인해 극도의 食糧難(식량난)에 백성들은 나무껍질과 쑥을 먹고 營養失調(영양실조)로 쓰러져갔다.

68.1%를 차지하고 있었던 농민들은 草根木皮(초근목피)로 생명을 유지해야만 하였다. 정말 왜인들은 천벌을 받아야 마땅했다, 당시 상황으로는 이른바 近代的(근대적) 직업 분야는 일본인이 獨占(독점)하고 있었고 거기에다 공업 생산수단 자본 부문에서 일본인이 90% 이상을 점유하고 있었기 때문에 광복 당시 한국인의 경제 조건은 절대 빈곤 상태였다.

우리나라 호남평야의 질 좋은 쌀과 도자기, 古書(고서), 역사서, 놋쇠,

광산에서 얻은 螢石(형석) 등은 일본으로 다 빼돌려 실어 갔다. 가급 학교의 학생들도 근로 동원으로 기진맥진하고 있었다. 군량으로 소비되는 양이 많아 한국인에게는 잡곡이 배급되는 경향이 심하였다.

2) 光復(광복)의 기쁨

민족 전체가 膏血(고혈)은 고혈대로 收奪(수탈) 당하고 전쟁 동원으로 인해 많은 사람이 생명을 잃었지만, 지금까지 정확한 숫자는 밝혀지지 않고 있다. 다만 일본 정부의 후생성에 4만 명에 달하는 한국인 사망자의 명단이 있다는 사실만 비공식적으로 전해질 뿐이며, 내용은 밝혀지지 않고 있다.

암튼 광복으로 인해 일본의 학대에서 벗어났다는 기쁨만은 일단 절대적인 것이었다. 농민들은 일단 징용에서 해방되고 노동자와 도시민 할 것 없이 일본인의 명령과 멸시에서 해방되었고, 수많은 청년이 일제의 군수 공장이나 토목공사장에서 풀려났고 학생들은 민족혼을 말살하려는 皇國(황국) 신민 교육에서 벗어나게 된 것이다. 그러나 일제의 총부리 화약 냄새가 가시기도 전에 미소 양군 때문에 나라가 두 쪽이 나고 3·8선이 생겨난 것을 보고 그 광복의 기쁨이 물거품과 같은 것이었음을 뼈저리게 실감하게 되었다.

일본군으로부터 광복이라는 것이 미군과 소련군의 무력에 의해서 일본이 패전함으로써 우리에게 주어진 것이라는 사실을 우리가 실제 적으로 실감하게 된 것은 3·8선이 생길 때만 해도 분단 일시적일 것이라 모두 생각했었다. 그러나 3·8선 이북 지역은 소련군이 점령하고 얼마 뒤에 미군은 이남을 점령하고 軍政(군정)을 시작함으로 또다시 식민지로 변화되었다.

3) 당시의 社會生活(사회생활)

화폐 문제

광복 직후 가장 큰 변화는 미·소, 兩軍(양군)이 우리나라에 들어온 것과 일본군과 일본 민간인 철수 그리고 총독부 대신 군정이 설치된 것이다. 이에 따른 한국인들의 정치 상황은 재정 상태, 식량 사정, 歸還(귀환) 同胞(동포) 문제, 그리고 생산 활동 문제가 심각하고 어수선하였다. 국민경제의 핏줄인 화폐 유통 문제가 美軍(미군)이 진주할 때까지 전적으로 일본인의 수중에 달려있었기 때문이다.

해방될 당시 朝鮮 銀行(조선은행)의 화폐 발행고는 49억 7,000여만 원이었는데 미군이 진주하기 전 일본에서 5억 원을 비행기로 운반해 들여왔을 뿐 조선 서적 주식회사로 하여금 천원 권 70억 원과 백 원 券(권) 21억을 인쇄하게 하였다. 이같이 과도하게 발행된 화폐가 어디에 사용되었는지는 분명치 않으나 일본인들을 위해서 쓰였던 것은 분명하다, 이것이 후에 하늘 모르게 치솟았던 인플레이션의 한 요인이 되었다.

식량문제

당시 식량 사정은 소련군에 의해서 만주가 점령되자 만주 산 雜穀(잡곡) 수입이 차단되었을 뿐만 아니라 1944년의 凶作(흉작)으로 이듬해 광복 후 9월과 10월 사이에 67만 2,000석의 식량부족으로 곤경에 처하게 되었다.

일본의 패전으로 그나마 얻어먹던 식량 배급이 제대로 실시되지 못했다. 그리고 수송 수단의 어려움으로 도시민의 식량 사정은 너무너무 어려웠고 이러한 사정은 서울과 부산 같은 큰 도시에서 더욱 심하였다. 시골은 그래도 보릿겨라도 끓여먹는 수가 있지만 도시는 큰일이었다. 작은 군 단위에는 식량 원산지가 가까이 있으니 그래도 좀 덜하였다.

귀환 동포 문제

귀환 동포 문제도 큰일이었다. 210만 명이 넘는 帝日(제일) 同胞(동포) 중 약 70만 명 정도만 일본에 남고 모두가 고향으로 돌아왔다. 이러한 인구 移入(이입)은 3·8선 이남에 있었던 일본군 323만여 명과 한국 거주 일본인 약 75만 명 중 과반수의 인구 유출과 동시에 일어났다. 이 사실은 한국 내의 식량 사정을 惡化(악화)시키는 한 요인으로 작용하였다.

생산 활동 문제

광복 당시 3·8선 이남 지역의 경우 생산 공장 9,323개, 노무자 30만 520명이었는데 광복 후 1년이 지났을 때는 공장 5,249개, 노무자 12만 215명으로 감소하고 있었다. 이것은 광복 후 146만 4,520명의 실업자를 발생하게 하였다. 여기에다 전쟁 휴전으로 발생한 戰災(전재) 실업자도 63만 명 정도 생겨났다. 生産高(생산고)의 저하와 식량부족은 당연한 것으로 광복 이후 정치적 불안의 큰 불안과 고통이었다.

4) 분단의 悲劇(비극)

분단의 원인

대한민국이 분단된 원인은 여러 가지가 있다. 첫째는 역사를 거슬러 올라가서 나라를 왜인들에게 넘겨준 매국노들 몇몇이 원인이고 다음으로는 개돼지처럼 권력이나 좋아하는 당시의 관리들이며 그다음은 꿈이 없는 민초들의 한심함 때문이다.

오늘날 지난날을 돌이켜보면 이 나라의 분단은 국제적인 이유와 국내적인 이유가 있다. 국제적인 이유는 2차 세계대전 이후 미국과 소련을 중심으로 냉전 체제가 심화되었으며, 우리나라의 지정학적 위치가 미국과 소련의 관심 대상이었기 때문이다. 냉전을 돌아보면 무력은 사용하지 않아도 경제, 외교, 정보 등을 수단으로 하는 국제적 대립을 체감할 수 있는 것이다.

특히 2차 세계대전 이후 미국을 중심으로 한 자본주의 진영과 소련을 중심으로 한 사회주의 진영이 이념을 중심으로 대립한 것을 볼 수 있었다. 그리고 국내적인 이유는 민족의 내부적 갈등과 응집력 부족이다. 이런 약점으로 김구(金九)는 기회를 잃고, 결국 統一 政府樹立(통일 정부수립)의 노력 부족으로 실패한 것이다. 이 실패의 원인은 결국 6.25 사변으로 이어졌고 남북 분단 원인이 固着化(고착화) 되어버렸다.

이 분단의 과정을 살펴보면 대한민국은 1945년 8월 15일 제2차 세계대전에서 일본의 무조건적인 항복과 독립운동의 結實(결실)로 해방을 맞이하게 되었다. 그러나 광복 이후 3·8선을 기준으로 미국과 소련에 의해 다시 분단 되는 불행이 싹트게 된 것이다. 일본군을 무장 해제시킨다는 명분으로 미군과 소련군이 각각 주둔하여 조직의 부하 거느리듯 마음껏 조종하고 있다. 1948년 5.10 총선거에서는 국제연합 UN에서 남북한 총선거가 결정되었으나 소련과 북한의 거부로 이승만의 뜻인 남한만의 선거가 實施(실시)되었다. 그 후 2년 뒤에 6.25사변이 시작되어 3년간 400만 명 이상이 죽고 휴전하여 오늘에 이른 것이다.

이 전쟁으로 인해 수많은 사상자가 발생하고 離散家族(이산가족), 전쟁고아, 각종 시설 파괴로 문화유적, 유산, 파괴가 속출하였고 결국 남북 모두 被害(피해)를 입고 怨讐(원수)가 되어 돌이킬 수 없는 이념 갈등으로 미친 짓을 하고 있다.

큰형님은 없다.

제2차 대전이 끝나고 미국과 소련의 대표들은 아버지 없는 고아 같은 한국을 연약한 과부 덮치듯이 서로 占領(점령)하려 눈독을 들였다. 소련은 잽싸게 북한으로 깊숙이 들어와 로마넨코 사령관을 위주로 軍政(군정)을 시작하며 김일성을 이용하였다. 미국이 이를 알고 즉시 일본에 있던 하지 中將(중장)을 대한민국 남한에 보내어 軍政(군정) 統治(통치)를 시작하게 되었다. 1945년 9월 8일 미국이 우리나라에 들어올 때 한국은 환영했으나 미국은 결국 우리나라를 점령하는 자세로 대하였다.

그러다가 좌우 합작 위원회에서 親日派(친일파)를 처단하고 농민에게 토지를 나눠주자고 주장하였다. 이때 남한만이라도 단독정부를 수립해야 한다고 강하게 밀어붙인 사람이 있는데 이승만(李承晩)이었다. 결국 유엔의 감시 아래 총선거를 실시하기로 했다. 이를 반대한 김구와 김규식은 1948년 4월 통일 정부를 수립하기 위해 북으로 가서 김일성을 만났으나 실패하였다. 그 후 김구는 暗殺(암살) 당하였다. 남한은 단독 정부를 수립하고 남북은 둘로 나누어지게 되었다. 김일성과 이승만의 권력 욕심이 낳은 유산이 3·8선이 되고 말았다. 당시 우리는 큰형님 국가 미국이 우리를 해방 시켜준 은인이며 일제의 압박과 설움에서 벗어났으니 살기 좋은 나라를 형님 국가 미국이 만들어 주리라는 희망을 가졌으나, 결국 남의 나라 허리를 잘라 나눠 먹은 강대국의 전쟁 노리개가 되어 원한 맺힌 3·8선을 바라보며 우리의 목을 늘이고 있다.

세계 唯一(유일)의 分斷國(분단국)

우리나라는 지금 세계 유일의 분단국이다.

1985년 미하일 고르바초프가 소련공산당 書記長(서기장)으로 선출되면서 1987년까지 소련에서 실시된 '글라스노스트〈개방〉 정책'과 페레스트로이카〈개혁〉 정책이 1922년 스탈린에 의하여 강제로 구성되어 69년 동안 지속된 '소비에트 연방'이 해체되고 '사회주의 共和國(공화국) 연방'이 해체되고 민주화의 바람으로 동서 冷戰(냉전)의 終止符(종지부)는 찍었지만, 한반도는 아직도 분단이라는 냉전의 상처로 병을 앓고 있는 중이다. 통일의 과업은 우리의 숙명이지만 썩은 내 나는 左右波(좌우파), 돼먹지 못한 개 철학 이데올로기는 통일을 막고 있다. 미국 눈치 보느라 바른말 한마디 못 하고 유엔에서 연설할 기회가 있어도 절규하지 못하는 이 붕어 심장의 우리 大統領(대통령)들 죄 많은 사람이다. 그래도 우리는 힘을 모아 통일을 기다려야 한다.

2. 좌익 우익 중도파

정치세력으로 좌익은 고려공산당, 조선 공산당, 소련공산당, 중국 공산당, 일본공산당, 독일공산당, 과의 연결 정도에 따라 그 좌익으로부터 중도 좌익으로 구분할 수 있다. 원칙에 따라 해당 지역에서 활동하던 조선인들은 각 지역 共産黨(공산당)에 입당하여 활동하였다.

1) 左翼(좌익)의 지지와 構成(구성) 勢力(세력)

구성 세력은 신분상으로 주로 비 양반가 출신, 경제적으로는 小作農(소작농), 小地主(소지주), 노동자들로 구성되어 활동한 것이 주를 이루었다. 이는 그동안 억눌리고 기죽었던 자신들의 삶이 下級的(하급적) 신분이었다는 自激之心(자격지심) 등이 無産階級(무산계급)이라는 이념의 유혹은 많은 사람들을 미치게 하였다. 좌익의 선전 선동은 그렇다. 자본논리 아래에선 자본논리 이외에 인간의 가치 정신은 모두 파괴되며, 자본 예속관계로 최상위 자본 集積(집적)만이 생존하게 된다. 이는 조선말과 조선 글, 조선인으로서 주체성과 정체성도 資本主義(자본주의) 논리 하에서는 서기 힘들며, 결국에 사멸할 수밖에 없고 최상위 자본 보유국의 2등 시민으로의 삶은 영위하겠지만 그렇지 못한 인민들은 서로 분열하고 갈등하며 최후에는 본인의 正體性(정체성)까지 잃고 방황하다 사라지게 된다.

　社會主義(사회주의) 정신으로 입각해 전 인민적 발전으로 주체적이고 자주적인 국가를 건설해야 한다. 해방되었을 때 그동안 일제에 억눌렸던 朝鮮(조선) 共産黨(공산당)이 부활하여 전 국민 3% 정도가 가입한 상태였다. 그런데 갑자기 미국에서 날아온 이승만이 미국의 힘을 빌려 남한만의 單獨(단독) 政府(정부)를 수립하여 집권하면서 소수였던 좌파는 곤란에 빠졌다.

　그 뒤 대구 폭동, 제주도 4.3사건, 여순사건이 발생하였고, 6.25까지 발생하였다. 집권 세력 이승만을 비롯하여 박정희, 전두환 등의 右翼(우익)들이 정권을 지키며 경제가 살아난 것은 사실이다. 결국 김영삼이라는 좌익을 시작으로 김대중, 노무현까지 좌익이 집권하여 우익역사를 독재 친일의 잔재라는 대립적 관계를 주장하던 중 그러다가 옛날 전통 우익이 지도자로 등장하였으나 성공하지 못하고 탄핵을 받고 법의 심판을 받았다. 彈劾(탄핵) 판검사들 다 좌익 출신이며 김대중, 김영삼, 노무현, 등을 투표하여 대통령을 만든 국민 과반수가 과연 좌빨이며 전부 共産主義(공산주의) 자들인가?

2) 右翼(우익)의 선전과 선동

　이는 保守派(보수파) 國粹主義(국수주의) 파시즘으로 資本主義(자본주의) 체제와 시장경제에서 개개인의 욕망과 국가와 사회발전의 원동력을 主體(주체)로 한다. 또한 資本主義(자본주의) 국가 미합중국이 오늘날 세계질서의 중심국, 선도국, 패권국이므로 資本主義(자본주의)를 포함해 미국의 제도와 외교를 따르는 것이 오늘날 모델이 되어왔다. 큰 나라를 따르고 섬기어 다른 나라의 압박을 피하고 동시에 그 위세를 이용하여 큰 나라보다 작은 나라들과 사귀어 관계를 정립하는 것은, 우리 역사가 증명한 전통이자 그동안의 외교 전략이다. 유수의 선진 工業(공업) 國家(국가)들도 자본주의 국가들이며 이들과 어울리고 경쟁하며 발전하는 것이다.

大韓帝國(대한제국)은 자본주의를 도입하는 과정에서 붕괴하였다. 구한말 조선 반도의 토지 지주, 자본가였던 양반 계층은 본인들의 토지 권리로 대변되는 핵심 財産權(재산권)을 보장해 주던 대한제국의 군주가 약해지자 차츰 日本帝國(일본제국)의 군주를 따르기 시작하였고 본인들의 권리를 보존하고 또한 확대하기 위해 종국에는 日本帝國(일본제국)을 받아들이고 통치에 일반적으로 협조했다.

대한제국은 붕괴하였지만, 기존의 양반 계층들은 토지로 대변되는 본인들의 재산권을 지켜내며 양반과 비 양반 간의 사회적, 慣習的(관습적) 차별은 持續(지속)하여 존재했다.

해방 이후 새롭게 들어서야 할 국가에 대해 좌우익 독립 세력은 차이를 내보였지만, 대한제국이 붕괴하여 일제 식민지화가 이루어진 이유에 대해 海外(해외) 자본에 의한 국가 경제권 상실이란 점은 좌우익 독립 세력 모두 동의하였다. 그리하여 독립 우익 세력은 친일 우익 세력에 비해 상당히 좌익적인 성격을 지니고 있었다. 미군과 소련군에 의해 조선 반도는 일제 식민지 상태에서 해방을 맞이했다. 북위 3·8선을 기준으로 북쪽은 소련군이 남쪽은 미군이 일본군의 무장을 해제하고 정리를 시작했다.

소련군은 조선인들의 좌익적 성향을 파악하고 당시 조선인들의 자치

기구 '人民委員會(인민위원회)'를 존속시키고 친 소련 조선인 사회주의자들을 지원하며 간접 통치를 實施(실시)하였으나, 미군은 조선인들의 좌익적 성향을 파악하고 '人民委員會(인민위원회)'를 모두 폐지 시키고 직접 통치를 시작하였다.

또한 親 日派(친일파) 처리 문제에서 좌익은 사회주의를 향후 국가체제로 선택하였기에 일본인의 정체성을 가지고 자본주의를 수용하며 조선 독립을 방해하던 반민족 친일파들을 죄의 경중에 따라 빠르게 숙청하거나 사면하는 것이 가능했으나 자본주의 체제를 향후 국가 체제로 생각한 우익 진영은 그러지 못하였다.

또한 친일파들도 자본주의 맹주국이던 미국에 적극 협조하였으며 미국도 조선인 중 가장 자본주의에 친화되었던 친일파들이 국제 공산 세력을 견제하는데 도움이 되었기에 조선 반도의 관리자로서 중용하였다. 地主(지주)와 小作農(소작농) 갈등, 신분상으로 兩班(양반)과 非 兩班(비양반) 갈등, 外交的(외교적)으로 자본주의 국가 미국을 받아들이는 것에 대한 갈등으로 6.25 전쟁 이전부터 미군정의 영역인 3·8도선 아래에선 좌우익 간 충돌이 빈번하여 오늘날까지 유전되고 있다.

당시 조선 공산당은 미군정에 의해 와해 되는데 조선 공산당의 주요 인사들을 비롯해 몇 개 좌익정당 주요 인사들이 모여 새로운 당이 서니 바로 '朝鮮勞動黨(조선노동당)'이다. 김일성과 박헌영을 비롯한 조선노동당의 주요 인사들은 대규모 擧兵(거병)을 실시하여 북위 3·8도 선을 넘고자 하였다. 이러한 대규모 군사작전의 국제적 지지와 동의를 조선노동당은 소련공산당과 중국 공산당 측에 요구하였다.

그러나 소련공산당, 중국 공산당 모두 미국의 위세를 의식하여 미국이 설정한 3·8도 경계선을 조선인민군이 무력을 동원해 넘는 것을 반대하였으나, 미국 다음으로 소련이 핵 개발에 성공한 이후 동의한다. 그렇게 조선 人民軍(인민군)은 1950년 6월 25일 북위 3·8도 선을 넘은 것이다.

미국을 중심으로 한 유엔군의 대규모 참전이 있기 전까지 朝鮮(조선) 人民軍(인민군)은 서울에서 양적으로 군세를 증강 시킨 후 낙동강 유역까지 진출에 성공한다. 인민군 점령지에서의 인민 재판, 사회주의식 土地改革(토지개혁)을 거치며 반도에서 양반·비 양반간, 封建的(봉건적) 구분은 종말을 고했다.

전쟁 이후 左右(좌우) 내부 정치는 한 번 더 변화하였다. 6.25 전쟁 동안 낙동강 전선 밖으로 미국의 無差別(무차별) 초토화 폭격이 진행되는 가운데 3·8선 이북은 특히나 피해가 극심하였다. 이에 민심을 등에 업은 조선인민군 최고사령관 김일성의 권력이 최고조로 강화되었다. 반면에 김일성을 견제하던 박헌영 파벌은 내부에 미국 첩보원에게 발견되어 박헌영은 처형되고 다수가 숙청되었다. 또한 항일 시기 중국 공산당과 대일 전쟁을 수행하며 중국 공산당과 연결점이 깊던 소련 귀화자 출신의 소련계는 계속해서 강해지는 김일성을 견제하기 위해 중국 공산당과 소련공산당의 영향력 행사를 요청하였지만, 事大主義者(사대주의자) 당을 분열시켜 미국을 돕는 종파주의자의 명목으로 숙청되었다.

休戰線(휴전선) 이남에서는 6.25 전쟁 전후 대규모 학살 행위로 내부적 민심을 잃은 이승만이 외부적으로도 太平洋(태평양) 안보 선을 확정하려던 미국의 지지까지 反日(반일)로 잃고 실각하였다. 이후 장면(張勉)이 국무총리가 되었다. 이승만 시기의 대규모 虐殺(학살)에 대한 조사가 실시되었다. 그러나 滿洲軍(만주군) 출신이자 南朝鮮(남조선) 勞動黨(노동당)에서 전향한 좌익 출신의 입체적 인물인 박정희가 미국의 지지 속에 군사 쿠데타를 감행해 정권을 획득한다.

박정희는 만주군 장교 출신으로서 미국의 지지와 남조선 노동당 출신으로서 미국의 감시를 받는다. 박정희 본인의 성향과 미국의 압박 및 중개로 박정희 정권은 한일 협정을 빠르게 체결하였다.

남북은 각자의 외교적 상황에 맞는 핵 개발을 시작한 것이다. 북한은 유엔군 참전 이후 대규모로 참전한 중공군을 1958년까지 모두 철수시키고 김일성 김정일로 이어지는 정권 승계가 중단 없는 핵 개발로 이어지고 있고, 남에서는 박정희 사망 이후 주한미군의 압력으로 핵 개발이 중단되었다. 좌익은 進步(진보), 우익은 保守(보수)로 지금의 친일 우익과 당시의 항일 우익은 달랐다.

그러므로 친일 우익인 군 간부 안두희가 白帆(백범) 김구(金九)를 임정 경무국장의 사주를 받고 암살했다. 좌익은 변화를 원하고 보수는 안정을 원한다. 좌익과 우익은 각 시대 때마다 달랐다. 그리고 좌익도 여러 분류가 있다. 대부분의 지주 자본가 90% 이상이 現在(현재)도 親日(친일)이니 할 말이 없다. 주목해야 할 부분은 北(북)에서 3·8선을 넘어온 親日派(친일파)들은 엄청나게 북을 혐오하며 증오한다. 그런데 일부 약한 罪質(죄질)의 친일파는 오히려 북한의 建國(건국)에 참여하였다.

과거의 우익은 분열이 많았다. 왜냐하면 일제의 문화통치, 親日化(친일화) 된 조선인은 미개하다는 불쾌한 사상 때문이었다. 이런 생각을 가진 독립운동가도 있었다. 그래서 朝鮮人(조선인)만의 힘으로는 나라를 찾기 어렵다고 판단했다. 그런데 우익은 보수와 안정적인 사상을 추구하며 변화되는 것보다는 안정을 추구하며 안주한다. 그러나 일제 강점에서는 안정이라는 것이 매우 애매하였던 것이 그 당시 상황이었다.

'일제의 문화를 따르자'라는 자들도 있었지만, 조선의 상당수의 제도를 끌고 가자는 자들도 있었고 간단히 정리되는 일이 아니었다. 항일보수의 입장으로는 항일하는 건 좋은데 그래도 싹 바꾸는 것은 거부감을 느끼는 것이다. 오늘날의 保守主義者(보수주의자)들은 항일 투사를 테러범으로까지 몰아세우고 일본과 미국, 先進國(선진국)이 우리를 지배했으니, 그들을 따르자는 것이 아닌가.?

친일파는 대개 자본가들이니 그들 입장도 한편 이해는 하지만 臨時政府(임시정부)를 인정하지 않으며 洪範圖(홍범도) 장군의 활약을 빨갱이로 칭하는 愚(우)를 犯(범)하고 있다. 그는 3·8선이 생기기 전의 인물 아닌가? 오호라! 좌파 우파가 대관절 무엇이란 말인가?

3) 中道派(중도파)

中道 主義(중도주의: Centrism)는 정치적으로 좌파나 우파 어느 쪽으로도 치우치지 않고 중립적인 정책과 위치를 추구하는 것을 의미한다. 중도파가 어떤 이념을 표방한다, 안 한다는 명확한 특정을 말할 수는 없으나 左右(좌우) 極端論(극단론)을 피하여 원만을 추구하는 부류의 사람들이 역사 속에는 상당수가 존재했고 영향을 끼친 사람들도 상당수가 있었다. 현실 정치는 꽤나 복잡한 요소들이 작용하기 때문에 각 나라에 따라 차이가 있다.

사회주의 국가도 각 나라 따라 융통성이 다르다. 베트남, 볼리비아, 중국, 예전의 동독, 러시아, 공산주의가 차별이 있고 다르다, 북한 김일성, 김정일, 김정은 집단 체제와는 달랐다. 이와 마찬가지로 중도파들도 차이가 있다. 일반적으로는 자유주의(Liberalism)의 온건한 형태의 공동체주의(Communitarianism) 등이 대표적인 중도 이념으로 간주 된다.

유럽에서는 우파, 중도, 좌파로 나누는 주요한 척도로 각각 질서, 자유, 평등이라고 할 수 있다. 따라서 질서를 중시하는 보수주의는 우파, 자유를 중시하는 자유주의는 중도, 평등을 중시하는 사회주의는 좌파인 셈이다. 공동체주의적 중도의 경우 사회적으로는 온건한 형태의 질서를, 경제적으로는 온건한 형태의 평등을 지지한다. 아무 의견도 내지 않고 양편 모두 관심 없는 것이 중도가 아니다. 중도주의를 지키고자 한다면 중립에 대한 논리적 정의에 유의해야 한다. 양다리를 걸치고 시계추처럼 이쪽저쪽을 넘보며 정서가 불안한 것은 사상이 아니다.

한 나라의 역사, 경제, 정치를 이끌어가려면 국민으로 하여금 신뢰성 있는 정치 이념 철학을 아주 확실히 계몽하고 이해시켜 헷갈리지 않게 견인해야 한다. 중도주의자들은 좌우파 어느 쪽도 인정은 하나 절대로 옳다고 생각하지 않는다. 왜냐하면 어느 특정 시기나 그 시절 분야에 따라 더 낳은 정책으로 언제라도 달라질 수 있다고 생각한다. 그러므로 사회나 정책이 어느 한쪽으로 치우치지 않고 유지되는 균형을 선호한다. 보수와 진보가 한 事案(사안)에 대해서 사상적 언쟁을 벌일 때 어느 편에도 속하지 않으면서 이해관계에 상관없이 논리적 오류를 범하지 않고 합리적으로 보이는 편의 손을 들어주는 것이 중도라 할 수 있다.

그렇다 하여 중도가 보수나 진보보다 무조건 합리적이라 오해할 수는 없다. 중도에도 적극적인 정책을 주장하는 세력도 있고 구호만으로 뜻을 기다리는 이들도 있다. 그러나 역사적으로 이들의 세력은 취약하여 뜻을 펴지 못했다.

中道派(중도파)의 성향

이러한 중도주의자들도 공통 분모가 존재하는데 遵法精神(준법정신)과 민주주의 수호, 개인의 자유 보호 등이 중도주의자들의 공통 전제이다. 이를 통해 이상적인 취사선택을 중시하고 이념에 얽매이지 않고 合理的(합리적) 의사결정을 지향하는 것이 바로 중도주의라 할 수 있다. 중도가 없으면 좌우간 소통을 이끌 존재가 없어지기 때문에 정치 극단주의가 극심해져 각종 갈등이 격화되기 쉬우며 이 갈등을 이용하려는 과격파들의 활동을 조장할 수 있다.

중도파의 한계

中庸(중용), 中道(중도), 中立國(중립국)이 좌우로 치우치지 않은 이 종교, 철학 등이 一般(일반) 常識的(상식적)으로 보이는 정치 성향이지만 "왜? 중도주의 성향이 약한가?"하는 의문이 들지만 이유는 간단하다. 그러니까 완벽에 가까운 중도주의라는 것은 실현하기가 힘들고 어렵다. 예로부터 사회적 계층은 어떤 방식으로도 존재했고 그 계층 간의 指向點(지향점)과 이해타산이 다르다 보니 무색무취 성향의 정당은 그 성향을 어필(appear)하기가 어려운 것이다.

대한민국의 中道派(중도파)

우리나라에서는 중도성향의 인물들을 灰色分子(회색분자)로 취급하는 경향이 있다. 그러나 이는 극단적 판단이다. 회색분자란 정치적 참여를 포기하여 정치적 性向(성향)이 뚜렷하지 않은 사람을 일컫는 말이다. 회색분자는 投票權(투표권)이 있는데도 행사할 생각이 없는 사람으로 봐야 한다.

회색론과 중도의 차이는 하나다. 양쪽 둘 다 비판하느냐 양쪽 다 받아들이느냐, 중도는 말 그대로 자기 길 가는 것이기 때문에 양쪽을 비판하고 받아들일 건 받아들인다. 반면에 회색분자는 양쪽을 비판보다는 무시하는 거라 의미 자체가 다르다. 다만 정치에 무관심한 사람들이 자신을 합리화할 때 스스로 중도주의자라고 자칭하거나 심하면 착각하는 것이 문제다.

중도는 이렇듯 이념은 流動的(유동적)이고 색깔이 잘 드러나지 않기 때문에 여러모로, 오해를 받거나 무시되어 왔다. 좌우를 살피다가 기회를 노려 이권이 보일 때에는 달라붙는 것은 기회주의자 들이지 중도파가 아니다. 예를 들면 2016년에 창당한 국민의 당을 외신에서는 중도주의 정당이라고 말하는 이들도 있으나 좀 애매하다.

한국의 중도파 인물들

중도파는 極端的(극단적) 대립을 피하고 민족 統合的(통합적) 정치 논리를 가지고 평화를 希求(희구)하는 민족주의자들이다. 중도파 중에 1950년 5월 제2대 국회의원 선거에서 안재홍은 고향인 평택 군에서 출마하여 80%의 지지를 받고 국회의원에 당선되었다. 당시 유세에서는 안중근(安重根) 의사의 집안이기도 한 김구 선생의 며느리 안미생 여사도 찬조 연설을 조리 있게 하였다. 이 중도파 노선은 홍명희 민주 통일당 20여 명과 안중근, 김구, 김규식, 조소앙, 안재홍, 장건상, 원세훈, 신채호, 조만식, 김성수, 송진우, 안창호, 김창숙, 신익희 등이 국민의 신망이 높았고 해방 직후부터 일관된 노선을 걸었다. 독립운동을 한 인물이었다는 점에서 이들이 높은 지도력을 발휘한다면 중도파의 낮은 당선에도 불구하고 다 정파 대립 구도에서 큰 세력을 형성할 가능성 등이 많았다.

특히 이 인물들은 해방 직후에 좌우합작, 拉北協商(납북협상) 등의 중도파의 주요 노선을 따랐다는 점에서 2대 국회에서도 그러한 노선의 실천을 기대할 수 있었다. 중도파는 현실 권력보다는 역사의 거짓 없는 진실을 택하여 거울삼았다. 한국 사회는 여전히 극단적 생각들이 만연하여 이념 지역 세대, 階層(계층) 간 갈등이 크고 골이 깊어 치유할 수 없는 지경까지 왔으며 마치 일제가 부활하는 느낌마저 드는 이 시대에 중도파의 열린 사고가 어느 때보다 절실한 요즘이다.

4) 아나키즘(Anarchism)의 분노

'Anarchism'의 사전적 의미는 국가나 정부 기구 등 개인을 지배하는 一切(일체)의 권력을 부정하여 정치적, 사회적으로 한 개인을 절대 자유의 위치에 두려는 사상이나 운동을 말할 수 있다. 아나키스트 유래는 그리스어로 '아나르코스(anrchos)'에서 유래한 말인데 '통치 권력이 없는 절대적 자유를 뜻하는 상태'를 의미한다.

아나키즘을 無政府主義(무정부주의)라고도 하지만 아나키즘의 비판 대상은 국가 권력뿐만 아니라 편향된 자본주의나 비대한 종교 영역에도 미치며, 모든 영역에서 휘두르는 권력을 부정하고 疑問(의문)에 붙이려는 사상의 潮流(조류)이다. 정치적 지배를 상대화하려는 사상은 고대로부터 존재하였다. 그러나 아나키즘이 사상의 계보로서 드러나기 시작한 것은 19세기에 들어서면서부터라 할 수 있다. 아나키즘이 마르크스주의와 대항하는 左翼運動(좌익운동)의 일파로 취급되었던 경우도 있었지만,

반드시 좌익이라 말할 수는 없다.

근대의 아나키즘 사상이 성립할 수 있었던 것은 고대 이래 惡(악)으로 생각되어 왔던 통치 不在(부재)로서의 아나키 개념이 긍정적인 것으로 바뀔 가능성이 있었기 때문이다. 아마 알렉산더 대왕을 깨우치고 그의 권위를 우습게 여겼던 무소유, 無政府主義者(무정부주의자), 디오게네스(Diogenes)나 에피쿠로스(Epikouros) 같이 정치적 지배의 가치를 인정하지 않은 개인주의의 사상을 떠올리면 감이 잡힐 것이며 이해를 보충할 수 있을 것이다.

스토아학파에서 나오는 自然法(자연법)사상이나 코스모폴리터니즘(cosmopolitanism)도 폴리스와 같은 정치적 단위를 상대화하는 데 있어서 아나키즘적 사상의 중요한 원천이 된다. 존 녹스가 영국의 '메리여왕'을 법정에서 꾸짖고, 마르틴루터는 황제의 분노를 사고 카톨릭의 정치적 타락을 꾸짖고 목숨값으로 금화 2억이 넘는 懸賞金(현상금)이 걸리는 일을 겪는 일등이 예가 될 것이다.

近代(근대)의 아나키즘

근대의 아나키즘 槪念(개념)은 극과 극의 평가를 받는다. 宗敎戰爭(종교전쟁), 국가 간의 전쟁은 아나키를 억제하는 것이 최대의 과제이다. 주권국과 내부의 절대적 질서는 주권 국가 간의 아나키를 필연적으로 수반하였다. 그러나 이와 같은 이원성에 만족하지 않는 계몽의 潮流(조류)도 존재하였다.

아나키는 통치자의 부재를 의미하지만, 질서의 붕괴를 의미하는 것이 아니라 오히려 역으로 지배자가 자연의 질서를 붕괴하고 있다는 주장이다. 근대의 아나키즘 사상의 先頭者(선두자)는 프랑스 혁명의 시기에 활약한 영국의 윌리엄 고드윈(William Godwin)이다.

고드윈은 진리에 접할 수 있는 것은 개인의 사적 판단뿐이라고 생각하였으며 사회를 허구의 一體性(일체성)이라고 보고 그 편견에 사로잡힌 정부를 비판하였다.

한편 프랑스 혁명 후의 초기 사회주의 속에서 아나키즘 사상의 형성에 힘이 되었던 것은 푸리에(Fourier)의 영향을 받은 프루동(Proudhon)이었다. 프루동은 개인재산을 도둑질이라고 비판함으로써 주목을 받았으며 다음 해에는 내셔널리즘을 비판하고 자치단체 등에 의한 연합주의를 주장하였다. 스탈린 시절 共産黨(공산당)이 아나키스트를 막은 이유는 스페인에서 소련의 영향력을 확대하고자 했기 때문이다. 하지만 아나키스트는 소련의 지시에 따르지 않고 자유롭게 행동하려 했다. 그래서 공산당은 아나키스트를 파시스트의 계열이라고 비난하고 억압하였다.

또 다른 이유는 공산당과 아나키스트가 社會的(사회적) 혁명의 방법과 목표에 차이가 있기 때문이다. 가령 공산당은 평등을 위해서는 먼저 파시스트를 물리치고 국가를 통해 계획된 경제를 실시해야 한다고 믿었다. 반면에 아나키스트는 파시스트와 싸우면서도 국가와 계급을 폐지하고 自律的(자율적)인 집단과 협동조합을 통해 자유로운 사회를 구축하려고 하였다. 그러므로 공산당은 아나키스트의 革命(혁명)을 너무 急進的(급진적)이고 현실적이지 않다고 비판했고 아나키스트들은 소련의 공산주의를 거짓된 것이라고 비판하였다.

대표적인 아나키스트

國內(국내)의 경우 시기상으로 일제강점기 시대와 맞물려 많은 독립운동가가 아나키즘 路線(노선)을 취했다. 독립운동사에 획을 그은 義烈團(의열단)이 한국의 대표적인 아나키스트 집단으로 꼽히며 義烈團(의열단) 지도자 김원봉 역시 대표적인 아나키스트였다. 한국사에 여러 의미로 큰 영향을 끼친 신채호 역시 민족주의자였으나 말년에 아나키스트로 전향하였다. 우리나라의 아나키스트 중 이회영과 그의 6형제를 기억해야 한다. 그가 세운 新興武官學校(신흥무관학교) 출신들은 대부분이 아나키스트들이었다. 남북한에서 동시 훈장을 받은 아나키스트 류자명, 김구 선생의 祕書(비서) 관이었던 오면직, 백정기, 박열, 이상룡, 하기락 義兵(의병)들도 몸 바친 아나키스트들이다. 이들은 일제강점기 때 민족해방운동 이념의 하나로 技能(기능) 하였다.

역사적 배경

1946년 4월 20일부터 23일까지 경남 함양군 안의면에서 解放(해방) 후 최초로 전국 아나키스트들의 대표자들이 모여 無政府主義(무정부주의)를 결의하는 대회를 열었다. 해방 후 한국의 아나키스트들은 자주적 국가건설을 목표로 建國(건국) 運動(운동)에 참여하였으며, 구체적인 방법을 찾기 위해 전국 대표자 대회를 개최하기로 결의하였다. 종종 모임을 통해서 굳은 결단으로 전국에서 600여 명의 아나키스트들이 참석한 당시로서는 최대 규모의 아나키스트 대회였다. 이들은 日帝(일제) 治下(치하)에서 비밀리에 일본 경찰이나 일본군들을 처단하던 투사들이 대부분이었다.

3. 제주 4.3사건 大虐殺(대학살)

　　제주 4.3 사건의 대학살은 1947년 3월 1일을 기점으로 48년 4월 발생한 소요 사태 및 1954년 9월 21까지 제주도에서 발생한 무력 충돌과 그 진압 과정에서 많은 주민들이 희생된 사건을 말한다. 이 사건은 약 40년 동안 발설할 수도 없고 어디에다 알릴 수도 없고 어느 언론이나 잡지 한편에도 그 어느, 누구도 언급할 수 없는 저주의 그림자였다.
　　이유는 군사 정권하에서 오랜 기간 禁忌時(금기시) 되었다가 1978년 소설가 현기영의 〈순이 삼촌〉의 발표로 그 진실이 세상으로 조금씩 드러나기 시작했다. 그러나 그는 이 책을 발표하자마자 옥살이를 치렀다.
　　1980년대 후반, 민주화운동 이후 학계를 중심으로 여러 민족주의자, 작가들의 관심으로 그에 관련된 논의가 이루어지기 시작하였다. 그리고 1999년 12월 국회에서 제주 4.3사건 진상규명 및 희생자 명예 회복에 관한 特別法(특별법)이 통과 됐고, 2003년 4월에는 노무현 대통령이 현직 대통령으로는 처음으로 제주를 방문해 국가 공권력에 의한 대규모 민간인 희생 사실을 인정하며 국가권력의 잘못을 공식적으로 사과했다.

1) 사건의 發端(발단)

1947년 3월 1일 경찰의 發砲(발포)

제주도는 이승만에 의한 남한만의 單獨(단독) 政府樹立(정부수립)에 대한 투표 반대로 인한 선거구가 제주도에서 두 군데가 불탔다. 이 일로 인하여 제주도는 미운털이 박힌 좌익 분자들만 모여 사는 동네처럼 여겨졌다.

그러던 중 47년 3월 1일 제주 읍 觀德亭(관덕정) 마당에서 열린 기념 집회에 많은 사람이 모여 만세운동을 하고 있었다. 경찰이 말을 타고 가다 6세 된 어린아이 하나를 말발굽으로 툭 치고 지나갔는데, 가벼운 작은 아이가 튕겨 나가떨어져 기절하였다. 경찰은 휙 돌아보고는 아무렇지도 않게 그냥 지나갔다. 이를 본 군중들이 경찰에게 아이가 치어 다쳤다며 소리쳤으나 못 들은 체, 지나쳐 달려갔다. 분노한 사람들은 소리치며 "사과하라!"를 말하며 수십 명이 경찰서로 쫓아갔다. (사과하고 수습했더라면 오늘날 이런 이데올로기나 여순 사건도 지리산 빨치산도 없었을 것을) 아이를 친 경찰은 경찰서로 돌아가 주민들이 폭동이 났다고 했고, 경찰들은 몰려오는 군중들에게 無差別(무차별) 발포하면서 민간인 6명이 그 자리에서 죽었다. 그중에는 20대 임신을 한 여인도 있었고 어린아이도 있었다. 이 사건이 원인이 되어 3월 5일 사건 대책 투쟁위원회가 결성되었고 민관 합동 총파업이 단행되었다.

당시 서울에서 이승만이 사건을 수습하러 조병욱 경찰 간부(경찰청장)를 보냈다. 그러나 분노한 군중들이 술렁대며 사과를 요구하자 조병옥은 제주도민의 사상이 不穩(불온)하다 몰아치며 이런 식으로 나오면 제주도민 30만 명을 다 쓸어버릴 수 있다고 위협하고 左翼(좌익) 分子(분자)로 몰아붙였다.

사건은 더욱 확대되었다. 결국 3월 13일까지 166개 기관단체의 공무원과 경찰들까지 4만 1,211명이 참여하였다. 그러자 미군정은 제주도를 레드 아일랜드(붉은 섬)로 지목해 대대적인 탄압에 나섰으며, 본토에서 이승만 정부는 응원 경찰을 대거 파견하고 극우청년단인 북한에서 土地改革(토지개혁)에 불만을 품고 넘어온 서북청년단까지 제주도로 내려보내 10일 동안 교육을 받고 경찰 배지를 서청(서북청년단) 어깨에 달아주었다.

그들은 월급은 없으니 알아서 먹고 살라며 절대 권한을 주었다. 西北靑年團(서북청년단)의 掠奪(약탈)과 强奸(강간), 횡포는 극에 달하였다. 붉은 섬으로 지목된 이곳 제주도는 총파업 주도 세력 2,500명을 무더기로 검거하여 밤새워 고문한 뒤 이 가운데서 250여 명이 재판에 회부되었다. 이로, 인하여 총파업은 3월 18일 종식됐으나 미군정은 제주도 군정장관 등 고위 관리들은 극우 성향의 인물들로 교체해 나가는 등 强硬策(강경책)을 지속했다. 도지사를 비롯한 군정 수뇌부들을 모두 외지인으로 교체했고 응원 경찰과 서북 청년회원 등을 대거 제주로 파견하여 파업 주모자에 대한 검거 작전을 벌였다. 그러자 분노한 제주도민들은 극우파 암살을 요구하는 전단을 살포하면서 미군과 폭력 경찰 타도를 외치기 시작했다. 이에 미군정은 1947년 8월 15일을 기해 다시 도민들에 대한 대대적인 검거를 단행하였고 이를 피해 도민들과 도민 지도자들은 한라산으로 몰려 들었다.

2) 武裝蜂起(무장봉기) 시작

1948년 4월 3일 무장봉기가 시작되었다. 당시 미국은 남한만의 單

獨選擧(단독선거), 단독 정부수립을 추진하였고 UN 감시하에 '남북한 총선거' 실시를 결정하였다. 이에 민족주의자들은 남한의 단독선거를 반대하였고 전국적으로 투쟁을 전개하였으며 나라가 두 쪽으로 갈라질 운명을 예감하여 극구 반대하였다. 미군정은 당시 反美(반미) 感情(감정)이 높았던 제주도민에 대해 집중적인 공세를 가했다.

그리고 마침내 1948년 4월 3일 자정 무장 항쟁이 시작되었는데 제주도민의 무장 전위대인 '자위대' 약 350여 명이 도내 20여 개의 경찰지서 중 11개의 경찰지서를 습격하는 것을 시작으로 과잉 진압경찰과 서북청년단의 宿舍(숙사) 및 국민회, 독립 촉성회, 대한청년단 등 右翼團體(우익단체) 요인과 관공소 등을 공격하였다. 초기 공세에 성공을 거둔 무장 세력은 곧 도민과의 협력 체제를 강화하는 방향으로 조직 개편을 단행하여 '자위대'를 해체하고 각 면에서 30명씩 선발하여 연대와 소대로 구분 편성된 '人民遊擊隊(인민유격대)'를 조직하였다.

이에 위협을 느낀 미군정은 9연대에 진압 작전 출동을 명령하는 등 兵力(병력)을 증강하였고 부산 등 타도로부터 차출한 1,700여 명의 경찰을 파견하였다. 또 9연대장 김익렬에게 강경 진압을 명령했지만, 김익렬은 이를 거부하였다. 이는 경찰의 실수로 아이가 쓰러졌고 이에 항의한 군중들에게 잔인하게 발포하여 일어난 사건이기에 사과하고 진상을 규명할 일이며 외부 적군이 쳐들어온 게 아니니 동족끼리 전쟁을 할 일이 아니고 경찰이 사죄하고 협상해야 한다는 것이었다.

이렇게 김익렬이 거부하자 유격대와의 협상을 명령했다. 4월 28일 김익렬과 유격대 사령관 김달삼이 대좌하여 72시간 내 전투 중지에 합의하기에 이르렀다. 그러나 미군정장관 윌리엄 딘(W. Dean)은 平和(평화) 協商(협상)을 거부했고 제주도 내에 수많은 방화 사건이 일어나는 등, 제주도 내에서 일어나는 불미스러운 일련의 사건들을 유격대의 소행이라고 조작하여 放火犯(방화범)으로 뒤집어씌웠다. 유격대가 미쳤다고 자기네 터전에 불을 지르겠는가?

그리고 사건의 책임을 9연대와 김익렬에게 물어 해임 시키고 무자비하고 강경파인 박진경을 기용하여 강경 작전을 준비해 나가기 시작하였다.

3) 美軍政 討伐(미군정 토벌)

유격대와 제주도민들은 5.10 총선거를 거부하기 위한 투쟁을 시작하였고, 그 결과 제주도 북제주군 갑구(투표율 43%), 북제주군 을구(투표율 46.5%) 등 2개 선거구가 過半數(과반수) 未達(미달)로 선거가 무효화 되었다. 이때 전국 투표율이 94.9%였으나 제주도 전체 투표율은 62.8%에 그쳤다. 사람들이 이 난리 통에 그래도 많은 사람이 투표한 것이다. 투표율이 低調(저조)하자 美軍政(미군정)은 이를 남한만의 單獨(단독) 政府樹立(정부수립)을 저해하는 불순 세력의 음모로 판단하고 이 난리 통에 6.23 재선거를 시도했으나 이마저도 실패하게 된다. 그리고 그해 8월 15일 대한민국 정부가 수립되었으나 政府樹立(정부수립) 이후에도 군 작전 指揮權(지휘권)은 미군에 귀속되어 있었고, 수도 관구 경찰청 소속 경찰과 800여 명이 제주도로 파견되었다. 제주도는 자치 경찰 이외의 서울에서 보낸 응원 경찰과 열흘 동안 짧은 교육을 받고 파견된 서북청년단 등이 구석구석을 장악하였다.

그해 10월 11일 정부는 제주도에 경비사령부를 설치하고 해안에서

5㎞ 이상 들어간 중 산간지대를 통행하는 자는 폭도로 간주하여 사살한다는 布告文(포고문)을 발표하였다. 그리고 이때부터 군경토벌대는 중산간 마을에 불을 지르고 주민들을 집단으로 학살하는 焦土化(초토화) 작전을 전개하였다. 그해 11월 17일에는 제주도에 계엄령이 선포됐고 中山間(중산간) 마을은 물론 疏開(소개) 령에 의해 해안 마을로 내려간 주민들까지 무장대에 협조했다는 이유로 無差別(무차별) 학살당했다. 제주 4.3사건 희생자 대부분은 이 焦土化(초토화) 작전이 전개된 1948년 10월 말부터 1949년 3월까지 약 5개월 동안 희생되었다.

4) 7년 7개월의 제주 학살

1949년 3월 산에서 내려와 귀순하면 과거 행적을 묻지 않고 살려주겠다는 선무공작이 전개되면서 한라산에 피신해 있던 1만여 명에 이르는 사람들의 하산이 시작되었다. 당시 하산하는 이들은 대부분이 어린이와 노인, 부녀자들이었는데 여성만 51%에 달했다. 그러나 이 방침은 지켜지지 않았고 토벌대는 下山民(하산민) 가운데 遊擊隊(유격대) 협력자를 가려낸다는 이유로 색출 작업을 벌여 1,660명을 軍法會議(군법회의)에 回附(회부)하였다.

오랜 시간 잘 먹지도 마시지도 않은 여성과 어린아이들은 목마르고 극도로 지쳐있었는데 뭘 좀 먹게 하지 않고 이 軍法會議(군법회의)는 법이 정한 최소한의 절차도 밟지 않고 判決文(판결문) 한 장도 없는 상태에서 사형, 무기형, 15년형 등 맘 내키는 대로 잇따라 선고했다. 사형을 받은 사람들은 제주 飛行場(비행장)에서 총살되었고, 나머지 형을 받은 사람들은 제주도에 刑務所(형무소)가 없었기 때문에 전국 각지의 형무소로 보내졌다.

좌익이 무엇인지 우익이 무엇인지도 모르는 아녀자들과 귤 농사짓고 흑돼지를 기르며 살던 사람들은 어린아이와 함께 하루아침에 사상범이 된 것이다. 이들이 언제 공산주의교육을 받고 마르크스〈資本論(자본론)〉을 읽고 심취했을까? 귀신과 도깨비, 마귀도 이런 짓을 안 한다.

1950년 6.25 전쟁이 발발하면서 제주도에는 또다시 비극이 찾아들게 되는데, 이는 이승만 정부가 전쟁 직후 전국의 형무소 收監者(수감자)와 예비 檢束者(검속자)들을 대상으로 대대적인 학살극을 벌인 데 따른 것이다. 이때 육지 형무소에 수감 되었던 4.3 수형자들은 政治犯(정치범)이란 이유로 불법으로 재판 없이 처형되었다. 그리고 제주도 내의 4개 경찰서에 구금된 사람들도 대거 학살되었다.

이후 1952년 제주도 경찰국은 100개의 전투경찰 사령부를 설치해 한라산기슭 곳곳에서 무장대에 대한 토벌전을 벌였고 1945년 9월 21일 한라산 지역에 禁足令(금족령)이 전면 개방되면서 제주 4.3사건은 7년 7개월 만에 일단 막을 내리게 되었다.

5) 정부 차원의 진상규명

군사 정권 때까지 제주 4.3사건은 '북한의 사주에 의한 폭동'이라 덮어씌워 규정되어 이외에 다른 논의를 허용하지 않았으며, 左右翼(좌우익) 이데올로기 대립에 의한 사건이라는 것이 일반적 시각이었다. 그러나 1980년대 후반부터 사회단체 학계 등을 중심으로 관련 서적들과 산

증언, 연구 결과가 잇따라 발표되고 재야 사회단체와 학계 일각에서는 이승만 정부와 미군정의 강경 진압에 초점을 맞추며 '民衆抗爭(민중항쟁)' '민주화운동' 등 다양한 성격 규정을 제시하였다.

6) 다랑쉬 굴 집단 遺骸(유해) 發掘(발굴)

1992년 4월 1일 제주시 구좌읍 중 산간 지역 다랑쉬 언덕 부근에 位置(위치)한 다랑쉬굴에서 4.3 당시 학살된 遺骨(유골)들이 44년 만에 모습을 드러냈다. 당시 토벌대들이 수류탄을 던지고 밖으로 나오기를 종용했으나 주민들은 나가도 당시 상황상 죽을 것이 뻔하니 이에 응하지 않자, 굴에 불을 피우고 입구에서는 총을 들고 지켜 뛰쳐나올 수도 없으니, 질식사로 죽은 시신들이다. 1차 발굴 시 11구가 나왔고 그중에는 7세 어린아이도 있었다. 이 洞窟(동굴)에서 발굴된 유해를 통해 당시 토벌대의 集團(집단) 虐殺(집단)이 또 하나의 증거로 구체화 되었다.

[그림15] 제주 4.3 기념관에 재현된 다랑쉬 굴. 수많은 유해와 생활 흔적들이 있다.

7) 결과

1980년대 이후 4.3사건의 진상 규명을 위한 각계의 노력이 결실을 맺어, 2000년 1월에 '4.3 특별법 진상규명 회'가 발족 되어 이에 따라 8월 28일 희생자 '명예 회복 위원회'가 설치되었고 정부 차원의 진상조사가 실시되었다. 보고서에 따르면 4.3사건의 인명피해는 25,000~30,000명으로 추정하였고 강경 진압으로 중산간 마을 95% 이상이 불타 없어졌으며 가옥 39,285동이 불타 없어진 것과 조사위원회에 접수된 희생자 및 유가족에 대한 심사를 마무리한 결과, 2011년 희생자로 14,032명과 희생자 유가족 의수는 6만 명에 달하고 인구변동으로 인한 유가족은 10만~13만 명에 이르고, 행방불명자 3,583명이 1차 결정되었다.

학살당한 자 중에는 10세 이하 어린이들이 770명, 11~19세 미만이 2,464명으로 밝혀졌다. 이 사건으로 인하여 제주지역 공동체는 파괴되었고 엄청난 물적 피해를 입었으며, 무엇보다도 깊은 상처로 남아 있는 참혹하고 두려운 인명피해를 남겼다는 것이다. 이로 인한 갈등과 억지 대립의 반복 역사를 청산하고 화해와 상생의 정신으로 21세기를 걷는 계기가 돼야 할 것이다. 2005년 1월 제주도는 명분으로는 세계 평화의 섬으로 지정되어 원한 많은 제주도의 통곡 소리가 드디어 멈추게 되었다.

노무현 대통령이 현 정부 차원으로 공개적으로 사과하고 제주도민을 위로하며 70년 만의 화해를 실천하는 순간 기이한 현상이 나타났다. 햇볕이 쨍쨍한 날, 일기예보에도 없던 비가 쏟아져 내렸다. 당시 수많은 사람은 4.3사건으로 영문도 전혀 모른 채 잡혀 죽은 사람들의 원한 맺힌 피눈물이라고 입을 모아 수군거렸다.

[그림16] 제주 4.3 공원에 방문한 필자. 3만 여명의 피해자 명단을 보며 탄식을 토한다.

4. 여·순 사건의 피에 젖은 悲劇(비극)

일시 : 1948년 10월 19일~27일

장소 : 전남 여수부 순천부 승주군 일대

연유 : 14연대 소속 장병들의 제주 4.3사건 진압 명령, 거부

교전 세력 : 국군, 미군, 전남 警察局(경찰국)이 鎭壓軍(진압군)이 되었고 14연대는 同族(동족)인 제주도민을 총칼로 射殺(사살)할 수 없다는 군인들의 의견이 반란의 씨앗이 되어 버린 비극이 탄생하게 되었다. 이를 예전에는 '여·순 반란 사건'이라고 명명하다 문민정부 시대에 와서 '여·순 사건'이라고 다시 명명하였다.

1) 사건의 槪要(개요)

1948년 10월 19일 여수에 주둔 중이던 朝鮮(조선) 국방경비대 14연대 소속 장병들이 제주 4.3사건을 진압하라는 이승만 정부의 출병 명령을 거부하고 여수, 순천 일대의 남로당 당원과 합세하여 여수 순천지역을 점거하게 되어 이를 당시 정부는 반란으로 간주하게 되었다. 제주도는 이미 應援(응원) 경찰이 육지에서 800여 명 들어갔고, 서북청년단이 대거 투입되어 이미 점령이 된 상태였다. 이에 외적을 물리쳐야 하는 군인들에게 제주 시민을 토벌하도록 명하여 보내려는 것이다.

경찰, 治安本部(치안본부)가 해결해야 할 문제를 14연대를 투입하여 30만 제주도민을 강제 진압 토벌하라는 명령에 군인들이 같은 동족에게 어찌 총부리를 들이대고 강제 토벌을 할 수 있느냐? 이는 동족상잔이라는 의견을 토로한 것이 반란으로 간주 되어 일이 확대된 것이다.

한때는 여순 반란이라는 명칭을 쓰다가 이 문제는 여수 순천 주민들이 반란을 일으킨 것이 아니라 단지 두 도시에 주둔하던 군대를 통해서 일어난 사건이라 하여 旅順(여순) 兵亂(병란), 최근에는 '여·순사건'이라 명명한다.

2) 14연대에 대한 情報(정보)

14연대는 48년 5월 초 신설 창설되었다. 작전참모 보좌관은 지창수로 14연대는 신병을 대대적으로 모집하였으며 주로 전남, 동부 곡성, 구례, 순천, 광양, 보성, 여수, 고흥 등에서 모집되었다. 이때 지원자가 부족한 터에 사상 여부를 가리지 않고 웬만하면 무조건 입대시켰다.

그러다 보니 이 중에는 중고등학교 교육을 받은 사람도 있을 것이고 左派(좌파) 운동에 관여되어 쫓기던 청년들도 섞였을 것으로 보인다. 그리고 각종 犯罪者(범죄자)도 군에 입대하면 무사하다는 소문이 돌아 경찰들을 피해 입대한 사람도 있었다.

당시 군인들에게 VS형 設問(설문) 調査(조사)를 실시 하였는데, 이는 박헌영과 이승만 중 누가 더 지도자로서 나은지에 대한 조사였다. 여기서 박헌영을 택한 군인들을 일단 가려내어 14연대로 보냈고 모자라는 인원은 위 8개 지방 군 단위에서 모집하여 채웠다. 18세 20세 젊은이들이 뭘 얼마나 알아서 左翼(좌익) 右翼(우익) 이데올로기에 휘둘리는가? 지창수가 이끄는 병사는 80명의 하사관과 병사들이 소속되었다.

14연대는 이미 9월 중순부터 제주도 출동을 예정하고 있어서 10월 초 다른 부대로부터 迫擊砲(박격포) 기관총 등을 차출하여 공급받고 있었을 뿐만 아니라 新式(신식) 武器(무기)인 개런드 소총과 M1 카빈, 자동소총, 기관 단총을 비롯하여 각종 通信裝備(통신장비) 등이 다른 부대에 앞서 우선적으로 100% 공급되었다. 그리고 종래 가지고 있던 일제 38식 소총과 99식 소총은 아직 반납하지 않고 있었다. 그 때문에 평상시보다 2배에 달하는 6천여 정의 소총을 보유하고 있어서 남아도는 소총으로 반란 후 民間人(민간인)들을 무장시킬 수 있었다.

이 사건을 이해하려면 반드시 알아야 할 것은 당시 軍隊(군대)와 警察(경찰) 사이의 軋轢(알력)이다. 군과 경찰의 앙금은 해방 직후부터 거슬러 올라간다. 日帝强占期(일제강점기)에 민중을 가까이에서 억압한 것은 일본제국 경찰들이었다. 당연히 마주치기도 어려운 높은 계급들보다 일선에서 직접 수탈하는 순사들에 대한 두려움은 사람들로 하여금, 굉장한 恐怖(공포) 그 자체였다. 오죽하면 '巡査(순사)가 온다.' 하면 아이가 울음을 즉시 그쳤다.

문제는 解放(해방)과 함께 美軍政(미군정)이 들어서면서 내부 실정을 아는 경력자들인 순사들이 미군정 경찰로 고스란히 채용된 것이다. 다시 말하면 往年(왕년)의 일본 순사가 그대로 경찰이 된 것이다. 어제의 일본 순사들이 경찰 제복을 입고 거들먹대는 꼴에 복장이 터진 이들은 國軍(국군)에 입대하는 이가 많았다. 軍(군)과 警察(경찰) 사이의 갈등은 제1공화국 내내 지속되었다. 이때 이승만이 상대적으로 경찰을 싸고돌고 軍部(군부)를 찬밥 다루듯 하자 군사 지도자였던 이범석이 정변까지 모의할 정도였다. 그런데 14연대의 기간병은 군경의 무장 충돌인 '영암 사건'을 일으킨 제4연대 출신이었다.

1948년 9월 24일에는 전남 구례경찰서 직원 1명과 14연대 사병 9명 사이에 말다툼이 벌어졌는데 몰려든 구례경찰서의 경찰관들에게 사병들이 毆打(구타)를 당한 뒤 구금되었다. 그래서 14연대 憲兵(헌병) 들이 구례까지 가서 이 병사들을 引受(인수) 받아 왔는데 연대 인사계인 지창수 등은 이 사건에 대해 분개하면서 언제 한번 보복하려고 벼르고 있었다고 기록되어 있다.

3) 14연대의 進行(진행)

1948년 10월 19일 밤 박승훈 중령은 제주도민 討伐(토벌)을 위해 출동 준비를 하였다. 武器(무기)와 장비의 필수품을 지휘하고 있었고 장교들은 출동 장교 환송 회식 중이었다. 홍순석 중위의 2개 중대는 순천에 주둔하고 있어 여수 주둔지인 신월동에는 총 2,700여 명의 병력이 있었다. 밤 열시 경 이미 연대 무기고와 상황실이 掌握(장악)된 상태에서 비상 나팔이 울렸다. 영문을 모르는 사병들이 練兵場(연병장)에 집결할 때 장교들은 환송식에서 만취하여 잠들었거나 여전히 술을 마시는 중이었다.

먼저, 지창수 상사가 演壇(연단)에 올라가 "애국 병사 여러분! 우리는 同族(동족) 殺傷(살상)의 제주도 출동을 결사적으로 반대합니다."라는 일장 연설을 하였다. "지금 곧 警察(경찰)이 이곳을 습격해 온다는 정보가 들어왔다. 이 때문에 비상 소집한 것이다. 즉시 응전할 준비를 갖추어야 한다. 지금부터 경찰은 우리의 적이다. 총을 들고 우리는 경찰을 타도해야 한다. 우리들은 동족을 죽이러 제주도로 출동하는 것을 결사반대한다. 경찰을 타도하며, 우리는 조국의 염원인 南北統一(남북통일)을 위하여 궐기한다. 우리는 죽음을 각오하고 싸우자!"

상당수의 병사가 "우리는 이승만의 명령을 따를 수 없다. 우리는 제주도민 동족에게 총을 겨눌 수 없다. 지금 이승만의 경찰들이 부대에 쳐들어오고 있다!"라고 외치며 바람을 잡자 피 끓는 10대 20대 청년들은 右往左往(우왕좌왕)하던 사병들까지 "무기를 들어라! 경찰과 싸우자!"라며 단결하였다. 그중 일부 소수의 병사는 겁을 먹고 총을 든 채 달아나 버렸다. 이때 하사관을 포함한 장교 3명이 연단으로 뛰어올라 "안돼! 지금 뭐 하는 건가? 아직은 때가 아니야!"라며 만류하였다. 장교가 南勞黨員(남로당원)인 것을 모르는 사병들은 말할 기회도 주지 않고 연단에 오르는 이들을 사살해 버렸다. 이들은 이미 개방된 무기고에서 무기를 들고 이에 가담하지 않는 장교와 하사관들을 20여 명 살해하였다. 그러나 그중 10여 명은 남로당원이었다.

이런 난리 중에 지창수는 스스로 聯隊長(연대장)이 되어 취임하고 병사 위원회 소속 하사관들을 즉석에서 지휘관으로 임명하였다. 남부군 비극의 사령관 李鉉相(이현상)에 의하면 '여·순사건'은 지창수 상사의 성급한 결정으로 일어난 것이며, 14연대 장교 16명 중 대부분이 좌파였지만 극심한 분위기에서 15명이 사살되었고 사상이 불분명한 김지회만 살아남았다.

지창수 상사는 순천으로 이동한 군부대 주력을 이끌고 가다가 이현상이 22일 오후에 나타나 병사들을 위로 격려하고 여수에서부터 灰色分子(회색분자) 혹은 반동 장교라는 혐의를 받고 감금당해 온 김지회의 신원을 이현상이 보증하여 풀어줌으로써 그 시각부터 김지회가 총지휘를 맡게 되었고, 신원이나 의사를 확인도 하지 않고 마구 사살해 버린 지창수 일파의 경거망동을 개탄하며 슬퍼하였다. 이현상은 김지회와 함께 통곡하며 엉엉 울었다고 기록하고 있다.

14연대가 제주도 討伐隊(토벌대) 파견 결정이 나자 지창수 상사는 당황하였고 끔찍한 일을 앞두고 두려웠다. 대책을 모색했으나 사태가 너무 急迫(급박)해지자 일단 사건을 일으켰고, 사건 이후에야 전남도당도 그 사실을 알았다고 나왔다.

22일 여수 14연대의 蜂起(봉기) 소식을 듣고 중앙당 노동부장 이현상이 봉기 지휘를 위해 순천에 도착했다. 지창수를 만나자마자 장교들의 안부를 물었다. 여기서 김지회를 만나게 되었고 이현상은 물론, 지창수까지 회한의 눈물을 터트렸다. 이후 이현상의 지도 아래 홍준석 중위를 총 指揮官(지휘관)으로 임명하여 14연대의 지휘 체제를 개편하였다.

24일에는 마산에서 진압하러 올라온 15연대장 최남근이 14연대와 合流(합류)하고 싶어 문의하였는데 이현상은 "잔인한 이승만 정권을 무너뜨리려면 산발적인 봉기가 아닌 全面的(전면적)이고 直擊(직격) 적인 봉기가 필요합니다. 그런데 지금은 그 시기가 아닙니다."라며 돌려보냈다. 이후에도 이현상은 산중에서 이 사건을 반란 사건이라 규정지으며 남로당의 전력을 그릇되게 노출한 잘못된 행위라고 批判(비판)하였다.

이와 같이 각종 빨치산 문학에서도 대부분 北韓(북한)의 介入設(개입설)을 부인하고, 지창수 상사의 단독범행을 주장하는 편이 훨씬 많다. 백선엽의 토벌기록인 〈實錄 智異山(실록 지리산)〉에서도 남로당은 이 사건을 전혀 몰랐으며, 지창수 상사의 單獨犯行(단독범행)이라는 결론으로 좌우를 통틀어 학계에서도 정설이 되고 있다.

4) 李鉉相(이현상)의 입장

여러 자료와 사료에 의한 분석으로 보아 김지회의 배후처럼 이현상이 사전에 여수에 도착하여 김지회와 지창수를 만나 반란을 지시하지 않고, 사건 이후에야 순천에 도착하여 부대를 지휘하였다. 만일 그가 지휘했더라면 그렇게 흥분하여 당황하거나 총기를 난사하여 동료를 더구나 장교들을 15명씩이나 사살할 수가 없다는 것이다. 사건이 일어난 1달 뒤에야 북한에서 강동 정치학원 출신 유격대 180명이 남파하게 된 날짜가 11월 17일이었기 때문에 북한에는 '여·순사건'의 사전 정보가 없었다는 것이 분명하여 이 사건이 김일성의 지시나 북한 공작으로 발발된 일이 아님이 분명하다.

결정적으로 남로당 여수시당과 주변의 군, 당들은 긴급회의를 열었으나 갑작스러운 이 사태의 대처법을 두고 우왕좌왕하였다. 이미 일은 저질러졌고 며칠 후 서울의 中央黨(중앙당)은 라디오를 통해서나 사태를 파악했기 때문에 아무런 지시를 내릴 수도 없었다. 이렇게 지시가 없는 가운데 결과적으로 치밀한 사전 계획 없이 사병 중심으로 돌발적 상황이 벌어진 터라 급속히 진압되어 산속으로 들어가 유격대에 전념하게 된다. 평양에서는 처음부터 이 사건을 否定的(부정적)인 시각으로 보았으며 이후 미국의 사주를 받아 국내 左派(좌파) 세력을 노출하기 위해서 일으킨 사건으로 조작하여 박헌영과 남로당을 숙청하는 계기가 된다.

남로당 박헌영(朴憲永)의 오른팔이자 '지리산 유격 전구' 사령관 이현상이 내린 봉기군은 지리산으로 입산하라는 지시에 따라, 20일 오전 8시경 김지회의 지휘로 2개 대대 1,400명은 기차와 화물 트럭으로 순천으로 향했고 일부는 지역방어를 해야 한다는 지창수 상사의 주장에 의해 2개 중대만 남았다.

11월 중순 지창수가 2백여 명의 병력을 이끌고 백운산으로 들어오면서 총 600여 명이 집결하였다. 조계산 방면에도 200여 명의 병력이 있었는데 4천 명에 달하던 수의 병력이 열흘 남짓해서 진압군에 의해 400여 명은 죽고, 나머지는 생포되어 재판에 넘겨지고, 410명은 사형선고, 568명은 종신형으로 대전교도소 등으로 분산 수감 되었다. 기타 병사들은 10년 이상 중형을 받고 수감 되다가 6.25가 터지면서 전원 총살 되었다. 지리산 입산 이후 14연대 병사들은 빨치산 化(화) 되었다.

6.25 직전에는 이현상 휘하의 제2병단(지리산 인민유격대)은 겨우 80~100명 미만이 남았고, 이후 이때의 14연대 출신으로는 이영희 남부군 부사령관, 이진범 남부군 승리사단장, 김흥복 2대 승리사단장, 송관일 승리사단관 일부 대장 등으로 지휘관이었으나 이 부대는 392명이 사살되고, 2,298명은 여러 고통과 배고픔 등 強迫觀念(강박관념)을 못 이겨 투항하였다.

그러나 빨치산 중의 의리 있고 지도력 있는 이현상 사령관도 兎死狗烹(토사구팽) 처지가 되었다. 5년간 智異山(지리산)에서 대원을 지시하다가 山中(산중) 孤兒(고아)가 되어 홀로 지리산을 배회하다, 이승만 정부의 약 1억 원의 懸賞金(현상금)이 걸리게 되어 그의 생명은 점차 좁혀 오고 있었다.

1953년 9월 17일 거액의 懸賞金(현상금)이 걸린 이현상은 어느 날 7발의 총탄을 목 주위에 맞고 빗점골인 대성골에서 쓰러졌다. 옮겨진 그의 시신은 경남 하동군 화개면 화개중학교로 옮겨져 의자에 앉혀놓고 카메라로 사진을 찍어 이승만에게 보내고 尸身(시신)은 방부제를 발라 여러 날 展示用(전시용)으로 교육하다 화개 섬진강변에 던져졌다.

충남 금산군 군북면 외부리 생가에 연락하여 시신을 옮겨가라 통보했지만, 右翼(우익) 단체들과 정부의 눈총이 두려워 이현상의 작은아버지가 하는 말은 "가슴은 아프지만 풀섶에서 그냥 잠들게 놔두자."하여 아무도 시신을 거두지 않았다. 이승만 정부는 당시 이현상의 시신을 방부처리 하여 20일 이상 전시하다 섬진강변에 던졌다. 여러 날 동안 그의 屍身(시신)은 蟾津江邊(섬진강변)에 뒹굴고 있었다.

5) 토벌대장 차일혁 총경의 비극

당시 時代(시대) 政況商(정황상) 아무도 이현상의 시신을 묻어주거나 장례를 치를 수가 없었다. 명사수 스나이퍼가 방아쇠를 당긴 흔적이 목과 심장 주변에 7발의 구멍이 나 있는 상태로 여러 날 전시를 하여 이미 시신은 부패가 시작되었으나 누가 나서서 선뜻 묻어줄 수 없었다.

손가락질만 해도 방귀만 뀌어도 빨갱이로 몰리는 세상이라 그 누구도 엄두를 못 내는데 討伐隊將(토벌대장) 차일혁이 그의 시신을 화장시켜 유골을 수습하여 묻어주었다. 차일혁은 푸념을 읊었다. "당신이나 나나 이념은 달라도 결국 나라를 위해 싸운 것이니 이제는 편히 잠드시오."라는 말로 넋을 달래줬다.

이 일로 차일혁 대장은 빨치산 대장을 장례식 치러줬다고 사상범으로 몰아붙여 이승만 정부는 그에게 총경의 옷을 벗기고 그의 경찰 간부직을 박탈시켰다. 죽을 고비를 수도 없이 넘기고 나름대로 山(산) 생활이 귀신같은 빨치산들을 속임수로 유인하여 혁혁한 공을 세웠는데 기가 막했다. 차일혁은 토벌 작전 중 귀순해 오거나 포로로 잡은 빨치산 중에서 용감하고 몸이 날랜 사람은 부하로 삼았다. 이런 방법으로 커다란 성과를 거두었다. 차일혁은 빨치산 출신을 10여 명 제자로 만들어 그들을 이용하여 거물 이영회를 사살하게 하게 하였다. 그는 결국 죽도록 이용만 당하고 평민으로 밀려나 충청도 고향에 돌아가 여러 날 식음을 전폐하다 강물에 몸을 던져 목숨을 끊었다. 이것이 죄 많은 이승만 정부의 무자비였다.

결국 빨치산 대장 이현상도 討伐隊(토벌대) 대장 차일혁도 원한을 안은 채 수천 발의 총성을 이명처럼 귓전에 담고 그렇게 쓰러져갔다.

6) 이승만 政府(정부)의 반응

이 사건은 이승만 정부가 6.25 전쟁 이전부터 치안 유지법을 國家保安法(국가보안법)으로 개정하고 강경한 反共主義(반공주의) 성향의 국가를 구축하는 근거로 사용되었으며, 또한 박정희 정권과 이후 軍事(군사) 政權(정권) 기간 내내 철저한 反共主義(반공주의) 국가를 유지하는 근거로 오랜 기간 사용되었다.

인명피해는 14연대 병사들에 의한 희생자보다는 대개 정부 측으로부터 대량 학살되었다. 이제는 역사학계에서도 공공연하게 밝히고 나 같은 개인적인 아나키스트도 다수 연구하여 진상이 90%는 드러나고 있다. 거의 60년 이상 敎科書(교과서)는 물론 모든 매체에서 일방적으로 叛亂軍(반란군)의 탓으로만 돌려왔다. 叛亂軍(반란군)에 의한 인명피해는 민간인 학살은 500명 남짓인데 鎭壓軍(진압군)에 의한 '여·순사건' 학살은 7,000명 이상이었고, 4,325명이 行方不明(행방불명)이라 추정된다. 10월 20일 오전에 진압 작전을 지휘하기 위해 광주에 반란군 토벌 전투사령부 설치를 결정하고 진압 작전에는 미국인 군사고문단 장교를 대동하도록 하였으며 總司令官(총사령관)에 송호성 준장을 임명하였다.

진압 작전에는 전군 15개 여단 중 7개 여단이 참여하여 총 11개 대대 5,000 병력이 투입되었다. 10월 25일 戒嚴令(계엄령)이 선포되었고 진압군과 경찰은 우익 청년단원들과 지방 우익 세력의 도움을 받아 혐의자들에게는 아무런 법적인 조치도 변명의 기회도 없고 우익 세력이 손가락 총으로 지적만 하면 참수, 사형이나 軍法會議(군법회의)에 넘겨졌다. 진압군은 여수와 순천을 점령하고 일본식 運動靴(운동화)를 신은 자, 머리를 짧게 깎은 자, 옷이 없던 시절 군용 팬티를 얻어 입은 자는 바로 銃殺(총살) 당하였다.

7) 이 사건의 結果(결과)

이승만 정부는 좌익 세력 색출을 위해 강력한 법제로 '국가보안법'을 만들었다. 1949년 한 해 동안 전국교도소 수용자의 70%에 달하는 11만 8,000명에 적용될 만큼 監獄(감옥)을 채웠다. 여순에서의 사건은 10월 말에 끝났지만 14연대 봉기는 智異山(지리산)에서 이현상이 쓰러지는 날까지 계속되었다. 경상남도 일부 지역은 수만 명의 민간인 集團(집단) 虐殺(학살)이 자행되었다. 또한 '여·순사건'은 지역적 사건으로 그치지 않고 전국적인 정치적, 사회적, 관심을 집중시켜 반공 체제는 한국 現代史(현대사)에 어마어마한 폭발물을 만들어 놓았다.

[그림17] 학살장으로 끌려가는 여순 민간인들

[그림18] 공동샘에서 꺼내는 시신들(좌), 토벌 경찰 저격수들(우)

[그림19] 이승만의 명령으로 교도소 수감중이던 양민들이 재판없이 총살당하였다

5. 로마넨코 사령관의 북한 러시아 군정

1945년 8월 15일 聯合軍(연합군)의 힘을 빌려 우리는 일본의 降伏(항복)으로 해방을 맞이했다. 日本軍(일본군)은 한국에서 떠나고 나라는 일단 無政府(무정부) 상태가 되었다. 이제 강점기는 미군과 소련 양국의 점령기로 넘어갔다.

일본 군대는 일본 천황의 명에 따라 항복했으며, 16일 오후 8시로 평안남도의 日本(일본) 政府(정부)는 소멸하며 조만식을 위원장으로 하는 平安南道(평안남도) 인민 자치위원회에 정권이 인계되었다. 방송, 통신, 전화, 철도, 공장, 은행, 등의 각 기관은 즉각 인민 정치위원회에 의해 접수되었다. 어수선했지만 이렇게 수습하는 중에 임자 없는 寡婦(과부)에게 남정네들이 집적거리듯 왜인이 떠난 자리에 소련군은 北韓(북한)으로 깊숙이 밀고 들어와 또아리를 틀고 있었다. 북한에 進駐(진주)한 소련군은 우선 각, 시, 도, 군, 단위에 경무 사령부를 설치하였다. 이렇게 북한 전 지역을 장악한 소련군은 '붉은 군대는 무슨 목적으로 조선에 왔는가?'라는 포고문을 내걸고 군정이 시작되었다. 경무 사령부는 이들 지역의 질서 유지와 통제 업무를 수행하였고, 각지에서 조직되고 있던 人民委員會(인민위원회) 등 인민 자치기관 등과 관계를 맺었다. 경무 사령부는 인민위원회와 협력하는 한편, 그에 대한 통제적 지도를 수행하며 그에 대한 통제적 지도를 수행하는 기능을 담당했다.

동북 항일연군 출신 抗日(항일) 遊擊隊(유격대)가 귀국하면서 이들이 각 지역 경무 사령부 부사령관을 맡았다. 각부 차장은 소련군 출신 조선인과 소련군이 함께 입북한 고려인 2~3세들이 담당했다. 이수 사령부는 도, 시, 군, 인민위원회와 조선 공산당이 도, 시, 군 당에 경찰에 대한 지휘, 감독권을 가지고 있었다. 이수 사령부의 임무는 일본군의 財産(재산)과 무기를 파악하고 보전하는 일도 포함하고 있었다. 중앙 차원의 소련군 지도관으로는 10월 3일 제25군사령부 산하에 조직된 '소련 민정 기관'이었다. 해방 직후 이렇게 조선은 소련군의 軍政(군정)이 시작되었다. 약 50명의 將校(장교)로 구성된 '소련 민정 기관'을 지휘한 사람은 로마넨코 소장이었는데 그는 민정 담당 부사령관이었다. 민정 기관에는 행정, 정치부, 산업부, 재정부, 상업, 조달부, 농림부, 통신부, 교통부, 보건부, 사법. 검찰부, 보안. 검열부, 등 10개 부서가 설치되었고 11월 각 지역 인민위원회의 협의체로 北朝鮮(북조선) 중앙행정기관 역할을 북조선 행정 10국에 대한 지도적 기능을 수행하였다.

소련은 일제에 의해 파괴된 경제를 복구하고 정상적인 생활 기반을 조성하며, 조선 인민 자신의 國家(국가) 權力(권력) 수립에 방조하는 문제 등을 담당하는 것이 민정 기관의 역할이라고 규정하였다. 건준(건국준비)을 조직했던 우익들은 자신들의 조직을 해체하고 인민 정치위원회를 조직하였다. 이것은 우익이 자발적으로 한 일이 아니고 소련 사령부의 압력을 받고 어쩔 수 없이 개편한 것이었다.

1945년 8월 6~9일 일본에 원자탄이 잇달아 투하되고 소련은 대일 선전포고를 하고는 바로 만주로 들이닥쳤다. 히로시마, 나가사끼, 두 도시가 焦土化(초토화)되는 무시무시한 核武器(핵무기)의 위력을 보고 놀란 일본은 더 이상 버티지 못하고 8월 10일 무조건 항복하겠다는 의사를 聯合國(연합국) 측에 전달하였다. 이에 미국은 韓半島(한반도)에 주둔 중인 일본군에 대해 3·8도 선을 기준으로 나누어 미군과 소련군이 무장 해제를 하는 방안을 소련에 提案(제안)하였다. 지도위에 3·8선을 그린 인물은 미 國防部(국방부)에서 일하던 찰스 본스틸 대령과 딘 러스크 중령이었다.

소련의 욕심은 사실 한반도 전체를 장악하여 삼키려는 계획이었으나, 미국의 원자탄 위력에 당황했다. 이에 미국의 제안을 받아들였지만, 블라디보스토크는 부산으로 軍艦(군함)을 보내 한반도 전체를 掌握(장악)하려 음모를 품기도 했다.

1) 인정받지 못한 상해 臨時政府(임시정부)

한편 중국에서 활동하던 독립운동 세력인 조선 義勇軍(의용군)은 황하를 건너 북상하여 일제가 항복하자 조선의용군 독립지대가 선양에서 조직됐다. 이들은 선양에서 안동을 거쳐 鴨綠江(압록강) 다리를 건너 軍樂隊(군악대)를 앞세우고 신의주로 행군하여 진격해 들어갔다. 그러나 소련군 사령부에서는 같은 공산주의를 추종했던 조선의용군을 인정하지 않았다. 소련은 강제로 조선 義勇軍(의용군)의 무기를 빼앗고 해산을 시키려 하자 이들은 다시 中國(중국)의 단독으로 회군하였다. 이후 소련은 조선의용군의 북한으로의 진입을 불허했다. 미국 역시 상해 臨時政府(임시정부)와 여운형의 건준을 전혀 인정하려 하지 않았다. 즉, 말로는 解放軍(해방군)이라 외치지만 실제 행동은 미·소 둘 다 100% 占領軍(점령군)일 뿐이다. 이 나라 대한민국은 이를 모르고 아직도 미국을 큰아버지 혹은 형님 국가로 알고 70여 년이나 짝사랑하며 노예 질을 하고 있다.

소련의 북한 주민 說得(설득)

소련은 북한에서의 민주주의란 실행 불가능한 것이며, 주요한 經濟的(경제적) 이해관계에 의해 인민을 奴隷化(노예화) 하는 것을 의미한다는 뚜렷한 가정에서 출발하였다. 이렇게 기존 관계를 無慈悲(무자비)하게 파괴하기 시작하였다. 그리고 土地改革(토지개혁)이라는 대대적인 대사를 치르며 피바람이 일어나고 있었다.

2) 남한의 美軍政(미군정)

뜬금없는 한반도 분단

1945년 9월 7일 패전국 일본에 대한 일 처리를 어느 정도 정리한 미국은 그제야 태평양 방면 육군 총사령관 맥아더 명의로 '조선 인민에게 고함'이라는 포고령 제1호를 발표한다. 그리고 북위 3·8도 이남의 조선 영토와 조선 인민에 대한 통치를 자신의 권한으로 시행하며 '점령군에 대한 반항 행위나 질서를 교란하는 자는 嚴罰(엄벌)에 처한다.'라고 하였는데 이는 명백히 解放軍(해방군)이라기보다는 占領軍(점령군)의 선언이었다.

소련군이 북한을 점령하여 군정을 펼치자, 미국도 일본에 주둔하던 진주군 하지 중장이 급히 서울로 날아오고 미군이 서울로 들어온 9월

9일 조선 총독 아베로부터 항복을 접수했고 總督府(총독부) 청사와 시청 앞에는 오후 4시 30분경 日章旗(일장기)가 내려지고 대한민국 太極旗(태극기)가 올라간 게 아니라 미국의 성조기가 올라갔다. 이날부터 미국의 軍政(군정)이 시작되었다.

하지 중장의 활동 상황

2년 11개월 남한의 美軍政(미군정) 기간, 미군정 사령관 하지는 중요한 정치적 고비마다 번번이 誤判(오판)을 내렸다. 그 첫 번째이자 가장 치명적인 오판이, 직속상관 맥아더가 일본에서 실시한 선례에 따라 하루가 될지 1년이 될지 모르지만 당분간 남한에 總督府(총독부)를 유지한 상태에서 아베 총독과 일본인 관리들에게 남한의 행정을 맡기려 한 것이다.

9월 초순 오키나와에는 연일 큰 파도와 강풍이 휘몰아쳤고 승선을 기다리던 하지와 제24군단은 악천후로 출발을 두 번이나 연기했다. 9월 5일 바람이 조금 누그러진 틈을 타서 하지와 제24군단은 21척의 輸送船(수송선)에 승선해 인천으로 향했다. 9월 6일에는 해리스 준장을 비롯한 선발대 31명이 軍用機(군용기)로 김포 공항을 통해 입국했다. 하지와 24군단은 사흘간의 항해 끝에 8일 오후 1시 인천 월미도에 상륙하였다. 미군을 맞은 건 검은 제복을 입고 길 양편에 堵列(도열)한 일본 경찰이었다. 모든 환영 행사를 금지하라는 하지의 지시에 따라 일본 경찰은 오전부터 인천 시민의 외출을 막았다. 일본 군경의 삼엄한 경계를 뚫고 환영 나온 한국인들이 경비 구역을 돌파하려 하자, 일본 경찰이 발포해 2명이 사망하고 다수가 중경상을 입었다.

미군을 환영하기 위해 인천 보안대원과 조선 노동조합원 등이 질서

정연하게 행렬을 지어 연합 국기를 들고 행진하던 중 아무런 이유도 없이 일본 경관 대원들이 발포하여 노동조합 위원장인 권평근(47세) 씨가 가슴과 배에 총탄을 맞고 쓰러져 즉사하였고 보안대원 이석우(26세)가 등과 허리에 총상을 입고 즉사하였다. 이튿날 오전 8시 장갑차 11대를 앞세운 미군 선발대가 경인가도를 내달려 서울로 진주했다. 이날도 거리에는 일본군이 도열 하였고 환영인파는 보이지 않았다.

불편한 人物(인물)

존 리드 하지(John Reed Hodge) 재조선 陸軍 司令部(육군사령부) 군정 사령관으로 太平洋戰爭(태평양 전쟁)에서 활약한 인물로 한국에서는 미 육군 제 24단장 시절인 1945년~1948년에 미군정 사령관을 역임한 인물로 잘 알려진 인물이다. 그러나 그는 美軍政(미군정) 사령관에 취임한 초기부터 인민위원회와 '조선 건국 준비 위원회'를 일방적으로 해산시켜 버렸다. 건준은 여운형(呂運亨) 선생을 위주로 하여 미리부터 준비해 온 향후 對策(대책)론이었다.

인민위원회가 전국 시도에서 신속히 운영되는 중에 하지 중장은 강압적으로 중단시켜 버렸다. 이렇게 偏向的(편향적)인 행보를 보이는 것으로부터 시작해서 섣불리 米穀(미곡) 가격자유화를 강행했다가 초인플레이션을 유발하기도 했다. 이에 대해 4.3사건, 대구 10.1사건 등 여러 가지 대형 사건들을 수습하지 않고 책임을 회피하는 데만 급급 하는 등, 군인으로서의 능력은 몰라도 정치가, 行政家(행정가)로서는 무능한 인물이었다. 그게 아니면 한국을 우습게 여기고 무시한 행위였을 것이다. 당시 한국 사회는 미국이라는 文明人(문명인)이 보기에는 한국의 행태가 뿌리 깊은 인종 차별을 자아낼만 하였을 것이다. 아이들은 헐벗고 고추를 내놓고 다니는 일이 허다했고 아녀자들은 젖가슴이 다 나오는 삼베 적삼을 걸치고 짚신을 신고 부자라야 고무신을 신었으니 말이다.

하지 중장은 한국의 現代史(현대사)에 부정적인 영향을 끼친 인물로 평가를 받는데도 불구하고 그 누구도 미국을 짝사랑하느라 비판하는 사람을 나는 아직 만나보지 못했다. 우리는 하지 중장을 원망하는 게 아니다. 다만 속이 상하고 울렁증이 나는 이유가 있다. 日章旗(일장기)가 내려지자, 대한민국도 太極旗(태극기)가 있는데 미국 놈의 성조기가 올라가 펄럭이던 그날, 우리는 조국을 또다시 미국에 빼앗겼고 북한은 소련 놈들에게 빼앗긴 이 울분을 가슴에 안고 살아야 한다는 것이다. 더 큰 가슴앓이는 4.3사건, 분단의 철조망이 암 덩어리처럼 자리하고 있는 이 현실을 생각하자니 차라리, 해방이 되지 않았더라면 분단은 없었을 건 아닌가 하는 미친 생각이 스치기도 한다.

'그를 남한의 미군정 司令官(사령관)으로 선임한 것은 失策(실책)이었다. 그는 한국의 歷史(역사)나 한국인에 대하여 아는 것이 아무것도 없었고 행정 경험도 없었기 때문에 정부 조직을 이끄는 일에는 門外漢(문외한)이었다. 결국 한국인들과 우호적인 관계를 이끌 만한 지도자로서 능력이 그에게는 매우 부족하였다.'

- 제인스 매트레이 캘리포니아 주립대 교수 -

建準(건준) 正義(정의)와 내용

1945년 8월 일본의 敗北(패배)가 유력해지자 당시 조선 총독 아베 노부유키는 일본의 항복과 더불어 일어날지 모르는 조선에 있는 일본인들의 안전 문제를 해결하기 위해 조선의 민족지도자들과 협력관계를 맺고자 總督府(총독부) 정무총감 엔도 류사쿠를 앞세워 협상 대상자를 찾았다. 민족지도자 중에서 여운형(呂運亨)은 총독부 제안을 받아들이고, 8월 15일 오전 8시 엔도와 만나 일본 측이 요구한 自主的(자주적) 국내 치안유지와 일본인들의 안전한 歸還(귀환)을 보장하고 정치경제범을 즉시 석방하고 3개월간의 식량 보급, 치안유지와 건국 사업에 대한 간섭배제, 학생훈련과 청년조직에 대한 간섭배제 등을 조건으로 협상을 타결하였다.

여운형은 일본의 항복과 동시에 '건국준비위원회'를 발족시켰고, 8월 16일 1시 서울 휘문중학교 교정에서 엔도와의 회담 경과보고 연설회를 개최하였다. 건국 준비 위원장 안재홍(安在鴻)은 한일 두 민족의 자주 互讓(호양)을 요망하는 감화를 방송하면서 경위대 편성을 넘어 무장대를 편성하여 질서를 도모할 것과 식량정책을 넘어 경제상 통화와 물가에 대한 신정책을 수립하고 근본적인 정치 운영 對策(대책)을 발표하겠다고 하였다.

이들은 서울 풍문 여자중학교에 사무소를 두고 建國 準備(건국 준비) 사업 선전공작과 치안 활동을 開始(개시)하였다. 8월 18일에는 1차 위원회를 개최하여 건준 명의로 3천만 동포에게 指令(지령)을 발표하였다. 자치기관을 신속히 조직하고 완료되면 건준에게 연락하며, 공작에 협력할 것을 지시하였다. 하지만 같은 민족주의자 중에서도 共産主義(공산주의) 영향을 받은 사람이 있어 갈등이 생겼다. 이러한 상황에서 8월 22일 건준 2차 중앙조직이 구성되었다. 여운형, 이근우, 이병학, 안재홍 이하 33명으로 확대되었다.

그러나 9월 7일 건준은 해체되었고 9월 11일 조각을 단행하여 주석에 이승만, 부주석에 여운형, 총리에는 허헌이 추대 임명되었으며, 9월

14일 인공 중앙위원회에서 정주 부서 및 정강, 시정방침 등을 발표하였다. 이때 여운형이 2차 테러를 당하였고, 상해 임시정부의 환국을 기다리던 송진우, 김덕수, 장덕수 등은 '임정봉대론(임정)'을 주장하며 이들 조직을 인정하지 않았고 하지 중장이 이끄는 미군정은 10월 10일 '조선인민공화국'을 부인하는 성명을 대대적으로 발표하였다. 또한 환국한 이승만(李承晩)도 주석 취임을 거절하는 성명을 발표함으로 모든 조직이 해체되었고, 유엔의 결정과 미국의 지시하에 남북은 둘이 되고 30년을 준비해 온 독립운동과 임시정부와 수많은 독립투사의 피 절인 원한의 수고도 막을 내리고 우리는 지금도 미국을 큰형님 나라로 너무너무 사랑한다.

4장
6.25의 비밀

1. 6.25의 祕密(비밀)

1950년 6월 25일 새벽 4시 北韓(북한)은 '폭풍'이라는 작전 명령으로 북위 3·8선 전역에 걸쳐 남한을 선전포고도 없이 밀고 들어온 사변이다. 解放(해방)은 됐지만 남북한의 크고 작은 충돌이 벌어지고 있었다. 전쟁이 6월 25일 갑자기 발생한 것이 아니라 이미 교전 상태였다. 北韓軍(북한군)은 3일 만에 서울을 함락시켰다. 洛東江(낙동강) 방어선을 구축하였고 부산을 임시수도로 정하고 국군과 국제 연합국은 洛東江(낙동강) 일대에 최후 방어선을 구축하였으며 서울이 수복되고 국군과 국제연합군의 인천 상륙작전으로 서울 또한 수복되었다. 중국군이 북한을 도와 전쟁에 개입하였고 국제연합국은 후퇴하였으며, 국군과 국제연합군은 북위 3·8도 부근에서 북한군, 중국군과 치열한 전투를 벌이다 1951년 7월 27일부터 休戰協定(휴전협정)에 들어갔다.

대한민국 정부의 반대에도 불구하고 연합군들은 休戰線(휴전선)을 정하여 휴전협정을 맺었다. 결론부터 말하면 여러 정황으로 보아 남침이 맞다. 북한은 치밀한 계획으로 스탈린과 모택동을 여러 차례 만나며 준비하였다. 여러 차례 김일성은 스탈린을 만났으나 스탈린은 미국의 눈치를 봐야 했다. 결국 모택동을 만나도록 길을 열어줬다.

중국의 무기 지원을 받고 일부러 휴일, 無防備(무방비) 상태에 있는 남한에 밀고 들어온 것이다. 본래 목적은 전쟁을 일으킬 목적이 아니었다. 우두머리들을 장악하여 북한식 통일을 하려는 목적이었다. 전쟁 발발 직전 미국의 남한 군사고문단은 철수 중이었지만 소련은 북한에 영관급 장교급 군사고문단으로 파견하였다. 북한은 중국과 러시아에서 기밀 해제된 문서들은 아예 정확한 날짜와 과정을 열거하며, 남침 준비를 위한 과정을 설명하고 있다.

1) 祕密文書(비밀문서)

한국의 김영삼 대통령이 모스크바를 방문했을 때 옐친 러시아 대통령이 넘겨준 6.25 한국전쟁에 관련된 러시아 외무부의 대외 정책 문서 100건과 279쪽 그리고 부속 문서 116건 269쪽의 대외 정책 극비의 외교문서가 바로 그것이다. 이 문제는, 보다 구체적으로 남침 관련된 내용이 언급되고 있는데 여기에서는 스탈린과 모택동이 긴밀히 협의한 내용이다. 미국은 이 사실을 알고 있었다. 날짜 시간까지도 알고 있었으나 미국은 어떤 정보도 韓國社會(한국 사회)에 힌트를 주지 않았다.

3·8선을 만든 범인들

일본의 항복이 한 달 정도만 늦어졌어도 소련군은 韓半島(한반도) 전체를 차지했을 것이며 친소 전권이 세워지기까지 절대로 철수하지 않았을 것이다. 반대로 일본의 항복이 소련군이 참전하기 전에만 있었어도, 한반도의 민족 분단이나 동포끼리 비극 따위는 없었을 것이었다. 주범은 미국이다. 그리고 미국으로 하여금 3·8선을 제의하지 않을 수 없도록 만들었던 共犯(공범)은 소련이다. 한편 소련을 끌어들인 것은 소련을 聯合國(연합국)의 일원으로 大日戰(대일전)에 끌어들인 미국이었다. 또한 美國(미국)으로 하여금 소련을 대일전에 참전하도록 유도한 공범은 日本軍(일본군)의 전력을 과대평가한 소련의 비밀경찰이다.

金日省(김일성)의 실수

6.25 남침 이전부터 김일성은 박헌영 남로당 당수의 豪言(호언)을 믿고 남침을 개시만 하면 20만 명의 당원들과 이들을 따르는 군중들이 총궐기하여 삽시간에 이승만과 미제 앞잡이 힘없는 군인들을 南進(남진) 인민군과 20만 게릴라 군이 협공하여 순식간에 피 흘리지 않고 南韓(남한)을 평정할 줄 알았다. 그런데 서울을 점령한 지 3일이 되어도 潛伏(잠복)한 20만 당원의 궐기는커녕 아무런 기미도 없었으니 참으로 기가 막혔다.

北韓軍(북한군)은 이상하게 생각하였다. 뒤늦게 박헌영은 연설을 시작하여 호소했다. "우리 人民軍(인민군)은 남조선 인민을 구출하러 왔습니다. 만주 臨時政府(임시정부)를 멸시하고 해산시킨 美軍政(미군정)의 지배에서 여러분을 구출하러 왔습니다. 무엇이 두려워 총궐기를 안 하십니까?" 그러나 허공에 메아리만 돌아왔다. 이렇게 북한군은 서울을 3일 동안 장악했으나 아무도 환영을 하지 않아 그야말로 남침이 되고 말았다.

만약 박헌영(朴憲永)과 20만 명이 북한군을 환영하고 삽시간에 전 국민이 總蹶起(총궐기)를 했다면, 각 기관의 일제 앞잡이들과 해방 후 일제가 물러가고 난 자리에 호루라기를 불어 다시 모아 일제의 정치를 그대로 물려받아 변한 게 없는 정국의 앞잡이들만 색출하였을 것이며 임시정부 요원들도 등용하여 새 시대를 열어보려는 혁명을 꿈꾸었으나,

이는 김일성의 실수였다.

　남한 어느 구석에서도 미군정 물러가라는, 혹은 北韓軍(북한군)의 南進(남진)을 환영한다는 현수막 하나 없고 데모 한 건이 없었다. 훗날 박헌영은 美帝(미제) 스파이로 몰려 숙청당할 때 허위 보고라는 죄목 하나가 더 붙여지는 영예를 안았다.

　이로써 김일성도 실패했고 미국을 짝사랑한 남한도 그 업보로 지금도 녹슨 鐵條網(철조망)을 바라보며 원한을 삭이는 것이다. 돌이켜 생각건대 미국과 소련이 수많은 인명과 경제 손실을 안고 공짜로 대한민국을 도와주고 통일시켜 太極旗(태극기)를 꽂아 주고 깨끗이 자기네 나라로 돌아가 줬다면 얼마나 좋았을까? 그러나 공짜는 없다. 우리는 꿈에서 깨어나야 한다. 强大國(강대국) 욕할 거 없다. 自主國防(자주국방)의 힘을 길러야 한다. 지금 이 나라 국회의원 중 애국자는 단 한 사람도 없고 모두가 상대방 탓만 하는 싸움닭들이다.

2) 미국과 일본의 密敎(밀교)

일본의 녹십자 '미도리쥬지' 祕話(비화)

　끔찍한 악마들의 생체실험을 자행한 '731부대' 사령관 이시이 시로는 1950년 제2대 부대장을 지낸 기타노 마사지, 나이토 로이지 등과 일본 혈액은행이 창설되었다. 또한 그 당시 6.25 전쟁 중인 한국에 혈액을 보내 한국의 부상병들에게 요긴하게 쓰임을 알아 비싼 가격에 팔아 일본은 막대한 부를 축적하였다. 1959년 10월 9일 이시이 시로는 식도암으로 사망했지만, 남은 두 인물은 1964년 미도리쥬지 綠十字(녹십자)

로 會社名(회사명)을 변경하였다. 일본 녹십자는 혈청 알부민, 혈액제제 등으로 사업을 영위하며 일본 일류 제약 기업으로 성장하였다. 그러나 1980년대 초 혈우병 환자에게 투여했던 수입 非加熱(비가열) 혈액제제로 인해 1,800여 명이 에이즈에 감염되었고 1995년 400명이 목숨을 잃었다. 결국 미도리쥬지는 그해 법정 소송에 휘말렸다. 이들은 731부대의 유산들이며 소름 돋는 집단들이다.(양순임 太平洋戰爭 犧牲者 遺族會 태평양 전쟁 희생자 유족회 제공)

회장은 언론사 인터뷰에서 "731부대 관계자들이 斷罪(단죄)를 받지 않고 활발하게 활동할 수 있었던 것은 미국과 러시아가 牲體實驗(실험) 資料(자료)를 넘겨받은 대가로 이들의 天人共怒(천인공노)한 전쟁범죄를 묵인했기 때문이다. 당시 소련의 스탈린과 미국의 루즈벨트는 서로 한 가족 같은 유태인이었다.

密室(밀실)에서 夜合(야합) 하다.

그들은 밀실에서 만나 전범국 일본의 전쟁범죄에 대해 묵인 사면해 주고 각자의 이익을 취하였으며, 스탈린은 홋카이도를 강력히 원했으나 일본의 饗應(향응)을 받은 미국은 거부하고 세계 유일의 원폭 保有國(보유국)이 되었다. 결국 피해국인 朝鮮(조선)을 반으로 사과 쪼개듯 갈라 서로 나눠 먹으며 6.25 기획 전쟁을 통하여 일본 진군 작전을 위해 샌프란시스코에 산처럼 쌓여있는 잉여 생산된 무기를 소진하기로 서로 밀약하였다.

미 국무부 존 D. 히카슨의 證言(증언)은 "이승만을 조종하여 북한을 1949년부터 쳐들어갔다가 나오는 심기를 자극했으나 대응 침략을 하지 않자 그제야 흐뭇한 표정으로 아니면 말고 식이었다. 6월 25일 새벽

4시 순식간에 서울을 3일간 점령하여, 인민군에 의해 한반도 통일 우려가 커지자 3차로 이번에는 스탈린이 人民軍(인민군)에 대한 탄약 공급 중단 및 유엔 안보리 불참 등이 이를 뒷받침한다.

731부대 관련자들은 전쟁이 끝난 뒤 일본에 '綠十字(녹십자)'를 설립하고, 의사회 회장이 되거나 醫科大學(의과대학) 학장이 되는 등 醫療界(의료계) 요직에 진출했다며 일본 녹십자 탄생 배경에 대해 밝혔다.

맥아더는 이시이 시로를 비롯한 731부대 전범들을 懷柔(회유)하여 달래가며 그들이 갖고 있는 실험 자료와 노하우(know-how)를 습득하고자 했다. 당시 이시이 시로는 자신들의 잔인한 蠻行(만행)은 묻고 全免責(전면책)을 주장하며 貫徹(관철)되지 않으면 협력하지 않겠다고 버텼다. 결국 양심과 利益(이익) 사이에서 추악한 이익을 챙긴 미국과 맥아더는 그들의 의견을 수용하여 살아있는 악마 731부대원들 전원을 사면시키고 관련 자료를 가지고 갔다. 이렇게 미국과 일본은 우리가 알지 못하는 수많은 더러운 거래를 통하여 周邊國(주변국)과 한민족에게 피해를 준 사실을 숨겨왔다. 악마의 現身(현신) 같은 일제의 악행을 교묘히 봐주고 免罪符(면죄부)를 주는 미국이 과연 아무 이유도 없이 그랬을까?

멀게는 '가스라-데프트 密約(밀약)', 독도 폭격, 한일 협정, 위안부 밀실 합의, 현재로는 후쿠시마 汚染水(오염수) 방류 지지를 미국이 하는 이유도 그들이 오래도록 거래해 온 그들만의 라인을 保存(보존)하려는 無言(무언)의 밀교다. 그리고 731 실험실, 그들 705마리의 악마들은 아직도 일본에서 影響力(영향력) 있는 저명한 인사로 떵떵거리며 축배를 들며, 조센징을 비웃으며, 친일 정치인, 친일 목사들, 친일 교수들에게 지령을 내리며 1만 2천8백 년을 이어온 나라를 요리조리 팔아먹었다. 反共(반공) 애국자인 척하며, 거짓된 洗腦(세뇌)로 만들어진 빨갱이라는 고유명사를 만들어 수십 년 아니 70년 이상을 우려먹고 있다. 2009년 국내에서 유일하게 예방 백신을 만들어 독점 배포하여 1,503억 원에 달하는 업계 최대 영업이익을 남긴 綠十字(녹십자), 그러나 최근에는 一同(일동) 製藥(제약)과의 기술 합병을 맺은 업체도 731부대의 母體(모체)로 알려지고 있다.

3) 日本經濟(일본경제)를 살린 6.25

제1차 世界大戰(세계대전)이 발발하자 일본은 英·日 同盟(영·일 동맹)에 근거하여 재빠르게 연합국 측에 가담하고 도일에 宣傳布告(선전포고)를 하면서 제1차 세계대전에 參戰(참전)하였다. 전쟁 초기 일본은 약 19억 6천만 엔에 이르는 부채와 수년간의 불경기로 인해 경제적으로 상당한 어려움을 겪고 있었다. 그러나 유럽이 전쟁으로 무역을 제한한 사이 연합국인 영국, 프랑스, 러시아에 軍需品(군수품)과 식료품을 수출하면서 전쟁특수의 기회를 잡더니 엄청난 빚을 지고도 대외채권을 보유할 만큼의 행운을 얻었다.

이뿐 아니라 선박 수효가 급증하면서 일본의 海運業(해운업)은 세계적인 수준으로 성장하였고 1918년 11월 연합국이 승리하자 일본 역시 승전 국가로 분류되면서 보상까지 받게 되었다. 이처럼 1차 세계대전은 일본에 막대한 이익을 가져다주었다. 1차 대전이 종결되면서 일본은 새로운 국면을 맞이하게 되었다. 戰爭(전쟁) 終決(종결) 후 쌀 가격폭등이 物價(물가) 上乘(상승)을 유발함으로 일본 전역에서 민중 폭동이 일어났고, 그로부터 얼마 지나지 않아 도쿄의 주식시장과 상품시장이 全般(전반) 하락하면서 大恐慌(대공황)이 발생하였다.

韓國戰爭(한국전쟁)이 일본경제를 살렸다.

무너져가던 경제를 起死回生(기사회생) 시킨 것은 다름 아닌 '한국전쟁'이었다. 韓國戰爭(한국전쟁)이 국제전으로 확대되는 양상을 보이자, 미국은 한국전쟁이 자칫 3차 世界大戰(세계대전)으로 이어질지도 모른다는 긴박감으로 일본에 주둔하고 있던 미군을 출동시켰다. 일본은 이로써 한국전쟁의 전쟁물자 보급기지가 되었고 이를 위한 비용은 미국 군사 예산에서 달러로 지불되었다. 종전 교섭단계에 들어서면서부터는 戰線(전선)에서 필요한 군수물자와 서비스 외에도 한국 부흥용과 주일 연합군용 자재 및 서비스까지 일본을 통해 사들였다.

이른바 '特需(특수)'로 범위가 擴大(확대)된 것이다. 일본은 이때 발생한 이윤은 신기술과 기계 도입의 주된 자원 금으로 사용하였다. 이처럼 한국전쟁은 침체에 빠진 일본경제가 순식간에 도약하는 계기를 마련해 주었다. 그중에서도 각종 군수품 생산, 섬유, 금속산업에서 특히 큰 호황을 누렸다. 일본의 自動車(자동차) 산업이 호기를 멎게 된 것도 이때였다. 도요타는 太平洋戰爭(태평양전쟁) 당시 군수 공장으로 지정돼 육군용 트럭을 생산하였지만, 패전 후 극심한 인플레이션으로 현금 흐름에 어려움을 겪으면서 1948년 총 자산가치의 여덟 배에 이르는 부채를 떠안게 된다. 이때 도요타는 도산을 막아보려고 관리자들이 減俸(감봉)을 자발적으로 실시했지만, 파업사태로 위기에 직면하면서 키이치로 사장이 물러나고 법정관리에 들어간 지 20일 만에 한국전쟁이 발발하였고, 이때 美軍(미군)으로부터 軍用(군용) 트럭 1천 대를 한꺼번에 발주받으면서 起死回生(기사회생)으로 전환점을 마련하게 되었다.

벼랑 끝에서 살아난 토요타(Toyota) 고유의 생산시스템을 도입하고 새로 개발한 승용차가 성공을 거두면서 승승장구하게 되었다. 이뿐 아니라 한국전쟁 이전 물건이 팔리지 않아 허덕이던 파나소닉(Panasonic)은 한국전쟁 이후 군용트럭에 필요한 선반의 폭발적인 수효에 힘입어 밤샘 작업을 해도 따라가지 못할 정도로 생산량을 늘려나갔다. 일본 항공사 JAL은 점령 기간에 적용되었던 航空(항공) 運行(운행) 금지 기간이 해제되면서 1951년 8월 일본 최초의 항공사로 자리를 잡았다. "왜 미국은 일본을 싸고돌았을까?"

4) 빨치산이란 용어는 언제부터인가?

빨치산이란 파르티잔(Partisan), 프랑스어의 파르티(Parti)에서 비롯된 말이다. 당원 동지, 당파, 등을 뜻하는 말이며 현재는 유격대원, 저항군, 便衣(편의) 隊員(대원) 비정규군을 가리킨다. 러시아어로는 동지를 의미한다, 레지스탕스와도 비슷한 의미다. 홍범도 장군 묘비에는 '빨치산 장군 홍범도의 墓(묘)'라고 자랑스럽게 표기했다. 이 말이 빨갱이란 말로 변태어로 변한 것이다. 따라서 에스파냐어에서 나온 게릴라와 거의 같은 뜻으로 사용된다. 빨치산은 정규군과는 별도로 적의 배후에서 그들의 통신 수단을 파괴하거나 무기와 물자를 탈취 또는 인원을 살상한다. 빨치산은 일반주민의 협조나 지원이 없이는 수행할 수가 없고 그 지방의 지리나 지형에 밝아야 하는 것이 절대적인 조건이 되므로 아무 곳에서나 실행할 수 있는 전투는 아니다.

한국에서는 주로 6.25 전쟁 전에 각지에 蠢動(준동)하였던 공산 게릴라를 가리키는 경우가 되었다. 2차 세계대전 당시 소련은 빨치산 부대를 크게 활용했으며 獨蘇戰爭(독소 전쟁)에서는 여단이나 연대급 규모의 대부대까지 있어서 그들에게 무기, 탄약을 공수한 예도 있다. 핵무기가 출현한 오늘날에도 빨치산이 활약하는 기회는 많다.

우리나라의 빨치산

親日派(친일파)들이 독립투사들이나 民族主義者(민족주의자)들을 정죄하고 묶는 방법은 공산주의 딱지를 붙여 깎아내리는 것이 최고의 무기였다. 농담으로라도 "야이 빨갱이야!"라는 말을 하면 그 지목받은 사람은 끌려가서 재판도 없이 銃殺(총살) 당하였다.

우리나라에서는 주로 한국전쟁 전후로 智異山(지리산)과 太白山(태백산)에서 활동한 '남조선 노동당 조선 人民遊擊隊(인민유격대)'를 빨치산이라 부른다. 조선 인민유격대는 북한의 조선인민군과 同盟軍(동맹군) 이었는데 주로 남한 농민 출신이 많았다. 빨치산 혈통이라는 말은 부모님이나 할머니 할아버지가 조선 인민유격대원 출신이라는 뜻이다.

빨치산이란 1950년 이후로 강대국의 놀이에 걸려든 우리 민족의 슬픈 이데올로기에서 파생된 용어이다. 미국과 소련이 남북을 갈라놓고 나눠 먹기를 하면서 남북이 정치 性向(성향)이 다른 單獨選擧(단독선거)를 치르고 난 뒤 파생된 용어이다. 빨치산은 결론적으로 저항 운동가들로 보면 된다. 시간이 오래 흘러 이젠 북한 공산당만을 생각하는 否定的(부정적)인 색채로 인식되어 비난이나 조롱의 의미로 변했다.

프랑스, 그리스, 독일, 러시아에도 빨치산이 활약하였다. 우리가 알아야 할, 보다 근원적 문제는 이러한 이데올로기를 만들어 낸 元兇(원흉)

들이 일본, 그다음 소련, 그다음으로 미국이라는 것이다. 가장 큰 **敵**(적)은 김일성, 이승만, 조병옥이 죄인들이다. 자주적 힘이 없으니 우리 힘으로 강대국을 몰아내지 못하는 못난 우리들의 유기적인 **罪**(죄)와 나라 위해 목숨 바치지 못하고 권력욕에 눈이 먼 병신 **國會議員**(국회의원)들과 우리들 붕어 심장 민족성이다.

빨치산도 진압군 정규군이나 경찰도 명령에 움직이던 꼭두각시였었다. 아니면 어찌 수십만 명을 그리고 어린아이까지 쓸어 죽인단 말인가? 여·순사건 이후에 생겨난 것이 빨치산이다. 문민정부가 이 피 묻은 역사를 들춰냈다 하여 김대중, 노무현, 문재인, 그리고 그들을 투표로 뽑아준 국민 대다수는 좌빨이, 빨갱이, 빨치산의 후예가 되었다. 나는 구태여 말하자면 아나키즘이다.

2. 공산주의를 만든 기독교

1) 基督敎(기독교) 공산주의 [Christian communism]

　기독교 공산주의는 기독교를 중심으로 하는 종교적 공산주의이다. 封建主義(봉건주의)를 기반으로 한 전근대 사회에서 종교를 지배계층이 피지배계층인 인민을 지배하기 위한 속박의 도구로 사용하였다고 본 마르크스가 革命論(혁명론)을 내세우며 종교를 '인민의 아편'이라며 배척한 '공산당 선언'에 의하여 '공산주의와 종교적 신앙은 같이할 수 없다는 정론에 해당된다.'는 것을 근거로 하여 기독교 공산주의는 공산주의 진영에서 '사이비 공산주의 사상'으로 알려졌다.

2) 新約聖經(신약성경)과 공산주의

　기독교 공산주의는 성서적 근거에 思想的(사상적) 기초를 뿌리내리고 있다. 신약성경 사도행전 2장과 4장 사이에는 자본주의자들은 도저히 이해 못 할 설명할 수 없는 사건들이 한동안 공동체를 지배하였고 그 후로도 오랜 세월 동안 초대교회의 뿌리를 내리고 있었다. 기독교가 국교였던 러시아 정교회는 성직자들의 타락과 더불어 자본주의의 몰락을 선고한 볼셰비키 혁명으로 드러난 운동이 러시아식 공산주의다. 성서적 근거는 아래와 같은 기록으로 거슬러 올라간다.

'믿는 사람들이 다 함께 있어 모든 물건을 서로 통용하고 또 財産(재산)과 소유를 팔아 각 사람의 필요에 따라 나눠주고 날마다 마음을 같이하여 聖殿(성전)에 모이기를 힘쓰고 서로 떡을 떼며 기쁨과 순전한 마음으로 음식을 먹고 하나님을 찬미하고 또 백성에게 칭송을 받으니 주께서 구원받는 사람을 날마다 더하게 하시니라.' (사도행전 2:44~47)

'믿는 무리가 한 마음과 한뜻이 되어 모든 물건을 서로 通用(통용)하고 제 재물을 조금이라도 제 것이라 하는 이가 하나도 없고 그중에 乏絶(핍절)한 자가 없더라. 이는 밭과 집 있는 자는 財産(재산)을 팔아 그 값을 가져다가 사도들의 발 앞에 두매 저희가 각 사람의 필요에 따라 나눠주니라.' (사도행전 4:32~35)

위와 같이 신약성경 사도행전 기록에 따르면 예루살렘 교회에서는 첫 번째 성령 강림 주일 때 재산을 공유하는 기독교 공산주의를 실천하였으며 宗敎改革(종교개혁) 기에도 '재세례파(Ana-Baptist) 임마누엘 형제단'이나 '모라비안파' 등이나 急進的(급진적) '개신교 교파'들은 재산 공유를 주장하면서 평등사회 구현을 基督敎(기독교)를 통하여 이루고자 하였다. 기독교주의는 공산기독교 사회주의와 기독교 아나키즘 사이에 위치한 것을 볼 수 있다. 기독교 공산주의자들, 마르크스주의의 몇몇 부분에 異見(이견)을 제시한다. 이들은 물론 대부분의 마르크스주의 자들이 가지는 無神論的(무신론적)인 시각을 공유하지 않으나 경제적인 강령은, 예를 들어 자본주의가 계급적인 부분에서 잉여가치를 착취하여 이익을 본다는 분석에 부분적으로 동의한다.

기독교 공산주의자들은 또한 마르크스주의자들의 政治的(정치적)인

강령 일부를, 예를 들어 자본주의가 社會主義(사회주의)로 교체되어 결국에는 공산주의로 발전한다는 역사 발전론에 동의한다. 그러나 기독교 공산주의자들은 가끔 마르크스주의자들, 특히 레닌주의자들과 이견을 보일 때가 있다. 이는 사회주의나 공산주의 사회가 조직되는 방법에 관한 것인데 보편적으로 기독교 공산주의는 마르크스주의에서 독립적으로 분화되었음으로 마르크스 공산주의자들의 결론을 공유하지만, 그 全體(전체)에는 同意(동의)하지 않는 애매함도 함축된다.

3) 宗敎(종교)와 마르크스

19세기 독일 哲學者(철학자) 카를 마르크스는 종교는 영혼 없는 상태의 영혼, 人民(인민)의 아편이라고 보았다. 마르크스에게 종교는 현실의 착취에 대한 항의이자, 동시에 실재하는 고통에 대한 抗議(항의)이다. 라고 하였다. 또한 종교를 노동자 계급의 열악한 경제 상황과 소외에 대한 항의의 한 형태로 보았다. 마르크스-레닌주의 해석에서는, 모든 현대 종교와 교회는 노동계급의 搾取(착취)와 어리석음을 위해 사용되는 부르주아 반동의 기관으로 간주 된다. 블라디미르 레닌 이후 소비에트 연방, 모택동 통치하의 중화인민공화국과 같은 20세기 마르크스-레닌주의 정부는 국가 無神論(무신론)을 도입하는 규칙을 시행하였다. 러시아 국교였던 正敎會(정교회)에서 파생한 變態基督敎(변태기독교) 공산주의는 사회주의의 急進的(급진적)인 형태로 볼 수 있다.

진정한 공산주의는 사도들이 실천했던 사도행전의 발자취다. 예수그리스도의 가르침이 기독교인들에게 공산주의는 理想的(이상적)인 사회

체계로 지지하도록 강요한다는 견해에 바탕을 둔 神學的(신학적), 정치적, 이론이다. 기독교 공산주의를 옹호하는 사람들은 초대교회와 사도들과 예수님이 몸소 그렇게 보여주고 가르쳤고 그렇게 실천했다고 주장한다.

성경에는 이런 이야기가 기록되었다. 포도원장 주인은 아침 일찍 출근한 일꾼이나 正午(정오)에 출근한 노동자나 오후 늦게 출근한 일꾼들에게 평등하게 품삯을 한 데나리온씩 지불하였다. 한 데나리온은 노동자들의 하루 임금 일당이다. 아침 일찍 출근한 사람들은 經營主(경영주)에게 공정하지 못하다고 항의하였지만, 주인 입장에서는 계약을 위반한 적이 없고 정당하다고 주장하였다.

포도원 주인은 고용이 불안한 非正規織(비정규직) 노동자들의 처지를 노동시간에 상관없이 임금을 지불함으로써 배려한 것이었다.(마태복음 20:1~16) 세상에 이런 기업주가 있다면 얼마나 아름다운 낙원이 될 것인가?

4) 變態的(변태적) 공산주의

2천 년 전에 예수님과 제자들의 淸貧(청빈)한 삶과 나눔의 靈親(영친) 運動(운동)을 통하여 재산을 공유하면서 물물교환하던 친 공산주의가 분명히 있었고 지금도 세계 곳곳에서 소규모이긴 해도 성경에서 영향을 받은 작은 모임들은 간접적으로나마 아직도 진행 중이다. 로마제국이 4세기에 기독교를 掌握(장악)하여 국가 종교로 둔갑시켰다. 이 국가 종교를 지금까지 계승한 곳이 그리스 正敎會(정교회)다. 지금까지 가톨릭을 비롯한 모든 기독교의 종파들이 그리스 정교회에서 분리 독립한 것이다. 11세기에 로마제국이 러시아에 정교회를 전파하였고 러시아 정교회는 그리스 정교회의 親子息 (친자식) 종파다.

　15세기에 로마 제국이 망한 이후 러시아 정교회가 그 계통을 이어받게 되었다. 19세기에 소비에트 革命(혁명)이 일어나고부터는 공산주의 종교로 공격을 받게 되었다. 레닌 당시만 해도 노동자 편에서 無産階級(무산계급)과 평등을 주장하며 슬로건(Slogan)을 내걸고 얼마 동안 자본주의자들과 성직자들의 肥滿(비만)한 횡포가 사라지는 듯 하였으나, 스탈린 시대로 바톤(baton)을 넘기며 피바람을 일으키고 숙청이 시작되면서 성경에서 시작된 진정한 공산주의는 사라지고 사랑과 聖靈(성령)을 거세시킨 그야말로 빨갱이 종교로 변태 된 것이다. 레닌과 스탈린은 神學校(신학교) 출신이며 푸틴은 러시아 정교회 신자이다. 정교회가 한국에는 거의 없고 주로 동유럽 쪽에 뿌리가 깊으며 전 세계 신자 수는 약 4億(억) 정도로 그 수효가 상당수 존재한다.

3. 빨갱이란 대관절 무엇인가?

폐 일언하고 빨갱이란 말은 6.25 전쟁 이후 제주 4.3사건 이후에 생겨난 新種語(신종어)이다. 근원을 말하자면 우리가 자주국방 하지 못한 만고의 죄와 천하에 몹쓸 왜인들과 미국, 소련, 일본이 3개국이 원흉이다. 김일성, 이승만, 로마넨코 사령관과 하지 중장의 美軍政(미군정)은 일본이 항복하던 날, 서울 시청과 總督府(총독부)에 대한민국의 국기는 아예 생각지도 않고 미국의 성조기를 올려 펄럭이게 했다. 그날부터 지금까지 위 위인들의 합작으로 만들어낸 것이 빨갱이라는 용어이다.

1) 그 많은 빨갱이는 무엇을 원하는 걸까?

解放(해방) 이후부터 지금까지 일제의 殘在(잔재)를 흠모하여 청산하지 않고 슬쩍 넘어가며 고수하고 있는 현 정부가 말하는 빨갱이는 대한민국 인구 수효의 70%가 넘는다.

김대중 빨갱이, 노무현 빨갱이, 단식 투쟁으로 야당 생활하던 김영삼도 빨갱이, 문재인은 빨갱이 대왕, 간접 사령관 이재명도 간첩이고 민주당 國會議員(국회의원) 180명을 모조리 빨갱이로 보는 것이, 아마 현 정부의 代辯(대변) 될 것이다. 빨갱이는 대한민국에서 태어나고 자란 성인들로 해방 이후 6.25 전과 그 후로 전쟁이 끝날 무렵에 성행하던 지긋지긋한 좀비 용어로 보면 될 것이다.

2) 빨갱이의 一般的(일반적) 인식

빨갱이라 불리는 것은 김일성 일가와 북한의 체제를 찬양하고 대한민국을 전복시키고 남북을 적화통일 시키려는 思想的(사상적) 의도와 툭하면 숙청의 대상이 되고 언론과 의식주, 모든 면에 後進性(후진성)을 면치 못하는 북한이 좋아 환장하고 날뛰는 사람으로 분류하여 빨갱이라 하면 아마 적절할 듯하다. 북한의 獨裁體制(독재체제) 밑으로 들어가자고 외치는 이해할 수 없는 생각을 가진 이상한 사람들은 빨갱이가 맞다. 남북이 強大國(강대국)에 의해 허리가 잘려 강제로 분단된 것은 분명 悲劇(비극)이다.

그렇다 하여 언제까지나 미국과 소련 일제와 김일성, 이승만, 로마넨코와 하지 군정을 비난하고 욕하고 분노하고 운다고 옛사랑이 돌아오지는 않는다. 그래도 분단은 슬프지만 한국은 미국의 눈치를 보면서도 漢江(한강)의 기적을 이루고 박정희의 18년 독재를 겪었고 中央情報部(중앙정보부)에 5만 명 이상 끌려가 失語症(실어증)을 얻었지만 그래도 우리는 전쟁을 치른 나라 치고는 신속하게 회복하였으며 박정희와 김용기 농군학교장과 머리 맞대고 만들어낸 새마을 사업을 통해서 가난에서 벗어나 衣食住(의식주)를 해결하였다.

이제 정부와 우리가 할 일은 自主獨立(자주독립)을 실현하기 위해 남북 8천만 국민이 노력해야 한다는 숙제가 남아 있다. 한강의 기적을 일

귀낸 이 나라에서 북한식 집단 공산주의와 독재정치를 옹호하는 사람이 과연 국민 전체 중 몇이나 될 것 같은가? 그런 사람이 있다면 분명 허구를 쫓는 빨갱이일 것이다. 그러므로 빨갱이라는 단어가 가진 卑下(비하)의 뜻이 어느 정도는 이해가 갈 수도 있겠다 싶다. 자유와 民主主義(민주주의)를 버리고 독재로 돌아서자니 불과 대통령을 直選制(직선제)로 뽑은 지 이제 반세기밖에 지나지 않았는데 정말 단합이 안 되는 우리나라이다. 정말 우리는 지금 빨갱이란 단어를 옳게 사용하고 있는가?

3) 廣化門(광화문)에 모인 인파는 전부 빨갱이인가?

單獨(단독) 政府(정부)이지만 이제 와서 어찌할 것인가? 대한민국은 엄연히 민주주의 국가이며 모든 권력은 국민이 대통령, 國會議員(국회의원), 검찰, 경찰, 행정 공무원 등등에게 위임해서 그들로 하여금 나랏일을 맡아 하도록 맡긴 것이다. 5천만 명의 모든 사람이 정치를 할 수 없고 모두가 公務員(공무원)이 되는 건 상식적으로 불가능하기에 대의 민주주의를 선택한 것은 합리적인 일이다. 그러니까 정부에 권력을 위임하고 빌려주었다 하여 나라를 다 거덜 내도 관여하지 말라는 것은 아니다. '4·19 혁명'과 '6·29선언'은 군중의 함성이 관철된 중요한 예다.

아테네는 市民權(시민권)을 가진 남자라면 누구나 廣場(광장)에 나가서 자신의 의견을 펼치고 論爭(논쟁)을 벌이며 투표를 할 수 있었다. 아마 인구수가 적어서 가능했을 것이다. 그러나 5천만이 넘는 인구가 아테네 정치를 모방하기는 어려울 것이다.

그러나 언제라도 목소리를 낼 수 있고 위정자들이 잘못 할 때는 비판을 할 수 있는 것이 민주주의다. 그동안 너무나 많은 양심의 소리가 投獄(투옥)을 당하고 중정에 끌려가 빨갱이 陋名(누명)을 쓰고 재산을 몰수당하고 인권을 뺏기고 투옥되고 처벌을 받아 왔는가? 국민의 입을 막고 불이익을 주고 가혹하게 처벌하는 일에 급급하다면 이 또한 獨裁政權(독재정권)의 파시스트 아닌가? 불법을 저지르지 않는다면 법의 테두리 내에서 자신의 목소리를 낼 때 권리를 행사하게 하는 것이 표현의 자유이며 보장된 민주주의다. 이 특권을 유린하고 언론을 장악하고 권력으로 억압하고 힘을 휘두른다면 이는 빨갱이보다 무서운 독재자다.

4) 정부 시책을 반대하면 빨갱이인가?

거리에 몰려나와 촛불을 켜고 노래를 부르고 거리를 행진하고 심지에 지방에서 올라와 밥까지 여러 끼니를 굶어가며 입을 모아 정부를 항의하면 과연 이들이 이 나라를 전복시키고 빨갱이 국가를 만들려고 눈알이 뒤집히는 사람들인가.? 투표 때 자신이 뽑아준 지도자가 공약을 저버리고 제대로 된 정치를 못 하고 맡겨진 임무를 제대로 수행하지 못할 때 기풍을 진작시키는 의미에서 바른 목소리를 내는 것이, 민주주의의 기본 기본 함양이다.

어느 정치인이나 어느 기자라도 광화문에서 몇 날 며칠씩 식음을 전폐하고 시위하는 사람들을 붙잡고 좀 진지하고 진정성 있게 물어보라. 과연 이 나라에서 살기 싫어서 북한처럼 되길 원하느냐고, 이 질문을 하는 이가 있다면 아마 100% 미친놈 아닌가 하고 의심의 눈총을 받고 말 것이다. 다시 말해서 '4·19혁명'도 '6·29선언'도 광화문 시위도 북한식 통일을 구하는 사람은 0.0%도 없다.

  광화문 집회의 시위를 하는 사람들이 대한민국을 사랑하지 않아서 시위에 나서는 것이 아니다. 그들도 5대 의무를 다하는 사람들이며 자신의 목소리를 높이는 것은, 개인의 욕망이나 부탁을 관철하려 함이 아니다. 나라의 기강이 흔들릴 때 민중은 일어났다. 이들을 싸잡아 빨갱이로 불러야 하는가? 지구상에서 공산주의 체제가 거의 사라져가는 마당에 중국도 러시아, 베트남도 개방을 시도하는 마당에 북한 공산당 빨갱이 지원자가 어디 몇 명이나 있다고 좌익이니 간첩들이니 북한에다 나라를 통째로 갖다 바치느니 하는 구식 언어로 담을 쌓는가? 공산주의는 이미 실패한 정치 경제론이다. 막상 설문해 보라. 북한식 빨갱이 정치를 원하는 이가 몇이 되는지 우리의 눈을 흐리게 하는 현실이 슬프다.

  프로 복서 前(전) 챔피언 홍수환 씨가 반공 운동으로 좀 떠드는 것은 이해가 된다. 현역 선수 당시 유재두 선수와 함께 박정희 대통령의 관심과 도움을 받았으니 그럴만하고, 돌이켜보면 오랜 獨裁體制(독재체제)로 많은 사람이 중정에 끌려가서 고문당하고 언론이 장악되어 숨도 크게 못 쉬고 살았으나 경제나 도덕, 치안, 길거리 불량아, '묻지 마 살인' 등을 비교하건대 지금 윤 대통령은 박정희의 가방도 들 수 없다. 獨裁者(독재자)였으나 경제 기틀을 세운 일은 인정해야 한다.

5) 제발! 反對(반대) 입장이라 하여 매도하지 말라,

  나와 생각이 좀 다르고 정치철학이 좀 다르면 좌빨이, 빨갱이로 罵倒(매도)하여 獨裁(독재) 政權(정권) 시에는 함경도 말만해도 빨갱이로 덮어쎠워 감옥에 투옥되고 고문을 받던 시절도 있었다. 우리가 원했던 건 독재정권 체제가 아닌 자유민주주의였다. 그러나 한 시절은 공산당보다 더 무서운 독재 치하가 있었다. 해방되는 줄 알았더니 빨갱이란 말이 신종플루처럼 생겨나 부스럼처럼 구석구석 社會主義(사회주의)나 공산당 이념도 모르는 사람들에게 덮어씌워져 이 구시대적인 상처 딱지 같은 말로 현시대까지 바이러스가 되어 떠돌아다닌다. 다음 세대에게 이 말을 또 유전시켜야 하는지 이 용어의 積弊(적폐)는 정말 불쾌하며, 친척이나 가족이라도 정나미가 떨어지는 말이며 이 말을 쓰는 사람도 저주의 氣運(기운)을 실어 보내기 때문에 부스럼 딱지처럼 거슬리는 용어다.

6) 빨갱이가 있어야 유지할 수 있던 政權(정권)

상해 臨時政府(임시정부)가 필요 없던 이승만과 박정희는 反共(반공)이 필요하였다. 더구나 박정희는 南勞黨員(남로당원)이 아니었던가? 共産黨(공산당)은 공약이 다른 오늘날의 정당들이다. 당시 조봉암은 공산당으로 출마를 준비하여 연설할 때 몰려든 군중은 이승만보다 열 배 이상 그 수효가 人山人海(인산인해)를 이루었다.

공산주의는 자유의 敵(적), 인간의 敵(적)이다. 공산주의는 콜레라와 같은 전염병이다. 이승만과 박정희는 모든 사람이 평등하다는 공산당의 주장을 왜 악마로 만들었을까? 이 지구상에 共産主義(공산주의) 國家(국가)의 국민은 사람도 아닌가? 베트남, 조선민주주의 인민공화국, 쿠바, 라오스, 러시아, 중국, 볼리비아, 코소보, 시리아, 기타 공산국가는 사람이 아닌가? 이들 국가 중 우리나라와 외교 관계를 맺지 않고 있는 나라는 북한과 시리아뿐이다. 쿠바는 비수교 국이지만 한해 수천 명이 우리나라 觀光客(관광객)이 쿠바를 찾고 쿠바 국민도 '시크릿 가든' 같은 한국 드라마에 푹 빠지면서 한국어 배우기 열풍이 불어 공중파 뉴스에도 보도한 바 있다.

그런데 半萬年(반만년) 동안 우리 핏줄인 동족 북한 人民共和國(인민공화국)은 왜 우리가 오도 가도 못하는 적대 국가일까? 解放(해방) 政局(정국)에서 이승만이 집권을 위해 가장 필요한 정책은 政敵(정적)을 제거하는 일이었다. 하지만 해방정국에서 이승만은 有償 買收(유상 매수), 有償 分配(유상분배)와 조선의 無償沒收(무상몰수), 無償分配(무상분배)라는 토지 정책으로 남한의 농민들의 '지지기반 약화'가 되자 위기에 몰린 이승만이 꺼낸 보험 카드가 빨갱이였다. 이승만은 민족의 숙원인 통일국가보다 우선 分斷(분단)을 감수하더라도 일단 集權(집권)을 하는 것이 그가 당면한 목표였다.

미군이 軍政(군정)을 실시하며 이승만을 앞세울 때도 우리 민족의 앞날을 단 한 번도 우리과 상의하지 않았고, 그의 정부에서는 상해 임정 요원들 몇 사람이라도 등용하지 않았다. 아니 한 사람도 등용되지 않았다.

1946년 6월 3일 '정읍발언'과 때마침 이슈(Issue)가 된 찬탁 반탁 논쟁을 이용하였다. 解放政局(해방 정국)의 분위기는 '찬탁:분단:매국' '반탁:통일:애국'이라는 논쟁이 뜨겁게 달아오르고 있을 때〈東亞日報(동아일보)〉에서 '소련은 신탁통치 주장, 미국은 즉시 독립주장, 소련의 구실은 3·8선 분할점령'이라는 오보 사건(?)이 그를 대통령으로 만들어준 계기가 됐다. 이승만은 서북 청년회를 비롯한 관변단체를 앞세워 김구를 비롯한 政敵(정적)을 제거하고 보도연맹 사건과 제주 4.3 항쟁, 여·순

항쟁, 대구 10·1 항쟁을 진압하는 과정에서 반공은 필요했고 6.25 전쟁 과정에서 반공 정책이 뿌리를 내리게 된다. '의심나면 다시 보고 수상하면 신고하고 신고하면 상금'이 1970년 초까지만 해도 1천만 원이라는 포스터가 벽보에 흩날렸었다. 이런 반공 포스트가 말해주듯, 그가 시행했던 빨갱이 섬멸 작전은 그 후에도 國家保安法(국가보안법)으로 보지도 말고 듣지도 말고 아는 체 해서도 안 되는 반공 의식을 대대적으로 공무원 교육, 유치원에서 중고등, 대학교, 일반 라디오에서 20여 년을 매일같이 세뇌하여 대성공을 거두었다.

7) 박정희의 反共 政策(반공 정책)

[그림20] 대한민국 제5-9대 대통령 **박정희**
朴正熙 | Park Chung-hee

박정희는 남로당원이었고 한때는 共産主義者(공산주의자)였다. 백선엽 장군에게 남로당 동지들의 명단 150여 명을 넘겨주고 결국 死刑(사형)에서 무기수로 減刑(감형)되어 육군 소장이 되어 살아남았다. 이제 그가 할 일은 反共(반공) 運動(운동)이었다. 그는 해마다 6.25 전쟁 발발일이 돌아오면 학생들에게 수업을 단축시키고, 공설운동장 같은 곳에 모여 "아~아~ 잊으랴, 어찌 우리 그날을 조국의 원수들이 짓밟아 오던 날을 맨주먹 붉은 피로 원수를 몰아내어… (중략)" 이렇게 눈물을 머금고 6.25 노래를 부르고 반공 글짓기, 반공 표어, 포스터 그리기, 그리고 반공 웅변대회 등 상금을 주며 반공정신 강화를 위한 행사를 자주 하였다.

필자도 4H 운동에서 반공 웅변대회를 나간 적이 있다. 1968년 1·21 사태(김신조 사건)가 발생하자 안보의식과 전시 상황에서의 대처 능력을 높인다는 명분으로 1969년에는 반공 교련이 고등학교 필수과목으로 지정되었다. 동독과 서독을 비롯하여 전 세계 공산국가 중 우리나라처럼 이렇게 공산당이 무슨 피도 눈물도 감정도 없는 악마나 굶주린 늑대나 되는 양 어지간히도 수위를 높이며 세뇌를 시켜왔다. 남학생들은 敎鍊服(교련복)을 입고 교련 수업이 있는 날에는 카빈 소총이나 M16 소총의 모형인 木銃(목총)을 들고 제식훈련을 하며 총검술을 배웠다. 여고생들은 讀圖(독도)법과 제식훈련과 구급법을 배웠다.

교련 교육은 박정희, 전두환, 군사 정권 치하에서 계속 유지되었으나, 1980년대 후반 民主化(민주화) 運動(운동)의 영향으로 1988년 올림픽을 치르며 대학생 敎鍊(교련)이 폐지되었다. 독재정권이나 軍事(군사) 政權(정권)은 내일의 주인공이 될 청소년들에게 철저한 반공 의식으로 무장시키고 시비를 가리는 批判 意識(비판의식)을 갖지 못하게 한 이유가 무엇일까? 민주주의)의 국민이 갖추어야 할 가치관은 '합리적사고'와 비판의식을 갖도록 가르쳐야 할 터인데 공산주의가 무엇인지도 잘 모르는 시민들에게 반공을 왜 그리도 목숨을 걸고 비중 있게 가르쳐야 했을까? 공산주의가 무엇인지 묻는 것 자체가 이상한 사람 취급을 받는 분위기에서는 공산주의라는 말을 누가 감히 꺼내겠는가? 정당성이 없는 정권이나 독재자들은 집권의 正當性(정당성)을 위한 이데올로기가 필요했다. 이승만은 민주주의의 반대말이 공산주의라는 식의 반공교육을 철저히 시켰고 박정희에게 고스란히 移讓(이양)하였다.

자유당은 이승만의 민주주의를 自由民主主義(자유민주주의)로 반공주의와 동일시했다. 독재자 이승만과 박정희는 그래서 반공이니 國家保安法(국가보안법)을 만들어 국민의 입과 귀를 꽉 틀 막고 주권자 위에 군림하다 비참한 최후를 맞이했다. 그나마 박정희는 한강의 기적으로 18년 독재 중 부하의 총탄에 쓰러졌으나 경제를 일궈낸 부분에 있어 상당 부분 免罪符(면죄부)를 받는 것이 역사적 시각이다. 그러나 이승만의 反共 政策(반공 정책)을 이어받은 것이 정치적 성공의 카드였기에 '제주 4.3 사건'의 3만 명 학살을 벙어리처럼 말 못 하고 묻히게 된 일에 박정희는 한술 더 떠서 '516 혁명' 후 박정희(朴正熙)의 공약 첫 구절이 반공이었다.

그러나 박정희도 사람이며 본인도 남로당원이었기에 마음속 깊은 곳에서는 제주 4.3사건 문제가 신경 쓰였다. 그리하여 5·16 혁명 이후 제주도를 방문하여 돌아보고 올라왔다. 제주도민들은 기대에 부풀었다. 대통령이 바뀌었으니 이제 억울한 진상을 규명해 주시겠지, 하며 기다렸으나 오히려 더 수위 높은 반공 운동을 박정희는 강화하였다. 그가 신경을 쓴 것은 제주에 5·16 도로를 건설해 주며 입을 굳게 닫고 말았다.

8) 박정희의 革命 公約(혁명 공약)

① 反共(반공)을 국시에 제일 義(의)로 삼고 반공 태세를 재정비 강화한다.

② 미국을 위시한 자유 우방과의 유대를 더욱 공고히 한다.

③ 이 나라 모든 부패와 구악을 일소하고 퇴폐한 국민 도의와 민족 정기를 다시 바로잡기 위하여 청신한 氣風(기풍)을 진작시킨다.

④ 절망과 기아선상에서 허덕이는 民生苦(민생고)를 시급히 해결하고 국가 자주 경제 재건에 총력을 경주한다.

⑤ 民族的(민족적) 숙원인 국토 통일을 위하여 공산주의와 대결할 수 있는 실력의 배양에 전력을 집중한다.

⑥ (군인) 이와 같은 우리의 과업이 성취되면 참신하고도 양심적인 정치인들에게 언제든지 정권을 이양하고 우리들 본연의 임무에 복귀할 준비를 갖춘다 (민간) 이와 같은 우리의 과업을 조속히 성취하고 새로운 民主共和國(민주공화국)의 굳건한 토대를 이룩하기 위하여 우리는 몸과 마음을 바쳐 최선의 노력을 경주한다.

위 公約(공약)을 천천히 읽어보면 박정희가 어떤 사람인지 보일 것이다. 세월이 藥(약)이었을까? 어쨌든 전쟁을 치른 나라치고는 세계인이 놀랄 정도의 빠른 회복으로 공약 ④번은 실현되었다. 여기에 免罪符(면죄부)를 주는 것이 太極旗(태극기) 부대들이 보는 박정희의 一面的(일면적) 혹은 획일적 모습이다. 나머지 공약들은 반공으로 일축되며, ⑥번은 지켜지지 않았고 참신한 정치인이 그의 눈에는 한 사람도 없었는가 보다. 결국 18년이라는 장기 집권으로 세계인의 주목을 받으며 제왕의 길을 걷다가 宮井洞(궁정동)에서 젊은 가수의 '황성옛터' 노래를 들으며 김재규의 손에 눈을 감았다.

새마을 운동을 마치고 통일벼 농사 성공할 즈음 북한에 쌀 15만 톤

보낼 때 정권을 물려줬더라면 이 나라는 훨씬 갈등 없는 국회와 통일을 앞당기는 政治(정치) 판이 되었을 것이며 영웅 박정희로 역사에 길이 남았을 것이다.

9) 박정희는 사형선고를 받은 南勞黨(남로당) 빨갱이였다.

1949년 2월 13일 당시 國防警備隊(국방경비대) 소령 박정희는 남로당 조직책으로 지목되어 무기징역을 宣告(선고) 받았다. 1948년 여수 순천 내부 남로당 세력을 색출하는 과정에서 당시 박정희 전 대통령이 체포됐다. 남로당 조직책으로 활동하던 그는 死刑 宣告(사형선고)를 받았다. 여·순 사건은 1948년 10월 19일부터 10월 27일까지 전라남도 여수시에 주둔하고 있던 국방경비대 14연대의 중위 김지회 상사, 지창수 등 남로당 계열의 군인이 중심이 되어 '남한만의 單獨政府(단독정부) 수립'을 반대하던 제주 4.3항쟁을 진압 토벌하라는 명령을 거부하고 대항 함에 있어 정부가 이를 진압하는 과정에서 여수와 순천 등 전남 동부에서 군인과 함께 수많은 민간인이 학살당한 사건을 말한다. 당시 박정희 소령이 사형을 선고받자, 國防警備隊(국방경비대) 내에서 또아리를 틀고 있는 일본 육군사관학교와 일제가 만주에 수립한 괴뢰국인 만주국 六軍士官學校(육군사관학교) 출신 친일파 선배와 동기들이 정부에 선처를 호소하였다. 이에 당시 육군본부 정보국장으로 사건 책임자였던 親日派(친일파) 백선엽 장군이 박정희 소령을 불렀다.

백선엽은 박정희를 향해 물었다. "일본 帝國主義(제국주의) 엘리트 코스를 밟은 당신이 왜? 社會主義(사회주의) 활동을 하나?"라고 질문한 뒤 "군부 내 사회주의자들 명단을 지목하여 말하면 사형을 면할 수 있다."라고 회유하였다. 잠시 고민하던 박정희 소령은 결국 같이 활동하던 남로당 동지들 150여 명의 명단을 넘겨 밀고했고, 이승만 정부가 추진한 좌익계열 순국 작업에 크게 도움을 줌으로써 무기징역으로 감형을 받았다. 훗날 북한의 남침으로 民族(민족) 相殘(상잔)의 비극인 6.25가 발발하자 박정희는 백선엽 장군 親日派(친일파)에 의해 육군으로 복직되는 기회를 얻었고 백선엽은 약속대로 박정희를 도왔고 박정희는 동지들을 팔아 목숨을 샀다.

그 뒤 1961년 육군 2군 사령부 부사령관 재임시절 5.16 군사 반란을 일으켜 1960년에 탄생한 2공화국 민주 정부를 전복하고 대통령에 취임하였다. 아무리 생각해도 시대적 상황에 맞춰 권력 편승에 대한 기회가 그를 따랐고 그 기회를 민첩하게 잡았다. 일제가 만주를 점령할 때는 혈서까지 써가며, 독립군 토벌에 앞장선 만주 군관으로 赴役(부역)을 하였고, 해방 후 친일파들은 설자리가 없게 되고 抗日運動(항일운동)에 앞장선 社會主義(사회주의) 세력이 융성해지자, 박정희는 곧바로 가입하였다. 그러다 발각되자 동지들을 密告(밀고)해 버리고 자신은 영리하게 살아남았다. 親日派(친일파)에 의해 목숨을 건진 박정희는 한국전쟁 이후 철저한 반공주의자가 되어 자신의 독재체제를 굳건히 다졌다. 한편, 박 전 대통령의 사형을 면하게 도와준 백선엽은 한국전쟁 때 큰 공을 세우며 북한의 무력에 의한 통일을 저지한 업적이 있지만, 그는 일제강점기 시기 독립군 討伐(토벌)에 앞장선 일제 간도 특설대에 복무한 親日 反民族(친일 반민족) 행위자로 유명하다.

10) 조봉암(曺奉岩) 공산당 후보 死刑(사형)

[그림21] 대한민국 제2대 전·후반기 국회부의장
조봉암 曺奉岩 | Cho Bong-am
(사진. 나무위키)

조봉암은 1898년 인천 강화군에서 태어났으며 3.1운동으로 복역을 하였고 일본 유학 시절 흑우회에 가입해 정통사회주의 운동을 하였다. 귀국하여 1925년 조선 공산당 조직에 참여하였고, 노동 총연맹 조선 총동맹을 조직하고 투옥되기도 하였다. 그는 1946년 남로당의 대부 박헌영에게 충고하는 공개 서함을 발표하고 우익진영으로 急旋回(급선회)하였다.

1959년 7월 31일은 농림부 장관을 역임한 조봉암이 간첩행위를 했다는 혐의로 사형집행을 당한 날이다. 이승만 정권에서 일어난 이 사건은 사법살인 사건이면서 조작극이고 우리나라 民主主義(민주주의)를 크게 퇴보시킨 사건이었다. 조봉암이 설사 김일성의 간첩이라 해도 법정에서 증거를 확보하지 못한 상태에서는 유죄 원칙을 적용하여 판결할 수 없는 것인데 정치깡패와 景武臺(경무대)의 권력을 동원해 3권분립을 무력화시켜서 결국 조봉암을 사법적 살인을 하기에 이르렀다. 세월이 흘러 2011년 大法院(대법원)에서 조봉암 아들이 청구한 재심을 인용해 무죄 선고를 내려 50년이 훨씬 지나서야 누명을 벗었다.

조봉암의 間諜(간첩) 嫌疑(혐의)

1958년 1월 12~15일 검찰은 進步黨(진보당) 간부들이 박정호 등 14명의 간첩단과 접선한 혐의가 있다며 검거하였다. 당국은 조봉암이 북한과 접선하면서 공작금을 받았고 북한의 지령에 따라 간첩행위를 했다고 발표했다. 그리고 이승만 정권은 재판이 열리기 전인 2월 25일 진보당 등록을 일방적으로 취소시켰다. 7월 2일 공판에서 징역 5년을 판결하자 이정재 등 정치깡패들이 법원 청사에 난립하여 온갖 행패를 부렸다. 1959년 2월 27일 大法院(대법원)에서 조봉암 사형, 기타 간부들은 무죄를 선고했다. 그리고 그해 7월 31일 교수대에서 사형이 집행됐다.

조봉암을 사법 살인한 것은, 이승만 당시 대통령의 의중이었다는 진술이 훗날 나왔다. 조봉암을 잡아넣지 않으면 이승만의 재당선이 힘들었다는 결론이다. 주한 미국대사관은 "조봉암을 죽이지 말라."고 이기붕에게 통보했고, 이기붕은 "최대한 노력해 보도록 하겠다."라고 답변을 했다. 그러나 1958년 1월 사형당했다.

이승만의 경쟁자 조봉암(曺奉岩)

조봉암은 초대 農林部長官(농림부 장관) 시절 국가가 농지개혁법을 시작하여 지주로부터 농지를 매입하여 농민들에게 적절히 분배하여 농가 경제를 자립시키고자 한 期初(기초) 法案(법안)을 내놓아 일부 국회의원들의 반발이 극심하였다. 결국 農林部(농림부) 장관직을 중도에 내어

놓게 되었다. 이후 진보당 창당에 매진하며 1959년 대통령 선거 출마를 준비하였는데 그는 이승만의 강력한 경쟁자로 부상하였다. 진보당의 공약 중 '평화적 방식에 의한 조국 통일의 실현을 기한다.'라는 平和統一(평화통일) 주장이 범죄라며 1958년 조봉암을 비롯하여 간부 전원이 구속되었다. 육군 첩보부대 공작원 양명산은 북한이 자신을 통해 자금을 조봉암에게 전달했다고 진술하여 1심 재판부는 증거 불충분으로 간첩 혐의는 무죄를 선고했다, 양명산은 법정에서 搜査官(수사관)들의 고문에 못 이겨 허위 진술했다고 良心宣言(양심선언)을 했다. 그러나 2심 재판부는 양명산의 그 진술을 받아들이지 않고 59년 7월 31일 사형을 집행하였다.

조봉암은 1952년 제2대 대통령 선거와 1956년 제3대 대통령 선거에서 모두 차점으로 낙선되었는데 1956년 선거에서는 30%의 득표율을 확보하면서 이승만의 강력한 정치적 라이벌로 떠올랐다.

조봉암(曺奉岩) 50년 만에 무죄 선고

사법적 사형을 당하여 형장의 이슬로 사라진 조봉암은 2007년 '진실화해를 위한 과거 사정위원회'에서 재조사 결과, 당시 야당 정치인을 제거하려는 표적 수사, 사형집행으로 이어진 정치 탄압이자 인권유린이라고 규정하였다. 유족들은 이를 근거로 2008년 8월 대법원에 재심을 청구했고, 재심청구 2년을 넘긴 2011년 1월 20일 조봉암 선생의 國家保安法(국가보안법) 위반 혐의 등에 무죄 선고가 확정되었다. 이에 2011년 6월 조호정 씨를 포함한 유족 4명은 국가를 상대로 위자료 등을 포함한 총 137억 4,200만 원의 손해배상 청구를 냈고 2011년 12월 27일 서울중앙지법은 원고 일부 승소를 판결했다. 裁判部(재판부)는 조봉암

사건에 대해 일반인에 대한 수사권이 없는 육군 특무부대 소속 수사관들이 수사를 맡았고, 검찰은 가혹행위로 인한 제삼자의 거짓 자백을 근거로 조봉암을 기소했으며, 법원 역시 잘못된 판결을 한 뒤에도 재심청구를 기각하는 등 국가 기관들이 기본적 인권을 침해하는 불법행위를 했다며 국가가 遺族(유족)에게 24억 7,000만 원을 배상할 것을 判決(판결)함으로 조봉암의 누명을 벗겨주었다.

[그림22] 박정희(상)와 김대중(하)의 유세장면

4. 左派 右派(좌파 우파)가 무엇인가?

　日帝強占期(일제강점기) 당시에는 실제로 공산주의 진영에서 민족해방운동을 전개했었다. 공산당은 자유당, 민주당, 민정당이라고 이름을 짓듯이 하나의 정치철학을 가진 정당이다. 자유의지대로 취사선택할 수 있고 싫으면 중간에 탈당할 수 있는 것이다. 박정희도 남로당원이었다가 탈당하였고 후일 반공 운동을 한 것이다. 단지 조봉암만이 그러했던 것이 아니라 당시 세계의 흐름 가운데 社會主義(사회주의)가 있었고 사회주의가 보급되며 비롯된 해방운동 추세였다.

　그러다가 해방 뒤에는 공산당과 사실상 결별을 하고 한국 실정에 반영하여 중도에 서며 정치활동을 이어갔다. 조봉암이 대통령으로 출마할 때는 進步黨(진보당)이라는 黨名(당명)으로 공약을 내세웠다. 국회 부의장을 역임하고 제헌의원으로 당선하기도 했고 農林部(농림부) 장관을 지내기도 하는 등 정치활동을 하던 유명 인사다. 이승만의 라이벌이 罪(죄)가 되어 刑場(형장)에서 사라진 것이다.

1) 左派 右派(좌파 우파)가 도대체 무엇인가?

　사실 左派(좌파) 右派(우파)는 옳고 그르고, 좋고 나쁘고, 이런 가치

판단이 함축된 언어가 아니다. 예전에 18세기 말에 프랑스 혁명이 일어난 이후 의회가 이루어졌는데, 가운데에 있는 의장 자리에서 보는 시점은 기준으로 급진적인 사회주의 계열(자코뱅파)이 좌측에 있었고 왕을 옹호하는 점진적인 공화주의 계열(지롱드파)이 우측에 앉아있었기 때문이었다. 여기에서 상대적으로 진보적이고 급진적인 성향을 띠면 左派(좌파), 보수적인 성향을 띠면 優婆(우파)라 비유되기 시작된 것이다.

링컨 대통령이나 남아공의 만델라 대통령도 모두 좌파들이다. 좌파 하면 뭔가 부정적이고 불쾌한 감정인식부터 떠올리는 것은 분명히 우리 한국의 교육적인 문제가 크다. 36년 동안 敎科書(교과서)를 일본인들이 맘대로 주무르면서 역사적인 팩트(Fact)가 크게 歪曲(왜곡)되어 古朝鮮 歷史(고조선 역사)를 신화로 만들듯, 교육철학이 이처럼 사람을 앵무새로 만드는 것이다.

2) 敎育的(교육적) 문제

나는 국민학교 2학년 때 勇進歌(용진가)를 부르고 제식훈련을 하며 운동장에서 반공교육을 받았다. 교과서에는 공산당을 늑대와 이리들에게 푸른 군복을 입혀 순한 양 떼를 잡아먹고 죽이는 동물농장으로 상징하여 총칼로 무장한 공산당 늑대들이 순한 동물들을 밧줄로 꽁꽁 묶어 잡아가는 그림책이 당시 도덕책이었다. 그리고 북한 어린이들은 과자가 없어 추석날이나 설날이 되면 엄마가 마른국수 한 개를 주면 그 가느다란 국수를 조금씩 아껴 먹는다고 하였다. 나는 머슴을 살면서도 국민학교 때 배운 용진가를 부르며 북한방송을 듣는 형들을 증오하며 살았다.

"白頭山(백두산)까지 앞으로 앞으로 무찔러 나아가

대한 男兒(남아) 총칼이 번쩍거린다. 원수야! 오랑캐야!

압록강 건너서, 어서 빨리 물러가라 두 손 들어라.

나아가는 우리 앞을 누가 막으랴!

힘차게 용진한다. 하나 두울 셋!

나가자 대한 용사들아!

발걸음 맞추어서 하나 둘 셋!"

어린 나이에 北韓(북한) 共産黨(공산당)이 3·8선을 만들어 남북이 분단된 줄 알고 눈물의 밤을 보냈다. 18세 되던 해에 동서 문화원에서 출간된 장편 다큐멘터리 〈북한 칠천삼백 일 전 5권〉을 읽고 눈이 뜨이기 시작했으며, 지금도 50여 년 동안 서재에 소장하고 있다.

1960년 말~70년대까지는 북한경제가 월등히 좋았다는 것은 世界人(세계인)이 모두 알고 있다. 근대인이라면 트로트 잔치에만 채널을 맞추지 말고 세계 정세와 世界史(세계사)를 간혹 엿보고 살아야 무지를 탈출할 수 있다. 偏見(편견)이 깨지지 않는 한 좌파 하면 공산당, 右派(우파) 하면 우호적인 보수당이 생각나는 우물 안에서 뛰쳐나와야 한다. 지지하는 것은 어느 쪽이든 관여하지 않음이 民主主義(민주주의)다. 우리나라도 여러 당이 있고 당마다 공약과 政治哲學(정치철학)의 이론이 있음과 다를 바 없다. 누가 당선 되든 간에 임기 동안에는 공약대로 일하게 두고 다음 기회가 오면 그때 가서 또 다른 정치인이 자기 정치철학 공약을 실천하면 될 것 아닌가?

3) 좌파 우파의 教科書的(교과서적)인 개념

보수주의 右派(우파)

保守主義(보수주의)는 기존의 사회질서를 유지하고, 안정화된 기존의 관습이나 傳統的(전통적) 제도를 수호하는 것을 주장하며 변화와 改革(개혁)에 대해 소극적인 태도를 말한다. 기존의 전통과 사회질서를 존중하고 여기에서 인간의 자유와 권리가 행사되어야 한다고 보며 이 사회질서 속에서 인간은 윤리적 활동을 할 수 있다고 인식하며 사람들의 권리행사도 이 체제 내에서 국한되어야 한다고 보는 주장이다.

따라서 보수주의는 기존 체제에 대한 신뢰와 전통에 대한 固着化(고착화)를 강조하며 기존 질서에 대한 신뢰감을 표현하고 있다. 보수주의는 기존 질서의 安定化(안정화)를 위하여 정치체제뿐만 아니라 종교 질서와 결합함으로써 안정화를 꾀하게 되는데, 중세 로마 가톨릭과 조선의 性理學(성리학)이 대표적이다,

보수주의는 종교와 결합하게 됨으로써 心理的(심리적) 또는 종교적으로 기존 체제의 우수성을 주장하고, 새로운 학문이나 사상, 정치, 체제에 대한 불신과 우려를 주장하며, 전통에 대한 優越性(우월성)을 강조한다. 이는 사회의 지배적인 사상이나 종교의 교리 또는 그들의 입장의 형태로 나타나기도 한다.

유럽에서는 시민혁명 이후 정치 형태에서 보수주의가 등장하였다.

당시 기득권층인 귀족 세력은 부르주아의 새로운 정치 질서에 대한 반감과 그들의 권리의식을 비판하며 자신들의 권익을 주장하였다. 따라서 이들은 새로운 세력의 정치 세력화를 탄압하고 그들의 주장을 묵살하면서 자신들의 권익 옹호와 사회질서 체제 유지를 강조하게 되었다. 정당정치가 발달하였던 영국에서는 保守的(보수적) 의회 정치제도로 인한 식민지 과세권 문제가 심각한 갈등의 양상을 빚었고, 반발한 미국의 식민지인들은 그들의 요구를 비판하여 혁명의 과정을 거침으로써 새로운 사회를 건설하는 데 성공하였다.

보수주의는 이처럼 자신들의 권리주장에 치우쳐 새로운 이익에 대하여 排他的(배타적)이고 新思想(신사상)과 주장에 대해서도 반대하는 자세를 취한다. 때로는 지나친 보수의 기득권 주장은 사회의 반목과 갈등을 야기시켜 사회분열을 초래하고 치유될 수 없는 갈등의 국면으로 몰고 가게 됨으로써 기존 사회질서에 대하여 反感(반감)을 가진 계층으로부터의 혁명을 야기하는 심각성도 가지고 있다. 보수주의가 극단으로 치닫게 되고 변화에 대한 논의조차 용납되지 않는 과거에 집착적인 태도를 보이는 형태를 守舊(수구)라고 한다.

수구는 사회를 주도하는 계층이 사회의 희소가치를 독점하고 이를 배타적으로 수호하기 위하여 기존 질서에 대한 완강한 수호의 의사를 가지게 된다. 그러나 지나치게 보수를 주장하면 변화의 가능성이 약화되며 애인들이 총을 쏠 때 우리는 활을 겨누다 병사들이 몰살당하던 것과 같은 후진성을 면할 수 없다. 그리고 정체화 된 사회를 탄생시킬 수 있다. 보수주의는 변화에 대한 거부감을 가지고 있지만 때로는 기존 질서를 유지하기 위하여 일전 한도의 변화를 수용하기도 한다.

진보주의 左派(좌파)

進步主義(진보주의)는 기존의 사상이나 사회질서나 사회제도, 정치 경제체제들을 개혁하고 이를 통하여 변화를 시도하는 자나 정치사상을 말한다. 진보주의는 현재 사회의 主流的(주류적) 가치에 안주하지 않으며 혁신적 과정을 보다 바람직하고 올바른 것을 추구하려는 경향을 보인다. 이들은 기존의 질서와 체제에 대하여 현실 批判的(비판적) 시각으로 접근하며 기존의 모순에 대해 抵抗(저항)하여 새로운 이념이나 체제를 대안으로 내세우게 된다.

진보주의는 변화에 대해 호의적이다. 안전성보다는 변화를 통한 발전을 고민하고 이를 통하여 한 걸음 더 발전된 사회를 조망하게 된다. 이들의 개혁 주장은 기존의 사회질서를 주도, 주장하고 있는 사상이나 체제 또는 그것을 주장하는 사람들과 갈등과 마찰을 일으켜 사회적 갈등의 형태로 나타나게 되어 사회 혼란을 惹起(야기)하는 측면도 있다. 그러나 갈등의 과정에서 기존에 대한 비판은 새로운 것에 대한 고민과 발전이라는 話頭(화두)를 던지며 대안의 모색과 발현의 형태로 기존 질서의 한계를 극복하고 기존 질서가 가지지 못한 점들을 극복하게 된다.

진보주의는 그 정도와 方法論(방법론)에 따라 개혁주의와 急進主義(급진주의)로 나누어지게 된다. 그러므로 중국, 북한, 러시아, 베트남, 쿠바, 볼리비아 등 군소 공산국가들의 시중 철학이 여러 갈래로 차이가 있는 것이다. 개혁주의는 기존 사회질서 자체를 부정하지는 않지만 기존 사회의 문제점을 인식하고 이를 바로잡아 사회발전과 기존 체제를 유지하는 데 주된 목적이 있다. 그러므로 개혁주의는 개혁의 완수를 기존의 지배층을 중심으로 이루어지며 기존 질서라는 한계 내에서 改革(개혁)을 수행하는 특징을 가진다.

따라서 정치체제나 사상 등의 급격한 변동에 대해서는 소극적이며 새로운 제도를 부가하는 형태로 나타나게 된다. 또한 개혁의 주체는 支配層(지배층)이 되고 개혁의 방향은 위에서 아래로의 개혁을 단행하게 된다. 반면에 급진주의는 기존의 사회질서를 부정하고 근본적인 사회체제의 변혁을 주장하는 입장이다. 기존 질서의 사상이나 가치관을 부정하고 이에 반대되는 가치나 체제를 내세우게 된다.

급진주의는 기존 사회질서의 모순점을 그 사회 체제 내에서 극복하지 못하기 때문에 발생하는 것이며, 변화를 주장하는 사람들의 요구를 제도권 안에서 수용하지 못하기 때문에 체제 자체의 모순을 비판하며 根本的(근본적) 체제 변혁을 주장하게 되는 것이다. 急進主義(급진주의)는 주로 기존 질서에서 소외되고 억눌렸던 계층을 중심으로 나타나게 된다. 우리나라의 경우 4·19혁명이나 6.29 선언 같은 혁명이 그런 것이다. 다만 급진주의라 하더라도 그들이 주장하는 바를 관철하기 위하여 때로는 속도나 강도를 조절하여 온건적 형태로 나타나기도 한다.

4) 左派(좌파)와 右派(우파)

우파는 우선 정치적 성향에 따라서 이념적으로 보수적이며 국수적인 형태를 나타내고 전통과 자유를 중히 여기는 정파 또는 派閥(파벌)이다. 左派(좌파)는 사상적으로 급진적이고 개혁적이며 자유보다는 평등을 우선적으로 고려하며 변화를 주장하는 정파 또는 파벌을 말한다.

우파는 자유주의와 자본주의를 중요하게 여기고 보수적인 성향을 나타내며, 左派(좌파)는 진보와 혁신을 강조하며 평등의 이념을 더욱 강조하는 성향을 나타내는 사상 철학이다. 인체의 혈액형이 다르듯 사람이란 배우고 익히는 가운데에 있어서 의식의 변화 상태에 따라서 생각하는 갈대가 되는 것이다.

여러 가지 주의 주장을 결론적으로 더 나은 세상을 창조하거나 발전시켜 잘살아 보려고 만들어낸 사상들이다. 진보든 보수든 간에 투표로 결정하여 당선된 자의 公約(공약)대로 기다려주고 협조하고 또 다음 기회에 자기 사상이나 정치철학을 펼치면 밀어주는 사회가 성숙한 나라다.

5) 湖南人(호남인)이여 뭉쳐라?

호남인이여 뭉쳐라! 뭔가 불편하고 煽動的(선동적)인 이 말은 3·8선을 안고 사는 분단 조국의 아픈 역사를 바라보며 살고 있는 우리 민족은 4.3사건과 6.25사변을 겪으며 원한 맺힌 가슴앓이를 앓고 있다. '호남인이여 뭉쳐라!' 누가 이런 말을 만들어 냈을까? 김영삼 정권 당시 '激動(격동) 30년'이라는 라디오 역사 다큐가 30부작으로 방송된 적 있다. 박정희 대통령 당시라면 이런 드라마가 방송될 수 없는 實證的(실증적) 사실이었다.

1971년 4월 27일 대한민국 대통령 선거로 3선 개헌 이후 치르는 이 선거에서 신민당 金大中(김대중) 후보를 상대로 승리한 박정희 후보는 세 번째 임기를 시작한다. 그런데 이 선거가 있기 두 달 전 부산 시내 전역에서는 불쾌하고도 해괴망측한 대형 壁報(벽보)가 하룻밤 사이에 골목마다 수천 장이 붙어 눈길을 끌었다. 벽보에는 '호남인이여 뭉쳐라!' 골목마다 붙어있는 이 벽보는 부산 시민 성인은 물론 아이들까지 다

읽었다. 부산은 바닷가지만 인심 좋은 항구 도시였다. 1·4 후퇴 때 越南(월남)해 온 수십만 명이 영도, 갈산, 다리 주변과 동삼동 등에 판잣집을 무허가로 짓고 남의 대문 앞에서 누더기를 걸치고 장마당을 펼쳐도 서로 도와가며 보리떡을 나누어 먹으며 전쟁의 고통을 서로 나누며 살던 도시로 전라도 사람들도 많이 모여 살던 도시다. 그런데 난데없이 '호남인이여 뭉쳐라!'

괘씸하고 불쾌한 선동이었다. 격동 삼십 년 드라마에서는 거금의 일당을 주고 깡패들을 시켜 통금시간 깊은 밤에 번개처럼 전역에 밤새워 수 천장을 붙였다고 나온다. 제주도 역시 예전에는 全羅道(전라도)였다. 여수 순천 광주 모두 전라도다. 그렇지 않아도 共産黨(공산당)이니 빨갱이, 左翼(좌익)이니 하여 미워죽겠는데 감정에 불을 붙인 셈이다. 부산에서 전라도인은 지금도 사람 취급을 하지 않는다. 대한민국에서 지역감정이라는 어색한 단어가 유행하는 것은 박정희, 김대중, 대통령 선거 후로부터 심해졌다. 죄 많은 사람들이다. 이 '호남인이여 뭉쳐라!' 벽보는 100% 효과적이었다. 避難民(피난민)들과 전라도인에게 얼마나 따뜻하게 대해줬는데 괘씸한 짓들을 벌였으니, 지역감정이 일어나는 건 어쩌면 당연한 일이었다.

全羅道(전라도)가 차별받은 건 1,300여 년 전부터

전라도가 받은 차별은 약 1,300년 전부터이다. 서울 남산에서 돌을 던져 차가 맞으면 경상도 사람이요, 사람이 맞으면 전라도에서 올라온 구두닦이와 식모라는 유행어와 이효상 국회의장의 말 중에 "천년 신라 후손을 뽑아 경상도 대통령을 만들자."라는 등은 지역감정을 부추기는 말이 아닐 수 없다.

당시 신민당은 1960년대 중순부터 호남 푸대접론을 내세우고 있었다. 우선 위에 상술된 저 발언 자체도 다소 과장이 섞이기는 했지만, 결과적으로 어느 정도는 경상도 대통령이 여럿이니 현실적인 면도 없진 않다. 실제로 박정희 정부는 포항제철 등 嶺南地方(영남지방)에 집중적으로 工業化(공업화)와 산업화를 하는 동시에 低穀價(저곡가) 정책을 펴 농업을 상대적으로 홀대하는 정책을 폈다.

그런데 문제는 전라도 지역은 대부분이 농촌인데 저곡가 정책으로 인해 일자리가 없어 많은 사람이 일자리를 구하러 서울로 상경하여 대부분은 식모나 구두닦이 같은 3D(difficult, dirty, dangerous) 직업에 종사했고 그로 인해 전라도 주민들은 가난하고 못 배우고 못살고 수준이 낮다는 식의 편견이 사회에 널리 퍼졌다.

그러나 잘 생각해 보라. 이 나라의 호남평야에서 생산되는 穀物(곡물)은 나라를 먹여 살렸고 민심들의 쌀독이 가득하니 書藝(서예)와 판소리 기타 예술작가들이 많이 배출된 것이다. 1990년대까지 TV 드라마에서 3D직업의 종사자나 조직폭력배들은 모조리 전라도 사투리를 쓰는 것으로 설정되었고 지금도 여전하다. 이러한 설정은 밀레니엄 시대에 접어들면서 全羅道(전라도) 주민들로부터 기타 意識(의식) 있는 학자들과 작가들의 목소리가 높아지며 이제는 조금 완화되는 듯하다. 깡패영화 하면 죄다 전라도 컨셉으로 나가더니 어느 날 〈짝패〉라는 忠淸道(충청도) 사투리 버전으로 배우 이범수 주연의 영화가 개봉되기도 하였다.

결국 위와 같은 상황에서 5.18 민주화운동인 新軍部(신군부)의 무자비한 광주 학살과 求心點(구심점)이었던 김대중을 內亂陰謀(내란음모) 조작 사건으로 사형시키려는 공작이 맞물려 엄청난 소외감에 시달리게 되었다. 이 같은 상황은 15대 대선 당시 이번이 마지막이라는 절박한 심정으로 김대중 새 정치 국민회의 후보에게 40.27%라는 엄청난 표를 몰아주어 결국 헌정사 최초의 정권교체를 이루어내게 되었다.

유치한 지역감정

〈김종필 증언록〉에 40대 후보 김대중과 박정희가 예상외의 접전을 벌이며, 선거를 치른다. "아니 김대중이 뭘 했다고 표 차이가 95만밖에… 과녁 벗어나 큰일나겠어!" 이때 유신을 작심하였다. 당시 울산 시장은 中央情報部(중앙정보부)의 지시를 받고 투표 결과를 조작하기도 하였다. 이보다 더 속이 상하는 것은 共和黨(공화당)과 中央情報部(중앙정보부) 요원들은 '김대중이 정권을 잡으면 경상도에 피의 보복이 있을 것'이라고 아주 진지하게 가짜 뉴스를 퍼 날랐다. 서울에서 嶺南(영남)으로 내려온 참관인들한테 전라도 놈 앞잡이들은 모두 꺼지라고 협박하고 쫓아냈다.

그래서 영남지역에서는 참관인들이 아예 발을 붙이지 못했다. 그리고 영남지역 야당 인사들한테는 "全羅道(전라도) 놈 앞잡이 하지 말라."고 떼로 몰려와 구타와 협박을 일삼는 일이 예사였다. 선거 운동 중 박정희는 "다시는 국민에게 표를 달라고 하지 않겠습니다."라고 말했다. 김대중은 "박정희가 이번에도 집권하게 되면 總統濟(총통제)가 실시될 것입니다."라고 말했는데 결국 모두 맞아떨어졌다. 결국 박정희는 '통일주최 국민회의'라는 법을 만들어 대통령 선거를 전 국민은 못하고 代議員(대의원)을 선출하여 그들이 대신하여 투표하게 하였다. 폐 일언하고 이름 있는 政治人(정치인)이 연설이나 선거캠프에서 지각없이 던지는 말들은 파장을 만들어 영향을 끼친다. 코미디 프로나 영화의 한 장면에서 인상 깊은 멘트 한마디가 유행을 만들 듯 이제는 서로 손잡고 웃으며 사는 세상을 만들기 위해서 라면 유치한 생각부터 바꿔야 할 듯하다.

나는 療養(요양)을 핑계 삼아 경상도 지방을 택하여 주민등록을 옮기도 8년 동안 살고 있다. 주민들 모두 선하고 예절 바르고 인정도 많고 나눌 줄도 알며 民心(민심)은 예상 밖으로 후덕하다. 내가 전라도 말을 쓰고 忠淸道(충청도) 사투리를 해도 누구 하나 달리 대하는 이는 한 사람도 없고 여행 후 돌아와 보면 도로 옆집인데도 玄關(현관) 앞의 택배가 몇 개씩 쌓여있어도 휴지 한 장 도난당하는 일이 수십 년간 단 한 건도 없기로 유명한 동네라 한다. 그동안 못된 정치인들이 항상 뒷생각도 안 하고 문제를 일으켰다.

結論(결론)

삼국통일 이후 高句麗(고구려), 신라, 백제는 지역 특색과 기질은 개성적으로 남아 있으나 어려운 통일을 일궈낸 3국은 잘 살아가고 있었다. 천 리 길을 왕래하며 결혼도 하고 정치적으로도 지역감정 같은 것은 있을 수가 없었다. 우리나라의 지역갈등은 1960년대 이후로 만들어진 어두운 歷史的(역사적) 文化(문화)의 소산이다. 産業化(산업화)가 京釜(경부) 축을 중심으로 진행되면서 발전에서 소외된 湖南 地域(호남지역)에 불만이 쌓이게 된 것도 원인이 되었다. 여기에 1971년 선거에서 嶺南地域(영남지역) 출신 박정희 대통령이 먼저 先制的(선제적)으로 지역감정을 동원했고 이에 대항해 김대중 대통령으로 대표되던 호남지역 정치세력도 방어적으로 지역감정을 싹 틔우며 고조되던 차에 여기에 휘발유를 뿌리게 된 동기가 전두환 군부정권이 쿠데타를 일으켜 광주 5.18 民主化(민주화) 운동 등 일련의 사건들로 지역감정이 高調(고조)되었다.

이어 1987년 대통령 直選制(직선제)가 부활한 뒤 대구, 경북(신군부

세력), 부산(김영삼 전 대통령), 충청도(김종필 전 총리) 호남(김대중 전 대통령)으로 나뉘어 지역주의가 더 뚜렷한 추세로 부활하였다. 지역감정은 1990년 3당 합당으로 '호남 왕따 구도'가 만들어지면서 最高調(최고조)에 이르렀다. 그 뒤로 20여 년이 지나면서 문민정부 이후 미개하던 정치 색깔이 조금은 변화되었으나 뿌리 깊은 地域 葛藤(지역갈등)은 정치인 등의 끊임없는 노력이 있어야 할 우리 민족의 숙원이다.

왜냐하면 100% 정치인들이 조장하는 것이며 지역감정의 시초는 친일파로부터 시작된 부분도 많다. 대구지역 사람들의 발언은 서부 경남보다 좀 더 심한 편인데 역사적으로 돌아보면 본시 대구는 좌익의 밭이었다.

박정희가 남로당에서 轉向(전향)하면서 우파의 텃밭이 된 것이다. 김구 선생은 反共 主義者(반공주의자)였지만 공산주의 독립군인 김일성이 민족주의와 연합한다는 사실에 통일을 주장하였다. 분단보다는 낫다는 생각이었을 것이다. 안창호의 여동생 안신호와 혼약을 맺었으나 이후에 獨立運動(독립운동)을 해야 한다는 사실 때문에 결별하였다. 평양에서 김일성을 만나면서 안신호가 북에 있음을 확인하였으며, 김일성이 民族主義者(민족주의자)든 공산주의자든 독립운동을 했던 사람들은 모두 데리고 챙겨 줬다는 사실에 김구는 놀랐다.

김구는 미국의 처세를 불편하게 생각하였다. 淸日戰爭(청·일 전쟁), 러·일전쟁을 치렀기에 미국의 성조기가 서울 시청에 휘날리는 결과를 보며 미국을 友邦國(우방국)으로 보기가 부담스러웠을 것이다. 마찬가지로 북한의 독립군 김일성도 중국을 배척한 적이 있었다. 중국이 북한을 지원할 겸 미국이 북에 쳐들어오면 우리가 도와주려고 북한 땅에 군사기지를 지어주겠다고 했지만, 북한이 거절했다고 친일 賣國(매국) 당이 중국과 북한을 비판하는 말이다.

그래서 미국을 배척하려다가 김구는 미국과 이승만 정부에 의해 안두희 손에 살해당하였고, 안두희는 이승만 정부에 의해 特別赦免(특별사면) 되고 천수를 누리며 몇 년 전까지 살다가 버스 기사 박기서 씨에게 정의봉으로 맞아 죽었다. 친일 매국 당원들은 안두희를 烈士(열사)라고 부르며 업적을 기리고 있다. 현재 친일 재산가들은 약 700만쯤 되며 그중 준 재벌가들은 150만 명 정도로 추산되고 있다.

5장
공산주의와 기독교

1. 基督敎(기독교)를 떠나는 사람들

　필자는 예수그리스도를 하나님의 중보자로 믿고 내 영혼의 스승으로 신앙하며, 그리스도 예수를 통해서 천지의 主宰(주재)이신 하나님을 신앙하는 求道者(구도자)임에 신실한 사람임을 양심선언 한다. 주일학교 때부터 지금까지 일구월심 不撤晝夜(불철주야) 寤寐不忘(오매불망) 사나 죽으나 세포 하나하나에 나는 예수의 십자가 흔적과 사랑으로 흠뻑 빠져 살았다. 머슴을 살면서도 수입의 90%는 헌금을 하며 敎會堂(교회당)에서 밤을 새우다시피 하였고, 30년 동안 새벽기도회와 온갖 모임, 성수주일, 기타 행사에 온몸을 다 바쳤다. 늘 終末論的(종말론적) 신앙이었으며 의에 주리고 목말라 하루일과 중 아무리 고된 노동을 해도 3시간 이상 성경을 읽으며 子正 祈禱(자정 기도)와 새벽기도, 禁食祈禱(금식기도), 徹夜(철야) 기도에 한 점 부끄러움이 없는 마음으로 하나님을 삼키다시피 하였고 예수그리스도를 心臟(심장)에 품고 살았다.

1) 영혼의 상처

　1978년 오랜 瞑想(명상) 끝에 牧會者(목회자)가 되기로 마음을 먹고 준비하였다. 고향 인근에 있는 경당리라는 마을에 100년 역사를 자랑하는 장로 교회가 있었다. 마을에서 5km쯤 되는 면 단위였는데 우리는 매주 걸어서 출석하였다. 종종 표면적인 나의 열정을 보는 사람들이 나를 보고 목사감이라는 농담을 더러 던졌다. 그때는 성직자들이 하나님처럼 보였고 성스러워 보였으며 최고의 직업으로 보였다.

어리석은 나는 서류 준비를 하는 중 담임목사 추천서가 神學校(신학교)를 입학하는 데 매우 중요한 부분인 것을 알았다. 어느 날 나는 소정의 감사 봉투와 초등학생 어린이 종합세트 비스킷 상자를 들고 송도종 목사를 찾아갔다. 전날 밤 꿈자리가 스산해서 망설이다가 큰맘 먹고 들어가 정중히 인사를 드리고 사실 이야기를 설명했다. 신학교에 갈 수 있도록 推薦書(추천서)를 한 장 써달라고 도움을 요청하였다. 송 목사께서는 순간 얼굴이 노기 띤 표정으로 변하며 나를 한참 바라보더니, "이봐요 장 선생! 지금 제정신이요? 서울 SKY 출신들도 어려워서 못 하는 것이 신학인데 어디 감히 성직을 운운해요? 지금 큰일 날 소리를 하는구먼! 지금 얼마나 憍慢(교만)한 죄를 짓는지 알아? 정신 차려요. 제발, 이런 건방진 소리가 있나? 그리고 무시해서가 아니라 어찌 머슴 살던 사람이 최고의 知性人(지성인)인 목사를 꿈꾸는 거야? 미국에서는 4년제 대학을 나오고도 다시 신학교 1학년으로 시작하는데 우리나라에서는 고교 출신도 받아주지만, 공부를 잘해야 하고 善行(선행)에 힘쓰고 신앙에 缺格事由(결격사유)가 전혀 없어야 하고 신앙 고백이 분명하고 담임목사가 적극 추천해야 하는 거라구. 그리고 이런 과자 부스러기 나부랭이 들고 다니며 아부한다고 내가 휘둘릴 줄 알아요? 어서 가지고 가요. 그리고 회개하라고…" 송 목사는 나를 앉혀놓고 한바탕 기를 죽이느라 열변을 토했다. 아니 사실 맞는 말이었다. 나는 집어던지는 선물세트를 사모님에게 건네며 "이건 아기 주려고 순수한 마음에서 준비한 것입니다. 언젠가도 아기 주라고 드린 적 있잖아요?" 인사를 하고 뒷걸음으로 나오며 송 목사에게 心慮(심려)를 끼쳐 미안하고 송구스럽다고 사과하고 나오며 "정식으로 목사가 된 뒤에 교회를 세우고 인사를 오겠습니다." 하였다. 그 후 "몇 년 뒤 보란 듯이 고향 주변에 교회를 먼저 몇 개 세울 것입니다."라고 나는 능글맞게 웃으며 마지막 인사를 하고 돌아왔다. 인편에 들리는 말이 그다음 주 설교 내용이 목사의 권위와 하나님의 종의 권세를 말하며 건방지고 어리석은 장석열 총각 집사의 失言(실언)을 10여 분 설교 시간에 責望(책망)을 하더라고 하였다.

나는 이 굴욕을 잘 참고 수많은 책과 씨름을 하며 날을 샜고 그다음 해에 몬테소리 總會長(총회장) 이강무 목사의 추천과 서울 한성교회 안영민 전도사의 도움으로 3개의 학교에서 공부를 우수하게 수학하였고 별 어려움 없이 神學 世界(신학 세계)를 독파하였다.

2) 종교인들의 병

고향 마을에 공동으로 교회를 세우고 5㎞ 떨어진 곳에 예배당을 하나 더 세웠다. 비록 시골 교회지만 飛躍的(비약적)으로 부흥이 되어 예배당이 가득 메워졌다. 신학 학부는 統合(통합) 長老敎(장로교) 측에서, 대학원은 합동 장로교 측에서 마치고 목사고시를 해내었다. 내가 소속된 금산은 대전 노회 소속이었는데 학교가 다르다고 목사고시를 인정할 수 없다며 시찰회에서 통보하길 1개월 안에 교회를 비우라고 협박하였다. 3년 동안 열심을 다해 일궈 놓은 정든 시골 교우들과 교회를 두고 당시 여비 10만 원을 받아 용달비로 支拂(지불)하고 쫓겨나 6개월짜리 아들을 안고 부산으로 정처 없이 내려갔다. 어느 교우 집 옥상을 빌려 짐을 쌓아 천막으로 덮어놓고 海雲臺(해운대) 우이동에서 월 셋방을 얻어 苦行(고행)이 시작되었다.

이삭줍기 하듯 사람을 일대일로 만나 10여 명 모아 지하 건물을 빌려 開拓 敎會(개척교회)를 시작하였다. 온천동, 연산동, 괴정동, 청학동 등에서 모임을 시작하였고 연산동에서는 선배 한의원 교회를 이용하여 성서 연구를 강론하였다. 고신대 학생 18명, 부산신학교에서 4명, 영남신학교 6명, 일반 대학생 10여 명, 목회자들 몇 명 일반 신도 몇 명하여 약 40명이 모여 보수신학을 뒤집는 파라독스(Paradox)적인 神學(신학)을 연구하여 한바탕 말썽을 일으키기도 하였다.

나는 신학자 '칼빈의 5대 교'를 反證(반증)하였고 인간의 전적 부패에 대하여 反旗(반기)를 들었다. 그리고 성경의 原罪(원죄)를 부정하였다. 十字家(십자가) 사건을 예수에게만 국한시킴이 아니라 십자가는 내가 져야 하는 나의 운명적인 길이라고 逆說(역설)하였다. 童貞女(동정녀) 문제를 不定(부정)하고 예수님의 친아버지는 '판델라'라 하는 로마 군인이었다고 말했다.

保守主義者(보수주의자)들의 입장에서는 근본도 없는 미꾸라지 한 마리가 웅덩이에 파장을 일으킨다고 했을 것이다. 異端 是非(이단 시비)에 신경은 쓰였지만, 성서 토론에서 나를 이긴 사람은 그 당시로는 없었다.

내가 보기에는 교인들이 무조건 믿는 큰 병에 걸린 사람들로 보였다. 세상에는 어떤 技術(기술)이나 학문이던 문화, 예술, 무술 자격증 하나에도 검증이 필요하고 교정과 시정이 필요할 텐데, 기독교는 檢證(검증) 받을 곳이 없는 절대 권력을 성직자들이 휘두르고 있었다. 기독교가 사도 바울을 통하여 로마로 전파되면서 초대교회 신앙 노선은 완전히 太陽

神(태양신) 종교와 희석되었고 그 유명한 니케아 대종교 회의를 거치며 神話化(신화화) 되어 예수를 신으로 승격시키며 하나님이 세 분이라는 교리를 만들고 황제숭배와 安息日(안식일) 변경, 童貞女(동정녀) 탄생, 12월 25일 聖誕節(성탄절) 같은 명절을 만들고 초대교회는 말로 다할 수 없는 박해와 순교의 피를 몇 세기 동안 흘렸다.

魔女(마녀)사냥, 십자군 전쟁, 수십 가지 교리의 속임수는 의식 있는 개혁자들의 마음에 혁명의 불씨가 되었다. '프로테스탄트' 개혁 이후 가톨릭에서는 분리되었으나 改新敎(개신교)는 오히려 내분이 수십 배로 갈라지고 목사의 권위는 大統領(대통령)보다 더하며 極少數(극소수) 자비량 목회자들과 순결한 사람들 몇몇 빼고는 여전히 직업군들이다. 과잉 충성만이 목사의 사랑을 받는다.

헌금 종류도 대략 15가지가 넘는다. 축복 병, 천국병, 안수병, 1등 신자병, 대형 교회병, 직분병, 금식병, 기도병, 방언병, 문자주의병, 천국 입신병, 예수 재림병, 휴거병, 종말론병, 양 치는 아이 거짓말병, 先民病(선민병)이 이들을 짓누르고 있다.

진화된 영혼의 내조 반성 없이 주먹구구로 무조건 믿는 믿음이라는 것이 결국 교회를 망하게 하였다. 이단들의 마인드(Mind)는 그 특징이 웃음이 없고 가정에 평화가 없다. 교인들 가정에 웃음이 없다면 이는 폐 일언하고 큰 문제가 있는 집이다. 이는 영성 생활에 체계적인 사유와 사고, 기도, 공부가 없고 결론적으로 목회자들이 깊은 심연에서 개인 연구를 하지 않고, 대형 교회 건축으로 성공하여 君臨(군림)하려는 축복의 價値觀(가치관)에 병이 들어 빚어지는 저주인 것이다.

마태복음 5~7장에 기록된 예수그리스도의 교훈과는 전혀 상관없는 가라지들이며 염소 떼들이며 비탈길을 다니다가 바다에 빠져 몰살당하던 새김질 없는 돼지 떼들이다. 이는 죽음에 이르는 병으로 꺼지지 않는 타작마당의 불타는 영적 유황불이다. 이런 의식의 사람들 대부분 기독교 역사는 그들의 의식에서 완전히 조작된 것이다. 교과서에서 배운 幼稚園(유치원) 수준의 역사마저도 완전히 망각해 버리고 문자주의 성경 외에는 신문 한 조각을 안 읽으며 스스로 우물 속에 가두는 無低坑(무저갱)을 만들고 있다. 죽음의 병이다.

3) 성직자들의 죄 (예레미아 23:11~16)

헌금 강요 병(미가서 3장 全文), 불의와 타협하는 병, 개인 연구 하지 않는 병(베드로 후서 3:18), 우상숭배 하는 죄, 터툴리안 교리숭배 죄(요한 1서 4:1~3), 초대교회 뿌리를 잊은 죄(사도행전 2:장 4장 全文). 바울을 본받지 않는 죄(갈라디아서 6:17), 예수와 하나님을 혼동하는 대역죄, 돈을 사모하는 죄, 어린 신자들 목에 연자 맷돌을 달아 강에 던지는 죄, 꿈을 꾸고 있는 죄, 선악과 먹이는 죄(이사야 56:10~12) 등이다. 이 땅에 기괴하고 놀라운 일이 있도다.

'선지자들은 거짓을 예언하고 제사장들은 거짓을 예언하며, 제사장들은 자기 권력으로 다스리며 백성은 그것을 좋게 여기니 그 결국에는 너희가 어찌하려느냐?'(예레미야 5:30~31)

과거부터 유럽을 중심으로 서양의 문화와 예술에 있어 중요 근간이 되었고 지금도 서양인들의 사상 전반에 큰 영향력을 가지고 있는 기독교는, 서로마 제국이 멸망한 476년부터 동로마 제국이 멸망한 1453년까지의 시대를 정의하는 중세 유럽에서는 사회 전반을 지배한 절대적 기준이자 가치였다. 천년 가까이 지속된 중세 시대의 유산은 지금도 유럽 곳곳에 遺迹(유적)과 유물, 각종 예술품으로 남아 있고 그 遺物(유물)에는 기독교가 남아 있다.

4) 皇帝(황제) 崇拜(숭배)의 죄악

기독교 시대라 할 수 있는 중세 유럽에서 가장 돋보이는 존재는 교회의 首長(수장)인 교황이었다. 교황은 지금도 전 세계 카톨릭 교회의 왕으로 절대적 권위를 인정받고 누리며 황금 권좌에서 예수그리스도를 발등상 삼고 있다. 이러한 중세 황제들의 정치 지도는 중세 유럽의 권력이며 유럽 封建制(봉건제) 사회를 지탱하는 기반이 되었다. 교황은 기독교가 극심한 박해를 받았던 시기 기독교인들의 求心點(구심점)이었다. AD. 313년 로마 제국에서 기독교가 속임수로 정식 공인되고 392년 로마 제국의 국교가 되면서 교황은 교회의 수장으로 자리하게 되었다. 그러므로 교황의 위치는 두려운 존재였다.

종교 지도자에서 세속의 權力者(권력자)가 되었지만 반면에 이는 교회의 세속화를 加速(가속)시켰다. 교회의 막강한 권력은 막대한 부의 축적으로 연결되었다. 유럽 각지의 교회는 대토지를 소유했고 이는 중요한 부의 원천이 되었다. 또한 그 재산을 상속해 대대손손 부와 권력을 유지했다. 성직자의 결혼 금지 규정이 교리였으나 상당수 교회의 지도자들은 가족이었고 자식들이 있었다. 중세교회는 마치 世襲(세습) 왕조와 같은 형태로 변질됐다. 이는 교황도 상황이 다르지 않았다. 교회는 이와 함께 교황이 주도한 십자군 전쟁에 참여한 領主(영주)와 기사들의 재산을 騙取(편취)하는가 하면 막대한 헌금으로 부를 축적했다. 마녀사냥도 교회의 재산 증식이었다.

똑똑하거나 지성미가 있는 여성들은 모조리 잡혀가서 고문당하고 재산을 뺏겼다. 교황은 부와 권력을 유지하기 위해 더 강력한 힘을 가질 필요가 있었고 일정 영토를 지배했으며 이를 지키기 위한 군대까지 보유하여 국왕과 같은 존재로 군림했다. 교회의 무력은 전쟁을 통한 영토 확장 등의 수단으로 활용되도록 했다. 지금도 교황청을 지키는 스위스 용병들의 존재는 중세 교황의 권력을 그대로 유지하는 전통이다.

식스토 4세(Sixtus Ⅳ), 알렉산데르 6세(Alexander Ⅵ)는 악명 높은 사생활의 醜聞(추문)들이다. 율리오 2세(lulius Ⅱ)는 베드로 성당 건축을 위해 군대식으로 군림하였다. 레오 10세(Leo X)는 免罪符(면죄부) 판매, 천국 표와 관직을 보란 듯이 판매하였다. 이에 견디다 못한 마르틴 루터가 1517년 10월 31일 95개 조의 반박문을 게재하여 개혁의 횃불을 들게 되었다. 이상 간략하게 기록한 것은 로마교회에서 분리된 프로테스탄트의 시작이었고 그 이후 개신교의 타락은 더욱더 심각한 상태에 깊이 썩어서 그냥 없어지고 있다.

그 실태를 알아보자. 2020년 한국 개신교회의 신도 수는 敎籍簿(교적부)에 기록된 숫자로 총 1,031만 8,532명으로 등록되었으며, 57,000개의 교회가 각 교파로 있다.

5) 신도들이 급감하는 이유

- 종말론적 사상으로 이 땅은 나그네들의 땅이라는 회의적 설교

- 정통 교단이라는 保守派(보수파) 외에는 싸잡아 이단시하는 독선

- 결혼 습관의 유전

- 마일리지 상급 제도

- 대출헌금, 건축헌금 후유증

- 타 교회 출석이나 기도원 출입하면 마귀 취급

- 과잉 충성 요구

- 한 주간 내내 붙잡아둠

- 예수 이름 외에 타 종교인들은 무조건 惡魔(악마)로 봄

- 초신자들의 상처를 치유 하지 못함

- 현대 지성인을 압도하지 못하는 성직자들의 빈약한 知性(지성)

- 젊은이들의 영혼을 채워주지 못하는 舊習(구습)

- 커뮤니케이션(Communication) 결여

- 북한을 적으로 보는 성직자들의 사고

- 성직자들의 세습 後遺症(후유증)

- 성직자들의 미투(me too) 사건과 隱匿(은닉)된 재산들

- 장로 권사 직분 巨額(거액)의 매매

- 대형 교회 성직자들 호화생활

위에 기록된 문제들은 뉴스 자료와 종교연구소 통계를 참고한 것이다. 1990년쯤만 해도 기독교인 수는 1,300만 명으로 집계되었다. 30년이 지난 지금의 교인수효는 800만 명 남짓으로 크게 줄었다. 神學校(신학교)에는 지망생이 거의 없고 중고등부나 靑年會(청년회)가 크게 줄었다. 우리 신학 연구소장 이미영 교수의 자료에 비춰면 어떤 주제가 나타난다. 그것은 바로 "오늘날의 교회는 과연 하나님의 사랑이 체험되고 선포되는가?"라는 물음이 지식 만능, 시청각 만능, 동영상 만능, 유튜브, 팩트 만능주의에서 성직자들은 어떤 靈能力(영 능력)의 파워로 비척이는 영혼들의 갈급함을 채워줄 것인가! 라는 숙제로 떠오른다. 바야흐로 지금은 人工知能(인공지능) 시대이며 컴퓨터 마우스 한번 클릭하면 2,000년 동안 속여 왔던 기독교 역사와 세계 구석구석 수천 편의 論文(논문)들과 〈옥스퍼드 사전〉, 방대한 〈브리태니커 사전〉, 네이버, 구글에서 全知全能(전지전능)에 가까운 實證的(실증적) 자료와 팩트를 제공한다. 이러한 가운데에서 성직자들의 위치확보는 두 가지 결론이 나온다. 하나는 목회를 접던가 또 하나는 박식한 성서 해석과 영 능력을 힘입어 어떤 질문에도 즉문즉설로 대답해야 할 것이다. 거지 왕초처럼 헌금 이야기나 職分(직분)을 팔아먹는 양아치 행동은 중세 시대로 족하다. 靈魂(영혼)만 채워주면 집도 사주고 禮拜堂(예배당)도 지어준다.

6) 義務(의무)를 강요하지 말라.

신앙생활이 삶에 있어서 자유와 기쁨을 주는 것이 아니라 끝없는 義務(의무)와 죄책감으로 결박하는 현실, 편협과 왜곡으로 해석하는 終

末論的(종말론적) 성경 講解(강해)와 옹졸한 비유 풀이, 14만 4천 등등, 세상과 담을 쌓고 오직 한 주간 내내 오직 예수만 외우며 예배당을 집 대신 머무는 행위, 차별과 혐오를 서슴지 않는 모습들, 교회에 열심히 다닐수록 성숙하고 좋은 사람이 되지는 못할망정 일반인보다 더 옹졸하여 오히려 세상을 排他的(배타적) 시간으로만 보는 일, 共同體(공동체) 안에서도 미움과 갈등이 끊이지 않아 利他(이타)를 꿈꾸던 복음주의는 어디로 가고 결국은 상처와 보상 심리 작용으로 교회를 떠나는 이들이 허다하다. 과연 이런 교회나 책임자들에게 하나님이 살아 계실까? 이것이 정말 참된 신앙적인 삶이며 행복일까?

이는 단적으로 크게 잘못 가르치고 잘못 배워서 허송세월한 씁쓸한 경우이다. 지금 改新敎(개신교) 출석률은 교적부에 등록된 신자들이 절반 이상 줄었고, 천주교회도 洗禮(세례) 받은 신도 중 8.8%에 그치고 있다.

2. 공산주의를 만든 러시아교회

비잔틴에서 러시아에 처음 정교가 들어간 키이우 시대의 러시아 정교회는 콘스탄티노플 대주교 管轄(관할) 하에 있었다. 그러나 실제의 신앙행사는 수도원에서 행해졌으며, 이를 통해 主(주) 祈禱(기도)에 의거한 '겸허한 정신'을 쌓아나갔다. 뒤이은 타타르인의 지배 시대에도 수도적 신앙은 숲속에서 은밀히 유지되었다. 16세기 모스크바 시대가 되자, 비잔티움 교회가 이슬람의 지배하에 들어가게 되었으므로 러시아 정교회가 대신 정교회의 구심점이 되며 대주교구로 格上(격상)됨에 따라 모스크바는 콘스탄티노플을 대신하는 '제3의 로마'로서 동방정교회의 중심적인 존재가 되었다. 그러나 러시아 정교회는 신앙의 성지라기보다는 祭祀 主義(제사 주의), 권위주의적 장소로 바뀌어 민중 사이에 미신이 유행하였고 한편 반권위적인 교회분열과 광신적인 종파가 생겨났다.

기독교 사회주의는 앞 장에서 언급했듯이 사도행전 4장 32절을 근거로 성립될 수 있다. 사회주의 사상은 잉글랜드 성공회 사제들이 社會主義(사회주의)의 기독교화를 주장하면서 시작된 것으로 1850년에 붙여진 이름이다. 넓게 보자면 解放神學(해방신학)과 사회 복음주의가 이 부류에 들어갈 수 있다. 유사한 사례로 기독교 左派(좌파)를 연상하기도 하는데 이는 貧富(빈부)의 격차 문제, 불균형으로 인한 사회적 소외계층과 빈곤계층 문제를 해결하기 위한 신학적 모색과 宣敎的(선교적) 실천을 추구해야 한다. 경제적 소외와 빈곤 문제가 아닌, 사회적인 문제임을 인식하여 그 해결을 개인의 결단에만 의지하지 않고, 共同體的(공동체적) 관심과 사회적 책임의 틀 안에서 이루어져야 함을 믿는다. 기독교 社會主義(사회주의)는 창의적 생산을 촉진 시키는 개인의 자유와 자율을 바탕으로 한 시장주의 경쟁을 인정하지만, 자유와 경쟁이 소수가 부를 독점하는 문제의 원인이 되지 않도록 견제해야 함을 믿는다.

아무튼 큰 그림을 그려 역사를 펼쳐본다면 결론적으로, 1917년 러시아 볼셰비키 혁명의 불을 당긴 것은 노동자들과 농민의 굶주림과 빈부차별의 극심함과 반면 성직자들과 자본가들에 의한 불신 때문이었다. 마르크스 〈資本論(자본론)〉을 독파한 레닌은 실제로 노동자와 농민 편에 서서 혁명을 일으켰고 그의 연설을 들은 군중들은 요원의 불길처럼 수십만 수천만 명이 흥분하여 그를 따랐다. 교회는 문을 닫고 성경책은 압수당하고 지구 역사상 최초의 공산당 사회주의가 탄생하였다. 레닌은 빈부의 격차 문제와 경제적 불균형으로 인한 사회적 소외 계층과 빈곤 계층 문제를 해결하려는 의도와 노동자, 농민들의 억압과 기아, 식량 문제 등을 혁명을 통해 해결하려는 노력을 쏟은 것은 사실이었다.

시간이 흘러 '레닌'에서 '스탈린'으로 이어지면서 政治(정치) 商況(상황)은 피를 부르는 肅淸(숙청)이 일어나기 시작하였다.

1) 1917년 혁명의 主要(주요) 原因(원인)

반복되는 이야기지만 러시아 혁명의 주요 원인은 민중들의 가난과 經濟的(경제적)인 문제였다. 대규모 穀物(곡물) 수출국으로 명성을 자랑하던 러시아는 對戰(대전) 전야에 모든 유럽 국가 가운데 농업 생산성이 가장 낮았다. 전쟁 중 러시아 남성은 1,800만 명이 동원되었는데 대부분은 농민이었고 200만 필의 말도 징벌 되었다.

전쟁이 길어지자, 식량 공급 사정이 惡化(악화)되었고 1916년 러시아 大都市(대도시)의 주민들은 영양실조와 餓死(아사)의 지속적인 위협으로 사람들은 희망이 사라지고 공포에 떨었다. 1916년 비밀경찰 '오흐라나'의 한 보고서는 '러시아 후방 전선이 崩壞(붕괴) 직전'이라고 경고했다. 심각한 식량부족 사태는 혁명 위협이 現實化(현실화) 될 것이라고 예언적인 보고서로 결론을 내렸고, 임박한 기아 반란에 극히 흉악한 亂暴(난폭) 사태가 뒤따를 것이라는 예시적 메시지였다. 이러한 시기에 레닌의 군중을 향한 연설은 불타는 군중의 마음에 불을 붙인 셈이다. 식량 위기는 사회적 緊張(긴장)을 고조시켰고, 결국에는 1917년 봄 차르 정권이 무너지는 혁명적 사건들에 영향을 미쳤다. 직접적인 계기는 러시아 수도에서 빵 부족 사태를 두고 벌어진 抗議(항의) 시위였다. 이는 생명과 직결된 문제이기 때문에 어떤 성자라도 3일 이상 굶으면 見物生心(견물생심)의 이치대로 마음이 동요되는 것이다.

1917년 3월 8일 목요일 아침 700명이 넘는 비보르 직물공장 여성 노동자들이 공구를 내려놓고 부족한 식량 조달을 위해 항의했다. 3월 8일 여성들이 거리를 따라 행진하는 동안 인근 공장에서 나온 다른 노동자들이 합세하여 시위대는 급속히 불어났다. 처음에 '페트로그라드' 당국은 警覺心(경각심)을 느끼지 않았고 심지어 남쪽으로 800킬로미터 떨어진 '모길로프 사령부'에 있는 차르에게 시위 상황을 보고하지도 않았다. 당국에서는 雪上加霜(설상가상)으로 식량부족으로 시작된 시위는 민주주의와 전쟁 종식을 요구하는 니콜라이 2세 차르 정권의 무능을 비판하는 정치적 방향으로 재빨리 선회했다. 그날 저녁 마침내 차르는 수많은 시위대의 항의를 보고받았다. 3월 11일 일요일 아침, 차르에게 충성하는 병력이 명령에 따라 시위 군중을 향해 發砲(발포)하여 수많은 군중이 총에 맞아 쓰러졌다. 이는 차르의 치명적인 실수가 그날 이후 시간이 흐를수록 다른 부대에서도 수많은 兵士(병사)가 示威者(시위자)들에게 총을 쏘는 것을 거부하였고 굶주린 어머니 아버지 형님, 형수 동생들을 향해 어찌 방아쇠를 당길 수 있겠는가? 수많은 병사가 차르 정권에 대한 忠誠心(충성심)을 버렸다. 다음 날 상황은 더 격화되어 반란 병사들과 노동자들이 도시 형무소로 행진하여 수감자들을 풀어주고 경찰서와 내무부, 오흐라나 본부를 습격하였다. 차르의 大臣(대신)들은 사임하고 도망치기에 바빴다. 니콜라이가 退位(퇴위)하면서 러시아는 1,000년에 걸친 君主制度(군주제도)가 막을 내렸다.

2) 思想的(사상적) 흐름

산업 혁명으로 인해 도시의 발전이 불가피해지고 수많은 인구를 가진 산업 노동자 계층이 새롭게 출현함으로 19세기는 진행되었다. 그것은 종교가 단지 내면적인 데만 몰두하는 데 그치지 않고 社會的(사회적)인 변화와 더불어 현실적인 삶의 관계 유지를 예의 주시하지 않을 수 없음을 의미하는 것이다. 그러나 이렇게 급변해 가는 사회의 모습과는 달리 교회는 그들의 필요에 대해 만족할 만한 답을 주지 못하였다. 다만 극 小數(소수)의 영성 생활인들의 自足(자족)하는 구도자들 말고는 신앙은 하나의 마약 鎭痛劑(진통제)처럼 겉치레 위안일 뿐 실생활에는 자본가들과 재벌가들 사이에서 甲乙 關係(갑을관계)로 억눌림은 여전한 것이다. 이것을 깨뜨린 성경이 사도행전 4장 32절이다.

産業化(산업화)는 결국 대중들로 하여금 종교에 대해 등을 돌리게 만들었고 그 결과 탈 교회를 만드는 원인이 되었다. 교회가 신도들의 의식주를 책임질 수는 없으나 가진 것을 서로 나누는 것은 성서적이며 예수의 가르침이다. 그리고 노동자들을 고용하는 企業主(기업주)는 분배와 나눔에 있어 차별 없는 사랑을 실천해야 함이 兄弟愛(형제애)인 것이다.

'헤르만 쿠터'는 역사의 낙관을 주장하는 자유주의 신학에 반대하고 문화와 교회의 문제들을 지적하였다. 넓은 의미로는 기독교 社會主義(사회주의)의 일부로 포함하기도 하나 성공회에서 처음으로 주장된 기독교 사회주의와는 차이가 있다. 종교적 主觀主義(주관주의), 현실 세력과의 타협 등 기독교의 문제들을 지적하고 성서의 말씀을 전하는 일을 중히 여겼다. 사회주의를 반 기독교 사상으로 보아서 적대시하는 대다수 기독교인과는 달리 사회주의를 존중하였다.

실제로 섬유 공업 지역이었던 스위스 자펜빌에서 목회를 하면서 '부르주아'들의 搾取(착취)로 인한 '프롤레타리아'들의 비참한 삶을 목격한 칼 바르크는 1914년 "사회주의는 복음이 매우 중요하고 반드시 있어야 할 적용이다."라고 주장하였고 1915년 스위스 社會民主黨(사회민주당), 1931년 독일 사회민주당에 입당하였다. 하지만 사회, 정치참여를 하나님의 나라와 同一(동일)하게 여기지는 않았다. 파울 틸리히도 사회참여를 무시하면서, 이웃과의 疏通(소통)을 도외시하면서 來世(내세)의 천국만 찾는 기독교는 우리가 사는 세상에서 소금과 빛이기는커녕 아무런 의미가 없는 현실 도피자들로 落伍(낙오)되고 만다.

사회주의는 하나님의 나라를 확장하려는 기독교 정신과 일치함은 성경에 뿌리를 두기 때문이며, 초대교회의 신앙 사상이었기 때문이다. 그러므로 '스탈린의 獨裁(독재) 숙청이 아닌 진정한 기독교 정신으로 정의로운 세계를 만들려는 사람들이라면 사회주의를 존중해야 하며, 그 힘을 자신의 신앙 力量(역량) 안에서 찾아야 한다.'라고 보았다. 게오르크 분슈도 '사회주의는 기독교의 몸이며, 예수의 산상 설교에서 나타나는 기독교는 사회주의의 靈魂(영혼)'이라고 보았다.

제2차 世界大戰(세계대전)이 끝난 후 마르크스주의와 기독교 간의 대화로 종교 사회주의는 되살아났다. 마르크스의 정치적, 經濟的(경제적) 분석을 종교 사회주의의 종교적, 신학적 해석에 수용하고 있다. 그러므로 공산주의는 기독교와 전혀 관계없는 것이 아니라 初代(초대) 教會(교회)의 뿌리다.

3) 한국교회의 社會主義(사회주의) 관점

예수는 木手(목수)였고, 사도 바울은 天幕工(천막공)이었다. 예수 제자들은 24시간 몰려다니는 패거리들이 아니고 대부분 직업이 있었다. 다만 자주 약속 장소에 모여 講論(강론)을 듣고 때로는 함께 선교에 연합하며 자주 동행했을 뿐이다. 요단강 세례 이후 모임이 생기고, 예수 죽음 이후 교회가 탄생하기까지 모두가 노동하며 공동 生活費(생활비)를 충당하였다. 교회가 탄생 되고 난 뒤 物物交換(물물교환)에서 교회 헌금제도가 생기고 사도들의 선교 발판이 만들어졌다. 社會主義(사회주의)라는 낱말을 오늘의 保守主義者(보수주의자)들은 무슨 악마 귀신이나 되는 듯

心情(심정)에 알레르기를 느낀다.

독자들께서도 알다시피, 진정한 사회주의는 얼마나 공평한 낙원인가 생각해 보라. 억만 자본가라도 몇 끼 밥 먹는 거 말고는 다 같은 인간인 것뿐이다. 자본가의 두뇌 속에는 노동자들 위에 군림하여 그들을 형제로 동포로 여김보다는 지배하려는 갑질이 목적이다. 여기에 억눌렸던 소작인들과 노예근성 빈곤층들이 그릇된 공산주의 사상을 잘못 받아들여 한때는 소작만으로도 감사하게 여기던 그들이 어느 날 죽창을 들고 하루아침에 지주들을 찌르고 위협하고 대적하여 원수가 된 경우도 많다.

사회주의는 한국 교회사에서는 일제 강점기 때 일부 기독교인들에 의해 주장되었다. 1920년~30년대 사회주의계에서는 기독교계에 대해 '종교는 민중의 아편'이라는 마르크스 레닌주의에 근거한 신념으로써 비판하였다. 일부 기독교인들은 기독교계의 사회운동의 한계를 생각하며 사회주의자가 되거나, 사회주의와 기독교계의 대화 및 함께 더불어 사는 삶을 생각하였다. 일제강점기라는 시대적 한계와 사회주의를 받아들이지 않는 교인들의 실천으로 밀려났지만, 갈등과 대결이 아닌 대화와 조화를 추구한 실천이라는 의미가 있다. 허나, 현재 한국에서 주류를 이루는 보수 기독교에서는 이러한 실천들을 폄하 하거나 심지어 이단으로까지 취급하는 실정이다.

4) 西區(서구) 교회장

서구 교회사에서는 마르크스 앵겔스의 科學的(과학적) 사회주의 운동과 같은 시기에 기독교 사회주의가 주장되었다. 기독교 사회주의자들은 기독교 신앙을 기본 바탕으로 하였고 다른 사회주의 운동과 대화와 協力(협력)을 생각했다. 서구 기독교 역사에서 개인 영혼의 구원을 중요하게 여기는 보수신학에 맞서 기독교인의 사회적 책임을 주장하는 진보 神學(신학)으로서의 役割(역할)을 하였다. 성공회 사제들은 사회주의의 기독교화를 주장하면서 기독교 사회주의 운동을 주도하였다. 특히 유럽에서는 이후 정치적인 무대에서도 일부 정당들의 중요한 思想的(사상적) 바탕의 하나로 자리 잡게 된다.

5) 기독교 사회주의 운동가들

가타야마 데쓰, 로버트 오언, 톨스토이, 마르틴루터 킹, 생시몽, 알렉산드리아, 오카시오코르테스(카톨릭), 여운형, 토머스 모어, 프리드리히 나우만, 만델라, 함석헌, 김구, 김용옥 교수

위 思想家(사상가)들은 100만 명 이상의 민중들이 추종하는 위인들이다.

성직자들과 교회 타락

1654년 당시 러시아 정교회의 수장 총대주교(Patriarch)는 극단적인 민족주의에 빠져있는 러시아교회를 개혁한다는 명분으로 기도서의 예배 의식을 비잔틴 본래의 양식으로 되돌리겠다고 선언하고 주교 회의의 承認(승인)을 받았다. 그러나 많은 고위 성직자와 수백만의 신도들이 이에 대해 완강히 저항하였다. 그들은 온갖 박해에도 굴하지 않고 교회에서 떨어져 나가서 토착화한 전례의 전통을 고집하는데, 이들은 바로

라이콜니키(Raskolniki), 즉 '분리파'이다.

차르는 이 대목에서 분리파의 반대에 있던 개혁파의 손을 들어주었다. 분리파는 차르에게 맞서다가 무려 80년간 갖은 고난을 겪는다. 분리파의 수장인 수석 사제 아바쿰(Avvakum)은 1682년 화형을 당하고, 수많은 신도가 분신으로 이에 抵抗(저항)하는 처참한 사건도 발생했다. 세월이 흐르며 교회는 비대해지고 사제들의 생활은 기름지고 윤택하였다. 사제들은 민간의 불행이나 고통에 도통 관심이 없고, 權威的(권위적)이었다. 수도원은 비대해졌고 農奴(농노)를 부리며 더 많은 부를 추구하였고 교회의 막대한 토지 소유로 인해, 농민들은 빈곤한 小作農(소작농)으로 전락하여 허덕였다. 교회와 修道院(수도원), 성직자들은 비대해지고 노동자와 농민들은 날이 갈수록 생활고에 시달려 하루 일당으로 빵 몇 개를 구하고 이튿날 또다시 내일 요기할 빵을 구해야만 하는 처지에 이르렀다.

3. 피를 부르는 종교전쟁

宗敎改革(종교개혁)을 계기로 중세의 기독교 세계의 통일이 깨지고 새로이 '프로테스탄트(Protestant)'라고 명명하는 개신교회가 탄생하자, 이 신교와 구교인 가톨릭 사이에 약 1세기에 걸친 치열한 전쟁이 일어나게 되었다. 이러한 종교전쟁은 물론 宗敎的(종교적) 대립에서 발생하였으나 배후에는 정치적 갈등이나 경제적 대립이 숨어있다.

에스파냐의 필리페 2세는 열렬한 카톨릭의 옹호자로서 그의 지배하에 있는 모든 영토 내에 카톨릭을 강요하였다. 이에 에스파냐의 영토였던 네덜란드의 신교도가 반란을 일으켰다(1568). 남부 벨기에는 도중에 이탈하였으나, 북부는 저항을 계속한 끝에 1581년에 독립을 선언하고 네덜란드 共和國(공화국)을 세웠다.

프랑스에서는 왕위를 둘러싼 정치적 대립이 종교적 대립과 결합하여 '위그노 전쟁(Huguenots Wars)'이라는 장기간의 걸친 피비린내 나는 종교전쟁이 일어났다(1562년). 전쟁 말기에 왕위에 올라 브르봉 왕실을 열게 된 앙리 4세는 원래 신교도의 지도자였으나 王位(왕위)에 오르자, 가톨릭으로 改宗(개종)한 뒤 '낭트칙령'(1598)으로 신교도에게 신앙의 자유를 허용함으로써 내란을 終熄(종식)시켰다. 종교전쟁에서도 가장 규모가 컸던 것은 독일에서 일어난 30년 전쟁(1618~1648)이었다.

처음 보헤미아의 新敎道(신교도) 반란에서 시작된 분쟁이 뒤에는 스웨덴, 덴마크, 프랑스 등이 참가하여 국제전쟁의 양상을 띠게 되었다. 장기간에 걸쳐 전쟁터가 된 독일이 받는 피해는 막심하여 경제적으로 뒤떨어지게 되고 정치적 분열도 오히려 강화되었다. 1648년에 체결된 베스트팔렌 條約(조약)은 독일에서 루터파 외에 칼빈(Calvin) 파를 새로이 인정하고, 스위스와 네덜란드의 독립을 승인하였다. 이러한 격심한 宗敎 戰爭(종교전쟁)을 거친 뒤 비로소 유럽은 다른 교파에 대한 종교적 요인은 점차 그 힘이 약해지게 되었다.

1) 유대와 로마전쟁

나의 어깨를 짓누르는 짐이었다. 감당키 어려운 납덩어리처럼 무거웠다. 그것은 살인하지 말라는 十誡命(십계명)을 교리로 숭배하는 유대교 율법과 십계명은 유대교, 천주교, 개신교가 함께 외우고 묵상하고 예배하는 출애굽기 20장 13절의 모세율법의 지상 명령이다.

그러나 아이러니하게도 〈舊約聖經(구약성경)〉은 전쟁 백과사전이며 가나안의 7 족속을 모조리 쳐 죽이고 영토를 빼앗은 민족이 유대인들이다. AD. 66년 유대와 로마의 두 세력은 제1차 유대•로마전쟁으로 시작되었다. 유대는 다수의 병력과 무기를 갖춘 로마군을 대항하기에 力不足(역부족)이었다. 戰況(전황)은 매우 급박하게 돌아갔고 수많은 병사와 民間人(민간인)이 희생당하였다. 유대인 시체는 11만 5,800구가 나뒹굴었고, 맛사다 요새의 학살 등으로 120만 명의 유대인이 죽었다고 요세푸스의 〈유대전쟁사〉에서는 기록하고 있다.

2) 기독교와 이슬람교의 전쟁

　수천 년 동안 종교는 지구촌에 평화보다는 전쟁과 학살을 일삼는 악마의 집단이었다. 종교적 신념을 강요하다 못해 '샬롬'이라는 인사를 주고받으며 야만적인 행위를 일삼는 것이 전쟁의 신을 崇拜(숭배)하는 종교인들의 錯覺(착각) 병이다. 기독교 종파부터 무슬림, 유대인에 대한 차별까지 역사는 지금까지 수천만 명의 목숨을 앗아갔다. 결국 종교는 오늘날까지 지구촌에 평화를 준 적이 없으며 오히려 종교가 전파되는 곳에는 갈등으로 역사가 얼룩지게 되었다.

　기독교와 이슬람교의 싸움에는 기사단이 존재하였다. 15세기 중반부터 16세기 말까지 유럽의 기독교 국가들은 오스만 제국의 위협에 시달렸다. 이슬람교의 위협으로부터 기독교 신앙을 지키기 위해 나선 이들이 基督敎(기독교) 기사단이었다. 소아시아 일대를 다스리던 오스만제국의 눈에는 기사단이 가시 같은 장애물이었다. 국가도 아닌 일개 기사단에게 계속 敗北(패배)를 당하는 오스만제국은 자존심에 크나큰 상처를 입었다. 1차 로도스섬에서 기사단은 열악한 환경에서도 승리를 거뒀다. 기독교 국가들은 동유럽을 무너뜨린 오스만제국에 맞서 싸워 이긴 기사단을 열렬히 환영하였다. 2차 전투에서 오스만의 '탄술레이만 1세'는 대군을 이끌고 로도스섬을 공격했다. 기사들은 이슬람교에 맞서 목숨을 걸고 싸웠지만 力不足(역부족)으로 실패하였다. 결론적으로 이 또한 한 아버지의 유전자인 아브라함의 자식들 싸움이다. 이삭과 이스마엘의 싸움은 終戰(종전)이 없다. 3천5백 년을 싸우고 있다. 매년 수천 명이 형제끼리 죽이고 또 죽인다.

3) 레콩키스타(Reconquista)

'레콩키스타'는 스페인어로 재정복을 뜻한다. 기독교인들이 이베리아반도 (스페인과 포르투칼)의 이슬람교도들로부터 영토를 征服(정복)하기 위해 벌인 전쟁이다. 이것은 서기 720년경 코바동가에서 아스투리아스의 돈 벨라요의 승리로 시작되었다. 이 전쟁은 780년 동안 지속되었으며, 결과적으로 700~800만 명의 사람들이 사망한 것으로 추정된다. 이것이 사랑의 하나님을 믿는다는 인간들이 '전쟁은 여호와께 있다.'라는 聖經(성경)을 인용하며 저지르는 宣敎(선교)이다. 1차 십자군은 1095년 예루살렘으로 출병한 기독교 사상 최초의 십자군이다. 이것이 로마교회의 캠페인으로 시작되었으나, 결국은 300년이라는 지긋지긋한 피를 뿌렸다. 약 1억 명의 양민이 학살되었다. 이 其間(기간) 동안에 이슬람교도와 기독교인 대부분이 죽었지만, 유대인들도 십자군 전쟁의 희생자가 되었다.

4) 프랑스 宗敎戰爭(종교전쟁)

프랑스 종교전쟁은 16세기에 일어났다. 가톨릭교회 신자와 신교 위그노 신자들과의 대립에서 시작된 전쟁이다. 가톨릭교도 폭도들이 위그노들을 무차별 공격하여 학살을 벌였다. 1598년 앙리 4세는 위그노들에게 종교적 자유와 권리를 부여하는 '낭트칙령'을 발표함으로 36년 동안 지속된 종교전쟁이 막을 내렸다. 30년 전쟁으로 불리는 유럽 전쟁이 있다. 이는 신성 로마제국에서 일어났고 1648년까지 지속되었다. 이 전쟁은 프라하에서 카톨릭과 개신교 갈등으로 시작되었고, 거기서부터 擴大(확대)되었다. 30년 동안 가장 잔인하고 파괴적인 충돌로 8백만 명이 목숨을 잃었다. 하느님을 사랑한다는 사람들의 짓이다.

이 시기에는 하늘이 진노하였던지 한파가 몰아치는 동안 일어났는데 결국 농업과 축산에 큰 영향을 미쳐 식량부족과 饑饉(기근)이 겹쳐 더 많은 사망을 초래하였다. 프랑스에는 어느 나라보다 더욱 신 구교 싸움이 극심하였다. 알리드 기즈가 이끄는 카톨릭 군대는 파리 전역에서 신교도들에 대한 대학살을 단행하여 루브르 궁전 일대를 아수라장으로 만들었다. 기즈는 아버지의 복수를 위해서 負傷(부상) 당하여 누워있던 콜리니를 창밖으로 내던져 잔혹하게 살해했다.

여기에 개신교에 대한 반감이 심했던 파리 시민들까지 가담하여 파리 일대에서 며칠에 걸쳐 시체가 쏟아지는 광기의 학살극이 이어졌다. 기록에는 '너무 많은 시신이 센 강에 던져져 강이 피로 물들었다.'라고 기록하고 있다. 보다 못한 샤를 9세는 학살을 중단하라 명령하였으나, 이미 상황은 통제 불능이 된 지 오래였고 시민들은 미쳐 있었다. 전국에 걸쳐 단시일에 1만 여명의 개신교인들이 잔인하게 학살당하였다. 史家(사가)들은 이를 프랑스 역사에서 가장 참혹했던 피의 결혼식이라 불렀다. 당시 로마 교황이던 그레고리 13세는 오히려 대학살을 축하하고 기념 메달까지 만드는 종교인으로서의 자질이 의심되는 정신 나간 짓을 저질렀다. 1만 여명의 살생을 저지르고 기념 메달을 만든다니 사람이 아니다.

가톨릭 구가인 스페인 역시 대학살을 지지했다. 종교라는 이름의 광기가 인간을 어디까지 망가뜨릴 수 있는지 보여주는 섬뜩하고도 슬픈 일이다. 이외에도 수많은 종교적 虐殺(학살)이 셀 수 없이 많지만 그만 생략하기로 한다.

5) 체르케스 전쟁

이 갈등은 18세기 정교회 러시아가 이슬람 오스만제국과 충돌하면서 흑해 쪽으로 확장하면서 일어났다. 러시아인들은 북 코카서스 사람들의 저항에 직면하였다. 무슬림 코카서스 산악인들은 763년과 1864년 사이에 러시아 정교회원들과 싸웠다. 300만 명의 이슬람교도 아디게, 우비크들이 배를 타고 오스만제국으로 추방당했는데 배들이 가라앉아 희생되었다.

1914년 아시리아 기독교 공동체의 학살로 시작된 피바람은 1918년까지 6십만 명 이상의 아시리아인들과 150만 명 이상의 아르메니아인들이 죽었다. 이 사건을 오스만 기독교의 대학살이라 부른다.

2011년도 나의 일기 자료다. 시리아의 내전으로 약 5,000명의 야지디족이 죽었고 골목마다 시신이 부패하여 코를 찔렀다. 그리고 약 4십만 명이 추방당했으며, 6,000여 명이 체포되었다.

6) 이단 정죄 싸움,

중세 유럽 基督敎(기독교)가 가장 무서워했던 것은 이교도가 아니라, 本質(본질)에서 벗어난 이단 교파 시비였다. 같은 줄기에서 파생되었으나, 전통 교파가 아니라는 이유로 다툼이 끊이지 않아 오늘날까지 서로 정죄하는 것이다. 11세기 프랑스 남부 도시 알비에는 기독교 異端 宗派(이단 종파)로 불리는 알비파가 나타났다.

가톨릭 敎皇廳(교황청)은 알비파를 상대로 십자군 전쟁을 선포하였다. 마침내 1243년 알비파 신도의 요새가 함락되면서 십자군 전쟁은 막을 내렸다. 靈性(영성) 있는 敬虔 主義者(경건주의자)들은 이 문제를 놓고 苦悶(고민) 한다. "왜?" 평화를 지향한다는 종교가 왜 싸움을 하는가? 그것도 논쟁이나 토론으로 뜻을 교류하지 않고 집단 학살을 불사하며 살인하지 말자는 교회가 살인을 일삼는가? 이는 저들이 구도자들이 아니라 종교는 하나의 文化(문화)의 일부이며 삶의 한 기준이기에 자신들과 또 다른 문화가 뒤섞이는 걸 불쾌한 위협으로 여겼고 이 갈등이 길어지자 급기야 전쟁으로 이어진 것이다. 유대교, 기독교, 이슬람교, 카톨릭, 개신교, 힌두교들은 전쟁의 신들이며 죄가 많은 단체들이다. 십자군 전쟁으로 1억 명 이상 죽었으며 지금도 종교전쟁은 종식될 기미가 보이지 않는다.

4. 이승만(李承晩) 장로는 신앙인인가?

[그림23] 대한민국 제1-3대 대통령 **이승만**
李承晩 | Syngman Rhee
(사진. 나무위키)

이승만은 해방 이후 대한민국 제1, 2, 3대 대통령을 역임한 정치인이다. 1875년(고종 12)에 태어나 1965년에 미국 망명 중 사망하였다. 일제강점기에 임시정부 때 대통령직을 맡은 것을 제외하고는 주로 미국에서 체류하며 유학과 정치활동을 하였다. 光復(광복) 후 3·8선 이남의 單獨(단독) 政府樹立(정부수립)을 주장, 단행하여 1948년 실시된 총선거에 당선되어 국회에서 1대 대통령직에 선출되었다. 취임 중 6·25 동란이 발발하자 발췌 개헌안, 四捨五入(사사오입), 改憲(개헌) 안을 통과시켜 재선 3선에 성공했다. 4선 도전에서도 無投票(무투표)로 당선됐으나, 4·19 혁명이 일어나자 下野(하야)한 뒤 하와이로 망명하였다.

• 이승만의 45회 拒否權 行事(거부권 행사)

이승만은 45회나 拒否權(거부권)을 행사하여 역사에 길이 남을 획을 그었다. 이승만은 미국식 대통령 중심제를 理想(이상)으로 삼았으며 국회와의 권력 균형을 위해 거부권을 적극적으로 행사하였다. 이승만은 생각하기를 국회는 단지 법률을 제정하는 기능만을 가지는 단체이며 대통령은 국회와 대등한 권한을 가진다는 입장이었다. 이승만은 1948년부터 1960년까지 12년을 재임하였는데, 그중 10년 동안은 與小野大(여소야대) 상황을 경험해야 했다. 이 상황에서 대통령은 야당이 다수인 국회에서 통과시킨 법안에 대해 거부권을 행사하여 국회의 立法權(입법권)을 정치적 목적으로 견제하려 하였다.

• 박정희 거부권 행사 5회

① 농지개혁법 개정안(1962년) ② 유신헌법 관련 법률안(1972년) ③ 국가보안법 개정안(1974년) ④ 중앙정보부법 개정안(1975년) ⑤ 광주민주화운동 관련 법률안(1980년)

• 노태우 거부권 행사 7회

① 국가보안법 개정안(1988년) ② 지방자치법 개정안(1989년) ③ 금융실명제법(1990년) ④ 부동산 실명제법(1991년) ⑤ 부패방지법(1992년) ⑥ 경제개혁 법안(1992년) ⑦ 산업기술 보호법(1993년)

- **노무현 거부권 행사 6회**

① 대북 송금 특검법 ② 대통령 측근 비리 의심 특검법 ③ 태평양 전쟁 희생자 지원법 ④ 학교 용지 부담금 환급에 대한 특별법 ⑤ 거창 양민 학살사건 보상 특별법 ⑥ 사면법 개정안

- **이명박 거부권 행사 1회**

① 대중교통 육성 및 이용 촉진에 관한 법률 개정안(2012년)

- **박근혜 거부권 행사 2회**

① 국회법 개정안(2015년 5월 25일) ②국회법 개정안((2016년 5월 27일)

- **문재인 0회, 김영삼 0회, 김대중 0회, 전두환 0회, 최규하 0회, 윤보선 0회**

- **윤석열 2024년 7월까지(취임 2년 6개월간) 15건**

윤석열은 민주화 이후 가장 많이 거부권을 행사한 대통령으로 2022년 1월20일 취임 이후 2024년 7월까지 15회나 거부권을 행사함으로 결국 국민과 맞서는 길을 택하였다. 역사에 길이 남을 것이다. 임기가 남았으니, 앞으로는 두고 볼 일이다.

1) 이승만의 信仰觀(신앙관)

이승만은 배재 학당 입학을 전후해 開化(개화)의 문명을 접하면서 시작되었다고 볼 수 있다. 이승만의 신앙관 변화는 그가 서양 宣敎師(선교사)들을 만나면서 감화를 받은 것 같다. 한성 감옥에서 死刑囚(사형수)로 服役(복역) 중 선교사들을 통해 성경을 읽고 영어를 익히며 예수를 알게 되었다.

처음에는 푸른 눈의 백인 코쟁이들에 대한 불신과 憎惡心(증오심)을 품었었다. 그러나 외롭고 불편한 감옥에서 선교사들의 진정성 있는 人格的(인격적)인 선교활동과 목숨을 걸고 열악하고 머나먼 이국땅에 와서 잘 먹지도 마시지도 못하면서 그리스도의 사랑을 전하는 그들을 점차 신사 숙녀로 보기 시작했다. 이승만은 옥중 罪囚(죄수)에 대한 변화로 이어졌다.

어느덧 마음의 분노와 공포가 사라지며 성경 말씀이 개인적으로 위로가 되는 것을 느꼈다. 다른 동료들 여러 명에게 전도를 하기도 하였다. 그리고 한성 감옥에서 영어를 독학하여 사전을 만들 정도였다. 이승만이 悔心(회심)할 즈음 高宗(고종)과 開化派(개화파)가 가진 서양문명에 대한 태도에는 비슷한 모양새가 있었다. 즉, 東道西器(동도서기)다. 다시 말해서 道(도)는 동양의 것을, 器(기) 문화의 쓰임새는 서양의 것을 취한다는 思考(사고)다. 조선보다 먼저 開化(개화)한 일본도 이와 같은 자세를 취한 것을 이승만은 알아차렸다. 魂(혼)은 일본의 것, 기술은 서양의 것이라는 말이다. 중국 역시 이와 같은 태도인데, 中體西用(중체서용)으로 몸은 중국의 것, 쓰는 기술은 서양의 것이다. 이승만은 운이 좋은 사람으로 사형선고에서 減刑(감형)되어 풀려났고, 자신의 의지를 굽히지 않고 유학길을 떠나 결국 대통령이 되었다. 그러나 靈的(영적)으로 비평을 해보면 그는 기독교를 문화 開放(개방) 차원으로 이용한 것 같다. 왜냐하면 그는 성서적으로 보나 道德的(도덕적)으로 보나, 예수의 가르침인 복음서에 비추어봐도 사도 바울의 회심과는 다른 무시무시한 행악자다.

사람을 그렇게 죽여 없애는 죄악을 저지른 사람은 李朝(이조) 五百年(오백 년)에도 檀君(단군) 이래에도 없다. 공산주의 殺人者(살인자) 스탈린 6천만 명 학살, 캄보디아 독재자 폴포드가 스탈린의 뒤를 이어 1975년~79년까지 300만 명을 집단 학살하였다. 이를 '킬링필드 대학살'이라 한다. 나는 당시 뉴스를 생생하게 기억한다. 이승만도 이들 못지않은 살인자다.

나와 설사 사상이 다르다 해도 어찌 어린아이까지 모조리 쓸어 죽일 수가 있을까? 이것이 예수의 사랑인가? 나는 다시 말해서 좌파도 우파도 아니다. 그냥 이웃을 서로 사랑하며 혈액형이 다르듯 생각이 좀 달라도 서로 존중하며 더불어 사는 세상을 원한다.

2) 이승만 띄우기 운동

최근 이승만 띄우기에 나선 朝鮮日報(조선일보)와 韓基總(한기총)과 보수진영이 다시 이승만을 照明(조명)하기 시작했다. 조선일보는 2019년 3월 22일 1면과 8면에 臨時政府(임시정부)를 이끈 김구(金九)와 이승만(李承晩)을 엮어 보도하였다. 이 신문은 이승만과 김구가 1945년 해방까지 미국과 중국에서 독립운동에 헌신하며 줄곧 협력관계를 유지했다며, 이 둘을 대립 관계로 보는 것은 과거 역사를 현재 정치에 이용하는 '역사 정치'일 뿐이라고 했다. 해당 기사는 해방 전까지만 다뤄 1949년 김구 암살 배후의 이승만과 殺人魔(살인마) 안두희 이야기는 쏙 빼놓고 保守主義者(보수주의자)들과 보수 기독교인들 듣기 좋은 말만 보도하였다.

전광훈 목사와 그를 따르는 들러리 목사들과 황교안 전도사도 한자리에서 이승만 대학 설립 發起人(발기인) 대회를 열었다. 이승만 대통령의 학교가 있지 않기 때문에 나라가 위험해진다고 말했다. 그러므로 그의 建國理念(건국이념)을 계승하여 무너지는 나라를 세우자며 목소리를 높였다. 전광훈은 오래전부터 이승만 美化(미화)에 열을 올린 사람으로 광화문 집회 때마다 쌍욕을 늘어놓으며 핏대를 세웠다. 코미디언으로 활동하던 서세원 목사가 지난 2014년 이승만 일대기를 다룬 영화를 제작하려 했는데 이때 전광훈 목사가 후원회장을 맡았다. 이때 전광훈은 "대한민국 영화감독들 90% 이상이 左派(좌파) 새끼들이라서 서세원 목사에게 부탁했다."라고 했다. 황교안 한국당 대표가 지난 20일 한기총을 방문해 전 목사를 만나면서 이승만 美化(미화)의 재조명에 손을 잡았다.

이승만(李承晩) 띄우기의 문제점

자기가 좋아하는 이승만 띄우는 것은 좋지만 이렇게 되면 수많은 문제점이 차고 넘친다. 이들은 역사를 몰라도 너무 모르는 짓을 하는 것이다.

철 지난 색깔론으로 이미 지나버린 '이데올로기'를 復活(부활)시키고 있으며, 윤석열이 北韓(북한)을 先制(선제) 공격할 수 있다는 대책 없는 말을 토함같이 철 지난 獨裁(독재)를 찬양하는 것은 量子力學(양자역학) 시대에 너무나도 뒤떨어진 이론이다.

　廣化門(광화문) 전광훈 집회에 나오는 사람 중에 財閥家(재벌가)들은 한 사람도 없다. 평균나이 70~80 노령층이며 일당만 주면 얼마든지 동원할 수 있는 사람들이다. 전광훈 반대파, 촛불 평화 집회 군중들에게 붙잡고 열 사람에게만 물어보라. 과연 北韓式(북한식) 공산주의를 원하는 사람 있는가? 그들 중 북한식 통일을 원하는 사람이 단 한 사람이라도 있는가 말이다. 그들이 전국에서 모여들어 항의하는 것은 북한식 정권교체를 말함이 아니라 현 정부의 도덕적 개선과 공약을 지켜달라는 것이며, 국민을 외면하지 말고 편향된 檢察(검찰) 共和國(공화국)을 만들지 말고 眞情性(진정성) 있는 민주주의를 원하는 목소리이다. 그들은 김일성 일가를 찬양하는 집단이 결코 아니다.

　이승만 정부, 박정희 정부도 反共(반공)을 國是(국시)에 제일을 義(의)로 삼았기에 北韓(북한)을 영원히 적으로 봐야 하는 운명과 통일을 원치 않는 보수파들을 우리는 한편 이해한다. 그들 눈에 180명의 거대 야당 국회의원이 다 종북 분자이며 전부 빨갱이 좌파라면 大韓民國(대한민국) 인구 70%가 과연 좌파 집단인가? 제발 원컨대 생각을 좀 하고 입으로 말을 뱉어야 한다.

　2014년 2월 프레스센터에서 열린 〈건국 전쟁〉 이승만 영화 시나리오 심포지움에서 서세원 목사는 "빨갱이들로부터 나라를 지켜야 한다."라고 말했고, 김길자 대한민국 사랑회 대표는 "3.15 不正選擧(부정선거)에 이승만이 연루되지 않았다."라는 식의 주장을 구태여 발언 했다. 이 말은 스스로 부정선거를 인정한 꼴이 되고 말았다. 이날 사회를 맡은 KBS 아나운서는 "차기작으로 박정희 전 대통령을 다루자."라고 했다.

이날 역사를 모르는 무지한 전광훈은 이승만이 3.1운동을 일으켰다고 말했는데 무슨 근거로 그런 왜곡을 했는지 모르겠다.

22일 톱뉴스에서는 이승만 정부에서 商工部長官(상공부 장관)을 했던 임영신, 친일 시인 서정주, 김성수의 회고록이 그 근거인데 이승만이 윌슨 미 대통령의 '民族自決主義(민족 자결주의)'를 상하이에 전했다는 내용이다. 민족 자결주의를 전했다는 근거도 확실치 않지만 민족 자결주의를 전한 게 곧 3.1운동을 일으킨 근거로 보기도 어렵다. 분명한 歷史(역사) 記錄(기록)은 민족 대표 33인의 정확하고 뚜렷한 선언을 주로 꼽고 뒤에서 간접으로 도운 사람들의 힘이다.

3) 현 정부 보수당은 이승만 따라 하기에 집중한다.

나경원 전 원내대표는 지난 14일 최고 위원회 회의에서 "해방 후 反民特委(반민특위: 반민족 행위 특별조사위원회)로 인해 국민이 무척 분열했던 것을 모두 기억하실 것"이라고 말했다. 反民特委(반민특위)는 일제강점기 反民族(반민족) 행위자를 조사, 처벌하기 위해 1948년~1949년에 활동한 특별위원회로 민주국가를 세우는 선행 조건이었다. 반민특위를 分裂(분열)의 원인으로 본 것은 이승만을 중심으로 하는 친일 獨裁(독재) 勢力(세력)의 기본 관점이다. 이승만은 1948년 10월 기자회견에서 "政權(정권) 移讓(이양) 시기이므로 현직에 있는 사람을 처단하는 것은 혼란을 일으킬 수 있다."라며 반민특위 활동을 시작부터 제한하려 했다.

1949년 5월 말, 이승만은 김상덕 반민특위 위원장의 집을 방문했다.

김 위원장이 아들 김정육 씨 증언에 따르면 이승만은 김 위원장에게 "反民(반민) 被疑者(피의자)는 대충 조사하고 內閣(내각)에 참여하라."라고 압박했다고 한다. 김 위원장이 이를 거부하자 6월 6일 반민특위 습격 사건을 자신이 "직접 지시했다."라고 밝히는 속내를 드러냈다. 나경원 전 원내대표는 반민특위 발언으로 큰 비판의 대상이 되었다. 29개의 민족주의 역사단체와 獨立有功者(독립유공자) 후손들 658명의 살아있는 사람들이 목소리를 높여 비판했고 100세를 맞은 임우철 獨立 志士(독립지사)까지 직접 국회에 방문하여 抗議(항의)했다. 그러나 나경원은 자신이 비판한 게 '반민특위'가 아니라 '반문 특위'라고 해명하여 바이든 '날리면'이 되고 말았다.

4) 이승만 大虐殺 (대학살)

이승만은 〈聖經(성경)〉이 말하는 信仰(신앙인)도 長老(장로)도 아닌 殺人者(살인자)이다. 물론 자기 방식으로 독립운동에 참여한 것은 사실이며, 漢城 監獄(한성 감옥)에서 독학으로 배운 영어 지식으로 미국 대통령에게 便紙(편지)를 보내며 한국을 알린 점은 인정된다. 그러나 미 韓人 社會(한인사회)에서는 죄인이었으며, 그는 私生活(사생활)을 안창호에게 들켜 안창호는 이승만 눈엣가시였을 것이다. 만약에 이승만이 미국으로 망명을 가지 않았더라면, 아마 '아나키스트'들의 손에 99% 김구의 뒤를 따라갔을 것이다.

이분은 아무리 생각을 해봐도 죄가 너무 중하고 泰山(태산) 같다. 내 아버지라 해도 도저히 용서할 수 없는 須彌山(수미산) 같은 죄악을 저지른 가인의 할아버지다. 사람으로서는 도저히 불가능한 일을 저질렀다.

최소한의 신앙인이라면 하늘이 두려워 못 할 짓을 서슴지 않은 그의 행적을 아래 資料(자료)에서 들여다보자, 그는 최대 120만 명에 이르는 생명들을 학살하였다.

역사적인 虐殺(학살) 내력

- 제주 4.3 사건 (1948~1950년까지 3만여 명 추정)

- 여수 순천 사건 (1948년 민간인 7천여 명 학살추정)

- 문경 양민 학살 사건 (1949년 민간인 86명 학살)

- 보도연맹 학살 사건 (1950년 민간인 20만 명 학살)

6·25전쟁이 시작된 1950년 7월 초부터 8월 말에 걸쳐 경기, 수원, 강원, 횡성, 이남 대한민국 전역에서 벌어진 6·25 시기

- 거창 양민 학살 사건 (1951년 민간인 719명 학살)

- 제주 섯알오름 학살 사건 (1950년 민간인 210명 학살)

- 함평 양민 학살 사건 (1950년 민간인 524명 학살)

- 대전 형무소 학살 (1950년 1차 1,400여 명 학살, 2차 1,800여 명 학살, 3차 1,700여 명 민간인 학살)

- 청주 형무소 학살 (1950년 민간인 1,200여 명 학살)

- 대구형무소 학살 (1950년 민간인 1,400여 명 학살)

- 부산 형무소 학살 (1950년 민간인 1,500여 명 학살)

- 진주 형무소학살 (1950년 민간인 1,200여 명 학살)

- 마산 형무소 학살 (1950년 민간인 717명 학살 2차 3,500여 명 학살)

- 김천 형무소 학살 (1950년 민간인 650여 명 학살)

- 안동 형무소 학살 (1950년 민간인 600여 명 학살)

- 서울수복 후 부역자 55만 명 검거 (1950년 민간인 867명 학살)

- 4·19 혁명 (1960년 민간인 186명 학살)

- 전주 형무소 학살 (1960년 419 직후 1,000여 명 학살)

- 공주 형무소 학살 (1960년 4.19 직후 1,000여 명 학살)

미군에 의한 학살

- 전남 여수(162명 학살)

- 충북 단양 (300명 학살)

- 경북 구미 (100여 명 학살)

- 경북 예천 (50여 명 학살)

- 경북 의성 (17명 학살)

- 경북 울릉군 독도 (150여 명 학살)

- 경남 창녕 (60여 명 학살)

- 경남 함안 (30여 명 학살)

- 경남 의령 (30여 명 학살)

- 경남 사천 (60여 명 학살)

- 경남 마산 (83명 학살)

- 전북 익산 (120명 학살)

- 충북 영동 노근리 굴다리 (50여 명 기관총 학살)

1999년 9월 30일 미국 AP 통신이 특종 보도하여 클린턴 대통령이 진상규명을 지시하여 늦은 감은 있지만 원한이 조금 풀렸고 지금은 그곳에 記念館(기념관)이 세워져 있다. 손바닥으로 태양 빛을 다 가릴 수 없듯 인터넷 장비와 사진 자료, 영상기술, 영화산업 발달 출판의 자유가 어느 정도 주어지면서 集團(집단) 虐殺(학살) 장소 등이 밝혀지고 뒤늦은 조사와 文民政府(문민정부)의 관심으로 4.3사건은 紀念館(기념관)도 세워지고 숨도 제대로 못 쉬고 제사도 맘대로 못 지내던 저주의 경보가 이제 잠잠해지는 중이다.

[그림24] 이승만 정부에 항거하는 당시초등학교 학생들 동족에게 총부리를 겨누지말라! 시위하는 장면

한국 軍(군)과 경찰 우익단체에 의한 학살

- 경남 거창 (719명)

- 경남 거제 (593명)

- 경남 함양 (33명)

- 경남 동래 (677명)

- 경남 울산 (267명)

- 경남 충무 (58명 학살)

- 경남 구포 (188명 학살)

- 경남 산청 (506명 학살)

- 경북 대구 (1,928명 학살)

- 경북 문경 (86명 학살)

- 전남 함평 (524명 학살)

- 전남 여순사건 (2,633명 학살)

- 전남 나주 동창교 (130명 학살)

- 전남 지리산 구례 외공마을 (700여 명 학살)

- 전북 순창 (1,028명 학살)

- 제주도 (1,876명 학살)

- 강화 (300명 학살)

韓國戰爭(한국전쟁) 당시 북한지역에서 일어난 美軍(미군)의 민간인 학살

- 재팽령에서 (1,400여 명 학살)

- 사리원에서 (950여 명 학살)

- 안악에서 (19,000여 명 학살)

- 신천에서 (35,400 명 학살)

- 송화에서 (5,600여 명 학살)

- 은율에서 (13,000여 명 학살)

- 평산에서 (5,300여 명 학살)

- 해주에서 (2,700여 명 학살)

- 송림에서 (1,000명 학살)

- 봉산에서 (1,300여 명 학살)

- 연평도에서 (2,000명 학살)

- 남길에서 (1,500여 명 학살)

- 평양에서 (15,000여 명 학살)

- 순천에서 (1,200여 명 학살)

- 강서에서 (1,500명 학살)

- 병천에서 (1,300여 명 학살)

- 박천에서 (1,400여 명 학살)

- 안주에서 (95,000명 학살)

- 정주에서 (800여 명 학살)

- 선천에서 (1,400여 명 학살)

- 회천에서 (850여 명 학살)

- 혜산에서 (900명 학살)

- 원산에서 (630여 명 학살)

- 양양에서 (25,300여 명 학살)

- 철원에서 (1,600명 학살)

- 단천에서 (500여 명 학살)

- 한국전쟁 전후 민간인 희생자 전국 유족회(한국전쟁유족회)가 국방부 遺骸(유해) 發掘(발굴) 감식단 보고서를 인용해 최근 서울에서 한국전쟁 기간 민간인 집단 학살 추정지를 처음 찾아내 2002년 범국민회에서 〈오마이 뉴스〉에 제공한 민간인 학살이 자행된 총 94곳을 지도로 표기해서 밝혔다. 〈2021년 7월 2일 고경석 기자〉

5) 이승만 장로의 功過(공과) 요약

右派(우파)들의 시각은 아래와 같다.

功(공) 적인 면

- 建國(건국)의 아버지

- 民主主義(민주주의)

- 시장경제

- 한미 협정

- 農地改革(농지개혁)

- 教育獎勵(교육 장려)

- 外教西方元祖(외교 서방 원조)

中道派중도파에서 본 이승만의 過(과)

- 하와이 망명

- 良民 虐殺(양민 학살)

- 不正選擧(3.15 부정선거)

이승만 정부는 여러 차례 憲法(헌법)을 개정하여 장기 집권을 구상했으나. 2대 국회의원 선거 결과 간접선거로는 대통령에 재선된 희망과 확률이 희박해지자, 대통령 直選制(직선제)를 주요 내용으로 하는 改憲(개헌)을 강압적인 방법으로 通過(통과)시켰다. 이후 대통령에 한하여 횟수 제한 없이 출마할 수 있도록 헌법을 개정하여 長期(장기) 執權(집권)을 꾀하려 했다.

나아가 이승만 정부는 양아들인 自由黨(자유당) 이기붕을 副統領(부통령)에 당선시키기 위해 저 유명한 3.15 부정선거를 자행하여 대한민국 만천하가 술렁거렸다. 워낙 큰 사건이라 3.15 부정선거를 항의하는 국민 시위가 대도시를 중심으로 요원의 불길처럼 번져나갔다. 이승만 정부는 경찰을 동원하여 진압하였다. 4월 11일 시위 과정에서 실종되었던 김주열 학생의 시신이 마산 앞바다에서 떠오르자, 示威(시위)는 전국적으로 더욱 거세게 擴散(확산)되었다.

4월 19일 경찰이 학생과 市民(시민)에게 無差別(무차별) 총격을 가하자 많은 死傷者(사상자)가 발생하였다. 결국은 각 대학의 교수들까지 수업을 중단하고 전국에서 이승만 獨裁(독재)를 타도하는 외치는 高喊(고함) 소리가 지축을 흔들었다. 중고등학생은 물론 初等學生(초등학생)까지 어깨동무를 하고 거리로 몰려나와 부모 형제 형님들에게 총부리를 들이대는 대통령 물러가라며 누가 시키지도 않았는데 시위에 가담하여 온 나라는 흥분의 도가니였다. 이 사건은 주로 초중고 大學生(대학생)들의 외침이 컸으므로 '4.19 학생운동' 혹은 '4·19 혁명'이라 부르며, 결국 학생과 시민의 힘으로 장기 獨裁政權(독재정권)을 무너뜨리고 民主主義(민주주의)를 되찾았고 이승만은 下野(하야)를 하고 미국으로 망명을 떠났다.

- 反民特委 解散 (반민특위 해산)

- 親日 公務員 (친일 공무원) 100% 그대로 등용

- 民族正氣 毁損 (민족정기 훼손)

- 進步黨 解體 (진보당 해체)

- 曺奉岩 黨首 死刑 (조봉암 당수 사형)

- 제주 4.3사건 지휘

- 保導 聯盟 虐殺 (보도연맹 학살)

- 한강 인도교 폭파 후 도주 거짓 방송

- 김구 죽음 배후 조종

5장 공산주의와 기독교

5. 영락교회 한경직 목사 再照明(재조명)

1) 영락교회와 西北靑年團(서북청년단)

　서북청년단은 제주 4.3사건 토벌대로써 한경직 목사는 反共 運動(반공 운동)을 무장시키는 차원에서 서북 청년단에게 사상을 교육하였다. 북한에는 러시아 로마넨코 사령관이 軍政(군정)을 펼치자, 共産主義(공산주의) 국가로 정치가 굳혀지면서 김일성은 土地改革(토지개혁)을 단행하였다.

　이러한 유래가 없던 개혁의 바람이 불면서 불쾌하고 어색한 정치가 펼쳐지자 아직 3·8선 왕래가 가능할 때 월남한 사람들도 있고 1·4후퇴 때에 넘어온 사람들도 많았다. 서북청년단은 1946년 11월 발족해서 1948년 12월 해산하였다. 약 2년 1개월 활동한 셈이다. 解放政局(해방정국) 당시 우익 청년단체 수는 전국에 40여 개, 청년단체의 수십 곳 중 하나였던 서청(서북청년단의 준말)이 70여 년이 지난 지금까지 사람들에게 잊혀 지지 않는 이유가 무엇일까?

　서청은 한국 改新敎(개신교)와 떼려야 뗄 수 없는 관계로 역사 속에 고스란히 남아 있다. 越南(월남)한 사람들로 조직된 서청 대다수는 共産黨(공산당)이 싫어서 내려온 기독교인들이고 서울 영락교회와 이름만 대면 알만한 교회들이 이를 지원하였다. 제주도에서 서청이 저지른 무시무시한 잘못을 오늘날 한국교회가 대신 사죄하고 회개해야 한다는 주장이 많으나, 단 한 사람의 牧會者(목회자)나 교인들이 책임을 거론하는 사람이 아직은 없다.

마치 러시아 정교회가 만들어낸 '볼셰비키' 혁명으로 학살당한 公式的(공식적)으로 3,300만 명의 학살과 후속타로 숙청당한 숫자 6천만 명 학살 후 역사 속에서 아무도 미안하거나 속죄하거나 참회하는 인간들은 아직 없다. 5.18 희생자들을 산증인 광주시민이 있는데도 북한이 지령을 내리고 北韓軍(북한군)이 개입한 사건이라고 보수파 국회의원들이 가짜 뉴스를 9시 뉴스에 여러 차례 洗腦(세뇌)하니 他地(타지)의 사람들은 이 뉴스로 인하여 광주시민을 빨갱이 후예들로 몰아세워 역사는 진상이 99% 이상 왜곡되었다.

작전지휘자 전두환과 機關銃(기관총)을 발포한 사람들은 아무도 미안해하거나 가책을 받아 공개 사죄한 사람이 없다. 그러나 교회는 예수의 사랑을 전하는, 원수를 사랑해야 하는 사람들 아닌가. 오늘날 교회라는 조직 안에는 하나님의 신이 존재하지 않는다. 교회는 두 개의 혀를 가지고 甘言利說(감언이설) 하여 아담을 타락시킨 옛 뱀의 유혹과 피 흘리기를 아주 즐기며 가책을 모르는 가인의 後繼者(후계자)들을 배양하는 곳이다. 만일 내가 잘못 봤다면 분명 천벌을 달게 받을 것이다.

장로회 통합 측 영락교회는 지금까지 사람들에게 서청의 본거지로 알려져 왔다. 영락교회가 주축이 되어 서청을 만들었고, 제주 4.3사건의 토벌대로 참가해 무고한 양민을 학살했다는 증거는 제주도민 1950년 이전 출생자 중 지금 생존해 있는 사람 열 명에게 물어보면 모르는 이가 없다. 서북청년단의 노래 團歌(단가:우렁찬 합창곡)를 한경직 목사가 지어줬다고 전해진다.

기록과 증언에 따르면, 영락교회 일부 청년들이 서청 단원이었던 것은 사실이다. 왜냐하면 함경도에서 목회하던 한경직 목사를 재회하여 자연스럽게 영락교회는 북한 출신들이 모여들 수밖에 없었고 당시 어수선한 분위기 속에서 위안받을 곳은 나를 알아주는 이들과 결속하여 교제를 나누는 교회가 최후의 보루였기 때문이다. 서청에서 監察 部長(감찰부장)을 지낸 싸움꾼 '시라소니' 이성순은 영락교회 집사였고 나중에는 장로가 된 사람으로 기록되어 있다. 청년단이 정확히 몇 명이었는지는 분명치 않아 뉴스앤조이 '박요셉 기자'는 자료를 더 모으고 있다.

세월이 지나면서 당시 서청 단원들은 이미 사망했으며 떳떳하지 못한 부담감을 가진 이들도 있었을 것이며 勳章(훈장) 받을 일이 아닌즉 쉬쉬하며 잊혀가고 있다가 현기영 작가의 〈순이 삼촌〉이라는 小說(소설)이 세상에 출간되자 문민정부가 탄생 되면서 진상이 밝혀짐으로 지금에야 조사 발굴 연구 중인 것이다. 한경직 목사 〈回顧錄(회고록)〉에는 영락교회가 서북청년단과 밀접한 관계가 있음이 김병희 목사가 발간한 〈한경직 목사 규장문화사〉에서, 한경직 목사는 영락교회 청년들이 중심이 되어 서청을 조직했다고 분명히 말했다. "그때 공산당이 많아서 지방도 혼란하지 않았갔시오. 서북청년회라고 우리 영락교회 청년들이 중심되어 조직을 했시요. 그 청년들이 제주도 반란 사건을 평정하기도 하고 그랬시오. 그러니 까니 우리 영락교회 청년들이 미움도 많이 사게 됐지요."

같은 책에서 영락교회 청년들이 기독교 民主同盟(민주동맹) 창립총회를 습격한 일도 등장한다. 기독교 民主同盟(민주동맹)은 3.1운동 당시 민족 대표 33인 중 한 사람이었던 김창준 목사가 左翼(좌익) 기독교인을 모아 만든 단체다. 영락교회를 포함한 右翼(우익) 단체들은 1947년 2월 창립총회가 열리는 서울 종로구 所在(소재) 시천교 당을 습격해 난투극을 벌였다.

한경직 목사는 "우리교회 청년들은 열렬한 反共(반공) 젊은이들이라 '기독교 민주동맹 창립총회'에 가서 쳐부수고 해산시켰거든. 그 청년들이 다 지금은 장로들 됐수다."라며, 영락교회 청년들이 반탁, 반공 운동에 앞장섰다고 힘주어 말했다. 영락교회가 발간한 〈사료집〉에도 서북청년단이 등장한다. 〈영락교회 50년사 1945〉 '영락교회에는 영락교회 청년을 비롯한 우익 청년 진영, 특히 越南(월남) 청년들을 중심으로 조직된 서청은 격렬한 反託(반탁) 운동을 전개하였고, 이 과정에서 심한 충돌이 야기됐다.'만 기록되어 있고 男女老少(남녀노소) 집단 학살 이야기는 언급이 없다. 짧은 기록이지만 당시 영락교회 청년들이 서청과 함께 활동했다는 증거는 100% 명백하다.

그리고 그들의 활동 이력을 알 수 있는 대목이다. 영락교회는 해방정국 당시 교회가 '反共(반공) 運動(운동)의 보루'였다고 자평한다. 책에서는 "청년회 성향 공산당의 만행을 목도하고 그들의 虐政(학정)을 피해 정든 고향과 부모를 떠나온 이들이었기에 남달리 반공주의에 투철하였을 것이다. 따라서 언제라도 반공 전선에 몸을 던질 각오가 되어 있었다."라고 나와 있다. 〈영락교회 50년사〉를 기록한 김성보 집사(77세)는 초창기 서청에 활동한 청년들을 조사했다. 교회가 맡은 공식 임무는 아니었으나, 이 사건에 대해 물어보는 이가 너무 많아 개인적으로 연구에 나섰다. 김성보 77세는 서청에서 주도적으로 활동한 김섭태·계인집의 활동 내력을 알아냈다. 김섭태는 평안북도 선천군 사람으로 성격이 강하고 리더십이 뛰어난 인물로 영락교회 봉사부장, 주일학교 교사를 지내며 후일 장로가 되었다. 함께 활동했던 계인집 씨도 열정이 많은 사람이었다. 대다수 서청 단원이 軍警(군경)이 되었던 것처럼 그는 서청이 해체된 뒤 그대로 警察(경찰)이 되었다. 김성보 집사는 제주 4.3사건 토벌대로 참여했던 영락교회 교인들을 직접 만나기로 했다.

서청에서 활동하다 나중에 경찰이 된 박용범, 홍형길이다. 박용범은 월남하고 난 뒤 무직자로 지내다가 토벌대 모집 공고를 보고 제주로 갔다.

홍형길은 용산역에 있는 하숙집에서 지냈는데 제주 출신인 집주인에게 제주 방언을 배웠다. 그는 제주 방언 통역가로 討伐隊(토벌대)에 동원됐다(최재욱 목사 논문 참조). '남북 분단과 6.25 전쟁 시기 1945년~1950년 민간인 집단 희생과 한국 기독교의 관계 연구'에는 홍형균이 등장하는데 이는 김성보 집사가 기억착오로 최 목사에게 홍형길을 홍형균으로 잘못 말한 것이다. 그러니까 이러한 자료와 증언을 어찌 가짜 뉴스니 뭐니 하며 그냥 넘어가는가? 이들 증언으로 보면 西北靑年團(서북청년단) 수가 영락교회에서 50명 정도이고 나머지는 모집 공고를 보고 자원해서 모여든 젊은이들로 추정되는데 많은 사람이 이미 세상을 떠나 죽었으므로 정확한 인원을 알 수는 없는 상태다.

2) 서청 출신 교인 98%

영락교회는 평북 新義州(신의주)에서 월남한 교인들이 그대로 다시 뭉쳐 세운 교회이다. 노정선 교수가 1967년 조사한 결과는 교인 중 87.5%가 평북 출신들이고 또 다른 연구 자료에는 약 98%가 북한에서 월남한 교인들이라고 한다. 서북 출신 기독교인들은 이북에서 이미 알려져 있던 한경직 목사를 따라 서울 영락교회로 자연스럽게 모여들었다.

고향을 떠나 남한에서 서로 아는 사람을 만나고 위로받고 일거리를 서로 나누고 처소, 정보 등을 공유하며 共同體 生活(공동체 생활)을 하며 교회는 성장했다. 이 결속력 좋은 교회는 여느 개척교회와는 성장이나 부흥 과정이 달랐다. 한 목사의 설교는 유난히 共産主義(공산주의) 비판에 대한 설교가 많았다. 이승만과 박정희는 한경직에게 동지애를 느꼈다.

영락교회는 대통령에게 인정받는 교회였으며 설교를 보면 "공산주의가 소련을 통해 基督敎(기독교)를 멸하려 한다면, 한국교회는 大同團結(대동단결)하여 십자군을 조직해야 한다."라고 힘주어 말했다. 한경직 목사는 일평생 반공 신앙에 불을 지폈다. 越南(월남) 기독교인 대다수가 반공주의자이며 오늘날 廣化門(광화문) 태극기부대로 이어진 한국 반공교회다.

제주도에서 서북청년단이 2년 동안 활동할 때 그 폭력성과 잔인함을 이해하려면 당시 월남 기독교인들이 갖고 있던 時代(시대) 狀況(상황)과 사상을 알아야 한다. 그들은 북에서 대개 지주들의 후예들로 김일성에게 토지개혁이라는 명분으로 원치 않는 재산을 넘겨주고 한경직 목사를 따라 월남한 사람들이니 공산주의라 하면 이가 갈렸을 것이다.

이승만은 서북청년단원들에게 월급이나 일당을 주지 않았다. 사대보험이나 특별 보너스도 없었다. 사상이 의심되는 놈들은 다 죽이고 財産(재산)을 몰수하고 알아서 해 먹고 살라는 교육을 받았다. 약 10일 정도 교육을 받은 청년들에게 警察(경찰) 배지를 이승만 정부는 달아주었다. "제주도로 내려가서 美國(미국)을 반대하는 좌익 분자는 숙청 대상이니 죽여 없애고 남는 재산이나 現金(현금), 물품, 가축, 모두 그대들이 다

가져라." 하고 명령을 한 뒤 실제로 월급이나 일당을 주지 않았다. 이들은 젊은 여자들을 욕보임은 물론 집단 강간하고 反抗(반항)하면 그 자리에서 죽였다.

　2023년 늦가을 전남 함평 민예학당에서 개량 한복을 만드는 가수 이은희 씨 댁에서 하룻밤 묶은 적이 있다. 나는 눈물을 흘리며 지난날을 回想(회상)했다. 은희 씨의 언니 되는 분이 10여 명의 서북 청년들에게 붙잡혀 집단 욕보임을 당하고 그 젊고 아름다운 처녀는 그렇게 숨을 거두었다. 그 여인이 목숨을 잃은 모습을 눈으로 목격했을 때의 슬픔과 울분으로 늘 두통을 앓는 생생한 증언을 귀담아들으며 나는 보다 더 根源的(근원적)인 부분을 더듬어 올라가다가 가장 큰 원인은 資本主義(자본주의) 기독교의 책임이 90% 이상이라는 결론을 내렸다.

　공산주의를 만든 악마들이 바로 교회라는 사실이다. 文字主義(문자주의) 천국 타령 축복을 공짜로 얻어 보려는 욕심 덩어리를 안고 사는 剩餘(잉여) 인간들 그리고 빨갱이라는 슬픈 용어를 가장 많이 쓰고 이 땅에 통일을 가로막는 1등 공신들이 곧 교회라는 사실이다. 이런 사람들은 백번을 고쳐 죽어도 마귀를 이기지 못하고 또다시 친동생을 쳐 죽이고는 '내가 아우를 지키는 사람입니까? 상관 마십시오. 신이시여!'라고 말하는 가인의 後裔(후예)들이자, 양심의 呵責(가책)을 모르는 붉은 龍(용)을 숭배하는 자들이다.

3) 한경직 목사 신사참배

　서울 영락교회와 당회장 한경직 목사 하면 한국을 대표하는 長者 教

會(장자교회) 센터로 생각하며 한경직 목사의 이름만 떠올려도 온유하고 순결한 어린양 같은 성자의 이미지를 떠올리게 되고 실제로도 많은 젊은 목회자들에게 경건의 모델이며 牧養(목양)의 아이콘이다. 맘모스 교회를 꿈꾸는 改新敎(개신교)의 목회자들과 신도들은 한 목사를 추앙하는 마음을 아마 멈추지 않을 것이다. 정말 한 사람의 목회자를 이렇게 숭배해도 괜찮은가?

박정희 대통령을 통해서 보릿고개를 해결하고 새마을 운동으로 빈대, 벼룩을 물리치고 초가지붕과 노래기를 없애버린 가나안농군학교 김용기 장로나 醫療保險(의료보험) 제도를 만들어 나라에 바친 '청십자 의료원 회장' '부산 복음병원' 장기려 박사 같은 분이라면 동상을 세우던 퓰리처상이나 노벨상을 내려도 부족할 것이다.

나는 교회에서 태어나고 교회에서 뼈가 굵고, 예수로 호흡하며 예수로 먹고 마시는 骨髓分子(골수분자)다. 이런 내가 내부 告發者(고발자)가 된 이유는 오늘날 한국교회가 예수를 몰라도 너무 모르는 무지상태가 못마땅하고 답답해서 산 위에 올라 고함이라도 지르는 심정으로 이렇게 발작을 일으키는 것이다. 구태여 내가 나를 말하자면 나는 義(의)에 주리고 목마른 자다. 伯夷 叔齊(백이 숙제)처럼 妙香山(묘향산)에서 풀을 뜯어 먹다가 굶어 죽어도 권력자에게 아부할 수 없고 절에 가서 합장하고 예는 표하나 神祀參拜(신사참배)는 죽어도 못하는 성미이다.

한경직은 東邦遙拜(동방요배) 일본 히로히또 천황 숭배에 앞장선 인물이다.

1938년 9월 9일 神祠參拜(신사참배)를 거부했던 평양 장대현 교회를 담임했던 주기철 목사를 감옥에 가두고 평양 서문 밖 교회에서 27회 총회가 열렸다. 총회장 홍택기는 21명 선교사 모두가 반대하는 가운데 신사참배를 가결했다. 주기철 목사가 신사참배 거부로 감옥에 갇혀 拷問(고문)을 받자, 교회 목사들은 바짝 쫄아 겁을 먹었다. 그리고 이후 1939년 제28회 총회를 한경직 목사가 담임으로 있던 新義州(신의주) 제2교회에서 열렸다. 이때 총회장은 윤하영 씨(신의주 제일교회) 총회 서기는 한경직 목사가 선출되었다. 서기 한경직은 전국 교회에 공문서를 보내 신사참배를 독려했다. 이후 경북 노회가 가장 먼저 우상숭배를 가결하고 앞장서서 일제 귀신에게 참배하였다. 교회는 이때부터 예배를 드리기 전에 먼저 일본의 국가 '기미가요'를 먼저 부르고 천황을 찬양하였다.

일본의 국가

'기미가요와 지요니 야치요니 사자레 이시노 이와오토 나리테 고케노 무스마데'

'천황 임금의 치세는 천대에 팔천 대에 작은 조약돌이 큰 바위가 되어서 이끼가 낄 때까지'

이 노래를 부르고 동쪽을 향하여 東邦遙拜(동방요배)부터 하고 교회 의식을 뒤이어 시작했다. 헌금 시간에는 일본 전투기 헌납을 위하여 거출하는 데 열심을 냈으며, 이뿐 아니라 1940년대에 접어들면서 앞다투어 교회 鍾(종)까지 헌납하는 데 앞장섰다. 과연 이들이 하나님을 숭배한 사람들인가?

1945년 9월 한경직은 기독교 사회민주당을 조직하여 정치에 뛰어들지만 북한에 소련군이 진주하자 뜻을 이루지 못하자, 그해 10월에 공산당을 피해 가족과 교회를 버리고 월남했다. 그해 12월 한국신학대학 설립자 김재준 박사의 도움으로 일본의 天理敎(천리교) 건물을 사들여 북한에서 넘어온 탈북자들과 함께 오늘날 영락교회의 시초인 베다니 교회를 열었다.

[그림25] 신사참배에 복종하는 당시 한국 기독교

4) 박정희와 한경직 목사의 密敎(밀교)

5.16 군사 혁명으로 정권을 탈취한 박정희는 남로당 활동을 하던 일을 이유로 미국이 軍士(군사) 政變(정변) 자체를 의심하게 되자 한경직을 미국으로 보내 미국의 지지를 얻도록 하였다. 한경직은 프린스턴 대학교에서 공부하였고 성품이 온유하여 인정받았다. 한경직은 박정희의

革命(혁명) 公約(공약)처럼 '반공을 국시의 제일 義(의)로 삼고 구호만으로 그친 반공 태세를 재정비 강화한다.'라는 공약대로 공감하여 김환란 이화여대 총장, 최두선 동아일보 사장과 함께 미국으로 향하였고, 박정희는 조선 역사를 통틀어 최고의 반공 정권이라고 정당성을 설파했다.

서북청년단을 길러내고 반공에 목숨 걸고 일본 신사에는 參拜(참배)를 하고 영어 잘하고 반공 잘하니 박정희와는 돈독한 관계를 유지함으로 영락교회는 날이 갈수록 종탑이 높아지고 그 반공 후예자는 대부분 신사참배를 하던 교회들로 오늘의 한기총 태극기부대 교회들이다. "저들은 日帝(일제)의 탄압으로부터 교회를 지키기 위해 어쩔 수 없이 신사참배를 했다."라고 주장하였다. 이들은 후일 철저한 反共 主義者(반공주의자)로 변하였고 북한을 소련군으로부터 지키지 못한 죄를 부끄러워하기는커녕 가족을 버리고 넘어와서 자기가 버리고 남기고 온 북녘 동족을 적으로 대하고 있다.

5) 한경직 목사의 末年(말년)

宗敎界(종교계)에서 노벨상으로 불리는 템플턴 상을 수상한 그는 상금으로 받은 102만 달러를 시상식 자리에서 북한 돕기 성금으로 寄託(기탁)하면서, "1분 동안 百萬長者(백만장자)가 돼 봤다."라고 말하기도 하였다. 그리고 신사 참배한 자신을 고백하며 한국교회에 경종을 울렸다. 1992년 6월 18일 열린 시상식 감사 예배에서 그는 日帝(일제) 때 신사참배를 한 죄를 제대로 참회하지 못했다면서 눈물을 흘려 座中(좌중)을 숙연하게 하였다.

그 후로 2006년 1월 기독교 대한 복음교회가 초대 감독이던 최태용 목사의 친일행각을 고백하고 공개 반성하였다. 이병도가 한국 역사를 완전히 왜곡하여 30여 권의 저술 활동을 하여, 단군 역사를 神話(신화)로 탈바꿈시키고 평생 일제를 위해 헌신하다가 역사 왜곡에 대한 양심 선언을 200자 원고 4~5매 분량으로 동아일보에 발표함과 방불하다.

그 이듬해에는 기독교 성결교회가 '3·1절' 기념을 통해 신사참배에 대한 罪責感(죄책감) 고백 선언문을 발표 하였다. 그해 9월 한국 기독교 장로회 측에서도 신사참배에 대한 공식 謝過文(사과문)을 발표하였다. 기독교 장로회 측에서는 일본 帝國主義者(제국주의자)들의 강압에 못 이겨 교회가 마땅히 지켜야 할 신앙의 정절과 양심을 지키지 못하고, 신사에 참배했던 지난날의 허물을 공식적으로 사과하였다. 2008년 9월 24일 저녁 제주 국제컨벤션 센터에서 열린 '제주선교 100주년 기념 장로교 연합 감사 예배'에서 대한 예수교 장로회, 통합과 합동, 합신 기장총회, 총대 3,950명과 제주지역 목회자까지 모두 5,000여 명이 참석한 가운데 신사참배의 허물을 懺悔(참회) 하며 무릎을 꿇었다.

감리교회에서도 2013년 제33회 서울 연회에서 신사참배 회개 決議案(결의안)을 채택하며 회개에 동참했다. 형식이긴 하지만 한경직 목사의 위치가 영향이 컸던지 한경직의 뒤를 이어 한국교회는 겉으로나마 신사참배와 일제에 복종했던 지난날을 부끄러워하는 최소한의 양심이 움직였던 것 같다. 안타깝게도 한국의 성자 한경직 목사는 呼吸器(호흡기)가 약해 오랜 세월을 고생하였다. 거기에다 노인들이 가장 두려워하고 꺼리는 질환으로 생을 마감했다 하는 기별을 들었다. 기독교인의 최후 소망을 맑은 정신으로 가족과 교우들의 환송을 받으며 눈인사를 나누며 이 세상 소풍을 끝내고 기력이 다하여 눈을 감는 것을 바람직한 축복으로 여기는 것일진대 한국의 성자가 이렇게 희미한 정신으로 고향의 처자식을 버리고 남한으로 와서 목회의 본질을 反共(반공)을 제일 義(의)로 삼다 그렇게 눈을 감았다.

6. 예수그리스도를 버린 教會(교회)

지구촌에서 평화, 평등, 자유라는 명분으로 가장 피를 흘린 단체가 있다면 기독교와 공산주의 사상이다. 기독교의 敵(적)은 공산주의이며 공산주의의 적은 기독교이다. 그들은 기독교를 아편이라 할 정도로 멸시한다. 진정한 예수의 가르침에는 男女平等(남녀평등), 평화, 박애, 자유, 兒童(아동) 福利(복리), 민주주의, 나눔이 주요 교리를 이룬다. 한국에서의 교회는 좁은 의미로는 각 개인이며, 확대하면 가정, 단체, 예배모임, 지역, 직장, 회사. 국가다, 이러한 유기적인 연결과 분리하는 것이 아니라, 이러한 관계 속에서 빛과 소금처럼 자신의 위치를 확실히 살피고 지켜 나가는 것이 건전한 교회의 신도라 할 수 있다. 한국교회의 타락 원인은 심각하다.

1) 건물 中心的(중심적) 사상

언제부터인가 거대한 건물을 숭배하며 대형 교회라는 의미가 건물 中心的(중심적) 사상으로 둔갑하게 되어 신도들의 인격 성장보다는 교회당 건물의 평수와 웅장함에 목회 성공을 부여하는 흐름이 기준이 되어 대개의 교단이 희생의 피라미드를 건축하게 되었고, 결과적으로는 거대한 바벨론 제국으로 변하여 계시록 18장에서 저주하는 장사꾼의 소굴로 변해버린 것이다.

　의식 없는 교회와 목회자들 그리고 영적으로 구정물을 마시며 쑥물 신학으로 물든 사악한 염소 신앙인들은 처음 사랑을 버리고 어느 순간부터인가 은행에서 빚을 내어 교인들의 피를 짜내어 免罪符(면죄부)를 팔기 시작하여 세계에서 가장 교회가 성장한 나라로 2010년 통계가 나왔다. 건물도 가장 크고 교인 수도 가장 많았다. 반면에 교회가 무리한 건축으로 빚도 가장 많았다. 그런데 OECD 국가 중 幸福(행복) 指數(지수)는 핀란드가 1위, 한국교회가 51위다.

　니므롯은 고대 바벨론 영걸이었지만 하늘 꼭대기에 닿는 건물을 세워 勞動者(노동자)들의 피를 착취하였다. 결국 신의 분노를 사서 멸망하였고 건축물도 무너지고 그는 하나님을 등지고 이단의 아버지로 지금은 태양신의 始祖(시조)로 온갖 이단의 씨앗을 잉태하며 십자가를 숭배하는 교회의 또 다른 모습으로 종교 문화의 기둥이 되어 로마교회를 꽉 잡고 있다. 오늘날 건물 중심 교회는 바벨로니즘이며, 거대한 종탑과 비잔틴 문화형식으로 금빛 찬란한 거대한 건축물들은 영적인 능력이나 사랑의 힘보다는 보이는 文化(문화)의 왕국을 과시하며 君臨(군림)하는 교황들의 유전이다.

2) 制度(제도)의 영향

　사도 바울이 로마로 가서 유대 동족을 만나 그리스도 예수를 전도한 것은 사실이지만 거대 로마 태양신 교회와 교리, 여러 세레모니 의식이 뒤엉켜 초대교회의 단순하고 간략하던 예배행위가 복잡한 제도로 바뀌었다. 바울이 그렇게 만든 것이 아니라, 皇帝崇拜(황제숭배)를 통하여 혼합된 것이다.

로마에서 制度(제도)가 된 기독교 신앙은 그리스로 전파되면서 니콜라 철학, 플라토니즘(Platonism), 영혼 불멸설을 희석하여 新·舊教(신·구교) 신학의 토대를 세웠다. 중세 기독교는 최고의 權座(권좌)에서 홀을 휘둘러 세상을 맘대로 주무르고, 재산을 증식하고 성직자들의 천국이 되었다. 60만여 명의 美女(미녀), 知性人(지성인), 의식 있는 여인들은 몸을 빼앗기고 재산을 교회에 빼앗기고 마녀사냥의 대상으로 아주 잔인한 방법으로 죽어갔다. 영국, 프랑스, 스위스로 기독교 복음이 들어갔다. 新舊教(신구교) 싸움에 항상 개신교인들이 피를 흘려야 했고, 루터 종교개혁 이후에도 여전히 告訴狀(고소장)이 쌓여만 간다.

허나 지금 종교인들은 전혀 모르고 있다. 그 농도가 어느 정도인가? 남들이 다 알고 있는데 자신들만 모르고 있다. 구역예배 공과, 〈聖經冊(성경책)〉 외엔 일체 신문 한 장도 안 읽으며 뉴스도 외면하고 24시간 禮拜堂(예배당)에 사람을 가두어 가스라이팅(gaslighting) 세뇌로 난쟁이, 귀머거리, 앉은뱅이, 절름발이, 손 마른 자들, 그리고 소경을 만들고 있다.

基督教(기독교)가 러시아로 건너간 뒤 어느 날 공산주의를 잉태하게 되었다. 피의 일요일, 볼셰비키, 멘셰비키 혁명을 통해 교회는 막을 내리고, 피바람이 불어닥쳐 오늘날 左派(좌파)니 右派(우파)니 하는 불쾌하고도 진저리나는 더러운 정치인들은 하이에나요, 이들이 만들어 낸 불쾌한 유행어는 민중들의 입술을 더럽히고 있다.

기독교 복음이 미국으로 건너갔다. 메리 여왕에게 얻은 낡은 배 한 척 5월의 꽃 '메이플라워'를 타고 北美(북미)로 떠났다. 영국의 헨리 8세와 제임스 1세와 찰스 1세 때 이어진 종교 박해를 못 이겨 102명의 淸敎徒(청교도)들, 25명의 선원과 극동해 大西洋(대서양) 중부지방 버지니아를 목적 삼고 出港(출항)하여 버지니아 대신 메사추세츠 해안가에 도착하였고 그곳을 5일간 주위를 답사한 후 11월 16일에 현재 플리머스에 정착하였다.

  63일 3,400마일(5,440km)의 멀고도 위험한 항해 끝에 닻을 내렸다. 이 새롭고 신기한 新大陸(신대륙)에서 강풍과 눈보라, 혹독한 추위와 질병, 식량 문제, 위험, 原住民(원주민)들의 습격과 냉대, 움막 하나 없는 절박한 상황 중 그해 겨울 하루에 2~2명씩 죽어 나가는 동안 50명이 生存者(생존자)로 남았으나, 그들 중 다수는 지치고 쇠약해지자 이 가운데 그래도 몸을 움직일 수 있는 건강한 사람들이 땔감을 마련하고 움막으로 침실을 만들고 야생 七面鳥(칠면조)와 사슴을 사냥하여 고기를 만들고 살아남아 겨울을 나고 이듬해 봄이 돌아오자, 그들은 땅을 개간하고 씨를 뿌리고 가꾸어 1621년 가을 하나님께 추수 감사 예배를 눈물로 드렸다. 그들은 나무를 베어 학교를 짓고 다음으로 예배당을 짓고 자기들의 집은 맨 마지막에 지었다.

  여기까지는 정말 좋았다. 눈물로 씨를 뿌리던 저 간절하고 절박한 순간을 잊고 부자가 되고 힘 있는 미국은 淸敎徒(청교도) 신앙을 버리고 어쩌다 合衆國(합중국)이 되어 무기 생산 국가, 전쟁 국가, 노예장사, 마피아 장사, 프리메이슨(Freemason), 일루미나티(Illuminati), 그림자 정부의 무서운 힘을 빌려 전 세계의 목을 조이는가? 이렇게 미국으로 건너간 기독교는 결국 큰 기업으로 성장하여 세계시장을 위협하며 교회 역시 事業場(사업장)으로 바뀌었다. 이러한 기독교 복음이 대한민국으로 선교사들을 통하여 전도되었다. 처음에는 눈물겹게 감사했고 좋았다.

알렌 선교사의 헌신으로 高宗(고종)이 감동되어 병원을 짓고 배제 대학, 이화 대학, 메디컬센터, 예수병원, 연세대학교 등 育英事業(육영사업), 아동 복리, 기타 문맹 퇴치, 질병 관리 등 밝은 사회가 열렸다. 이러한 歷史的(역사적) 사실은 불교 인들도 감사하며 예찬하는 문제다. 전쟁을 겪으면서 우리는 민간인 차원의 미국 교회의 도움을 받았고 여러 기독교 국가로부터 도움을 받았다.

"이 몸의 소망 무엔가 우리 주 예수뿐일세!" 이 讚頌歌(찬송가)를 부르며 한국교회는 성장하였다. 1970년~2000년 약 30년 사이에 1천만 신도가 늘어나 1,300만의 信徒(신도) 수를 자랑하게 되었다. 그러던 어느 날 밀레니엄이 지나면서 20년 사이에 신도 수가 급격히 줄어들며 한국교회는 崩壞(붕괴)되기 시작하였다. 100% 목회자들 책임이다. 비싼 外國 車(외국 차), 여자 문제, 세습 문제, 인성 문제, 무엇보다도 영적인 고갈로 현대 지성인을 압도할 능력이 절대적으로 부족하여 의식 있는 젊은이들을 다 빼앗기며 결국 자기 닮은 사람들만 남아 방황하게 된다.

한국교회의 가장 큰 문제는 영적인 것은 그만두더라도 맘모스 교회, 건물 중심, 축복의 가치관, 헌금 문제, 〈성경〉을 모르는 無知(무지)에서다. 이 모든 것은 다시 말해서 100% 목회자들 책임이다. 한국교회는 大企業(대기업)으로 성장하다가 지금은 황야를 걷고 있다. 머지않아 건물들이 텅텅 비고 몇몇 노인들만 앉아있을 것이다. 교회는 이 사회에서 천국 타령 외에 한 일이 없다. 공산주의를 못 막았고, 미국으로부터 독립하지 못하고 獨裁者(독재자)나 歲月號(세월호) 사건 등 不正腐敗(부정부패)를 외면 하는 행위, 新天地(신천지) 하나 못 막는 격 낮은 지적 수준은 初等 學問(초등학문)에도 못 미친다.

[그림26]1980년 5월 15일 서울역 앞에 모인 시위대(좌), 영화 서울의 봄(우)

<서울의 봄>이라는 영화를 보려고 얼마 전에 영화관에 간 적 있다. 1,200만 명의 관객이 동원됐다 한다. 왜일까? 남녀노소 다양한 인파들이 극장에 모여들었다. 蔽 一言(폐 일언)하고 시대정신이다. 예수 믿으면 복 받고 천국 간다는 막연한 童話(동화) 같은 말로 전도할 시기가 아니다. 風勢(풍세)를 살펴 가며 씨를 뿌려야 한다. 시대정신이 메마른 한국교회 진리의 실체를 잃어버린 罪(죄)의 무게가 지성인들을 놓치고 팩트를 잃어버린 구태의연하고 막연한 설교는 이제 실증적으로 파고드는 영화 한 프로만도 못하다. 깨어나야 한다.

3) 교회의 영적 게으름은 이슬람을 키웠다.

한국교회가 예수의 사랑과 山上垂訓(산상수훈)을 버리고 목회자들이 배가 불러 졸며 잠든 사이에 怨讐(원수)들은 가라지를 덧뿌리고 그 씨앗이 곡식밭에 뿌리를 함께 내려 잡초를 제거하려니 곡식이 함께 뽑힐까 함께 자라도록 가만두게 된 것이 오늘날의 한국교회 실태다.

한국에서의 이슬람은 기독교가 복음의 능력을 상실할 때 태동하였다. FIM(국제선교회) 대표 유해석 교수를 주축으로 창립 27주년 기념 예배 및 이슬람 세미나가 2023년 12월 12일 신길동 해군 호텔에서 선교관계자 150여 명이 참석한 가운데 진행됐다. 2023년 이슬람 인구는 20억 명으로 전 세계의 25%다. 약 100년 동안 전 세계 인구가 4배 증가할 때 이슬람은 그 2.5 배인 약 10배 증가했다고 통계를 발표했다. "한국은 다인종 다문화사회로 변하면서 외국인 인구가 무려 300만 명이 훨씬 넘었다. 그중 눈에 띄게 증가하는 것이 이슬람 인구다."라고 유해석 교수는 말했다. 유 교수는 이러한 가운데에 한국교회의 이슬람에 대한 태도는 관용과 공포, 2가지로 나뉜다며 이러한 두려움은 이슬람이 태동할 때부터 서방교회가 느꼈던 두려움이다. 역사적으로는 기독교가 복음의 능력을 상실하고 靈的(영적) 공백 상태에서 이슬람이 태동했고 그 갈등은 이슬람이 시작된 7세기 초반부터 16세기까지 이어졌다고 말했다.

이슬람은 마호메트의 죽음 이후 급속도로 성장했다. 이는 열렬한 선교활동의 결과이며 수많은 전쟁의 결과라고 볼 수 있다. 십자군 전쟁, 콘스탄티노플 멸망 등은 이슬람 확장의 계기가 되었다. 이어 비잔틴제국이 이슬람화된 원인으로 페르시아와의 오랜 전쟁, 기독교 이단자들의 협력, 1054년 공식적으로 동서 로마교회는 갈라졌다. 이것이 동서 로마의 분열이다. 기독교가 분열하고 沈滯(침체) 될 때마다 이슬람은 復興(부흥)을 맞았다.

4) 한국교회의 타락이 이슬람을 불렀다.

한국에서의 이슬람 인구는 不法 滯留(불법체류)까지 포함해 현재 41만 명쯤 된다. 지금도 빠르게 성장하고 있으며 여러 곳에 그들의 사원이 건축되고 있고 익산에 몇만 평의 토지도 사들이고 있다. 한국교회는 이슬람에 대해 잘 알지 못하기 때문에 이슬람교회가 擴張(확장)되어도 심각하게 생각하지 않고 있다. 根本的(근본적)으로 알라의 〈코란〉에서는 십자가의 희생이나 용서, 사랑과 같은 神性(신성)이 없다. 이슬람은 인간이 악이 없는 선천적 상태인 '피트라'를 회복해야 구원을 받는다고 가르치는데, 이는 인간의 공로 주의를 전제한 타 종교의 일반적 구원의 방식이라고 본 것이다.

이슬람의 過激(과격)한 행위는 항상 빛과 그림자로 나타났다. 1518년 마틴 루터는 오스만·터키와의 전쟁 외에는 다른 생각을 하고 있지 않은 대다수 유럽인과 다른 입장을 表明(표명)했다. 이러한 전쟁은 교회가 타락하여 신의 뜻을 버림으로 오스만·터키라는 채찍을 통해 하나님의 징계를 받는다고 말했듯, 한국교회가 보릿고개를 넘기고 부자가 되고 세계 1위를 자랑하여 물질적으로나 교인수효로나 미국을 제치고 세계 1위 교회로 성장했었지만 지금 교회는 예전의 뜨거운 신앙심은 찾아볼 수 없고 문화형식으로 치우쳐 간절함이나 진정성이 사라졌다.

한국의 40만 명의 이슬람은 多産(다산)하며 성직자는 一夫多妻(일부다처)에 아무리 다산을 해도 國費(국비)로 敎育(교육)을 시키니 학비가 없어 공부 못 하는 가족이 없다. 이슬람에 전도되면 대학 등록금은 물론, 여러 장학금이 있다. 전 세계 인구 중 산아제한이 없는 이슬람은 인구가 급증하여 머지않아 세계를 덮을 것이다. 한국의 300만 외국인 중 무슬림은 24%로 추산된다.

5) 시험을 이긴 예수

예수가 廣野(광야)에서 받은 시험은 우리가 살고 있는 삶의 전반에 다가오며 늘 부딪치는 유혹의 전조등이다. 誘惑 者(유혹자)가 예수께 나타나 던진 첫 시험은 허기진 군중의 빵 문제를 해결하라는 것이다. 이 허기진 삶은 '하나님 아들'의 삶이 아니라는 전제를 合理的(합리적)으로 암시했다. 한편으로는 맞는 말이기에 입장이 매우 난감한 유혹이다. 말하자면 하나님의 아들인 특권을 사용하여 배부른 삶을 살아야 한다는 論理(논리)를 내세웠다. 오늘날 축복 장사꾼들의 전형적인 설교다.

인간이 가진 욕망 중에서 생존을 위협하는 욕망은 먹는 일과 생명을 이어주는 식욕이다. 식욕은 이렇게 원초적 욕망을 자극한다. 러시아 혁명은 빵 문제가 해결되지 않아 노동자들의 분노로 일어난 것이다. 자연적인 재해로 전 국민이 굶는다면 숙명으로 알고 풀뿌리를 캐 먹다 죽을지언정 싸우지는 않았을 것이다. 그러나 가진 자들의 금고와 창고는 넘쳐났기에 피를 부른 것이다. 성욕과 같은 육체적 욕망도 있지만 그러나 성욕 때문에 생존을 위협받지는 않는다. 이는 배부르고 기름진 육체에 일어나는 본능이기에 그다음 문제로써 이는 식욕이 충족된 후에 일어나는 잉여 욕망이다. 그러므로 생존과 직결된 가장 근원적인 문제는 식욕, 빵 문제다. 식욕의 욕망을 제어하고 하나님에게 집중하기 위하여 종교는 금욕 훈련의 기초로서 초기 엣세네파는 자발적인 금식의 중요성을 강요하기도 했다.

예수께서는 유혹자 마귀와는 사상이 달랐다. 말하자면 하나님의 아들이라는 권리를 '하고 싶은 일 다 하는 욕망의 충족'으로 보지 않았고 살든지 죽든지 폭풍우를 맞든지 간에 내 앞에 주어진 형편과 처지를 감수하며 하나님의 말씀을 따라서 살아가는데 삶의 가치가 있다고 믿었다. 예수님의 삶은 오늘날 돈벌이 부흥사들과 직업군들이 말하는 물질 축복의 소유욕과는 아주 달랐다. 예수에게 있어서 욕망 충족의 삶은 오히려 영적인 덫이었다. 욕망의 기도와 욕망의 충족을 축복으로 알지 말라! 욕망과의 타협은 종교의 타락이며 동시 도덕적 위기의 근원이다. 빵만을 좇아 사는 인생은 아무리 모태신앙을 자랑해도 이는 육체적 소유욕을 위해 사는 자다. 그것이 결국 물욕, 권력욕, 성욕으로 이어져 왔다. 이는 경쟁의 連鎖(연쇄) 고리를 형성하기 때문이다. 오늘날 미투에 걸려든 목회자들을 보면 衣食住(의식주)가 해결된 배부른 사람들이었다.

예수의 原初的(원초적) 욕망을 자극하며 시험했던 유혹자 마귀는 예수를 성전 꼭대기로 데리고 가서 그를 시험했다. 내려다보면 불안하기 짝이 없는 자리에 세워진 예수를 향하여 그 불안을 안전으로 바꾸라고 유혹하였다. 이 꼭대기 벼랑에서 뛰어내리면 하나님의 아들이니 하나님이 안전하게 지켜주실 것이라는 全知全能(전지전능) 성을 인용하여 논리를 펼쳤다. 그러니까 당신이 '하나님의 아들'이라면 不安(불안)을 버리라는 것이다. 입장 難堪(난감)한 이론이며 말문 막힐만한 유혹이다.

불안이란 무엇인가? 불확실한 세상에서 평생 안고 살아가야 할 인간의 한계다. 키에르케고르(S. Kierkegaard)는 불안을 일러 '죽음에 이르는 實存(실존)의 병'이라고 했다. 실존이 불안한 것은 결정되지 않은 상태, 곧 자유가 있기 때문이다. 그런데 유혹 하는 자는 그 불안감에서 벗어나라고 요구한다. 위험한 성전 꼭대기 불안감을 안전으로 바꾸라는 것이다. 안전은 불안과 비교하면 위협은 없지만 자유가 박탈당하는 상태다. 안전을 찾아 선택한 것이 인생의 삶을 옥죄는 족쇄가 되는 경험을 인간은 무수히 경험하게 된다. 돈과 권력이라는 안전장치의 아늑함도 사실은 온전한 자유가 아니다. 유혹하는 마귀는 申命記(신명기) 〈성경〉을 인용하여 설득한다.

羊(양)들도 염소 信仰人(신앙인)들도 가짜 목사도 진짜 사도들도 광명의 천사도 성경을 인용하고 강론한다. 불안을 극복하고 안전에 대한 믿음을 가지고 꼭대기에서 뛰어내리라고 유혹한다. 이거 상당히 강한 논리로 접근하는 위험한 유혹이다. 준비 없는 자는 걸려들기 십상이다. 안전을 요구하는 생존 본능이 왜 유혹일까? 바로 나의 안전을 위하여 자신과의 관계 질서를 뒤집으며 하나님을 나의 필수품 도구로 삼으라는 요구인 까닭이다. 예수께서는 이를 분명히 거절하였다. 유혹은 끝나지 않았다. 유혹자는 여기서 포기하지 않고 또다시 예수를 온 천하가 다 보이는 곳으로 데리고 가서 세상의 영광을 누리며, 권세를 잡는 방법을 알려준다. 방법은 그다지 어렵지 않다. 유혹자 앞에 머리를 조아리라는 것이다. 권력 있는 자, 재벌가, 문벌 좋은 자, 세상을 움직이는 자 앞에 머리를 숙이라는 것이다. 하나님을 사랑하고 섬기는 경건과 거룩한 삶보다는 탐스럽고 보암직하고 먹음직한 삶을 선택하여 영광스럽게 살라는 아주 모든 사람이 원하는 축복의 기회를 제시하며 예수를 유혹했다.

그렇다. 우리 또한 예수님처럼 이것이냐 저것이냐를 선택해야 하는 갈림길을 자주 경험하며 살아간다. 그때 망설임 없이 이렇게 대답할 것이다. "주 너의 하나님만을 경배하라!" 주께서는 속세와 타협하지 않았다. 12사단 병력의 열두 영 천군 천사를 동원할 수 있는 권세를 사용하지 않았다. 유혹을 거절하셨다. 여행 전문가로서 십자가를 피하여 타국으로 떠날 수도 있었지만, 예수님의 영성은 사람의 길을 가는 신앙의 올바른 자세를 보여주신 모범뿐 아니라 시험을 물리치시는 일이 예수에게는 하나님 신앙이 내 안전의 도구나 나의 성공 도구가 아니라 세파를 이기며 사는 길이 목적 그 자체였기 때문이다.

6) 예수의 길과 다른 길을 택한 교회

고대 그리스는 그리스 반도를 중심으로 200개 이상의 도시국가가 適者生存(적자생존)의 鬪爭的(투쟁적)인 관계 속에서 공존하고 있었다. 크고 작은 都市國家(도시국가)는 인구 10만을 넘지 않는 小規模(소규모)의 부족 공동체였고 도시국가의 시민들은 전쟁 포로로 잡혀 온 노예를 제외하고는 비교적 평등했고 귀족들도 나름대로 생업을 가지고 있었다. 그러나 무수한 도시국가 사이에서 빈번하게 일어나는 무력 충돌은 생존을 보장해 주는 英雄的(영웅적) 전사들을 예찬하는 문화를 형성하였다.

영웅들이란 자기편을 위해서는 목숨을 건 투사였고 적을 향해서는 無慈悲(무자비)한 학살자였다. 따라서 군사 문화적인 英雄主義(영웅주의)는 로마 제국의 기초가 되었다. 전쟁은 승자와 패자를 구분하게 했고 이긴 자는 패배한 자의 생사여탈 권을 가지게 되었으며 패배자의 재산을 몰수해서 받을 뿐 아니라 그의 처자식들을 임의로 처분할 수 있는 노예로 삼았다.

승리를 얻은 강한 자는 막대한 재산과 快樂(쾌락)을 누릴 수 있었다. 따라서 로마는 제국의 永續性(영속성)을 위하여 시민들의 풍요와 번영을 위하여 국경을 끝없이 확대해 나갔다. 로마 제국은 주변국들을 착취하는 권력의 중심부와 무한한 영역을 확장할 수 있게 하는 막강한 軍事力(군사력), 그리고 다른 문화권을 부속시키는 문화적 타협 정신이 있었기에 그 生命力(생명력)이 강했다. 불행하게도 4세기 콘스탄티누스 이후의 기독교는 교회 성장을 핑계로 유혹자의 유혹을 이기지 못했고 여러 황제들의 위협과 달콤한 유혹을 거절할 수 없어 예수의 靈性(영성)을 지키지 못했다. 예수가 겪은 3가지 시험을 모두 실패했다.

성 어거스틴(Aurelius Augustinus) 이후로 주류 교회가 스스로 로마 제국의 성공한 종교로 急速度(급속도)로 변절하기 시작했다. 제국에 의하여 박해받던 기독교가 박해하는 제국의 기독교가 되었다. 이것은 태양신 제국에 교회를 갖다 바친 격이 되고 말았다. 굉장한 타협이었다. 로마 제국의 황제와 고관, 부유한 이들을 포함한 大衆(대중)을 얻기 위하여 4세기 이후의 교회는 예수의 단호한 가르침을 아주 드러내놓고 외면하기 시작하였다. 따라서 콘스탄티누스의 '밀란 칙령' 이전의 교회와 이후의 교회는 예수를 이해하는 방식에서 그 성격이 根本的(근본적)으로 달라지기 시작하였다.

이때의 감독들과 성직자들은 슬며시 "예수의 말씀을 인간인 우리로서는 지킬 수 없다."라고 가르치기 시작하였다. 〈研究論文, 하워드 요더, 著(저)〉 그리고 일종의 타협적인 주장을 늘어놓기 시작하였다. 이런 과정에서 예수의 영성은 제거되고 로마의 전통과 태양신 신전의 遺傳(유전)을 교회로 이식하여 물들여 버렸다. 요약하면 그렇다. "우리는 로마와 妥協(타협)한 죄인이므로 예수의 말씀대로 살 수가 없다. 그러니 교회에 와서 죄인임을 고백하고 罪(죄) 사함을 받는 길을 선택해야 한다." 이렇게 교회는 변절하여 이상한 이단의 메아리에 젖어 고행, 금화를 헌

5장 공산주의와 기독교

금하면 조상의 영혼을 구한다느니 여러 잡소리 교리가 만들어져 나왔다.

이때부터는 로마 제국의 기독교는 초대교회와는 판이한 집단으로 변하여 탐욕을 부리고 부정한 권력에 눈이 멀기 시작하였고 하나님 이름으로 전쟁하고 풍요와 사치, 향락을 누리는 것을 最後(최후) 소망으로 목적 삼아 예수 가르침과는 전혀 다른 바벨론 종교로 變質(변질)되었다. 여기에서 발달한 敎理(교리)가 교회를 통하여 헌금을 많이 하여 속죄가 돼야 천국에 들어간다는 세뇌로 면죄부 판매가 시작되었다.

7) 貪慾(탐욕)에 빠진 교회

초대교회에는 정기적인 헌금 시간이나 강요나 헌금 종류도 없었다. 하나님의 은혜가 느껴지고 감사의 뜻으로 所有慾(소유욕)에 집착하던 삶의 태도를 버리고 신앙 공동체의 필요에 따라 자신의 물질을 기꺼이 내어놓는 이들의 헌금과 獻物(헌물)로 초대교회는 共同體(공동체)로 운영되었다. 이러한 운영 방법은 3세기까지 이어졌었다. 어거스틴 시대 이후 제국의 支配者(지배자)들과 부자들이 교회에 바치는 헌물들도 많았다.

십일조나 각종 명칭의 헌금은 없었고 성직자들이 帝國(제국)의 권력자들과 버금가는 생활 수준을 만들고자 십일조를 거둘 것을 의논하기 시작한 것은 567년 투르 공의회였다. 11조를 공식으로 인정하여 시작한 것은 교황 아드리안 1세 때인 787년이다. 東方敎會(동방교회)에서는 5세기 말까지만 해도 헌금을 요구하지 않았다. 기록을 보면 AD. 787년 이전 서방교회는 헌금을 율법으로 만들어 요구하지 않았다. 이 시점으로부터 비롯된 中世(중세) 敎會(교회)가 만든 십일조는 세금과 거의 같은 차원에서 거두어들였다. 그리고 당시에는 이렇게 모은 헌금이 교회 것이 아니었다. 그 헌금의 일부는 반드시 고아, 과부 그리고 사회적으로 어려운 異邦人(이방인)을 위해서 사용해야 한다는 聖書的(성서적) 원칙을 따랐다. 더구나 드려진 헌금에 대한 補償(보상)이나 하늘의 축복을 약속한다는 설교나 강요는 찾아볼 수 없었다.

예수는 제자들에게 풍요로운 부자 되는 비법을 전수한 게 아니라 淸貧(청빈)한 삶의 행복을 분명히 가르쳤기 때문이다. 서구 사회에서는 국가권력이 십일조를 거두는 일도 있었지만 1789년에 거의 폐지되었다. 그러나 독일, 오스트리아, 덴마크, 핀란드, 이탈리아 등에서는 기독교인임을 공식적으로 밝히는 이들에 한하여 보통 국가에 내는 세금의 8%를 전후하여 宗敎稅(종교세)를 내고 있다. 그 액수를 따져보면 총수입의 1%~3% 정도다. 이 경우 국가는 세금처럼 기여금을 모아 교회의 유지와 성직자들의 생활비를 충당한다. 개체 교회에서 신도들이 합의하여 헌금하는 경우가 있는데, 이는 주로 가난한 이들이나 곤경을 겪는 이들을 긴급하게 도울 때 쓴다.

미국에서도 십일조를 거두는 일은 1791년 미국 수정 憲法(헌법)에 의하여 폐기되었다. 교회마다 전통은 다르지만, 神學(신학) 적으로 십일조를 교회에 바쳐야 한다는 의무 조항이라고 주장할 수 없다는 견해가 지배적이었다. 가톨릭도 십일조는 없어졌고 자기 수입의 3% 정도를 의무금으로 동참하고 있다. 미국 감리교회도 폐지되었고 自發的(자발적)으로 자유롭게 참여한다.

그러나 〈舊約聖經(구약성경)〉 말라기와 레위기를 인용하여 반드시 십일조를 교회에 바쳐야 한다는 집단도 여러 곳이 존재한다. 敎主(교주)

들이나 부흥사들, 안식일교회, 말일성도, 그리스도교회, 나사렛교회, 모르몬 교회, 침례교회 등이 있으며, 한국의 대형 교회들도 강요는 줄었지만 십일조를 거두고 있다. 그 대신 수십 가지 헌금이 있다. 일반헌금, 특별헌금, 절기 헌금, 각종 감사헌금, 주정 헌금, 주일헌금, 건축헌금, 선교비를 비롯하여 무려 85가지나 된다. 헌금이 허황된 축복의 근거나 천박한 資本主義的(자본주의적) 재투자의 의미로 예찬 되거나 간증 거리가 되는 것은 기독교 신앙의 物神化(물신화) 현상이다. 하루속히 이 그릇된 전통에서 벗어나야 한다. 헌금 액수와 교인 수, 목회자 생활비의 액수로 대형 교회를 결정하는 유행과 신도 수와 헌금의 양적 부피로 목회 성공 기준을 삼다 보니, 여기에서 생사를 건 교회 성장을 향한 노력이 지나치다 못해 교회가 빚을 안고 建築(건축)을 하다 보니 큰 副作用(부작용)을 겪는 곳인 한국교회는 지금 3천여 개가 넘고 건축을 중단하고 新天地(신천지)에 팔아넘긴 교회도 수십 개에 이른다. 부흥사들마다 귀찮을 정도로 외쳐 대는 말라기 3장의 십일조 향연 메시지다.

헌금의 분량이 곧 나의 축복 수단으로 여기라는 주장은 典型的(전형적)인 메아리였다. 그러나 드려진 헌금이 축복으로 열매 되어 돌아온다는 神學(신학)은 없다. 헌금은 현대 지성인답게 형편이 되면 건물 운영을 해야 하니 十匙一飯(십시일반)으로 참여하는 것이다. 동창회를 나가도 동아리를 가도 파티를 가도 외식을 해도 비용이 들지 않는가? 하물며 내 영혼의 위로와 마음의 양식을 얻는 교회에서 성의를 표시하는 게 그리도 아까운가? 그렇다면 그냥 집에서 움직이지 말고 쉬라. 신앙의 행위는 投錢判(투전판)에서 '돈 놓고 돈 먹기가 아니다.'

오늘날 전 세계에서 유독 한국교회만의 병폐는 성서적 正當性(정당성)을 묻거나 검증하지도 않은 채 당연한 듯이 獻金(헌금)을 강요하여 거둬들인다. 앞에서는 말 못 하고 어린 영혼들이 피 멍든 가슴으로 고민하는데, 수억 원짜리 건물을 짓고서 수고한 신도들을 그냥 두고 주님께서 하셨다는 겸손을 憑藉(빙자)하고 千億(천억)이 넘는 비자금을 관리하다 회계 장로가 옥상에서 투신하여 생을 마감하기도 하였다. 그리고 그들은 비자금 말고도 隱退(은퇴)하면서 자신이 평생 바쳤던 돈보다 수백배의 돈을 받아낸다. 良心(양심)에 火印(화인)을 맞으면 利己主義(이기주의)가 뭔지를 모른다, 학위를 받고 고등교육을 받았어도 윤리의식이 시골 村夫(촌부)들만도 못하다. 촌부들은 꼬부랑글씨는 몰라도 서로 나누며, 품앗이하고 더러 싸워도 막걸리 한잔으로 풀고 가난해도 애경사에 서로 인사하고 美風良俗(미풍양속)을 지키며 천심으로 살아간다.

   교회가 일반뉴스로 그렇게 비난을 받고 유튜브에 공개되고 성직자들의 호화생활이 공개돼도 가책을 모른다. 그래도 화인 맞지 않은 이들은 가책을 느끼고 몸을 돌아보고 정신을 차리지만, 唯物論(유물론) 암몬 신앙의 자본주의 성직자들은 모든 것이 자기 합리주의적이며 어떤 이는 잠시 꿩 대가리를 바위틈에 숨기듯 머리만 감추는데 손바닥으로 하늘을 가리듯 하여 온 세상이 다 아는데 자신만 모르고 사는 것이다. 연예인들 데려다 간증 집회하고 돈벌이 부흥사들을 거금 주고 데려다 특별 집회하여 어렵게 교인 수를 늘리면 어김없이 그들을 피라미드 노예를 만들어 假像(가상) 天國(천국)을 미끼 삼아 救援(구원)을 운운하며 평화를 주는 척하다 자기 배부르면 처음 사랑을 잊고 연자 맷돌을 등에 지워주고 착취한다. 이 글을 읽고 나를 욕하거나 비난하는 이가 있다면 그는 부르주아다.

   한국교회 목사들은 도무지 悔改(회개)하는 이가 없고 良心(양심) 宣言(선언)하며 뉘우치고 기자회견 한 번 하는 이가 없으니 얼마나 義人(의인)들인가?

　탐욕으로 물든 한국교회의 唯物論(유물론) 주의 목사들 몇백 명 때문에 소박하고 淸廉(청렴)한 목회자들까지 싸잡아 욕을 먹는다. 신도들의 피를 짜낸 부유한 牧會者(목회자)들은 '하나님의 축복'으로 미화된 탐욕의 잔치를 벌이고 있으며 외국을 문지방처럼 넘나들고 熊膽(웅담), 山蔘(산삼), 麝香(사향), 海狗腎(해구신) 각종 진귀한 약재와 수억 원짜리 乘用車(승용차) 豪華(호화) 別莊(별장)을 자랑하며 서로 축하하고 혹은 부러워하며 호황을 누린다. 예수 이름 장사다,

　예수는 영문밖에 못 박아놓고, 주기철 목사는 監獄(감옥)에 집어넣고, 자기들은 神祀參拜(신사참배)를 결의하여 일본 귀신을 섬기고 물질을 숭배하는 이 교회들은 예수를 쫓아냈다. 오래전부터 예수님은 문밖에서 거지로 서 계신다. 예수의 靈性(영성)과는 너무나 머나먼 탐욕에 빠진 교회의 모습이다.

8) 예수 人格(인격)을 버린 교회

　인간 욕망에 대한 경고는 이미 앞서 언급한 바와 같이 예수께서 겪던 廣野(광야)의 시험에서 의미 있게 상징되어 있다. 세상 부귀, 존귀 영광, 모든 것을 줄 테니 내게 절하라고 유혹할 때 예수께서는 어찌했는가? 다니엘, 요셉, 엘리야, 이사야, 욥, 모든 구약의 선지자들, 예수의 열두 제자들, 사도 바울, 돌아온 탕자의 비유, 山上垂訓(산상수훈)의 핵심, 초대교회의 감독들, 그들의 뒤를 따라가는 경건의 모델이 한국교회에 있는가? 있다면 과연 누가 있는가? 하나님의 이름을 빌려 거두어들여 돈

자루를 탐욕스럽게 나누고 재투자하고 不動産(부동산)을 사들이고 문어발처럼 확장하기를 경쟁하는 大型(대형) 敎會(교회) 목사들, 그들은 지금 예수를 믿는 사람들인가?

예수는 더 이상 이들의 모델이 아니다. 이들은 지금 예수께서 경고했던 육체의 욕망, 권력의 욕망, 안전의 욕망을 두려워하지 않게 되었다. 그들은 예수가 받은 시험의 정반대로 움직여 그 결과로 명예와 모든 권력을 거머쥐게 되어 욕망과 야망의 잔을 전혀 부족함 없이 마시고 있다. 어떤 이는 얼마 전에 대형 교회에서 은퇴하면서 200억을 받은 것으로 알려지며 世間(세간)의 놀라움을 불러일으켰다. 그 후에 선교비로 수백억 교회 헌금을 유용했다는 이유로 有罪判決(유죄판결)을 받기도 하였다. 강남의 ○○ 교회 목회자는 자신의 시무하는 교회에서 백억 대의 헌금을 끌어내 수백억대의 교회 건물을 짓고 교인들은 홍역을 치르고 贊·反論(찬·반론)이 엇갈린 상태에서 아들을 담임으로 세웠다.

세인들의 눈치를 살피고 빛과 소금이 되어야 할 성직자들은 물질을 숭배하던 러시아교회 성직자들의 뒤를 그대로 모방하고 있다. 이미 예수를 버린 교회는 맘몬 신을 숭배하게 되었고 한국교회는 예수 이름 빌려 고단한 직장인과 연약한 노동자들을 세뇌하여 직분을 주고 눈웃음으로 유혹하여 천국을 데려다주는 조건으로 대기업으로 변하였고 1970년~밀레니엄까지 30년 사이에 성직자들의 천국이 되어 건물 신앙은 성공했지만, 사회적으로나 인격적으로 비춰보면 극악무도한 도덕성이나 '묻지 마 살인', 늘어만 가는 실업자 문제, 해마다 늘어가는 거리의 노숙자, 정치인들의 타락, 악화되는 남북문제, 대기업들의 도산, 교회가 세상뉴스로 심판을 받는 타락 성, 이젠 창피를 넘어 끝이 온 것이다.

우리가 참된 예수님을 따라왔다면, 참된 예수의 영성을 배웠다면,

한국교회가 이렇게 믿을 수 없는 집단으로 전락하지는 않았을 것이기 때문이다. 인격은 사람 됨됨의 품격이다. 바람직한 성직자를 구별하는 법은 간단하다. 유혹으로 흔들어보면 반응의 척도가 반드시 드러난다. 그것은 보암직한 것, 먹음직하고 탐스러운 것과 구체적으로 아름다운 미녀가 여러 날 유혹해도 큰 돈뭉치로 유혹해도 명예로운 일거리가 눈앞에 있어도 흔들림 없어야 한다. 廣野(광야)에서 예수께서 받으신 유혹의 과정은 신앙인의 오디션이다. 반드시 거쳐야 할 宿命(숙명)이다.

헤롯을 보라! 유대인의 왕이 태어났다 하니 자신의 위치가 흔들려 권력을 잃을까 두 살 이하 男兒(남아)들을 모조리 죽이던 저 極惡(극악)한 행위를 보라. 다윗도 한때 권력을 연연하다가 어느 날 인구조사를 하였다. 인구 숫자는 곧 勢力(세력)을 의미했기 때문이다. 다윗은 자기의 세력이 어느 정도인지 계산해 본 것이다.

수많은 목회자가 돈 때문에 넘어지고 火印(화인) 맞는다. 물질에 눈이 어두워지면 100% 어긋난 길로 떨어진다. 선지자 발람, 게하시, 아간, 삼손, 다윗, 이들은 시험을 이기지 못하여 무너진 자들이다. 에덴동산에서 지금, 이 순간 지금 여기까지 먹음직하고 보암직하고 탐스러운 맛있는 과일로 아주 달콤하게 유혹한다.

'부 하려 하는 자들은 시험과 올무와 여러 가지 어리석고 해로운 정욕에 떨어지나니 곧 사람으로 침륜과 멸망에 빠지게 하는 것이라'
(디모데 전서 6:9)

9) 聖經(성경)을 버린 성직자들.

2023년 잉글랜드 국교회 總會(총회) 決議案(결의안)이다. 이른바 동성애 커플 결혼에 관한 축복 문제가 세계적인 종교 문제로 여러 해 동안 논란거리가 되던 중 투표 결과는 놀라웠다. 주교 42명 중 36명이 찬성했고 4명이 반대했고 2명이 기권하였다. 일반성직자 199명 중 111명 찬성, 85명 반대, 3명 기권 기권으로 나타났으며, 평신도들 200명 중 103명 찬성, 92명 반대, 5명은 기권하여 주교들의 압도적인 다수가 '동성 커플 축복' 결의안에 대해 찬성했지만, 그들이 성직자들이라는 점이다. 代議員(대의원)의 過半數(과반수) 조금 안 되는 인원이 결의안에 반대했고, 평신도는 결의안에 대한 찬반론이 거의 반반으로 갈렸다. 성직자들이 문제다. 소돔 고모라가 同性愛(동성애)로 망했는데 자연을 거스르며 불결하고 음란한 동성결혼을 축복한다는 것은 멸망의 징조다.

　　그러나 천형으로 태어나 날 때부터 성적으로 바뀌어 태어난 사람들이 간혹 있다. 나도 그런 사람들을 더러 보고 만난 적도 있다. 목소리와 육체의 구조까지 生殖器(생식기)도 退化(퇴화)되며 가슴이 커지며 수염도 자라지 않아 호르몬의 변칙으로 누가 봐도 인정할 수밖에 없는 경우는 군대도 면제되고 어쩔 수 없다. 이런 사람들이라면 의사들은 장애 판정을 내려 정상적인 性情(성정)으로 보지 않는다. 이런 사람들끼리 의지하고 사는 일을 어쩔 수 없다. 어쩌겠는가? 이런 사람들이라면 나도 위로하고 이해한다. 이 땅에 태어난 사람인데 말이다. 폐 일언하고 동성결혼 축복은 성경을 뿌리째 흔들어 놓은 일이며 동시 創造(창조) 目的(목적)에 도전하는 행위다.

　　성직자가 타락하는 이유는 첫째로 靈性(영성) 生活(생활)을 멀리하며 하나님의 영광을 구하지 않고 예수 이름을 이용하여 목회의 성공을 바라며 대형 교회를 건축하여 결국 좁은 문을 버리고 자기의 영광을 구하는 종교를 업고 事業家(사업가)의 길을 택했기 때문이다. 또 하나의 문제는, 경건한 기도와 성서 연구를 하지 않는 연고이다. 성경을 깊이 연구하는 사람들은 절대로 속된 영광을 구하지 않는다. 예수님은 메시아임에도 불구하고 습관을 좇아 늘 기도하셨다. (누가복음 22:39~46)

그런데 습관에 따라 골프장이나 맛집 찾아다니며 해외여행을 문지방처럼 다니며 上流社會(상류사회)를 과시하는 우쭐함 등은 분명 가난한 직장인들에게 德(덕)이 될 리 없다. 또 하나의 이유는 육체노동을 너무 하지 않아서 문제다. 간혹 육체노동과 운동으로 心身(심신)을 단련하며 自然界(자연계)에 숨겨진 일반 계시를 느끼는 일은 영성 생활의 활력이 될 것이다. 누가복음 5장을 보면 사람들이 구름처럼 몰려와 인기가 하늘처럼 솟구칠 때 예수님은 그런 분위기에 흥분하거나 휩쓸리지 않고 떡 먹으러 모이는 群中(군중)에 대하여 오히려 염려하여 조용한 곳을 찾아 기도하셨다.

'예수는 물러 가사 한적한 곳에서 기도하시니라.'(누가복음 5:16)

목회자는 아주 영적인 모임 말고는 出他(출타)를 줄이고 영적인 指針書(지침서)를 되도록 많이 읽고 정신을 풍요롭게 다스려야 예지가 빛나며 자신감이 생기고 마음의 부요를 경험한다. 옛날 선비들은 땀 흘리지 않고 無爲徒食(무위도식)하는 무리들을 不汗黨(불한당)이라 불렀다.(不:아니 불, 汗:땀 흘릴 한, 黨:무리 당) 곧 땀 흘리지 않고 공짜 은혜 좋아하는 사람들을 불한당이라 하여 비하하였다.(창세기 3:19)

서구와 일본에서는 현대인의 병 치료를 위해 勞動要法(노동요법, Work Therapy) 있다. 특히 청소년들의 경우 웬만한 병은 노동으로 90% 이상 회복할 수 있다는 연구발표가 있다. 장년들도 햇볕을 쬐며 노동을 자주 하는 사람은 循環期(순환기) 병이 없어지고 血壓(혈압), 당뇨, 면역력 증강에 탁월한 연구논문이 여러 편 발표되었다. 목회자는 독서, 노동, 영성 생활, 성경 지식, 人文學的(인문학적) 기초와 식견을 위해 공부해야 사탄의 유혹이 틈타지 않는다. 知的(지적)인 노동이 과연 무엇인지 생각해 봐야 할 것이다.

10) 유럽의 개신교 同性愛者(동성애자) 목사안수 통과

유럽의 개신교 교단들은 거의 90% 동성애자 목사안수를 인준하였고 동성결혼도 집전하고 있다. 독일과 스웨덴 개신교단에는 레즈비언 總會長(총회장)도 선출되었다. 한국교회에서도 이 동성애 문제를 일부 교단 차원에서 수용하는 교파도 있으며 점차 확산하는 실정이다. 망치를 든 哲學者(철학자) 프리드리히 니체의 말대로

"기독교는 신을 죽이는 종교이며 지금도 매일 신을 죽이고 있다."

11) 권력 싸움, 명예 싸움, 돈과 여자,

- 전쟁 묵인, 도리어 전쟁을 도와주는 교단들,
- 각종 이단 사조 잉태
- 성직자 教主化 (교주화), 교회 기업화,
- 세습, 정치개입, 분파 다툼

- 검증되지 않은 성직자 인격

- 거듭되는 분열, 남용되는 종교자유 등은 비극의 잉태다.

- 한국 기독교 선교 140년 역사를 돌이켜 보면 도덕적으로 더 나아진 게 없고 인성이 더 악해졌고 교회 건물들만 남았다.

12) 거짓 성직자들

聖職者(성직자)들과 政治人(정치인)은 거짓의 완벽한 커플이다. 정치인들은 나라를 위해 애국하여 백성들을 잘살게 해준다는 사명과 종교지도자들은 신도들을 천국으로 인도해 준다는 甘言利說(감언이설)로 유혹하여 고아와 과부의 주머니를 털어서 바벨탑을 건설하여 자기 성을 높이 쌓아 뭇별 위에 寶座(보좌)를 건설하여 지극히 높으신 하나님과 비기려 한다. 그리고 그 權座(권좌)에 앉아 예수그리스도는 문밖에서 굶주리고 쪽방촌에서 눈물의 밤을 지새우는데 양심이 火印(화인) 맞아 타락한 성직자와 政治權力(정치권력) 자들은 완벽한 커플이 되어 군중을 속인다.

히틀러가 밤에 조명등을 단상에 밝히며 연설할 때 아주 呼訴力(호소력) 짙게 설득하여 나치 독일을 領導(영도)하였다. 정치인들은 속임수 연기로 지키지도 않는 공약을 남발하며 獅子吼(사자후)를 토하여 호소하여 당선되면 즉시 도둑질 궁리를 하여 몇천억씩 감춘다.

성직자들과 특별히 부흥사들은 허스키한 소리꾼처럼 호소력 있는 목소리로 상처받아 시들어가는 영혼들을 一時的(일시적)으로 생수를 뿌리듯 위로를 해준다. 화려한 雄辯力(운동력)으로 대중들에게 천국과 지옥을 보여줄 듯 현혹한다. 이들은 코믹 쇼도 수준급이다. 사람을 울렸다 웃겼다 하며 두 개의 혀로 보암직, 먹음직, 탐스러운 천국을 보일 듯 말 듯 유창한 간증 설교로 현혹하는 것이다. 4일 기준으로 강사료는 대략 500~1,000만 원 이상이다.

교인들의 地位高下(지위고하)를 막론하고 반말로 도에 지나친 언어로 戱言(희언)을 해도 교인들은 아멘! 하며 마치 예수님을 보듯 눈물을 흘리며 심신을 맡기고 전체를 바친다.

이 부흥사들은 일 년 내내 예약이 되어 있어 군소 교단이나 작은 교회는 초청할 수 없다. 그 인기가 천하에 알려지고 명성이 자자하니 그 교만이 하늘 높은 줄 몰라 처음에는 聖靈(성령)과 사명감으로 시작했다가 육신의 情欲(정욕)으로 계명성이 되어 하늘의 生命冊(생명책)에서 지워져 버림받을 것이며 이승의 목숨 끊어지는 날 형체도 없는 疑念(의념) 지옥의 無低坑(무저갱)에 영원히 쉬지 않고 내려가는 생생한 의식으로 無人之境(무인지경) 지옥에서 고통받으며 이를 부득부득 갈 것이나 도와주는 사람은 없을 것이다.

이들은 咀呪(저주)의 자식들로 발람의 어즈러진 길을 스스로 택하고 십자가의 좁은 길을 버리고 속세의 尊貴 榮光(존귀 영광) 모든 권세를 사탄에게 받아 영성의 길에서는 이미 돌아선 자들이며(마태복음 4:5~6) 羊(양) 비슷한 염소떼이며, 비탈길에 몰려 다니다가 바다에 빠져 몰살 당하는 새김질 없는 돼지 신앙인들이다.(마태복음 8:31~33) 이것이 먹기 위해 사는 돼지 신앙의 종말이다.

이것은 단순히 스펙터클(spectacle) 한 연출이나 사건이 아닌 영적인 깊이와 상징이 있는 사건이다. 줄거리는, 거라사의 狂人(광인)들을 괴롭히던 귀신들의 부대가 돼지 떼에 들어가 물에 빠져 몰살당하는 일이다. 장소는 버림받은 문둥병 환자의 시신이나 서민들을 처리하는 共同墓地(공동묘지)다. 여기에서 시달리던 광인들에게서 나온 2천 마리의 돼지 떼는 군대 귀신이다. 오늘날 돼지 한 마리에 50만 원 정도 값인데 2천을 곱하면 10억 원이다. 돼지는 수천 년 유대교 전통으로 볼 때 저주와 금기다. 성경에서는 돼지떼는 終末(종말)의 날에 구원받지 못해 멸망당하는 저주받아 멸망하는 예표이기도 하다.(베드로후서 20:~22, 마태복음 7:6) 이는 그릇된 신앙인들의 결말이며, 돼지 목회자들의 종말이다.

7. 교회와 공산주의는 커플(Couple)이다.

썩어 빠진 종교와 정치권력은 사탄의 演技(연기)다. 그림자 정부, 예수회, 일루미나티, 프리메이슨, 이들은 세계 정치와 종교를 힘들이지 않고 주무른다. 그러나 누구 하나 어떤 국회의원 한 사람 언급조차 못 한다. 대형 교회 목사들은 오히려 '일루미나티'의 지원을 받고 있다. 모두가 속임수 집단이다. 일단 속고 나면 그 嫌惡感(혐오감)의 데미지가 워낙 심하여 치가 떨리고 정나미가 떨어진다.

공산주의자들의 政治哲學(정치철학)이 얼마나 이상적인 유토피아인가? 예수의 가르침이 얼마나 希望的(희망적)이며 따뜻하고 영적인가? 그러나 오늘날 돌이켜보자. 공산주의자들은 스탈린 이후로 얼마나 많은 사람을 죽여 숙청했는가? 기독교는 하나님의 이름으로 얼마나 많은 사람을 죽였는가? 스탈린은 그의 독재 시절 2,000명을 죽였다. 혁명 전후로 합산하면 4,500만 명이 죽임을 당했다. 우리나라 獨裁者(독재자) 박정희는 장기 집권에 헌법을 개정하고 中央情報部(중앙정보부)를 만들어 희생당한 사람은 많지만, 이승만처럼 재판도 없이 집단 학살을 명령하지는 않았다. 김형욱 실종과 김대중 납치 사건도 이후락의 과잉 충성이라는 말이 새어 나와 소문이 돌기도 했다.

박정희 독재는 모택동, 스탈린 독재와는 그 질이 다르지 않은가? 그는 명분 없이 집단 총살형으로 다스리지는 않았다. 북한은 김일성이 죽은 다음, 핵 개발 이후 경제가 기울어 300만 명이 식량부족과 營養不足(영양부족)으로 지난 30년 동안 죽어갔다. 極左派(극좌파)들의 계급투쟁과 唯物史觀(유물사관)의 결말은 항상 숙청의 피바람과 살인마들의 狂氣(광기)가 항상 지구촌을 흔들었다. 내가 기독교를 생각하면 발작이 일어나는 현상은 역사 속에서 이들은 해도 해도 너무했고, 의식이 미취학 아동 같은 유치한 천국을 욕심부리는 未生(미생)의 어리석음 위에 군림하여 착취하고 선민의식을 내세워 원주민을 대량 학살하며, 살인을 합리화하는 악행이 공산주의 숙청보다도 악했던 분노를 자아내는 역사 때문이다.

1) 呵責(가책) 없는 살인마들

푸틴도 젤렌스키도 가책을 모르는 殺人魔(살인마)들이며 자기 배 채우는 데만 집착하는 사악한 돼지들이다. 2023년 10월 4일 '이 시각 세계는'의 뉴스는 대대적으로 폭로되었는데, 젤렌스키는 미 의회를 찾아 "더 많이 도와주지 않으면 이 전쟁에서 질 것이다."라고 협박을 했으나 각국의 지원금이 개인재산으로 횡령되어 무능하고 부패한 젤렌스키를 향한 미 의회의 반응은 냉랭했다고 보도했다. 그는 국제 지원금을 횡령하는 무능하고 부패한 지도자로 재산을 1조 이상이 증가함에 미국은 등을 돌렸다. 그런데 윤석열은 23억 불을 돕는다고 했다. 신동아 방송의 조도환 기자 특파원은 젤렌스키가 전쟁 지원금에서 200억 불 이상을 횡령했다고 폭로했다. 영국 BBC방송도 이 사실을 보도하며 해외 지원금 70%가 전쟁 비용이 아니라 관리들 주머니로 들어가며 200억 불 이상이 젤렌스키가 횡령했다고 보도하였다.

젤렌스키는 약 1조 700억 원 재산이 증가했다. 國防部 長官(국방부 장관) 레즈니코프는 8천820억 원, 외교부 장관 쿨레바는 9천450억 원, 클리치코 키예프 시장은 7천560억 원의 돈을 전쟁 중에 챙겼다. 이렇게 각국이 원조하는 돈을 빼돌려 세계를 기만하고 '돈세탁'을 하며 전사한 군인들의 숫자를 줄여 報償金(보상금)을 떼어먹는 죄악도 자행하였다.

푸틴은 CNN과의 인터뷰에서 2,000억 달러, 우리 돈으로 213조 원 이상의 재산을 갖고 있음이 밝혀졌다. 푸틴은 자신의 공식적인 월급보다 몇 배 비싼 시계를 여러 개를 바꿔가며 차고 있으며 개인 비행기 5대를 포함하여 58척의 航空機(항공기)와 4척의 고가 호화요트를 보유하고 있고 10억 달러의 豪華宮殿(호화궁전)이 세상에 알려졌다. 푸틴에게 정치적 문제를 제기하거나 비판하는 사람은 여지없이 살해되거나 100% 실종되었다. 근래 일어난 러시아와 우크라이나 전쟁에 동조하며 돈을 보내고 무기를 도와주는 각국 나라들도 살인마들이며 이로 인한 나비효과 영향으로 휘청대는 세계 경제를 보면서도 그 원인을 뻔히 알면서 전쟁을 지원하고 편가르기 하며 부추기는 기독교국이나 세계 기독교인들 누구 하나 반대 의사나 警告(경고) 한 마디 못하는 악행은 100% 가인의 핏줄들이다. 殺人魔(살인마)는 함부로 사람을 죽이는 악한 귀신을 두고 하는 말이다.

단 하나뿐인 인간의 생명이 하나 탄생하기 위해서는 온 우주의 氣運(기운)이 모여지고 조상과 부모님이 개입되어 가장 신비스럽게 태어난다. 이 생명을 귀하게 여기기는커녕 파리 목숨처럼 죽이면서 가책을 받지 않는 족속이 바로 共産主義者(공산주의자)들과 살인하지 말라는 계명을 교리로 삼으며 서로 죽이고 적대시하는 기독교의 모순이다.

나의 빗나간 의식을 비난하던 사람들도 이 책을 끝까지 읽었다면 아마 조금은 이해가 될 것이다. 전 세계 교회와 한국교회가 어떻게 시작 되었고 성직자들의 의식 수준이 어느 정도인지 아마 감을 잡았을 것이 다. 개인적으로 사람을 죽이는 일과 獨善(독선)과 전쟁, 기타 명분으로 집단 살인을 일삼는 殺人魔(살인마)들이 있는데 앞에 언급했듯 이들은 연민이나 가책이 없는 고로 냉혈 인간도 못되는 바로 장차 無低坑(무저 갱)에 들어갈 악마들이다,

- 헝가리 왕국의 貴族(귀족) '바토리 에르제베트'는 여자로서 자신의 젊음과 미모를 유지하기 위하여 젊은 여자들을 납치하여 약 1,600명을 살해하였다.

- 프랑스 '칠 드레스 남작'은 600명을 죽였다. 그는 가난한 가정의 미성년자 소년 소녀를 납치하여 강간 후 살해하였다.

- 독일의 '피터니어스'는 544명을 죽였다. 1581년 이 악마는 어렵게 생포되어 나무 바퀴 돌림판에 매달아 온몸이 찢겨 죽는 형벌로 다스려졌고 몽둥이로 42회 처맞고 대형 도끼로 4토막을 내어 처형당했고 달궈진 석탄불에 구워서 없앴다.

- 영국의 '아멜리아 다이어'는 간호사였는데 재정적인 이유로 고객이 원치 않음에도 아이들을 모조리 살해하였다.

- 콜롬비아 '패드로 패지'는 350명을 살해했는데 미성년 소녀를 강간한 뒤 살해하였다.

- 미국의 '헨리 하워드 홈스'는 200명을 묻지 마 殺人(살인)하였다.

지금도 뉴스에 보도 되지 않은 악마들의 殘虐狀(잔학상)이 매일 일어

나고 있는데 이를 막지 못하는 것은 종교와 교회의 책임이다. 르완다 공화국은 1994년 평화롭게 살던 토치와 호투 종족 사이에서 100일 동안 120만 명이 대량 학살되었다. 種族(종족)의 씨를 말리는 끔찍한 사건이었다. 아프리카의 최대 비극이다.

- 中國(중국)의 모택동은 7천7백만 명을 죽였다.

- 소련의 스탈린은 5천만 명을 숙청했다.

- 히틀러는 2천1백만 명을 학살했다.

- 北韓(북한)의 김일성은 5백만 명을 죽였다.

- 캄보디아의 살인마 '폴 포트'는 모택동과 스탈린에게 악행을 배워 400만 명을 죽여 공산당을 유지하려 총칼을 휘둘렀다.

[그림27] 전쟁의 비극

6장
시대정보는 의식의 진보

1. 역대 정부의 對北(대북) 送金(송금)

정부별 대북 송금 및 지원 총액수

- 노무현 정부: 43억 5천6백32만 달러
- 김대중 정부: 24억 7천 백65만 달러
- 이명박 정부: 19억 7천6백45만 달러
- 김영삼 정부: 12억 2천백 45만 달러
- 박근혜 정부: 3억 3천7백만 달러

관광 교역 위탁 개성공단 임금

[금강산 관광 및 대북 교역 대금] 대북 지원금 아님

- 노무현 정부: 22억 9백38만 달러
- 김대중 정부: 17억 4백55만 달러
- 이명박 정부: 16억 7천9백42만 달러
- 김영삼 정부: 9억 3천6백19만 달러
- 박근혜 정부: 2억 5천4백94만 달러

현물제공

- 노무현 정부: 21억 4천6백94만 달러
- 김대중 정부: 7억 6천6백10만 달러
- 이명박 정부: 2억 8천4백3만 달러

언론보도에서는 16억 8천만 달러(2조) 공식 발표

- 김영삼 정부: 2억 8천4백8만 달러

북한 경수로 36억 달러(4조) 지원 결정을 하였으나 'IMF 국가 부도 사태'로 다음 김대중 정부에서 부담하였다.

- 박근혜 정부: 8천2백8만 달러
- 미국: 1조 4천억 달러

1) 정부별 대북 정책 기조

 北韓(북한)의 핵 문제는 과거 박정희의 핵 개발 프로젝트가 미국의 압력으로 무산되자 김일성이 개발을 시작하여 1990년대 김영삼 한나라당 때 이미 핵 제조 기술을 습득하였고 황장엽 증언 등 언론으로 확인한 내력이 유포되었으나 반신반의 상태로 온 국민의 이슈가 되지는 않았으나 대북 지원은 새누리당 이명박, 김영삼 정부 모두 지원하였다. 보수정권과 일베〈인터넷 커뮤니티〉의 주장은 김대중 노무현 정권만 대북 지원을 獨斷的(독단적)으로 강행하여 나랏돈을 다 퍼다 줬다고 나라를 통째로 북에다 넘긴다느니 말하지만, 이는 정책 정보를 잘 모르는 무지이며 사실이 아니다.

- 전두환 정부: 80년 냉전 시기 공안정국 형성

  * 1980년 9월1일 ~1981년 2월24일 ~25일 반공 정책을 토대로 공안 정국 형성 아웅산 테러 사건

  * 소련 전투기의 대한항공 여객기 격추 사건(마유미 사건)

- 노태우 정부: 냉전 붕괴 공안정국 형성

  * 1988년 2월 25일 ~1993년 2월 24일 북한과의 관계 개선이 이루어짐. 남북 간 실무자 접촉, 남북 유엔 동시 가입

- 김영삼 정부: **強溫兩面策(강온양면책)** 일명 당근과 채찍(일관성 없음)

  * 1993년 2월 25일 ~1998년 2월 24일 혼란 가중, 외교 관계 악화. 미국, 일본, 러시아, 중국으로부터 불신을 받고 국가 부도로 IMF를 맞음.

- 김대중 정부: 대북 햇볕 정책

  * 1998년 2월 25일 ~2002년 2월 24일 대북 화해 협력 정책

  * 남북 교류의 黃金期(황금기) 西海(서해) 교전.

  * 금강산 관광 시작, 남북 정상화 회담기, 소떼 1,000마리 보냄,

북한의 NPT 탈퇴와 대북 송금 파문, 미완의 성공

　* 2000년 3월 10일 베를린 선언

　* 2000년 6월 15일 남북 공동선언 발표

• 노무현 정부: 햇볕 정책 계승, 상호주의 정책

　* 2003년 2월 25일 ~2008년 2월 24일 김대중 정권 햇볕 정책 확대 계승

　* 애매모호한 실리주의, 햇볕 정책을 계승하겠다고 공언했으나, 대북 송금에 대한 특검 승인

　* 부시 대통령 의견에 전적 동감, 명확하지 않은 대북 정책 비판

• 이명박 정부: 비핵 개방 300 구상

　* 2008년 2월 25일 ~2013년 2월 24일 대북 강경정책 시도, 핵 폐기 결단을 촉진 환경 조성

　* 남북한 공동 번영의 길 모색, 300 구상은 북한의 자존심을 건드린 구상이 되고 역풍이 되어 정권 내내 남북 긴장 및 고착 상태 대립으로 그동안 남북문제 완화가 물거품이 됨

　* 延平島(연평도) 포격, 정규군 도발

• 박근혜 정부: 韓半島(한반도) 신뢰 프로세스, 대북 강경정책

　* 튼튼한 안보를 바탕으로 남북한 신뢰 형성

* 남북 관계 발전 한반도 평화 정착, 통일 기반 구축, '금강산이 보고 싶다' 이명박 실패 정부라 함

   * 대화 협상 전제 조건 후 지원 정책

   * 강력한 대북 억지로 추가 도발 차단 쇄국정책에 가까움

   * 안보리 결의 이행을 통한 핵 포기 압박, 압박과 대화의 국제공조 체제 구축 과 협상 다각화

   * 일본 민간의 10억 엔(9천100억 원) 출자를 약속받으며, 재단도 만들고 소녀상도 철거해야 한다는 한일 외교 역사상 참담한 결과 초래

• 문재인 정부: 한반도 평화 프로세스

   * 2017년 5월10일 ~2022년 5월 9일 韓半島(한반도)에 완전한 비핵화와 항구적인 平和(평화) 장착

   * 새로운 경제 공동체 번영 신한반도 체제, 대북 연락 사무소 폭파, 북측 미사일 발사

• 윤석열 정부: 2022년 5월 10일 ~2027년 5월 9일 5년간

   * 윤석열 발언: 선제타격 주장, 북한과 중국에 강경노선 발언 즉시 북측 미사일 발사

   * 폴 러캐머라 주한미군 사령관, 조짐이 좋아 보인다.

   * 청와대 들어가지 않고 大統領(대통령) 실을 용산으로 옮겨 엄청난 국고를 씀

* 우크라이나에 무려 80억 달러(10조 원)을 무이자나 다름없는 연 0.15% 금리에 빌려주는 협정 맺음

* 2023년 4월 20일 4시 47분, 우크라이나에 무기 지원을 약속. 이날 인터뷰에서 북한과의 대화에는 나설 뜻이 없다는 入藏(입장)을 분명히 밝혀 정작 우리가 딛고 있는 韓半島(한반도)의 긴장해소는 요원해 보임.

북한은 선제타격이라는 윤 대통령의 발언 후 11만 명의 高等學生(고등학생)이 자원하여 軍(군) 입대를 하였고, 이 일로 김정은은 남조선은 우리 형제국이 아니라 영원한 우리의 敵國(적국)이라고 김일성 광장에서 공식 선포를 하였다.

이 일로 러시아와 중국을 자극하여 중국은 한국 관광을 일절 취소하고 방문객이 끊어지고 러시아에 세운 한국기업들과 現代 自動車(현대자동차) 공장은 문을 닫았고, 年(년) 간 2만여 대를 팔던 자동차를 1년 동안 단 한 대도 못 팔아 결국 거대한 공장을 문 닫고 天文學的(천문학적)인 투자금을 날렸다. 위와 같이 역대 정부의 對北 送金(대북 송금) 내력과 북한에 대한 정책이었다.

위의 글은 내가 지어낸 이야기가 아니고 국가 통계청에 이미 공개된 팩트이며 신문에 보도된 내용들이다. 부디 의식을 확대하여, 용어 선택을 進步派(진보파), 보수파로 고쳐 부르고 빨갱이 새끼들이니 좌빨이 새끼들이니 하는 속어의 언어들을 순환하길 바란다. 중국도 베트남도 러시아도 사람 사는 사회이며 여행객들 한 명도 잡혀 죽지 않고 무사히 돌아왔다. 영화, 〈공조〉〈서울의 봄〉 드라마 〈여명의 눈동자〉〈택시 운전사〉〈1987〉을 만든 사람들은 전부 빨갱이 새끼들인가? 제발 역사의식의 눈을 뜨기를 바란다. 이러한 극단적 언어 비하는 통일을 원치 않는

개떼들과, 하이에나들의 비정한 광기들이다.

통일을 막는 악마들이 과연 누구일까? 한민족이 통일되면 가장 두려워할 상대 국가들은 日本(일본)과 中國(중국), 美國(미국)이다, 이 무슨 의미인지 알겠는가? 부디 눈 크게 뜨고 제발 깨달으라!

대한민국은 風水地理(풍수지리) 학 적으로는 인체로 비유컨대 생식기에 속한다. 외적으로부터 숱한 침략과 박해를 받고 내란도 많아 受難(수난)의 역사가 마치 유대인과 흡사한 면이 공통적이다. 양옆으로 중국과 러시아, 일본이 가깝다. 고조선시대에는 대륙 절반 이상이 우리 땅으로 홍산문명의 찬란함과 더불어 치우천황의 용맹과 廣開土王(광개토왕)의 기상이 은나라 제국을 領導(영도)하였으나, 역사의 興亡盛衰(흥망성쇠) 앞에서 易(역)의 循環(순환)을 겪는 이 민족은 지금 죽음의 초겨울을 겪고 있다.

李朝(이조) 五百年(오백 년) 동안 공자의 市中(시중) 哲學(철학)에 매달려 허울만 선비들이지 國力(국력)을 키우지 못한 조선은 수난의 역사를 거듭하면서도 오뚜기처럼 끈질기게 살아남아 1만 2천 800여 년의 맥을 이어왔다. 東西(동서) 五萬里(오만리) 長廣高(장광고)의 위대한 신성의 역사를 잃었다가 부활을 꿈꾸는 寶甁宮 時代(보병궁 시대: 염소자리와 물고기자리 사이에 있는 황도 12궁의 열한 번째 별자리로 10월 중순에 자오선을 통과한다) 그리스 신화에 나오는 美少年(미소년) '가니메데스'(Ganymede) 물병에서 물을 따르는 형상이다.

이 시기는 보배로운 영혼의 個人的(개인적)인 마음의 물병에 진리를 담는 시기로서 종교적 조직이나 정치적 조직보다는 개인 주권과 의식의 진동수가 상승하는 시대이다.

[그림28] 황도 12궁(zodiac)

    종교, 문화, 진리의 試院(시원)과 인류 창조 역사의 宗主國(종주국)인 한민족의 春夏秋冬(춘하추동)의 易(역) 바람이 지나고 부활의 영광이 미구에 도래할 것이다. 남북 8,500만 인구 중 2%도 모르는 이 숨겨진 역사의 實證(실증)을 자각하지 못하고 未生(미생)으로 살아가는 동물농장 같지만, 반드시 봄바람이 한번은 불어와 한민족의 꽃이 피어날 것이다.
    統一(통일)이 되면, 世界(세계) 强國(강국)이 될 걸 미리 아는 가인의 후예들에게 권한을 넘겨주고 허리가 동강 났다. 정치적 이데올로기는 종북 세력이니 주사파니, 빨갱이니, 左派(좌파)니, 右派(우파)니, 신종 용어들을 만들어 이런 단어들을 저주와 욕설의 기운을 실어 뉘앙스를 고착시켜 끝없는 양아치만도 못한 징그럽고 문둥병보다 더러운 存非(존비=좀비) 天地(천지)로 물들어간다. 같은 동족끼리 同胞(동포)끼리 원수로 대하는 이 비극적인 현실을 아무렇지도 않게 생각하며, 지구촌에 유일하게 大韓民國(대한민국)만이 분단의 상처와 진행 중인 전쟁을 남의 동네 불구경하듯 하는 현 정부와 이 나라 정치인들과 종교단체 죄가 크다.

나라를 통째로 북한에다 갖다 바친다느니, 햇볕 정책이란 말을 한 김대중은 간첩 우두머리라느니, 광주 5.18은 전두환과는 상관없는 일이며 북한의 指令(지령)을 받은 간첩들 소행이라느니, 제주 4.3사건은 남로당원들이 일으킨 폭동이라느니, 북한의 核武器(핵무기)는 서울 시내를 노리는 전쟁 준비라느니, 유치원생만도 못한 수준 이하의 정치인들과 못난 유튜버들의 뉴스를 고급 정보 지식으로 경청하여 불행한 계몽이 5공화국 시절보다도 수준이 낮아 북한에 선제타격을 하느니 하며 우크라이나 전쟁 지원금으로 500억 원을 지원했다, 이로 인하여 오히려 전쟁이 더욱 길어지는 결과를 초래하게 된다.

이 戰爭(전쟁)으로 인하여 아시아 전역은 물론 전 세계 경제가 휘청이게 되었고, 반면 막대한 이익을 챙기는 무기 산업자들의 모순을 사람이라면 생각할 줄 알아야 한다. 영국 BAE 시스템의 주가는 17.7% 증가했다. 하루빨리 지구촌의 전쟁을 종식하고 평화협정을 맺어야 한다. 나는 우파도 좌파도 아니다. 다시 말하자면 나는 중도파다.

2) 진리는 시대 情報(정보)다.

'진리를 알찌니 진리가 너희를 자유케 하리라'(요한복음 8:32)

진리란 말의 辭典的(사전적) 의미는 변함없는 참된 이치라는 뜻이다. 이렇게 쉬운 단어를 우리는 매일 뇌까리며, 전 세계 100만 명 이상의 성직자들이 매주 단상에서 진리를, 자유를, 사랑을, 평화를 설파한다.

이분들의 내용들은 석기시대 이론들과 그것을 지키려는 保守的(보수적) 에고가 온 신경세포를 감싸고 있어 돌이킨다는 것은 개벽이다. 어떤 사건을 하나 만들어 9시 뉴스에 다섯 차례만 내보내면 진리가 된다. 예수가 구름 타고 내려온다 하면 뭉게구름 타고 오는 걸로 믿고, 부활했다 하니까 공동묘지가 어느 날 갈라지고 몇천 년 죽었던 사람이 어느 날 일제히 살아날 것을 기다린다. 이러한 문자 단어가 어쩌다 이렇게 진리처럼 세뇌되었을까?

그것은 반복된 교육이 2천 년 동안 계속되어 왔기 때문이다. 보이는 세상의 정보는 기술 발전 속도에 따라가지 못하는 사람은 문자나 단어의 의미를 구별 못 하듯 자연계의 시대 정보나 철학적 사고나 세상을 뒤흔드는 1%의 상위 권력자들이 세계 정세를 주무르며 자기 마음대로 인구를 조절하고 전쟁을 지배하며 백신을 강제 투여하고 중금속 미세먼지를 살포해도 개돼지처럼 먹고 마시며 목이 따갑도록 말해줘도 콧방귀를 뀐다.

간단한 예로 컴퓨터나 스마트폰 하나만으로도 나이 든 어른들은 그 기능을 10%도 모른다. 또한 저소득층들은 기기를 구할 수도 없는 이가 많다. 인프라(Infra) 구축이 미흡한 부류의 주민들은 物理的(물리적)인 환경 제한으로 인하여 동등한 기회와 혜택을 부여받지 못하는 것이 사실이다. 인간은 태어난 뒤로부터 생존을 위해 본능적인 학습을 익히며 다른 동물과는 달리 삶을 풍요롭게 하기 위한 수단으로 수많은 지식의 정보를 習得(습득)하는데 시간을 투자하며 경쟁한다. 그리고 그 지식이 개인과 이웃에게 정보를 생산하고 전달하는데 힘을 기울이는데 이런 사람은 선구자 위치에서 진보적인 사람들이다.

　이러한 지식의 정보는 인간의 문명을 이루는 文化(문화)의 토대이다. 그러나 문명이 성장하고 衰落(쇠락)하는 과정을 반복하는 것으로 그 지식이라는 정보도 시공의 변화에 따라 영원하지는 않다. 지식과 정보의 비 연속성, 불완전함을 표현하기 위해 탄생한 말이 '패러다임(Paradigm)'이다. 패러다임은 어떤 한 시대 사람들의 사고나 견해를 지배하고 있는 이론적인 틀이나 개념들이다. 하지만 진리를 찾는 기준이 있다면 의문과 의심을 해소하고 좀 더 확실한 이치에 다가가는 것이 一般(일반)적 진리의 형태라 할 수 있다.

　예수께서 설하신 '진리를 알찌니 진리가 너희를 자유케 하리라.' 이 말은 천 번을 외워도 마음의 의심과 의문이 해소되지 않는다면 전혀 의미 없는 말이다. 그래서 진리를 파악하기 위해서는 기준이 있어야 한다. 그 하나는 어떤 사실이 인위적인가? 자연적인가를 구별해보는 것이다. 哲學的(철학적) 사고는 인체 生理學的(생리학적)인 부분을 통해 전달되고, 과학적 탐구는 인간의 몸을 이해하는 것으로 시작하여 감정과 理性(이성)의 울림으로 변화되는 것을 실증적으로 기준 한다. "진리! 진리! 자유! 자유!" 하면서 이성이나 감정의 환희가 없고 가슴과 腦(뇌)에 정보가 없고 메마르다면 어찌 시대에 발맞춰 사회를 이루며 살겠는가?

2. 시대 정보는 의식의 進步(진보)다.

　차별 대우나 왕따는 없다. 모든 일은 자신의 人格(인격)과 內功(내공) 문제다. 억울하면 뒤늦게라도 배우고 익히는 길만이 가장 빠른 길이다. 빌려오는 것이나 귀동냥을 한계가 있다. 나도 늘 아들한테 컴퓨터 사용법을 물어서 배운다. 지식의 부족은 수입과 재산, 社會性(사회성)의 원동력으로 직결된다. 농촌에서도 늘 農民(농민) 新聞(신문)을 읽고 공부하는 사람과 농업기술 센터에 자주 왕래하며 정보를 수집하며 활동하는 사람들은 머지않아 반드시 수고의 덕을 본다. 종종 중소기업 못지않게 수입을 올리는 특수 농가들이 그런 경우다. 그러므로 歷史意識(역사의식)이나 종교적인 通察力(통찰력), 정치적인 哲學(철학)이나 다를 바 없다.
　권력자들은 평민들이 많은 정보나 지식을 소유하는 것을 원치 않는다. 대통령은 國會議員(국회의원)들이 똑똑한 것을 원치 않는다. 성직자들은 平信徒(평신도)들이 자기보다 많이 알고 똑똑한 것을 원치 않는다. 中世(중세) 時代(시대)에는 여자가 많이 배우고 똑똑한 것은 당시 상황상 저주였다. 60만 명 이상을 마녀로 몰아 몸을 빼앗고 재산을 교회가 몰수했다. 빵이나 굽고 베를 짜고 양젖을 짜는 아녀자는 살아남고 知識人(지식인) 여성들은 魔女(마녀)로 잡혀 죽었다. 잔 다르크는 여자의 몸으로 샤를 7세를 도와 그에게서 받은 군사를 이끌고 나가 英國軍(영국군)의 포위 속에서 저항하고 있던 오를레앙 구원에 앞장서서 선두 지휘하여 싸웠다. 영국군을 격파하여 오를레앙을 解放(해방)시키고 각지에서 영국군을 무찔렀다. 흰옷을 입고 선두에서 목숨을 아끼지 않고 지휘하는 잔다르크의 모습만 보고도 영국군은 도망갔다.

1430년 5월 콩피에뉴 전투에서 부르고뉴파 군대에 사로잡혀 영국군에게 넘겨져 1431년 마땅한 죄목을 구상하다가 결국 魔女(마녀)라는 죄목으로 장작더미에 묶어 火刑(화형) 시켰다. 이것이 선구자나 선지자들의 고통이며 苦惱(고뇌)다.

보수적인 사람보다는 進步的(진보적)인 과학자들이 항상 외롭고 고독하였고 때로는 돌을 맞기도 하였다. 라이트형제, 에디슨, 아인슈타인, 스티븐 호킹, 1945년 항생제 페니실린을 개발하여 인류를 구한 노벨상 수상자 '카인 플로리' 한 해 겨울에 26만 명 이상이 매독으로 죽어갈 때 606회 만에 성공하여 항생제 '살바르산'을 개발한 '파울 에를리히' 같은 진보적인 사람들은 文明(문명)의 先驅者(선구자)들이지만 그들의 사생활은 社會性(사회성)이 缺如(결여)된 사람들이었다. 친구도 별로 없고 과묵하고 심각하였다.

아인슈타인은 天才(천재)였으나 세금 계산 같은 사소한 문제는 쩔쩔매고 짜증스레 하였다. 그러나 보수적인 사고는 옛것을 보존하는 것은 文化的(문화적) 가치를 인정하여 기념관이나 博物館(박물관)자료로 보존은 가하나 지금 우리나라 1,500만 인구와 5천만 인구가 삼베적삼이나 무명 한복 비단 치마 댕기 머리, 상투를 틀고 다닌다고 상상해 보라.

보수를 떠들어대는 右派(우파)들도 결국은 여러 각도에서 개화의 물결과 진보의 영향을 받아 그 영향권 아래서 뿌리를 내리는 것이 그 누구도 부인할 수 없는 현실이다. 나도 20대 때에는 문익환 목사, 씨알의 소리 대표, 함석헌 옹, 장준하, 김지하 시인 등이 감옥을 들락거리는 걸

新聞(신문) 報道(보도)를 읽으며 이들이 공산당인 줄 알았다.

뒤늦게 40세가 넘으면서 그분들이 민족주의자들임을 알았고 문익환 목사는 크게 잘못된 사람인 줄 알았다. 늦은 감은 있지만 40살 즈음부터 역사의식이 깨어나며 나는 미친 듯이 자료를 모으고 우리 민족의 뿌리와 얼을 연구하기 시작하였다. 진보적 사고는 삶의 全般事(전반사)에 미쳐야 하며 그 진보적 사고 안에 의식의 확장 역시 매우 중요한 비중이다. 의식이 갓난아이라면 형체만 사람이지 무슨 시대 정보를 깨달아 전달하겠는가?

정치적으로는 戰爭(전쟁)을 終熄(종식)시키고 백성을 의식주에서 解放(해방)시키고 문맹을 퇴치할 사람, 호치민처럼 청렴한 애국자, 무료로 병을 고쳐주고 醫療保險制度(의료보험 제도)를 만들어 국가에 선물한 장기려 박사, 보릿고개를 해결하고 박정희 대통령을 이용하여 새마을 사업과 농촌부흥 운동의 선구자였던 가나안농군학교 김용기 장로님, 유한양행의 유일환 박사, MK택시 유봉식 사장 등은 빛을 남긴 사람들이다. 한편으로 보면 이분들은 설명하기 어려운 哲學(철학)을 품은 선구자들이다.

1) 벌거벗은 정보

인간이 두 명 이상만 함께 어울려 살게 되면 감정과 습관, 의식구조의 개성이 固有(고유)하다 보니 마찰이 일어나게 된다. 인간이 마을을 이루고 사회를 이루고 나라를 세우고 살아가려면 불가피 헌법과 윤리, 도덕, 사랑 때로는 賞罰(상벌)이 필요하고 稅金(세금)과 교육제도가 불가

피하다. 사람의 마음속에는 良心(양심)이라는 재판관의 간섭이 있고 自由意志(자유의지)가 있다. 어울려 살려면 위와 같은 遵法精神(준법정신)을 기본적으로 부담 느끼지 말고 義務的(의무적)으로 준행할 줄 알아야 비로소 그 나라 그 사회의 구성원이며 國籍(국적)을 가진 이다.

이러한 사회를 이루려면 바람직한 지도자의 지도력과 지휘가 필요하다. 더 세분화하면 각 부서의 官公署(관공서)가 필요하고 기관마다 책임을 기꺼이 감당할 수 있는 역량 있는 지도자가 필요함은 불가피하다. 이때부터 道德性(도덕성) 있는 지도자를 뽑아야 하는 것이며 이들은 개인적인 영리보다는 국가나 이웃을 위하여 헌신함을 자랑으로 하며 뒷거래나 물질의 유혹, 사과 상자 같은 빗나간 뇌물을 생각지 말고 유혹이 틈탈 때는 역사 속에 오염된 乙巳五賊(을사오적)을 생각하며 마을 里長(이장)에서 대통령까지 오직 나라를 위한 명분으로 청렴해야 나라가 부강해지고 하늘이 돕는 堯舜(요순) 시대처럼 살기 좋은 세상이 될 것이다. 지금 地球村(지구촌)만 해도 노르웨이 같은 나라는 관료들이 부정하지 않고 국민 행복도가 90%가 넘고 범죄도 없고 경제도 교육도 세계 1위다. 이는 국민과 관료들이 의무와 도덕성의 기준을 잘 지킨 그들의 자유의지의 결과다.

2) 토막 난 뉴스

우리나라는 이승만 정부 12년, 박정희 정부 18년, 전두환 군사 정부는 무서운 시대였다. 검찰도 경찰도 아닌, 中央情報部(중앙정보부)에 끌려갔다 오면 대개 실어증 환자가 되든지 不具者(불구자)가 되어 목숨이 붙어있어도 사람 구실을 못 했다. 방송매체나 신문들은 아무리 팩트를 보도하려 해도 철저한 검열을 받아야 했으며 진상을 밝혀 보도하면 100% 구속되었고 아무리 배운 사람이라도 끌려가면 강도 높은 고문과 반말과 막말의 審問(심문)을 받았고 人權(인권)은 없었다.

나는 고 김지하 시인과 천상병 시인의 고문 이야기를 직접 들은 적이 있다. 대형트럭이 김대중을 덮친 사건도 뉴스에 보도 되지 않았고 비행기 납치로 검은 자루를 씌워 太平洋(태평양)에 던지려 한 사건도 뉴스에 보도되지 않았다. 미국이 개입하여 김대중은 목숨을 구했다. 4.3 사건도 전국의 民間人(민간인) 집단살해 사건도 뉴스는 단 한 번도 보도하지 않았고 50년 동안 묻혔다.

사건의 진상을 알리면 해외 外信(외신) 記者(기자)들의 자료가 정확하다. 그들 특파원의 자료는 당국의 檢閱(검열)을 받아야 할 필요가 없으니까 말이다. 김대중이 정권을 잡으면 慶尙道(경상도)가 피로 물들 것이고 무서운 보복이 시작될 것이며 赤化統一(적화통일)이 될 것이라는 소문과 기타 가짜 뉴스가 전국으로 퍼진 적이 있었다. 경상도나 부산 사람들은 김대중을 북한의 지령을 받은 간첩 우두머리라고 말하는 게 일상이었다. 내가 부산에서 14년을 살면서 귀가 따갑게 들어온 이야기다. 그러나 김대중은 당선된 후로 어떡했는가? 그는 전라도 대통령이 아니었다. 유튜브 방송에는 김대중 육성 녹음이 아직도 남아 있다. 그는 당선되자마자 첫 연설에 말하기를 "나는 전라도 대통령이 아닙니다!" 그는 0.1%도 報復(보복) 政治(정치)를 한 적이 없다는 사실은 경상도 사람이 더 잘 안다. 김대중은 김영삼 전 대통령이 엎어 먹은 국가 부도, IMF 後遺症(후유증)의 뒤처리를 하느라 노령의 몸으로 슬기롭게 대처하여 어느 정도 정상궤도에 경제를 올려 놓았고 농어촌 서민들의 부채를 50%

정부가 탕감해 줌으로 농민들의 숨통을 열어주었다. 이 말이 안 믿어지면 통계청으로 알아보라.

두 번이나 자신을 죽이려 한 반대파에게 보복심으로 칼을 휘두를 것으로 예측하였는데 그는 연설 중 한반도의 평화를 유엔에서 영어로 연설하였고 보복은 단 한 건도 없었다. 그러자 일부 전라도 사람들은 김대중을 배신자라는 비난을 푸념으로 퍼부었다. 전 세계는 김대중을 예의주시하다 여러 단체에서 그를 노벨 평화상 후보로 선정하였다.

장기간 감옥 생활을 하던 만델라 대통령과 비슷한 운명으로 등잔 밑이 어두워 도리어 외신기자들의 눈이 더 밝다는 것이다. 김영삼 전 대통령은 비아냥거렸다. "김대중 씨가 노벨 펭와 상을 받으므로 노벨상의 권위가 땅에 떨어졌심다," 같이 民主化運動(민주화운동)으로 온갖 고생을 하던 옛 동지인데 씁쓸한 일이다.

언론이 죽은 이 시대는 로마 멸망의 전야제 같다. 정부의 눈치 보느라 바른말 하는 언론이 없으니, 정치인들은 마음껏 나라를 주무른다. 단시일에 수십조씩 國庫(국고)를 축내고 기업들이 무너져도 실제로 걱정하는 국회의원들은 與野(여야) 한 명도 없다. 의식도 초등학생 수준이며, 애국보다는 자기 성공과 지배적 욕심으로 미쳐 있다. 간혹 유시민 작가, 정도의 通察力(통찰력) 있는 국회의원이 몇몇은 활동하나 애국자들은 없다. 오직 흑백 싸움뿐이고 국회는 泥田鬪狗(이전투구)의 激戰地(격전지)다.

방송국들은 아직도 특종은 좋아하지만, 시청률 신경 쓰는 트로트 잔치에 비중을 크게 두고 지원을 아끼지 않으니, 남녀노소를 망라하고 트로트 젊은 가수들의 노래 경연 잔치를 보느라 정치인들에게 관심이 없다. 로마가 이렇게 망했다.

3) 역사의식이 없으면 이 땅의 주인이 아니다.

歷史(역사)라는 낱말의 辭典的 意味(사전적 의미)는 '지나다, 겪다, 전하다, 지내다, 차례, 다하다, 다니다, 넘다.' 등의 의미를 지닌다. 역사는 過去(과거)의 일들이라고 할 수 있다면 그 과거의 일을 가지고 문서로 기록하고 혹은 가슴이나 腦裏(뇌리)에 새기며 기억하고 추억하며 잊지 않는 것이나 기록 편집한 것을 역사학이라 할 수 있다. 이러한 것을 근대 교육에서 역사라는 것을 통해 정체성을 共同體(공동체)에 전달하고 계몽 단결 도구가 되기도 한다. 국가와 민족이라는 개념 아래 上流層(상류층)이나 지배층만 敎育(교육)을 받던 시대를 넘어 일반 민중에게도 義務敎育(의무교육)이 실시되면서 근대 역사는 민중들의 의식이 진보하여 李朝(이조) 五百年(오백년)에 비하면 백성들의 주의 주장은 民主化(민주화) 운동으로 진보하였다.

지난 역사는 거울이 되고 미래 역사는 희망의 빛이 되리라 믿는 것이 개혁의 원동력이다. 역사를 알아야 미래를 알고 과거를 거울삼아 警覺心(경각심)을 갖게 된다. '세월호 사건' 이후 여러 청소년 단체에서는 비상 교육을 자주 받는다는 소식을 들었다. '이태원 참사' 이후 전 국민은 스스로 경각하여 인파가 많은 곳을 피할 것이며 아무래도 신경을 쓸 것이다.

그러므로 역사는 인간의 자기 존재감을 확인시키고 實存性(실존성)을 정당화하는데 寄與(기여)하기도 한다. 과거를 현재의 행위 또는 사회적 제도의 강령과 거울로 활용하고 현재의 강령들이 과거에 있었던 일들 때문에 다듬어지고 현재를 살아가는 데 있어 영향을 크게 받을 수 있는 것이다.

과거의 쓰라린 壬辰倭亂(임진왜란)이나 日帝强占期(일제강점기), 4.3사건, 여·순사건, 6.25사변, 4·19혁명, 광주 5.18민주화운동, 6.29선언 등을 잊는다면 그는 분명, 이 나라 사람이 아니다. 아무리 歷史意識(역사의식)이 둔감한 강아지 두뇌라 해도 천안함, 세월호 청소년들의 생사람을 水葬(수장) 하는 것을 눈뜨고 바라봐야 했던 멍청하고 억울한 역사를 잊어버렸다면 그건 사람이 아니다. 사냥개도 한 번 굴러떨어진 벼랑에는 다시는 가지 않는다. 悲劇(비극)이 반복되지 않아야 사람 사는 곳일진대 인류는 과학이 발달할수록 더 큰 사건이 반복하여 문명화한 이 시간에도 하루 수백, 수천 명씩 죽어가는 전쟁으로 맹수의 地雷(지뢰) 밭이 되어가고 있다.

4) 역사의 거울

역사의 포트레이트(Portrait)는 천년~일만 년 그 이상의 거울이 되어 文明(문명)의 시간을 타고 전 세계로 몇 초안에 날아다닌다. 얼굴 모양이나 육체는 만날 수 없지만 아담도 이브도 世宗大王(세종대왕), 링컨 대통령, 베토벤이나 바그너, 슈만도 어떤 유명인도 마우스 한 번 클릭하면 多角的(다각적)으로 들여다볼 수 있고 대형 서점이나 대학 圖書館(도서관), 국립도서관에 들어가면 웬만한 역사 정보는 단시일 내에 더듬어볼 수 있다.

역사란 인류가 過去(과거)에 저지른 실수와 죄악이나 달성한 성공에서 참회와 회한 그리고 중요한 교훈을 배울 수 있는 값진 거울이다. 古代

文明(고대문명)은 특별히 풍부한 조사 대상이 되며 繁榮(번영)과 衰落(쇠락)의 이야기가 되어 오늘을 살아가는 우리에게도 귀중한 通察力(통찰력)을 요구하며 제공한다. 고리타분하게 지난 과거를 들춰내서 뭐 할 거냐며 싫증내는 사람들이 더러 있다.

아무리 쇼킹(Shocking)한 뉴스나 소름 끼치는 사건의 팩트를 들려줘도 도무지 놀라기는커녕 微動(미동)도 않는 사람을 많이 보는데, 마치 외계에서 온 사람들 같다. 초미세먼지 수치가 2년 전 평균 30~46% 수치였으나, 최근 2년 사이 매일 일기예보 시간에 예전에 없던 미세먼지 경보가 매우 나쁨으로 350까지 악화하여 3년 전에 비해 呼吸器(호흡기) 환자가 3배로 증가했고, 지난 10년 동안 독극물 '켐트레일(Chemtrail)'을 매일 살포해도 그 누구 하나 관심 없고 선지자가 이 소식의 진상을 전해줘도 콧방귀로 비웃는 실정이다.

이런 소극적인 의식과 지구상에 살면서 主人(주인) 意識(의식)을 버리고 안일하게 공짜로 살려다가 임진왜란을 겪고 일본에 나라를 빼앗기고 미국과 소련에 나라를 뺏겨 조국의 허리가 잘렸다. 역사를 버린 민족에게 미래는 없다던 안중근 의사의 말이 생각난다.

전 세계 대학에서 수많은 사람이 지난 역사를 반조 반성하며 연구하고 뒤돌아보며 재조명하고 있다. 우리나라만 해도 古朝鮮(고조선)은 생략하고 이조 오백년 실록 역사를 들여다보며 지난 70년 동안 100여 편의 드라마나 영화를 제작하여 시청자들의 관심을 받고 간접으로 내막을 파악하기도 하고 부분적으로 배우기도 하고 반성도 하며 의식의 눈이 뜨여지기도 한다. 史劇(사극) 드라마나 역사극 영화를 빼고 역사 교과서를 거세하면 우리가 인간으로서 무슨 이야기를 주고받으며, 오지 않은 미래만 예측하여 상상할 것인가? 지금, 이 순간만 생각하며 과거 미래를 초월하는 일은 번뇌를 초월하여 마음을 잠재우는 瞑想(명상) 祕法(비법)밖에 없다.

앞장에서 여러 차례 밝혔듯, 檀君(단군) 歷史(역사)는 신화를 만들어 역사를 그나마 반 토막을 내버린 이마니시 류와 李秉道(이병도) 反逆(반역)의 史學者(사학자) 때문에 남한 5천만 동포가 지금도 속고 있다. 역사를 잃어버리면 뿌리를 버린 미아처럼 고아가 되고 만다. 대중이나 위정자나 눈앞에 있는 의무를 다하지 않으면 김구 선생처럼 주권을 상실하고 자기만족과 자신감에 도리어 기회를 잃어버리게 된다.

로마 제국은 자기만족과 過信(과신)에 빠져 영광의 정점에 도달하였다. 그러나 그들은 군사적 우월함에 너무 의존하여 내부 문제를 소홀히 여겼다. 이것으로 인해 부패, 不平等(불평등), 사회적 불안정이 발생하여 결국 로마는 공연 문화로 대중은 눈이 멀고 스포츠와 오락으로 인하여 마음은 둔감해지고 관료들은 푹 썩어 나라를 다 들어먹었고 國民性(국민성) 쇠락으로 이어져 버렸다.

고대 그리스와 중국은 혁신과 적응을 중시하여 번영하였다. 중국의 경우는 수십 개국이 戰國時代(전국시대)를 겪으며 통일국가가 되었다. 그들은 새로운 기술, 정치적 철학, 처세술, 市衆(시중) 哲學思想(철학사상) 등을 수용하여 지속적인 성장과 진보를 가능하게 되었다. 혁신과 진보의 적응은 격변이 빠를수록 현대 세계에서는 필수적이다.

고대 아테네와 스파르타의 펠로폰네소스 전쟁은 폭력과 파괴적인 영향을 남겼다. 그러므로 수많은 사상자와 경제적 피해, 사회적 분열이 발생했으며 두 문명 모두 永久的(영구적)으로 惡化(악화)되었다. 평화적 외교는 갈등을 해결하고 사회를 건설하는 원동력으로 전쟁과 파괴보다는 1억 배 이상 훌륭한 對案(대안)이다.

미국은 베트남전쟁을 거듭하면서 나라의 財政(재정) 절반 이상을 쏟아부었다. 猛毒性(맹독성) '그라목손'을 뿌려 밀림을 다 태워 죽였다. 우리나라도 우방국이라는 미국의 눈치를 봐야 하니 미국의 요청대로 베트남전쟁의 명분 없는 싸움하는데 4만 5천여 명의 젊은 군인들을 미국 다음가는 파병군이 되어 맹호부대, 청룡부대, 백마부대, 비둘기 부대 등, 1964년 7월 18일부터 1973년 3월 23일까지 8년 8개월 동안 연인원 32만 5,715명의 군인을 베트남전에 투입했다. 이들은 이 其間(기간) 동안 1만여 회의 대규모 작전과 55만여 회의 대규모 작전과 55만여 회의 소규모 작전을 펼쳐 4만 2천여 명의 공산 베트콩을 사살하는 전과를 남겼다.

5) 박정희 대통령의 國防經濟(국방경제)

  1965년 5월 박정희 대통령은 미국 존슨 대통령을 만나 다음과 같이 말했다. "한국은 아직 전쟁이 끝나지 않았다. 한국에서 한국 정부 몰래 유엔군을 철수시키려는 의도가 없길 바란다, 만일 이를 어긴다면 베트남에 대한 우리의 모든 협조는 그 순간에 水泡(수포)로 돌아갈 것이다." 라고 CIA 리포트에 기록되어 있다. 당당하고 결연한 소신이 느껴지는 말이다. 박정희는 1967년 대전 유세에서 전투부대 派兵(파병) 관련하여 다음과 같이 역설하였다. "베트남 파병을 굳이 안 보내려면 안 보낼 수도 있다. 하지만 그리했다면 아마도 美(미) 國防省(국방성)은 분명 능히 주한미군을 철수시켜 베트남전에 이동시켰을 것이다. 그렇게 될 경우, 우리의 155마일 休戰線(휴전선)은 우리 남한의 독자적 힘으로 지켜낼 수 있었다고 봅니까?"라며 야당의 정치적 공세에 묻는 연설을 하였다. 이 시점에서 韓國軍(한국군)의 파월 장병은 상당한 경제적 이득을 가져다준 것은 사실이었다. 물로 후일담으로 군인들의 월급이 일 인당 절반 밖에 전달되지 않았다는 끝없는 소문이 전국에 퍼져있다.

근래의 白堊館(백악관) 문서에는 파월 장병의 목숨값인 봉급 액수가 기록된 文書(문서)가 공개되었기 때문이다. 參戰(참전) 勇士(용사)들이 지금 살아있는 사람이 많으니 봉급 액수를 환산하면 계산은 금방 나온다. 그 거금은 스위스 은행에 잠자고 있다는 이야기들을 간접적으로 들어내고 있다. 1964년~1973년까지 한국군의 베트남 참전 기간에 받은 전투수당은 일반적으로 밝혀진 액수로 2억 3,556만 달러였고, 이 중 82.8%에 달하는 1억 9,511만 달러가 국내로 송금되었다. 경제적 효과로서는 무역수지 2억 1,060만 달러, 무역외수지 8억 2,000만 달러와 미국의 국군 현대화 지원(M16 자동소총과 팬덤 전투기 등 첨단 무기 제공) 15억 달러, 기타 유무상 차관 도입 43억 달러 등 68억 7천만 달러가 우리 땅에 들어왔다.

이 금액으로 박정희 정부는 숙원 사업이었던 京府高速道路(경부고속도로) 428km를 개통했고 이때부터 정부는 제반 경제개발 사업에 자신감을 가지고 박차를 가하게 되었다. 동시에 현대건설, 한진 상사, 대우 실업 등 80여 개의 기업들은 군수물자 납품과 용역사업을 통해 베트남戰(전) 特需(특수)를 누리게 되었다. 예컨대 한국군의 필요한 모든 物資(물자)를 국내에서 조달했기 때문에 베트남으로 수출이 급증하게 되었다. 슬픈 일이긴 하나, 미국의 군사원조와 한국군 파병 봉급과 현지 한국기업의 사업 수익 그리고 군사 援助(원조) 등 效果(효과)가 합쳐져 100억 달러(당시 年(년) 간 수출 총액의 100배) 이상의 외화를 벌어들인 셈이다.

 젊은이들 피의 값으로 시작된 이 금액은 당시 우리의 半萬年(반만년) 역사의 고질이었던 가난을 탈피하는 종잣돈인 동시에 經濟開發(경제개발) 5개년 계획의 밑거름 재원이 된 것임에는 틀림이 없었음을 인정해야 한다, 왜냐하면 한국군 파월 직전인 1964년 우리 국민의 일 인당 국민소득은 76달러에 불과했지만 10년 후 파월 군의 철수가 완료된 1974년 3월에는 국민소득이 무려 일곱 배가 넘는 545달러였다. 이때부터 흑백 TV, 선풍기, 전축, 휴대용 라디오 카세트, 자가용 자전거, 90㏄ 오토바이, 청바지 등이 經濟(경제)의 상징으로 나타나기 시작하였다.

 박정희의 獨裁(독재)와 불편한 前績(전적)이 免罪符(면죄부)를 받는 부분이 통금시간을 두고 눈높이 抑壓(억압) 政治(정치)의 덕을 본 것으로 전두환, 노태우, 이명박, 박근혜, 윤석열에 비한다면 박정희는 성자에 가깝다. 이들에 비하면 말이다. 박정희의 일화에는 인간적인 면모도 많기 때문이다.

3. 衣食住(의식주)에서 자유

내가 초등학교에 다니던 時節(시절) 1962년대였다. 우리 아버지는 한복 한벌 광목 두루마기 한 벌 그리고 군수물자 국방색 작업복 한 벌, 밤색 겨울 한복 바지 하나로 사셨고 어머니도 비슷한 처지로 家具(가구)라곤 3단짜리 궤짝 하나가 장롱 대신 윗목 구석에 서있었다. 집은 낡은 함석집으로 작은 방한칸 창고 방 하나, 부엌 한 칸짜리 집에서 작은 항아리에 몇 됫박 정도의 쌀이나 잡곡을 겨우 생활할 만큼씩 준비하며 살았다.

아버지는 일반노동과 藥草(약초)를 캐며 젊은이들에게 한자를 가르치는 봉사를 하며 나와 두 동생을 양육하였다. 나는 일찍 아버지에게 情神(정신) 敎育(교육)을 받아서 그런지 부자들을 부러워하거나 기가 죽지는 않았다. 學業(학업)이 중단되고 병약한 몸으로 세상을 살자니 견디기에 힘겨워 여러 차례 생을 마감하려고 세 차례나 몸을 던졌으나 그때마다 사람들의 눈에 뜨여 귀인이 나타나 九死一生(구사일생)으로 살아났다. 10세에 부친을 잃고 어머니는 떠나고, 나는 천애 고아가 되어 하늘을 지붕 삼고 땅을 침대 삼아 떠돌며 머슴살이로 寢食(침식)을 해결하며 눈치껏 晝耕夜讀(주경야독)에 힘써 檢定考試(검정고시)로 까막눈은 면하였다.

임씨 성을 가진 귀인의 인도로 信仰(신앙)에 歸依(귀의)하여 예수의 가르침 山上垂訓(산상수훈)을 배우고 익혔다. '그러므로 염려하여 이르기를 무엇을 먹을까 무엇을 마실까 무엇을 입을까 하지 말라.'(마태복음 6:30~31) '그런즉 너희는 먼저 그의 나라와 그의 의를 구하라 그리하면 이 모든 것을 너희에게 더 하시리라'(마태복음 6:33) 예수께서는 교훈하신다. 오늘 있다가 내일 아궁이에 던져지는 들풀이나 나뭇가지들도 들에 핀 들꽃 하나도 입히시고 기르시거든 하물며 만물의 영장인 너희를 버리겠느냐는 것이다. 위 교훈은 내게 믿음을 굳건하다지는 말씀으로 作用(작용)하여 창조역사가 시작되었다.

1) 인간이 먼저 해야 할 일

사람이 세상을 사는 방법 중 우선순위는 成熟(성숙)한 인간이 되는 일이다. 사람의 의식이 지혜롭지 못하면 삶의 우선순위를 몰라 나중에 해도 될 일을 먼저 하는 어리석음을 저지르게 된다. 대개 먹고 사는 게 우선이다 보니, 福(복) 받으려고 信仰生活(신앙생활) 혹은 道(도)를 닦고 혹자는 철학을 탐구하고 학문을 하는 것도 궁극적으로는 잘 먹고 남부럽지 않게 상류사회에서 잘 살려고 경쟁하고 싸우고 새벽부터 밤까지 몸부림치는 것이다.

앞서 기록했지만 1964년도에는 국민소득이 76달러였고 1974년 經濟開發(경제개발) 시절 545달러였으며 그 뒤로 50년이 지난 2024년 현재 우리나라 1인당 국민 총소득(GNI)이 3만 3천 745달러로 잠정 집계되어 대만을 추월하였다. 76달러 소득에서 3만 3천 745달러로 부자가 되었다.

그런데 참 이상한 病的(병적) 現象(현상)이 나타났다. 사람들의 행복도와 심령의 만족도에 깊은 병이 들었다. 해마다 집을 많이 건축하는데도 집이 모자라고 쌀이 창고에 政府米(정부미)로 4년씩 쌓여 묶어 자빠지는 데도 염려하고 집집마다 옷이 수백 벌씩 썩어나는 데도 염려하고 신발 양말이 수십 켤레 수건 비누 치약 등이 남아돌아도 대형 냉장고에 미쳐 못 먹는 고기와 식품 재료들이 밀려 썩어나는데도 사람들은 만족이 없으니, 重病(중병)이 분명하다.

반면에 지금 전 세계는 饑餓(기아)로 굶주려 죽어가는 난민이 3억 5천만 명이 넘는 不均衡(불균형)하고 불평등한 세상이다. 최근 인터넷을 뜨겁게 달구고 유튜브 방송에서도 문제의 영상으로 충격을 던지는 음식쓰레기와 일반 쓰레기 山(산)이 있다. 우리나라에 230군데가 매일 무서운 가스를 배출하여 심각한 汚染(오염)으로 주민들이 病(병) 들고 농사가 망하고 지하수가 오염되어 사람들이 병든다. 굶어 죽고 병들어 죽는 半面(반면)에 전 세계는 지금 의식주 해결을 넘어 너무나 풍요로운 나머지 감사가 없어지고 낭비하다 못해 타락하여 이제는 버리기 시작한다. 인도는 3,500개의 쓰레기 빌딩 산이 방치되고 중국도 수천 개의 쓰레기 산이 높아가고 동남아에 보내진 헌 옷들 수억 톤이 강물에 바다에 버려진다.

1970년대 우리의 기도는 흰쌀밥에 고깃국을 먹으며 양복 정장에 넥타이를 꿈꾸고 깨끗한 장판 온돌방, 좋은 이불, 좋은 옷을 입는 걸 부러워했다. 그런데 지금 어떠한가. 당시에 바라고 기다리던 천국이 이 땅에 수백 번 임하였다. 의식주가 100% 해결되지 않았는가. 核家族(핵가족)을 원하는 욕망은 결국 강남의 집 한 채에 60억 70억이라는 저주에 가까운 도깨비 나라를 만들었다. 이제는 돌이킬 수 없는 지경에 이르렀다.

[그림29] 쓰레기 산 (사진. gazettenet)

그래도 우리가 희망을 버리지 말고 해야 할 일은 사람들의 의식을 상승시켜야 한다. 消費(소비)를 줄이고 再活用(재활용)을 생활화하고 나눠 쓰고 감사하며 현재의 삶을 만족하고 유행 감각 버리고 名品(명품)병 회개하고 쓰레기 만들지 말고 이 땅의 주인답게 정신 바싹 차리고 살아야 하는 것이다. '썩을 양식을 위하여 일하지 말라.' (마태복음 6:27)

지금 인류는 육체도 영혼도 물질, 음식도 산더미처럼 쌓여서 썩고 있다. 전쟁에 죽은 시체들이 매일 썩어 불태워지고 공기도 썩고 문화도 썩고 종교도 정치도 이미 썩었고 썩어간다. 정의로운 사람들이 여기저기 태어나야 한다. 溫暖化(온난화) 문제로 염려하고 쓰레기 문제로 신경 쓰고 海水面(해수면) 문제로 마음조이며 戰爭(전쟁) 狂人(광인)들을 위해 회개를 촉구하며 이사야나 아모스처럼 정의로운 記者(기자) 정신이 꼭 필요하다. 이것이 時代精神(시대정신)이다.

돌이킬 수 없는 재난의 시간이 아주 가까이 오고 있다. 우리가 상상하는 神(신)은 없다. 그런 신이 있다면 지구 인구는 전부 사형감들이며 天罰(천벌)을 면치 못했을 것이다. 니체의 말대로 우리는 神(신)을 죽였고 그 신은 이미 죽어 인류가 멸망을 해도 고래가 비닐을 먹고 滅種危機(멸종위기)에 있어도 산호초가 다 죽어도 히말라야 氷河(빙하)가 다 녹고 북극의 氷山(빙산)이 다 녹아도 간섭하지 않는다.

우리가 지구와 우주의 주인이기 때문이다. 우주 創造主(창조주)께서는 지구촌을 인류에게 맡기시고 통치 권한을 주셨는데 가인의 후예들이 우세하여 지금 몸살을 앓고 있다. 激變(격변)이 오고 있다. 결국 인류는 의식주 문제가 해결되었는데도 끝없는 욕망의 병, 보암직, 먹음직, 탐스러운 유혹의 魔力(마력)에 유혹되어 과학이라는 도구를 이용하여 人類(인류) 繁榮(번영)보다는 파괴와 멸망, 스스로 끌어안을 地獄(지옥)을 만들어가고 있다. 찬란했던 폼페이 도시는 모든 게 풍족했고 화려했다. 찬란했던 소돔 고모라 성이 전설이 아님을 온 인류가 알고 있다. 不可思議(불가사의)의 대명사, 타지마할과 앙코르와트 문명도 전설로 그 웅장한 건물만 남아 있다. 그렇다면 세계를 정복하려고 청춘을 바치고 전쟁을 일과로 삼던 저 알렉산더 대왕의 야망과 거지 哲學者(철학자) 디오게네스 둘 중 과연 누가 행복했으며 질적으로 누구의 명성이 더욱 尊貴(존귀)로웠을까?

집도 없이 떠돌며 어느 담장 밑에나 아니면 큰 나무 밑 바위 밑에서 생활하며 그를 아는 이웃들이 이따금 던져주는 마른 빵을 얻어 오기도 하며 규칙 없이 아침 해가 솟아오를 즈음 태양을 보며 명상하고 저녁엔 달빛을 보며 인간의 존재와 생각의 根源(근원)을 명상하였다. 어느 날 강물에 떠내려온 큰 포도주 통을 발견하였다. 뚜껑까지 있어 여간 용이

한 게 아니었다. 디오게네스는 빙그레 웃으며 그는 이 술통을 말려 집으로 사용했다. 바람을 막아주고 웅크리고 누우면 아늑한 방이 되었다. 어느 날 길을 잃은 주인 없는 개가 부러진 다리를 절뚝이며 디오게네스를 따라다녔다. 불쌍한 나머지 버드나무 껍질을 벗겨 부러진 뼈를 맞추고 싸매어 고쳐주었다. 한 달 뒤 개는 아주 건강해졌고 떠나지 않았다. 메추라기도 잡아 오고 어디선가 빵도 물어왔다. 그는 이 개가 음식 먹는 모습을 가만히 지켜보며 혓바닥 하나로 깡통을 깨끗이 핥아먹는 걸 보며 "내가 所有慾(소유욕)이 많았구나!" 하면서 가지고 있던 수저를 강물에 던져버렸다. 종종 그에게 지혜를 배우려고 찾아오는 방문객들을 통해 이 거지 哲學者(철학자)의 소문이 마게도니아 전역에 퍼지고 알렉산더 대왕의 귀에까지 전해졌다.

알렉산더는 부하 몇 명을 거느리고, 현자 디오게네스를 찾아갔다. 때는 초겨울 날씨였다. 알렉산더가 그를 찾아가자, 그는 술통에 기대어 볕을 쬐고 앉아있었다. 한 사람이 말에서 내려 외쳤다. "위대하신 알렉산더 대왕이시다. 예를 갖춰라!" 디오게네스는 고개를 들어 방금 소리를 지른 병사와 말에서 자신을 내려다보는 알렉산더를 힐끗 바라보더니 "거기서 뒤로 세 발자국만 물러서시오!"라고 말한 뒤 눈을 지그시 감고 微動(미동)도 않았다. 병사는 소리쳤다. "이런 무례한 놈이 있나, 어느 안전이라고!" 병사가 劍(검)을 뽑아 들고 위협하자 알렉산더가 말에서 내려와 그를 꾸짖으며 말렸다. 알렉산더는 불쾌하지만, 꾹 참고 노인에게 가까이 다가가서 말을 건넸다. "세 발자국만 물러서라니 대체 무슨 말이오?" 노인이 말했다. "아! 날씨가 쌀쌀해서 햇볕을 쪼이는 중이오!" 나는 새도 떨어뜨리는 大王(대왕)을 대하는 노인의 태도가 범상치 않아 대왕은 예를 갖추고 말했다. 이렇게 대화를 시작하여 왕은 여러 질문으로 노인의 대답을 경청하게 되었다. 노인이 물었다.

"무엇이 하고 싶소?"

"그리스, 페르시아, 中東(중동)을 다스리고 싶소!"

"그다음엔 뭘 할거요?"

"인도를 征服(정복)하고 싶소!"

"그다음엔 뭘 하고 싶소?"

"세계를 정복하고 싶소!"

"그다음엔 뭘 하고 싶소?"

"그다음에는 뭐 나이 들어 죽겠지요!"

"아니 뭐요? 그럼 죽기 위해서 一平生(일평생) 고단한 전쟁을 해요? 수많은 사람과 부하를 죽여 가며 그런 미친 짓을 하시오? 어떤 猛獸(맹수)도 곤충들도 개돼지도 질서를 지키며 살고 있소! 모름지기 힘과 권력을 그렇게 쓰는 것이 아니오! 나는 수저도 없어 손으로 음식을 먹으며 이 술통에서도 행복하오!"

알렉산더는 아주 오랜만에 충고를 들으며 크게 도전을 받았다. 그는 종종 디오게네스를 찾아와 배우고 미친 狂人(광인)의 삶을 접고 죽을 때 노인에게 배운 대로 손발이 밖으로 나오게 관을 만들어 모든 사람이 볼 수 있도록 하였고 현수막을 만들어 '世界 征服(세계 정복)을 꿈꾸던 나, 알렉산더 빈손으로 돌아가 한 평의 대지에 눕노라!' 기이한 장례식이었다. 알렉산더 대왕은 그나마 의식이 上昇(상승) 되어 멈출 줄을 알았다. 末年(말년) 그의 삶은 免罪符(면죄부)를 받아 龜鑑(귀감)을 전해준 셈이다.

사람의 근본적인 모습은 경봉스님의 어록처럼 "밥 잘 먹고, 잠 잘 자고, 똥 잘 싸면 最高(최고)의 행복임을 아는 일이다." 이 이야기는 天下大道(천하대도)이다. 세상만사의 모든 이치가 이 말속에 다 들어있다.

의식주만 해결되면 그곳이 천국이다. 말을 타면 종을 두고 싶어 하고, 종을 두면 첩을 얻고 싶고 節制(절제) 없는 인간의 욕심은 브레이크가 없다.

2) 利己的(이기적)인 권력

일반적인 종교에서는 善行(선행)을 베풀고 착한 행동을 하면 死後世界(사후세계)에 좋은 곳으로 가던가 좋은 가문에 태어난다는 식의 保險料(보험료)를 저축하듯 가르치고 모두가 그렇게 생각하고 있다. 종교로 인하여 노예 생활만 안 한다면 이렇게 가르치는 것도 도덕적 질서를 위해 나쁠 건 없다. 그러나 來世(내세)를 믿지 않는 現實主義者(현실주의자)들의 생각은 죽음 너머의 불확실한 세계보다는 돈의 위력과 여자의 매력, 쾌락적 분위기, 더 나아가서 부하를 거느리고 제왕처럼 군림하는 대장 놀이를 꿈꾸는 게 속세의 조직 사회다. 强大國(강대국)은 약소민족을 지배하고 힘 있는 정치인들은 군림하며 욕망이 지나치면 암살로 생을 마감하고 이러한 惡循環(악순환)이 가인의 후예들은 돌이키지 않고 반복한다.

中道(중도)에 머무는 사람들 소수는 快樂主義(쾌락주의)보다는 의식주에서 자유 하며 지극히 평범한 삶을 추구한다. 그러나 힘은 있고 돈이 넘쳐나는 현실주의자들에게는 쾌락주의의 생활방식이 主流(주류)가 될 수밖에 없는 이유가 있다.

　우리는 의식주 문제에서 어느 정도 해방된 것이 불과 몇십 년 되지 않는다. 예전에는 의식주와 관련된 생존 문제가 優先的(우선적)으로 緊迫(긴박)했기 때문에, 쾌락 문제는 그다지 중요하지 않았고, 죽음 문제나 종교에 깊이 심취하거나 사색하는 일은 뒷전이었다. 한국교회가 양적으로 기네스북에 오를 정도로 성장했던 것은 建國(건국) 初期(초기)부터 헐벗고 병들고 차별당하고 소외되고 문맹으로 눌려 살던 사람들을 선교사들은 치료하고 사람 대우해 주고 이름을 불러주고 학교를 지어주고 병원을 지어주고 교육사업, 文化(문화), 兒童福利(아동복리), 民主主義(민주주의), 여성 교육 등 상상도 못 하던 개벽 문화가 사람들의 심령을 결박하였다. 이는 1차 성공이었고 開化(개화)의 물결은 결론적으로 鼓舞的(고무적)인 축복이었다. 그러나 문제는 여기서 더는 진보 하지 못하는 앉은뱅이 신앙이 문제였다. 이를테면 천국 가기 위해서 永生(영생)을 얻기 위해서, 복을 받기 위해서, 병을 고치기 위해서 부자가 되기 위해서 떼-거지로 몰려다니다 보니 종교 장사꾼들과 敎主(교주)들의 종노릇을 하게 되었다.

　여기서 두 부류가 나누어진다. 기복신앙의 끝은 物質的(물질적) 풍요와 세상에서의 윤택한 삶으로 일반적 의식주 문제를 넘어 사탄의 유혹을 구별 못 하고 보암직, 먹음직, 탐스러운 유혹을 복으로 알아 삶의 철학이 없다 보니 먹기 위해서 사는 인생으로 죽음 너머의 불확실한 미래보다는 당장 눈에 보이고 손에 만져지는 돈과 남이 알아주는 명성과 아름다운 남녀 교제, 달콤한 섹스에 미혹을 당할 수밖에 없다.

　더 나아가서 이 일이 확대된 것이 일루미나티. 프리메이슨, 거대 바벨론 종교집단과 이기적인 3類(류) 정치인들이다. 내 나라와 내가 믿고

선 땅에 대한 주인의식보다는 스스로 나그네로 자처하고 남의 나라 남의 땅처럼 함부로 더럽히는 거지 인간들은 등 따스하고 배부르면 금방 感謝(감사)를 잃어버리고 나라를 버리고 親日(친일)을 해야 했고 가인처럼 에덴의 동쪽을 찾았으며 예수의 십자가보다는 양고기, 송아지고기, 진설병이 넘치는 유대 祭司長(제사장)들과 바리새인을 택하고 고난받는 초대교회보다는 권력을 보장하고 세금을 면제 해주고 階級(계급)의 영광을 부여하는 황제교회를 택했으며 오늘날에 와서는 예수회, 프리메이슨, 일루미나티와 결탁하여 대형 교회들은 이미 聯合(연합)되어 버렸다. 결국 정치, 종교, 그림자 정부(세계정부)는 하나가 되었다

이 이야기는 지금도 진행 중이며, 여러 날 후에도 있을 일이다. 한국 교회는 의식 수준이 갓난 아이들이니 본서에 지금 거론되는 이 이야기도 믿지 않을 것이다.(고린도전서 3:2~4) 뭔가를 좀 해야 하는데, 지난 70년 동안 戰爭 問題(전쟁 문제) 기아 문제, 기후 문제, 켐트레일 문제에 대하여 어느 단체가 현수막 하나 걸지 않고 시위 한 번 하지 않는다. 나는 질려버렸다. 나는 그러므로 예수의 가르침은 배우고 준행하나 교인은 아니다. 도대체 이 땅을 두고 어느 항성으로 가려고 이 땅을 더럽히며 쓰레기장을 만드는지 살생 무기를 만들어 사람을 수천 數萬 命(수만 명)을 죽이며 문화를 파괴하여도 아무런 가책도 받지 않으니 이를 생각하면 나는 鬱滯(울체)에 시달린다.

3) 노예근성에서 解放(해방).

유럽인들에 의해 영국으로 미국으로 잡혀 온 노예들은 南部(남부)의

노예주에서 北部(북부)의 자유로운 땅으로 도망치는 것이 일반적인 方法(방법) 중의 하나였다. 이러한 과정은 비밀 네트워크로 이루어졌으며 많은 노예가 북부로 탈출하는 데 성공하였다. 1850년 캘리포니아가 미국의 주로 합류했을 때 그것은 자유 주(Free State)로서 합류하였다. 이는 法的(법적)으로 노예제도가 금지되었음을 의미한다. 따라서 이론적으로 캘리포니아로 도망친 노예들은 다른 북부 自由(자유) 주와 마찬가지로 노예제도에서 벗어나 보호를 받을 수 있었다.

모세와 히브리인의 경우

파라오 1세는 寬容(관용) 政策(정책)으로 히브리인에게 땅을 내주고 당시 이방인으로 총리를 지내던 요셉의 가족들을 불러들여 고센(Goshen) 지방에 정착하도록 은혜를 베풀었다. 이집트는 나일강 유역으로 매우 부유하여 이주하여 살만한 곳이었다. 세월이 흘러 히브리인들의 인구가 번성하였고 파라오 1세는 죽고 또 다른 바로가 정권을 잡으며 갈등이 시작되었다.

오늘날의 중국과 티베트와의 경우와 방불한 일이다. 히브리인들이 약 백만 명 이상으로 불어나는 인구와 건강한 히브리인들을 못 마땅히 생각하다가 급기야는 迫害(박해)를 하기 시작하였다. 국고 성을 건축하는 일에 동원하여 혹독하게 勞役(노역)을 시켰고 바로는 히브리인들의 사내아이를 出産(출산)할 시 모두 죽이라고 산파에게 명령하여 박해하였다.

어느 날 히브리인 중에 모세라는 지도자가 나타나 신의 啓示(계시)를 받아 강제 노예 생활로 고된 생활을 하는 20대 이상 장정 60만 대군과 아녀자들, 아이들을 이끌고 노예 생활에서 탈출하였다. 이것이 그 유명한 출애굽 사건이다. 사람의 不德(부덕) 중 처음 사랑을 버리는 것과 더불어 살지 못하고 이웃을 적으로 보는 것이다. 이에서 지나치면 戰爭(전쟁)이 일어나고 분열이 생긴다.

노예근성에는 두 가지가 있다. 하나는 권력자가 힘으로 약자를 지배하는 일이며 하나는 스스로 힘 있는 자에게 빌붙어 노예 질을 선택하는 일이다. 오늘날 중국과 티베트 경우는 달라이라마가 유엔과 국제사회를 이곳저곳 다니며 獨立(독립)을 호소하고 구걸하다시피 하며 연설도 하고 다니는데 막상 시진핑 주석은 단 한 번도 만나지 않고 있다.

나도 인도 여행 중 다람살라에서 티베트 독립을 호소하며 계몽 설법하며 모금하는 달라이라마 강연장에서 아내와 헌금을 한 적도 있지만 돌이켜보면 달라이라마의 政治哲學(정치철학) 부족이다. 그가 불교 성자인지는 몰라도 兵法(병법)을 몰라도 너무 모르는 사람이다. 중국의 시진핑 주석을 다섯 차례만 만났어도 오늘의 티베트 형편은 크게 변화했을 것이다. 간디는 피 흘리지 않고 100년 植民地(식민지)에서 영국의 軍靴(군화) 발을 몰아냈다. 의식이 잠에서 깨어날 때 노예근성을 버릴 수 있는 것이다.

奴隸(노예) 中毒(중독)에서 깨어나라

노예는 남의 所有(소유)가 되어 이용만 당하는 종을 말한다. 인간으로서의 기본적인 권리나 자유를 빼앗겨서 자기의 의사나 행동을 주장하지 못하고 주인이 시키는 대로 복종하며 물건처럼 사고 팔리는 사람이다. 이런 사람은 영혼을 가진 사람이지만 사람이 아니라 주인의 손에 길이 들여진 짐승과 같이 주권을 상실하고 존엄을 빼앗긴 불행한 사람이다.

개인이든 단체조직이든 사이비 종교든 이름 있는 종교든 어떤 목적에 따라 훈련되고 오랜 세월 수도 없이 세뇌당하고 가스라이팅 당하여 영혼 없는 꼭두각시로 자아를 상실한 채 살아가는 사람을 우리는 노예라 한다. 미국의 南北(남북) 戰爭(전쟁) 당시 흑인 노예만이 노예가 아니다. 오늘날도 강대국의 눈치만 보고 主體性(주체성) 없이 행동하고 두려워 벌벌 떨며 자존감을 잃어버린 나약함이 3·8선을 아직도 끌어안고 있다. 현대인들은 너무나도 익숙하게 이런 노예근성에서 본인도 의식하지 못한 상태로 살아가고 있다. 국가적 노예로 살아온 지 어언 70년이 지나다 보니 이제는 노예근성이 細胞(세포) 화 되어 당연한 현실로 안고 살아간다. 직장의 노예, 돈의 노예, 인간관계의 노예, 가장 큰 종교의 노예, 정치 정당의 노예가 그렇다. 스스로 獨立的(독립적)인 自我(자아)로 살기보다는 누군가의 설득이나 洗腦(세뇌) 敎育(교육)으로 인하여 눈치를 보는 삶이라면 그것은 분명히 노예나 다름없다. 오랜 세월 根性(근성)이 주입되어 자신도 모르게 노예로 길들여 살도록 만들어져 사회의 制度權(제도권)에 살면서도 인간의 인식 깊숙이 노예근성이 묘목처럼 자라고 있던 것이다. 그리고 익숙하게 학습되어 스스로 만족하며 살아가는 것이 아직도 끝나지 않은 친일파 殘存者(잔존자)들의 운명이다. 이들은 아마 죽어도 돌이키지 않을 것이다. 이미 재력을 확보했으니 그 힘으로 呵責(가책) 같은 것은 양심에 없다. 외부의 눈총이나 권고나 충고도 의미 없다. 자유의 척도가 다르며 가치관이나 이상 역시 다르다, 根性(근성)을 바꾸면 자유인으로 살 수 있고 學習(학습)된 인식을 바꾸면 분명 새로운 세계가 보일 것이다.

主人意識(주인의식)과 노예근성

主人(주인)이란 물건이나 재산의 임자라는 말이다. 그리고 意識(의식)은 어떤 일이나 현상, 대상에 대해 깨어있는 정신으로 깨닫고 느끼는 것이다. 주인의식이란 자기 것에 대해 분명한 인식이 있고 그것을 지키고 보존하고 관리하고 所有權(소유권)을 행사하는 깨어있는 정신이라는 뜻이다.

정치적으로 말하자면 국가관이 그런 것이다. 오늘날 국회의원들이나 고위공직자들을 보라. 나라 망치기로 작정한 사람들 같다. 노예들이다. 일본에 당하고 청나라엔 굽실대고 미국의 눈치 보는 나그네들이다.

노예는 從(종)으로 남의 집에서 대대로 賤役(천역)에 복종하고 종사하며 인격을 대우받지 못하는 물건이나 가축처럼 취급되어 타인에 사역하는 자유 없는 신분의 개인, 또는 집단이다. 조선시대에는 男女(남녀) 從(종)을 奴婢(노비)라고 불렀다. 노예에게는 노예근성이 있는데 무엇이든지 명령이나 지시가 있어야만 행동하고 자주적으로 무엇인가를 도전해 보거나 시작해 보지 않는 것이, 그들의 성질이다. 이러한 根性(근성)에는 革命(혁명)이 일어나지 않는다. 노예근성이 마음 깊이 박혀 있는 것은 결과적으로 저주이다. 따라서 주인의식과 노예근성은 그 근본에서 차원이 다른 두 가지 인간 정신이라 할 수 있다.

주인과 노예는 그 根本(근본) 情神(정신)이 다른 것처럼, 일상을 사는 방법도 아주 다르다. 지금 시대는 物理的(물리적)으로 노예제도가 존재하지는 않는다. 그러나 겉으로 똑같아 보이는 사람들을 정신과 情緒的(정서적) 형태로 구분해 보면 그 행동거지에서 주인의식이 있는 사람과 노예근성이 있는 사람으로 구분할 수 있다. 하다못해 유원지나 등산만 가 봐도 금방 알 수 있고 그들이 앉아 놀던 자리만 봐도 바로 표시가 난다. 이 문제는 우리가 매일 日常(일상) 속에서 겪는 일이기 때문에 反

論(반론)의 여지가 없는 現實的(현실적) 문제이기도 하다.

그러므로 주인의식과 노예근성은 정치, 종교 생활, 경제, 사회, 문화, 전반에서 쉽게 드러나는 精神的(정신적) 차이라 할 수 있다. 그리고 이 파장은 우리 사회 속에서 우리 공동체를 이롭게도 하고 해를 끼치기도 한다. 그리고 어느 쪽이 더 많은지는 속단하기 어렵다. 時眼(시안)에 따라 달라질 수 있기 때문이다. 이는 社會學者(사회학자)들이 풀어야 할 숙제이기도 하다.

어느 양반가에 묶인 노비 일가가 있었다. 그들은 열심히 일했고 그들을 좋게 본 노비들의 주인은 그들에게 자유를 주기로 마음먹고 어느 날 노비들을 불러 자유롭게 살도록 허락하였다. 그러자 뜻밖의 대답이 나왔다. 노비들이 하는 말이 "주인님! 제발 우리들을 내치지 말아주십시오!"라는 대답이었다. 주인은 큰맘 먹고 그들을 解放(해방)시켜 주는 역사적인 순간에 그들은 자신들의 신분을 상승할 기회가 왔는데도 뼈 빠지게 일하고 겨우 얻어먹는 노예 전통을 보수하려고 자유의 진보를 거부하고 안주하고 말았다.

하늘이 준 기회를 체감하지 못하는 이 노예 뿌리를 보라! 우리나라의 전 UN 사무총장 반기문의 7대조 할아버지 되는 분이 양반집 奴婢(노비) 아들이었다. 이름은 반석평이었고 반석평의 아버지는 양반집 노비였다. 농토와 가사 일에 늘 고단한 생활에 시달렸다. 그의 슬하에는 반석평 7살 난 아들이 있었는데 총명하였다. 양반 대감 댁에는 반석평의 또래 되는 아들이 글공부에 여념이 없었다. 반석평은 같은 또래 주인집 도련님의 시중을 들어주고 놀아주는 몸종이었다. 물도 떠다 주고 간식도 날라주고 말동무도 해주며 사이좋게 지냈다. 어느 날 반석평이 마당을 쓸면서 〈명심보감〉을 노래형식으로 흥얼거리며, 어느 날에는 〈論語(논어)〉

를 암송하고, 어느 날은 〈景行錄(경행록)〉을 암송하는 것을 지켜보니 놀라웠다. 대감은 그 아이를 불러 네가 어찌 이런 글을 알아 외우느냐고 연유를 묻자 8세 소년 반석평이 말하길 "아, 네. 대감마님! 죄송하옵니다. 도련님 공부하시는 데서 자주 듣다 보니 저절로 익히게 되어 저도 모르게 그만… 잘못했습니다." "아니다, 아가! 뜻도 解釋(해석)할 줄 아느냐?"라고 묻자 정확하게 대답하였다. "너 만약에 공부를 시켜주면 할 수 있겠느냐?" "네, 대감마님! 할 수는 있지만 소인들은 글을 배울 수가 없는 줄로 아옵니다." "아니다, 가만있어 보자. 너 별채에 가서 네 아버지를 좀 오라 이르거라" 그날 밤 대감은 아이의 아비를 만나 이런 총명한 아이는 키워야 한다며 자기 먼 친척의 養子(양자)로 보내어 奴婢(노비) 文書(문서)를 태우고 신분을 상승시켜 주어 노비들도 하늘의 도우심으로 알아 감사하였고 반석평은 공부에 전념하여 科擧(과거)에 급제하였고 고위 관리가 되었다. 그 뿌리에서 반기문 씨가 태어난 것이다.

이렇듯 기회가 올 때 상황을 바꾸는 사람은 進步的(진보적)인 사람으로 의식을 상승시키며 산 경험을 통해 지식이 쌓이게 된다. 노비로 묶여 있어도 당장 굶어 죽거나 얼어 죽지는 않는다. 신분제가 있던 前近代(전근대)에 재산을 따로 관리하지 못하고 축적할 수도 없고, 평생 남의 뒤치다꺼리만 하게 되면 당장 사회에서 이들이 무슨 일을 할 수 있겠는가? 가난을 탓해서가 아니라 이들의 몸은 가진 자들의 소유물이며 재산들이고 농토 또한 없으니, 자손을 낳아도 또 連坐制(연좌제)로 또 노비가 된다.

인도의 뉴델리 출신 암베드카르는 카스트제도로 불가촉천민 출신이었다. 봄베이(현 뭄바이)에서 대학을 졸업한 후에 미국과 영국에 유학하여 1920년경부터 불가촉천민 제도 撤廢 運動(철폐 운동)에 몸을 던져 사회개혁을 시작하였으며 機關誌(기관지)를 발행하였고, 인도 초대 법무부 長官(장관)을 역임, 제헌의회 의장을 지낸 힘 있는 정치가였다. 이러한 예는 수도 없이 많다.

뜻과 의지만 굳건하다면 대통령도 법관도 藝術家(예술가)도 30년만 준비하면 다 이루어진다. 스스로 생각이 하등하여 자신 없어 결정이나 의지에 장애만 없다면 안 될 일이 없다. 고유하고 소중한 자신의 품격을 스스로 깎아내리는 것도 노예근성이며, 人格的(인격적)으로 정도 이상 부당한 대우를 받으면서도 이를 악물고 참는 게 과연 성자인가? 예수가 붓다가 그리 가르쳤는가? 아니다. 그분들은 그런 원인을 만들지 말라고 가르치셨다. 마치 참기 위해서 태어난 바보처럼 입을 다물고 있으면 共和主義(공화주의)와 民主主義(민주주의)에도 악영향을 미치고 정의 사회 구현에도 해를 끼치게 된다. 이는 甲乙(갑을) 관계를 깨라는 것이 아니다. 직급이 甲(갑)인 사람에게 머리를 숙이는 것은, 아부가 아니며 位階(위계) 秩序(질서)이다.

짝사랑의 애매한 悲劇(비극)

1882년 5월 22일 濟物浦(제물포) 바닷가의 임시 장막에서 조선과 미국의 '조미수호통상 조약' 조인식이 열렸다. 漢文(한문) 3통, 英文(영문) 3통으로 된 조약에 서명한 이들은 조선의 全權大使(전권대사) 신헌 (1810년~1888년)과 미국 전권대표인 로버트 슈펠트 해군 제독이었다. 그러나 참 해괴한 조약이었다. 圖章(도장)은 찍었지만, 조약의 교섭권을 행사한 쪽은 청나라 북양대신 이홍장 (1823~19010)이었다. 교섭 과정에서도 블랙 코미디가 이어졌다. 청나라 이홍장이 '朝鮮(조선)은 청나라의 俗方(속방)'이라는 조문을 條約文(조약문)에 삽입하려 했다. 미국의

公認(공인) 아래 조선에서 일본을 몰아내고 조선을 지배하기 쉬워진다는 속셈이었다. 그러나 이 같은 이홍장의 속셈을 아는지 모르는지 조선 조정은 청국의 속방 운운을 오히려 적극 찬동했다는 것이다.

조선 조정은 "조선이 중국의 보호를 받으며 自主(자주) 할 수 있으니 염려 없고 속방 조항 삽입은 조선에 크게 이익이 된다."라는 入藏(입장)을 보였다. 우여곡절 끝에 체결된, 이른바 조미수호 통상조약의 제1조가 이채로웠다. '제3국이 한쪽 정부에 부당하게 또는 억압적으로 행동할 때는 다른 한쪽 정부가 원만한 타결을 위해 주선한다.'라는 '居中 調整(거중 조정)' 조항이 포함된 것이다. 한마디로 말하면 제3국의 조선에서 불미스러운 사건을 일으키면 미국이 자동 개입해서 조선을 돕는 중재자가 된다는 것이었다.

고종을 비롯한 조정은 바로 이 '居中 調整(거중 조정)' 조항을 신줏단지 모시듯 하면서 미국을 향한 한없는 기대감을 표출했다. 다른 나라를 植民地(식민지)로 삼지 않는 대인배의 나라이자 큰 형님 나라 미국이야말로 호시탐탐 조선을 노리는 강대국들의 야욕을 잠재울 수 있다고 믿었다. 그야말로 아름다운 나라 美國(미국)으로 여겼다.

고종과 조정은 왜 그렇게 미국을 짝사랑했던 것일까? 1880년(고종 17년) 고종은 일본의 침략 가능성을 확인하고자 제2차 일본 修信使(수신사) 파견을 결정하고 예조참의 김홍집(1842~1896)을 임명하였다. 김홍집은 약 한 달간 일본 東京(동경)에 머물며 일본 조야의 인사는 물론 주일청국공사 하여장과 參贊官(참찬관) 황준헌 등과 접촉했다. 이때 황준헌은 앞으로 조선이 러시아의 남하에 대비해 취할 방안을 정리해서 김홍집에게 전했다. 이것이 6,000자에 달하는 황준헌의 〈朝鮮策略(조선책략)〉이다. 조선책략은 러시아를 천하의 강대국으로 소개하면서 "러시아가 서유럽에 진출하려 했다가 열강의 개입으로 실패했고, 이제는 동방을 침략하려 한다."라고 설명했다. 그러면서 이제 "러시아의 마수가 이미 豆滿江邊(두만강변)에 미쳤고 따라서 조선이 위기에 빠졌다."라는 점을 강조한다. 황준헌의 주장은 이랬다.

"미국은 原來(원래) 영국의 속국이었다가 1000년 전 조지 워싱턴(재임 17889~1797)이 發憤(발분) 자립하여 독립한 나라라는 것이다. 그 뒤로 선왕 워싱턴의 유훈을 지켜 예의로 나라를 세우고 다른 나라의 토지와 백성을 탐하지 않고 굳이 다른 나라의 정사에 관하여 상관하지 않는다는 것이다. 특히 미국은 약소한 나라를 돕고 선의를 유지하며 유럽인들로 하여금 악행을 함부로 행사하지 못하도록 한다고 했다. 따라서 조선이 반드시 이런 공평한 나라를 끌어다 友邦(우방)으로 삼으면 화를 면하게 된다면서 미국은 대인배의 나라이며 대양 인의 나라라고 치켜세웠다. 미국은 조선과 거리가 멀어서 내국 침입이 그다지 심하지 않을 것이다. 게다가 미국은 황금의 부국이니 조선은 물질적으로 덕을 볼 것이고 종교 지상주의 국가이니 도덕을 존중할 터라 모욕과 야심도 없을 것이다."

라고 주장했다. 그렇게 조약을 맺고 조약의 제1조를 어려울 때 도와준다는 '居中 調整(거중 조정)' 항을 삽입했으니, 미국을 사랑할 수밖에 없었다.

고종은 최초의 국립학교인 육영공원 '조선식 사관학교' 건립 때 대인배의 나라 미국을 향해 끝없이 사랑하던 애정 공세로 미국 대통령과 딸까지 초청했지만, 그것은 환상이었다. 기대와는 달리 미국은 조선을 위해 단 한 번도 나서주지 않았다. 오히려 단적인 예로 미국은 청일전쟁과 러·일 전쟁(1904~1905) 도움을 주기는커녕 일본을 지지함으로 조선을 더욱 곤경에 빠뜨렸다. 고종과 조정은 제국주의 열강의 손바닥에서 놀아나는 국제외교의 냉엄한 현실을 깨닫지 못한 것이다. 기울어져 가는 대한제국을 어떻게든 일으켜 세우려고 대인배의 나라 미국의 대통령 딸까지 초청한 것이다.

[그림30] 조선 제26대 국왕
대한제국 초대 황제 **고종** | 高宗
(사진. 나무위키)

고종은 앨리스를 미국의 공주로 여겨 국빈 대접을 하였다. 고종은 황태자 順宗(순종)과 함께 친히 앨리스를 영접했고 황실 가마까지 내줬으며 거리마다 성조기를 매다는 등 국빈으로 대접하였다. 그러나 앨리스 일행은 약혼자와 중국을 방문하고 있다가 고종의 초청으로 한국으로 놀러 온 것이었다. 지푸라기라도 잡으려는 대한제국의 황제를 농락한 셈이다. 루즈벨트의 딸 앨리스는 19354년 그의 자서전 〈혼잡의 시간들〉에서 고종과의 오찬 분위기를 아래와 같이 묘사했다.

'황제와 마지막 황제가 된 그의 아들은 우리 공관 근처의 德壽宮(덕수궁)에서 남의 눈을 피해 생활했다. 며칠 후 궁궐 내 유럽식으로 꾸민 장소 重明殿(중명전)에서 점심을 먹었다. 위층 방으로 안내받아 접견한 후 키가 작은 황제는 자기의 손은 내주지 않은 채 내 팔을 잡았고 같이 서둘러 비틀거리며 매우 좁은 계단을 내려가 평범하고 냄새나는 식당으로 들어갔다.'

6장 시대정보는 의식의 진보

상다리가 부러지도록 궁중요리를 특별히 준비했는데 키가 작고 무례한 황제와 냄새나는 식당 운운하며 게다가 앨리스는 고종을 멍한 존재로 깎아내렸다. '그들은 황족의 존재감도 얼마 안 남았다며, 다소 측은하게 별다른 반응 없이 멍하게 지냈다.'라고 한다. 그뿐 아니라 그녀는 평소에도 착 달라붙는 승마복 차림으로 담배를 피워가며, 고종을 알현했고 명성 왕후 능에 가서는 능을 지키는 守護(수호) 상 위에 떡하니 올라타고 사진을 찍는 吾不關焉(오불관언)의 무례를 범했다. 그녀는 조선의 운명을 비밀리에 알고 있었던 것이었다. 철없고 무례한 행동은 아무리 나이가 어려도 남의 나라를 향한 존중은 1%도 없는듯했다. 미묘한 문제는 앨리스가 대한제국을 농락하고 돌아간 지 두 달도 지나지 않아 乙巳勒約(을사늑약 : 11월 17일)에 의해 대한제국의 외교권이 박탈됐다는 것이다. 거기에다 미국은 가장 먼저 주한 공사관을 철수한 국교단절 국가가 된 것이다.

수호조약의 '居中 調整(거중 조정)' 언약을 철석처럼 믿던 고종의 애정 공세는 슬픈 짝사랑의 비극으로 끝나고 말았다. 이것이 미국의 실체다. 맹수들은 순한 동물을 돌봐주지 않는다. 데리고 놀다 잡아먹든가 결국은 죽인다. 친일 名單(명단)에 보면 일본의 선진화된 문화와 왜인들이 조선과의 약속한 사항들은 믿었던 순진한 사람들도 여럿 있었다. 그리하여 죽도록 사냥개처럼 이용만 당하고 兔死狗烹(토사구팽) 당한 어리석은 사람들을 보면 鬱滯(울체)가 일어난다. 이들은 일제가 정말로 조선인을 일본 자국인처럼 대우하며 억압당하지 않고 대일본제국 선진국으로 살아갈 것을 꿈꾸던 진보적인 사람들이었다. 그렇게 신분 상승을 꿈꾸던 사람들이었다.

노예가 노예로서의 삶에 오랜 세월 익숙해지면 놀랍게도 자신 발목에 묶여 있는 쇠사슬을 서로 자랑한다는 것이다. 어느 쪽 사슬이 더 반짝반짝 빛나는가 아니면 누구의 사슬이 더 가벼운가, 등등… 그리고는 발목에 사슬이 없는 자유인들을 비웃기까지 한다고 한다. 하지만 노예들을 묶고 있는 것은 사실 한 줄의 사슬에 불과하다. 그리고 노예는 신분세탁을 하지 않는 한 그냥 노예다. 그러나 뿌리가 살아있는 사람은 정신만 살아 있다면 양심의 자유까지 양도하지는 않을 수도 있다.

옛날 영화 〈뿌리〉가 생각난다, '생식기를 자를 건가? 발목을 자를 것인가?' 여기에 중대한 뿌리의 근성이 담겨있다. 선택을 각각 의식 수준으로 결정할 문제다. 아메리카의 노예들은 종종 빈틈만 생기면 반란을 일으키거나 노동으로 단련된 강인한 육체로 살찐 주인을 희생의 제물로 삼기도 하였다. 결국 그들은 미국에서 흑인 대통령이 나오기까지 진보하였다. 그러나 현대의 노예는 스스로 노예의 옷을 입고 목에 굴욕의 끈을 휘감는가? 현대 노예들은 스스로가 노예라는 자각이 없다. 우리는 미국을 짝사랑하는 70년 세월 동안 아직도 전쟁 중이라는 사실을 까맣게 잊고 있다. 주한미군에게 쏟아붓는 비용, 사드(Thaad) 배치 비용, 해마다 무기를 사줘야 하는 약국의 처지, 정말 미국이 우리의 큰형님인가? 미국은 진짜 우리의 큰 집인가? 지구상에 유일하게 분단된 이 조국의 운명을 왜 미국이, 연합국들이 움켜쥐고 있을까? 호치민, 빌리 브란트 같은 지도자들이 부럽다.

4. 人不學 不知道(인불학 부지도)

사람이 살아가는 데에는 반드시 배움이 필요하다. 高等教育(고등교육)이 필요하고 유익하지만, 반드시 그런 것은 아니다. 형편이 어려워 초등학교만 졸업했어도 교육받은 대로만 살아간다면 얼마든지 행복하게 살아갈 수 있는 것이다. 필요하면 책을 읽고 신문을 보고 일반상식을 터득하며 얼마든지 교양을 쌓을 수 있다. 〈明心寶鑑(명심보감)〉 勤學(근학) 편에는

'人不學 不知道 玉不琢 不成器(인불학 부지도 옥불탁 불성기)' '사람이 배우지 않으면 사람의 도리를 알지 못하고 아름다운 玉(옥)이라도 다듬지 않으면 그릇을 만들 수 없다.'

라고 교훈하고 있다. 사람의 배움에는 완성이 없다. 거친 옥을 쪼고 갈고 닦아 그릇을 만들어가듯 노력과 시간을 들여 반복적으로 노력하고 공부하여 기술자는 숙련공이 되고 음악가는 樂聖(악성)이 되며 종교인은 참된 求道者(구도자)가 되고 운동선수는 챔피온이 되는 것이다. 그러므로 천만 가지 직업이나 인간 만사가 노력과 시간을 들여 반복적으로 연습 노력하여 익숙하게 되는 것이다. 노력과 시간을 들여 반복적으로 배우고 익히지 않으면 뜻을 성취할 수 없고 행복한 삶을 살 수 없다.

1) 反復的(반복적)인 습관이 성공을 이룬다.

사람이 어떻게 살아야 하는지 안다는 것은 그리고 그것은 실천하며 살아간다면 인간으로서의 능력이며 행복의 길이다. 다시 말해서 배우고 익힌 것을 반복적으로 시간을 들여 익힐 때 힘이 길러지고 결국 내공이 되고 에너지 넘치는 능력이 되고 결국 명예와 재운도 따라온다. 스포츠, 연기. 예술, 기타 기술이 반복적인 연습과 노력으로 10년 혹은 30년 갈고닦아 匠人(장인)의 경지에 오른 사람들을 우리는 매스컴에서 자주 본다.

제아무리 훌륭한 재주를 타고났어도 부지런히 배우고 익히지 않으면 큰 인물이 되지 못한다. 남을 가르치거나 지도자의 위치에 있으면 스스로 더욱 엄격히 몸과 마음을 갈고 닦아야 한다. 끊임없이 옥을 쪼아 갈고 닦아 맨질한 그릇을 만드는 길은 끝없이 반복되는 일이다.

2) 왜 반복적 수련이 필요한가?

간혹 TV프로에서 달인이라는 주제로 방영되는 달인들 이야기가 흥미 있게 소개되는데 자세히 보면 대개 그들은 오랜 시간을 반복해서 情神一道(정신일도)로 몸과 정신을 一致(일치) 統一(통일)하여 보통 사람으로서는 상상도 못 하는 경지에 이르게 된 것이다.

孔子(공자)가 제자들과 주나라를 여행하던 중 아주 기이한 장면을 목격하고 혀를 차고 놀라워하였다. 때는 7월 한창 더위에 왕매미가 소리 높여 울어대는 시절이었다. 길을 가던 공자와 그의 문하생들이 큰 고목 나무를 발견하고 잠시 더위를 피하려 나무 그늘에 앉아 더위를 식히던 중에 고목 나무에서 울어대는 매미를 이 가지 저 가지를 원숭이처럼 날아다니며 수십 마리의 매미를 마치 자갈 줍듯 잡는 소년을 보았다. 공자와 弟子(제자)들이 한참을 구경하며 소년을 바라보자, 청년은 피식 웃으며 나무에서 내려왔다. 나무에서 내려온 청년에게 공자가 물었다.

"여보게 젊은이! 사람으로서 어찌 원숭이도 아닌데 나뭇가지들은 날아다니며 지금 뭘 하고 내려오는 건가?"

"아, 예! 매미를 잡느라고요!"

"아니 어찌 살아있는 매미를 무슨 돌멩이 줍듯 한단 말인가?"

"어르신 그야 간단한 원리입니다. 여기 이 막대기 끝에 진흙 뭉치로 계란만한 공을 만들어서 이 장대 끝에 세우면 매미는 그냥 주워 주머니에 담으면 됩니다."

"아니 여보게 젊은이 그게 무슨 말인가? 통 못 알아듣겠네. 그려!"

그러자 젊은이는 진흙을 뭉쳐 먼저 막대기를 땅에 세우고 나서 작대기 끝에 진흙 덩이를 가만히 올려 놓았다. 신기하게도 막대기 위에 진흙이 넘어지지 않고 서 있었다. 이 광경을 물끄러미 바라보던 공자가 시도해 보니 어림도 없었다. 작대기도 못 세웠다. 물론 제자들도 못 세웠다. 이 청년이 말했다.

"어르신, 저는 일곱 살 때부터 매미를 잡았어요. 심심할 때는 지팡이 작대기를 땅에 세우는 일을 매일 수백 번씩 연습했어요. 십 년이 지나면서 매미 잡는 일은 식은 죽 먹기예요. 이 매미는 黃疸(황달) 치료제로 藥房(약방)에 가져다 팔아서 부모님을 봉양합니다."

공자와 문하생들은 고개를 끄덕이며 크게 느낀 바가 있었다.

단순한 일도 오래 반복 하여 하다 보면 어느덧 달인이 되는 것이다. 음식 만드는 일, 김치, 메주 발효, 된장 담그기, 여러 종목의 운동, 모든 기술, 예술, 구도의 절정, 하다못해 木手(목수) 망치질도 십여 년 이상 반복하면 道(도)의 경지에 이르는 것이다.

내가 말하고자 하는 心情(심정)의 뜻을 독자들은 이왕에 이 글을 읽을 바에는 이해해 주길 바란다. 왜 역사 이야기를 하다가 이렇게 곁길로 가는지 눈치채 주길 바란다. 무슨 말이냐 하면 사람이 태어나서 살아가는 방법이 워낙 다양하니 꼭 어떻게 살아야 하는지 규칙을 정해두고 강요할 수는 없으나 인간으로서의, 가장으로서의, 이 나라의 주인으로서의, 기본적으로 갖춰야 할 최소한의 의무가 있다. 이 義務敎育(의무교육)은 유치원에서 초등학교, 중고등학교에서 충분히 배웠다. 대학에서 전문지식과 전문교육을 받고 보다 나은 未來(미래)를 위해서 경쟁한다. 그 결과 오늘날의 지구촌과 生態界(생태계) 그리고 세계적으로 아우성치는 인권, 전쟁의 살상, 기아 굶주림 등의 불평등이 늘 북서풍 경보로 전파를 타고 날아다닌다. 왜일까?

專門化(전문화)된 지식과 지혜, 예술, 기술 모두가 빵 문제로 그치는 形而下學的(형이하학적) 문제로 추락하기 때문이다. 정신의 高揚(고양)을 정신의 자양분을 빼놓고 먹고사는 문제만 발달하다 보니 남을 멸시하고 힘 있는 자가 최고였고 많은 돈을 가진 자가 왕이며 힘을 기르면 권력이 따르는 것을 알게 된 무식한 인간들이 양반 상놈을 구별하고 노예제도를 만들고 가난한 智慧者(지혜자)는 힘이 없으니 中央 情報部(중앙정보부)에 끌려갔다 오면 실어증이 걸리고 온갖 뉴스는 검열받으니, 기자들은 권력의 눈치를 살피느라 鄙陋(비루)해지고 의인을 닥치는 대로 핍박하고 죽이니 설자리가 없어진다. 이와 같이 세상이 거꾸로 돌아가는 것은 역사를 왜곡하여 가르치기 때문이며 좋은 이야기만 하고 숨겨온 정부의 惡行(악행)이나 문제점을 전문적으로 이야기하거나 證言(증언)하지 않고 숨기는 데서 비롯된다.

제주 4.3사건, 광주 5.18 사건, 난징대학살, 731부대의 악행, 왜 세월호 학생들 300여 명을 눈뜨고 죽였는지, 한미 연합 훈련하는 날 왜 천안함 사건이 터졌는지. 선거 때마다 왜 북한에 거액을 송금해 주고 延平島(연평도)에 사격을 요청하는지 재벌가들의 스위스 은행 금고 등은 일반서민은 죽어도 알 길이 없다.

하나만 예를 들어 설명하자면 세월호는 젊은 영혼들을 현 정부가 제물로 드린 것이다. 구원파 교주가 자기 회사에서 보상해 줘야 하는 문제를 왜? 정부가 나서서 몇억씩 보상을 목숨 값으로 배상했는가? 당시 유병언 교주는 여야 300명 국회 의원들에게 1,500만 원짜리 티타늄 골프채를 전부 선물했다고 한다. 이는 방송된 뉴스다.* 보이지 않는 현금은 얼마나 했겠는가?

김영란 법이 생긴 지 얼마 안 되는 시점에서 이는 나라가 매우 어지러운 일이며 300명 국회의원이 전부 구속돼야 하는 대사건이었다. 사이비 교주들은 항상 정치인들에게 뇌물을 바친다. 新天地(신천지)는 박근혜 정부에게,** 영생교 조희성은 당시 노태우 정권에 정치자금을 대주었다. 이는 이미 뉴스에 보도된 사실이다.

---

*유병언 50억 골프채 정치인? 법사위원들 입장은?
뉴데일리 김현중 기자 2014-09-26 14:25
**"신천지가 유력 정치인들에게 30억 줬다" 피해자 고발장 살펴보니
국민일보 천금주 기자 2020-02-29 05:24

5. 易意 巡還(역의 순환)

앞장에서 기록한 모든 슬픈 역사적 實證(실증)이나 쓰라린 虐殺(학살)의 비극적인 지난 역사적 사건들을 추억하며 많은 눈물을 머금고 사건 현장에서 마치 내가 서 있는 것처럼 울분과 숨 막힘의 고통으로 여러 날을 앓았다.

늦은 감은 있지만 제주 4.3사건 기념관을 둘러보며 감정의 파장 때문에 돌아와서도 급기야 면역력이 떨어져 肺炎(폐렴)과 몸살을 앓았다. 경주 최 부자나 가나안농군학교 김용기 장로, 청십자 의료원 원장 장기려 박사, 유한양행 유일한(柳一韓) 박사 같은 특별한 利他的(이타적) 삶을 살아가는 의인들이 더러 있지만 대개 힘이 생기면 권력을 부리는 게 이 세상 風潮(풍조)다. 남보다 나은 생활이라는 게 권력의 甲質(갑질)하는 재미를 힘의 원천으로 삼는다.

정치인들은 국민이 개혁 정신이나 계몽적인 사람을 원치 않는다. 막걸리 사주고 고무신 한 켤레 사주면 표를 찍어주던 촌부들 수준이면 민심을 다루기에 족하다. 1967년 6월 8일 부정선거 後遺症(후유증)을 막으려고 김형욱 中央情報部長(중앙정보부장)을 앞세워 동베를린(일명 동백림사건)과 윤희상 작곡가를 간첩으로 뒤집어씌워 전 세계가 떠들썩 했던 일이 엊그제 같다. 독일 유학생 194명과 윤희상을 간첩으로 엮는 일이었다.

중정 要員(요원)들이 직접 독일에 가서 윤희상을 잡아 강제 이송하여 중정으로 끌고가 빨가벗겨 죽도록 拷問(고문)하였다. 잠시 중정 요원이 자리를 비운 틈을 타서 윤희상은 재떨이로 본인 머리를 스스로 내리쳐서 뿜어져 나오는 피로 血書(혈서)를 쓰기를 '나는 절대로 간첩이 아니다.'라고 유서를 남겼다. 살아서 나올 수 없음을 直感(직감)했다.

천상병 시인은 중정에 끌려가 보름 동안을 몇 번씩 의식을 잃고 맞고 전기 고문을 받아 性不具(성불구)에 고막이 나가고 언어장애와 인지 능력을 잃고 〈歸天(귀천)〉이라는 시 한 편을 남기고 떠났고, 윤희상 작곡가는 독일 정부가 박정희에게 압력을 가하여 데려갔다. 당시 우리나라의 상황은 독일의 經濟的(경제적) 도움을 받는 때라서 독일의 눈치를 살필 때였다. 1970년대 그때만 해도 북한경제 상황이 우리보다 훨씬 잘 살 때였다. 북한 大使館(대사관)에서 유학생들이 몇 차례 음식을 먹은 것을 빌미로 삼아 간첩으로 엮어 사건화시킨 것이었다. 이에 한국 정부에 炎症(염증)을 느낀 당시 최덕신 대사는 그의 아들과 함께 越北(월북)해 버렸다. 뉴스는 194명의 유학생 전원이 모두 간첩인 양 보도하였다. 이것이 맹수들의 권력이다. 결국 검을 쓰는 자는 검으로 망하듯 군사독재는 한강의 기적이라는 免罪符(면죄부) 베일을 쓰고 젊은 가수가 부르는 황성옛터를 들으며 재판도 없이 부하의 손에 사형을 당하였다.

세월이 지나 윤희상, 조봉암 등은 간첩 嫌疑(혐의)에서 풀렸고 동백림사건도 무죄로 재조명되고 정부는 보상을 해줬다. 대다수 국민은 동백림사건이 무슨 이야기인지도 모르고 관심도 없으며 뉴스로 보도되어도 왜곡되었고 이 또한 1년만 지나면 뇌리에서 곧바로 잊는다. 軍事獨裁(군사독재) 시절이 그랬다. 이게 무슨 짓인가!

1) 宇宙(우주)의 늦가을

지금 인류는 바야흐로 寶甁宮 時代(보병궁 시대)로 진입하였다. 量子物理學(양자물리학)이 발달하고 컴퓨터, 전자공학, 유튜브 방송을 통한 개인기를 마음껏 세상에 공개, 공유, 자랑하여 유명세나 인기스타가 될 수 있는 길이 여러 갈래로 널려있다. 집단사회나 조직 사회, 정치, 종교는 단합이 어렵고 교양, 에티켓, 三綱五倫(삼강오륜) 같은 낱말은 이제 전설이 되었다. 영혼 없는 금속 기계 같은 인류가 80억 이상 지구라는 조각배에 가득 타고 항해하는 중이다.

모든 물질이 넘쳐나도 만족이 없는 상류층 사회는 戰爭(전쟁)을 부추기며 무기 장사로 벌어들이는 돈들이 수면으로 떠올라 활동하는 프리메이슨, 일루미나티, 죽어가는 바다, 걷잡을 수 없는 쓰레기 섬들, 늘어나는 동성애, 神(신)처럼 여기는 3S 문화, 종교의 속임수, 하나님으로 등장한 휴대폰, 문화, 최첨단 과학은 최고의 쓰레기 문명을 만들어 낸다. 이와 같이 뒤죽박죽 한 모순을 안은 채 인류는 늙은 지구 어머니를 죽이고 있다.

봄 여름 先天(선천) 하늘은 싹이 나서 자라고 여름철에 녹음이 짙어지고 이제는 늦가을 열매를 거둬야 할 시기다. 이제 진짜 알곡과 쭉정이가 갈라질 秋收(추수) 심판기이다. 무슨 말인지 아는 사람은 알 것이며 이는 義人(의인)과 惡人(악인)을 구별하는 늦가을 추수인데, 그러므로 예수를 죽인 유대는 멸망했고 義人(의인) 소크라테스를 죽인 아테네도 망했다.

모르는 사람은 손에 쥐어줘도 모를 것이다. 예수께서는 이 의식 세계를… 맷돌을 갈던 두 사람 중 하나는 데려감을 당하고 하나는 버려둠을 당한다고 했다. 이 추수 시기 늦가을 우주 기운은 동서양의 지역 運動(운동)에 따라 國運(국운)으로 작용한다, 어리석은 왕이 군림하는 것도 이토히로부미를 쏴 죽인 의인의 과감한 행동도 국운이며 운명의 이끌림이며 꽃샘추위가 일어남도 입시철에 분 서풍이 일어남도 사이비 교주들이 득세함도 국운이다.

大統領(대통령)을 탄핵함도 國運(국운)이다. 사람이 法(법)을 만들고 倫理(윤리)를 정하고 遵法精神(준법정신)으로 살아가는 것은 신사적이고 사회질서의 희망이다. 그러나 天下(천하)의 범사는 반드시 기한이 있어 四季節(사계절) 易(역)의 순환처럼 옛적부터 이렇게 돌고 돌아 흘러왔다. 그 사이에서 민족주의자와 기회주의자와 愛國者(애국자)가 있고 도무지 나랏일이나 이웃에 대한 關心(관심)은 문을 닫고 사는 사람도 있다. 지금 現存(현존)하는 세상이 이나마 돌아가는 것은 의인들의 기도와 애국자들의 에너지로 지탱되고 있다.

2) 宇宙(우주)의 겨울이 오고 있다.

대 스승이자 大道人(대도인) 邵康節(소강절) 선생은 宇宙(우주)의 운행과 별들의 운행, 그리고 수명을 알았고 지구의 운명과 계절의 섭리와 舊太陽曆(구태양력), 新 太陽曆(신 태양력)을 만들고, 皇圖(황도)를 알아냈다. 顯微鏡(현미경)이나 아무런 도구도 없이 깊은 심연의 瞑想(명상)과 조용한 修行(수행)으로 宇宙(우주)를 손바닥처럼 들여다보았다. 우주에도 계절이 있다. 지구촌의 사계절 섭리처럼 시공간의 개념이 분명 존재

한다.

　인간의 지혜는 한계가 있어 대우주를 다 안다는 것은 불가능하지만 소강절 선생 같은 神人(신인)들은 인지 능력이 평범한 인간들과는 의식의 階段(계단)이 전혀 다르다. 오늘날 현미경, 전자 망원경으로 관측하는 천체 운행과는 별다른 차원이다. 그들은 절기를 만들고 달력을 만들고 별들의 運行(운행)을 기록하였다.

　우주와 행성들은 저마다의 루틴(Routine)이 있다. 인체의 血管組織(혈관조직), 뼈조직, 신경조직, 근육조직, 경락조직이 인드라(Indra)망처럼 有機的(유기적)으로 운행하고 있다. 그 주기가 몇천 년인지 앞으로 몇백 년일지 확실히는 알 수 없으나 지금 우주의 기운은 1970년대와는 아주 다르게 움직인다. 지구의 운명도 어떤 중심의 기준으로 公轉(공전)하며 저마다의 수명과 속도를 향하여 자전하고 있다. 이렇게 큰 사이클의 루틴대로 巡還(순환)을 하는 것이다.

　사람 사는 사회도 천재와 바보, 현자, 신앙인, 도인, 늑대인간, 애국자, 남을 이롭게 하는 사람들이 섞여 살아간다. 그 가운데 주인의식을 가지고 땅을 지키며 살아가는 의식 있는 사람들과 개돼지 인생으로 태어나 사람 가죽만 썼지, 지구 어머니 수명을 短縮(단축)시키고 바다를 죽이는 악인들이 한 地域(지역) 안에서 섞여 살고 있다. 아! 그러나 이제는 소강절 선생의 예언대로 우주의 초겨울이 오고 있다.

　우주의 1년은 129,600년에서 선천이 5만 년, 後天(후천)이 5만 년이다. 나머지 3만 년은 天地(천지)와 일월, 인간 문명, 세계의 대 휴식기이다. 이 휴식기를 지구 천체 과학자들이 대 氷河期(빙하기)라 한다. 그동안 빙하기는 200번이나 있었고, 빙하기의 주기가 있는데 남극의 얼음 기둥을 파헤쳐보고 약 12만 년마다 빙하기가 온다고 과학자들은 입을 모았다. 결국 모든 우주 존재들에게도 계절이 있는 것이다. 한 人間(인간)의 生涯(생애)도 유아기. 소년기, 청년기, 노년기가 있듯, 우주 存在界(존재계)에도 계절의 순환대로 초겨울이 오고 있다.

인류여! 우리 몸에 붙어있는 머리카락 하나 빠져도 유체가 아무 일 없듯, 數千 億兆 個(수천 억조 개)의 은하 별 중에서 지구별 하나가 꺼져 없어져도 大宇宙(대우주)는 여전하다. 아! 머지않아 못된 짐승 세계의 左派(좌파), 右派(우파) 싸움, 보수 진보 싸움, 權力者(권력자)의 갑질과 드라큘라보다 더 악독하고 하이에나보다 더 추악하고 악독한 강대국들의 천벌 받을 힘 있는 악마들이 받은 천벌은 인류의 멸망과 파멸을 100% 초래하고 있다. 분노한 대자연이 그렇게 본보기를 보여줘도 죄악에 찌든 인간들은 모두가 우연이라 생각한다. 무서리가 내리고 북서풍이 다가온다.

激變期(격변기)에 들어섰고 모든 이데올로기의 수준 낮은 하이에나들의 싸움도 곧 종말을 고할 날이 다가온다. 분명, 後天(후천) 開闢(개벽) 時代(시대)가 오고 있다.

7장
정신의 뿌리를 찾아서

1. 정신의 뿌리를 찾아서

　우리 韓民族(한민족)은 1만 2천 8백여 년의 장구한 역사를 자랑하는 신앙, 문화, 전통이 가장 오랜 세월을 살아온 역사의 宗主國(종주국)이다. 옛 문서에 이미 기록으로 남겨져 선비들이 읽고 儒生(유생)들이 이미 古朝鮮(고조선) 역사를 연구 전승하여 알고 있었다. 韓日合邦(한일 합방)이 되고 왜인들에게 나라를 넘겨준 뒤 前章(전장)에 말했듯 역사 서적들을 모조리 빼앗긴 게 18만 여권으로 지금은 〈三國遺事(삼국유사)〉 외에는 단 한 권도 없고 북한의 김일성대학에는 石室(석실)에서 발견된 두 권의 고조선 역사서가 保存(보존)되어 있는 實情(실정)이다. 그 죄인들이 이병도와 이마니시 류 일등 공신들이다.

　단군 역사를 神話(신화)로 만드는 데 공을 세우고 勳章(훈장)을 받았으나 찬란한 문화 역사는 切斷(절단) 내고 말았다. 고대 역사의 생활문화를 알기 위해서는 그 문화의 기반이 되는 정신을 더듬어봐야 한다. 일단 우리나라는 1만 이천여 년의 장구한 역사를 矮人(왜인)들이 절반 이상으로 잘라서 달력에 기록한 檀紀(단기)만도 올해가 4357년의 기록을 보존하고 있는 유구한 전통을 가지고 있다. 찬란했던 단군 신앙은 유교, 불교, 도교, 기독교 등에 밀려 우상으로 誤認(오인) 받아 설자리를 잃어버리는 비극을 겪었으며 이제는 하늘이 열린 날을 記念(기념) 禮拜(예배)하고 기리던 開天節(개천절)마저도 잊혀 가는 슬픈 시대를 살고 있다. 정신의 뿌리란 민족의 고유한 사상과 정신문화를 잊지 않는 것과 분명히 인식함과 동시에 확실한 토대에서 血液型(혈액형) 알 듯 나의 뿌리를 확실히 깨닫는 것을 중하게 여길 것이다.

1) 興亡(흥망)을 결정짓는 思想的(사상적) 뿌리

자신의 國籍(국적)이 일본인지 미국인지 아프리카인지 고향은 어디인지? 황인종인지 백색인종인지 유색인종인지 혈액형이 무엇인지 아무리 글로벌 時代(시대)에 섞여 살아도 思想的(사상적) 뿌리에 대해서는 흔들림 없는 존재 의식이 중요하다.

신앙도 정신세계도 마찬가지다. 두리뭉실은 금물이다. 모든 민족이 섞여서 連理枝(연리지)를 이루고 더불어 살아도 참나무와 소나무의 구별이 매우 중요하다. 우리 민족은 오랜 세월 역사를 잃어버리고 허겁지겁 살면서 문화사상을 도적맞게 되어 檀君(단군) 할아버지는 世宗大王(세종대왕) 같은 실존 인물인데도 기독교 단체에서는 여러 개의 檀君像(단군상)의 목을 잘라 버렸다. 친 아버지를 버리고 외국 할아버지를 세뇌 교육으로 200년 가까이 가스라이팅 된 교육으로 배워 檀君(단군)도 偶像(우상) 鬼神(귀신)이며 석가모니도 마귀 대왕이며 공자도 귀신으로 배운다, 절에 여러 차례 불을 지르고 단군상의 목을 부러뜨려도 그들은 罪責感(죄책감)을 느끼지 않는다. 뉴스에 3차례 짧게 언급된 게 고작이었다. 기가 막힌 세뇌 교육의 결말이다.

天罰(천벌)을 면치 못할 無知蒙昧(무지몽매)한 행위이다. 기독교의 原來(원래) 뿌리는 한국의 마니산 하나님 信仰(신앙)의 天祭壇(천제단) 신앙으로 레위기 신앙의 놋 제단과 물두멍, 동물 제사 굵은 베옷을 입는 일이나 고운 베옷을 입는 祭司長(제사장)과 향불 촛대 기름 燈盞(등잔) 등, 珍說餠(진설병), 무교병 등 祭祀 文化(제사 문화)는 우리 동양에서 수메르문명으로 수메르에서 히브리 문명으로 전승되었다. 그러므로 역사는 문화 사상의 근거나 실증적인 유물들이나 土版(토판) 혹은 碑石(비석)이나 문자, 벽화, 그림 記號(기호) 등을 중심으로 史學者(사학자)들은 硏究(연구)하여 왔고, 지금도 연구되고 있으며 조사되고 다루어져 왔다. 이미 내가 말하는 이 증언은 수메르문명을 통하여 수많은 토판을 해독하고 文書化(문서화) 되어 출판된 지 오래다. 우리 고조선 민족의 장구한 문화는 동서 五萬里(오만리)에 퍼진 인류의 始原(시원)임을 객관적으로 세계 역사학자들에게는 충분히 증명되었다. 누차 언급하지만, 히브리 문명이 존재하기 千年 前(천 년 전)에 수메르문명이 찬란했었다.

히브리라는 단어는 '강을 건너왔다.'라는 뜻으로 수메르가 滅亡(멸망)한 뒤 천년 후에 히브리 문명이 시작되었고 아브라함은 수메르 제사장이었던 멜기세덱의 교육을 받은 사람이었다.(창세기 14:18~20) 앞서 언급했듯 기독교가 서양에 전파되면서 초기 基督(기독)적 복음은 크게 변형되고 훼손되었고 결국 서양 종교는 물질문명이라는 큰 산맥이 성과물로 형성되어 결국 자본주의 체제를 만들었고 이 큰 산은 무너지지 않는 문명의 바벨탑으로 변하였다.

또한 기독교문화의 서양 帝國主義(제국주의)는 신기술 발전으로 영토 확장에 나서면서 유럽 중심주의 즉, 서양의 삐뚤어진 세계관으로 인류기원에서 古朝鮮時代(고조선시대)로 이어오며 예배하고 중시해 오던 단군 신앙을 속된 샤머니즘으로 둔갑시키고 오랜 영성 문화를 비과학적이며, 비합리적인 야만이라 貶下(폄하) 하여 자신의 친 할아버지의 족보를 짓밟았다. 진실에 입각한 사상적 뿌리는 역사를 만들어가는 원동력이 되는 것이다. 동서양을 막론하고 역사와 문화의 基底(기저)에는 종교가 만들어진다. 이는 全世界(전 세계) 어느 민족이든 간에 바늘과 실처럼 종교는 정신문화를 꽃 피웠든 패망했든 존재했었다. 히브리 역사는 유대교를 만들었고, 아랍의 문화는 이슬람을 창시하였다. 우리 민족은 본래 하나님을 믿는 나라였으며 선교사들을 통해서 돌아온 기독교는 상당히 변형되어 돌아왔다. 그리고 예수그리스도의 사랑이라는 아름다움 뒤에서 선교라는 목적으로 원주민 학살이라는 二律背反(이율배반)이라는 모순된 명제를 수도 없이 남겼다.

2) 조상은 神性(신성)의 뿌리

세상에서 가장 소중하고 고유한 존재는 참 眞我(진아)인 나 자신이다. 그다음으로는 존귀한 존재는 나를 낳아주신 부모님이시며 조상의 소중한 유전자다. 내 조상으로부터 내가 태어났으니, 조상은 제1의 하나님이다. 마태복음에는 아브라함으로 시작한 족보가 42대에 걸친 역사 속에서 요셉이 마리아의 몸에서 예수를 낳기까지의 족보가 기록되었는데, 누가복음에는 最初(최초)의 사람 아담까지 족보가 거슬러 올라간다. 최초로 기록된 마가복음에는 족보 이야기나 童貞女(동정녀) 이야기가 언급되지 않았다. 후대에 첨부한 것들이다. 필자가 重視(중시) 여기는 史料(사료)는 옹졸한 우물 안 기독교인들의 편중된 의식들이다. 유대 역사와 유대 족보는 들여다보고 1만 2천여 년의 장구한 우리 민족의 찬란한 歷史(역사) 文化(문화)는 거들떠보지도 않는 이 한심한 사람들이다.

우리 민족은 예로부터 조상을 귀히 여겼으며 혈통 관계를 귀히 여겼다. 가장 원초적이고 본질적인 진리는 뼈와 살과 피를 물려준 창조주님은 조상의 유전자가 정확하다.(창세기 1:26) 이 근원적인 이치를 깨닫는 길이 인간의 道理(도리)이며 생명의 근본 뿌리를 찾는 일이다. 이것은 인류가 돌아가야 할 元始反本(원시반본)이며 누구도 예외 없이 실천해야 할 근본적인 인간의 명제다. 이는 종교를 초월하여 실천해야 할 대자연과 창조의 섭리인 것이 조상과 내가 하나의 맥으로 이어지고 그 유전적인 팩트는 의심 없이 스며들고 흔들림 없는 진리이니, 의지나 사상이 흔들림이 없고 확고하다.

한때 1,300만 숫자를 자랑하던 기독교인이 성경을 들여다보듯, 우리 고조선 역사에 관심이 있었다면 우리는 세계적인 강대국으로 부유한 평화의 멜기세덱 왕국이 되었을 것이다. 왜냐하면 우리 민족은 인류 최초의 민족으로 始祖(시조) 국이며, 桓國(환국)은 약 6,000년 전 동양 배달문명과 서양 수메르문명으로 분화한다. 그 당시 東邦(동방) 문명을 여신 배달국 초대 거발환, 환웅 천황 때 배달국 14대 치우천황, 고조선 초대 신인 檀君(단군) 왕검은 전설이 아니라 문서와 토기 산동성에 무덤까지 남아 있는 등 여러 자료가 뒷받침하고 있다.

지금 세상의 이 허다한 종교의 교주들, 주의 주장들, 여러 종교단체, 여러 말썽 많은 新興(신흥) 宗敎(종교)들을 빌어 여러 호칭으로 불리던 신들의 이름도 이제는 우주의 초겨울이 지나면서 秋收(추수) 審判 期(심판기)에 들어갈 것이다. 매서운 찬바람이 여러 날 불면 모든 잎새는 다 떨어지고 참다운 열매만 남을 것이며 쭉정이는 추수 심판을 견디지 못할 것이다. 유난히도 사이비교회가 득세하는 우리나라 신흥 종교들 저주의 地壇(지단)을 보라. 백백교도 전도관 신앙촌도 사라져갔다.

3) 民族主義 學者(민족주의 학자)들이 귀하다.

사람들의 계몽 정신은 참 알 수가 없다, 西洋哲學(서양철학)이나 佛文學(불문학), 神學(신학)을 연구하려고 유럽이나 아메리카로 넘나들면서도 우리의 고대문명과 역사, 민족종교 문화를 연구하는 사람은 개인적으로 圖書館(도서관)을 뒤지며 헤매는 이는 더러 있는데 대학교수들은 손꼽을 정도다. 일제강점기를 거치며 민족혼을 소생시키려는 박은식 선생(1959~19250), 신채호 선생(1880~1936) 등을 통해서 사학자들의 연구가 있었으나 국권을 빼앗긴 시기이므로 정신적 뿌리를 지켜내는데 박해가 많아 왜인들 눈치 보느라 혹은 간섭이 두려워 힘써 일하는 이가 점차 사라지게 되었고 더욱이 문서를 모조리 빼앗겨 경전도 없는 상태이다. 누차 말하듯, 〈삼국유사〉와 〈天符經(천부경)〉만 남아 있는 實情(실정)이다. 근래에 안경전 씨가 40년 동안 줄기차게 뒤늦게나마 빡세게 공부를 하고 學會(학회)를 만들고 放送局(방송국)을 세우며 강연하고 도서 출판, 북카페 등을 운영하며 열정을 쏟는 중이다.

대학에서 역사를 강의하는 교수는 있어도 사명감을 가지고 종주국인 이 나라의 영적인 자부심으로 알고 느끼는 이런 학자들이 전국에 10명이 안 된다. 유대인 디아스포라(Diaspora)처럼 특별한 'CHOSEN', 선택을 받은 찬란했던 한민족이 어찌하다가 조상의 얼과 역사를 잃어버리게 되었는가.

한민족의 기원은 古代(고대) 고대 형성기로 거슬러 올라 일만 년 이상 올라간다. 오랫동안 한반도라는 동일한 지역에서 단일 민족으로 살아왔으며 그것으로 인해 민족적 同質性(동질성)이 강했다. 朝鮮(조선) 末

期(말기)부터 시작된 외세의 침탈과 그에 대한 저항은 우리 사회의 저항적, 배타적 민족주의의 형성에 중요한 계기가 되었다. 민족의 정체성은 타민족보다 크게 다르다는 문화유산의 특징이다. 이를테면 장구한 역사, 〈東醫寶鑑(동의보감)〉, 螺鈿漆器(나전칠기), 흰옷을 입는 白衣民族(백의민족), 아리랑, 한을 승화시키는 민족, 47대 단군 역사, 乾坤坎離(건곤감리), 太極旗(태극기)의 심오한 상징들이 그것들이다.

조선인들은 이러한 정신과 정체성을 끊임없이 재조명하며 살아왔다. 日帝(일제) 시기 항일 독립운동 과정에서 民族自決主義(민족자결주의)와 국민주권 사상에 입각한 민주 공화 국론을 정립하여 한민족으로 구성된 국가를 건설할 수 있을 듯 보였다. 연합국이라는 외부로부터 한반도는 나눠 먹기를 당하고 분할 점령은 분단을 固着化(고착화) 함으로 단일민족은 생이별을 겪으며 일제 못지않은 분단의 고통과 국제사회에서 氣(기)를 못 피는 아직도 전쟁 중인 나라로 미국과 중국, 러시아가 이 나라의 주인행세를 하고 있다.

終戰(종전) 宣言(선언)은 꿈이다. 1945년 8월 15일 해방 이후 다양한 左右派(좌우파) 정치세력이 존재하였지만, 우파인 이승만을 중심으로 한 정당 말고는 반봉건 통일국가를 지향하였다. 그러니 3·8선 이남을 信託統治(신통치) 하는 미국이 이승만의 反共(반공) 國家(국가) 수립을 지지하면서 통일국가 형성의 가능성은 날이 갈수록 희박해졌고 그 對立(대립)이 오늘날까지 이어온 것이다. 결국 單獨政府(단독정부)가 이승만 뜻대로 수립되었고 얼마 지나서 1950년 6.25 한국전쟁은 남북의 이념적 대립을 극단화시켰다.

문민정부 시절 離散家族(이산가족) 찾기, 기타 남북 대화를 통해서 긴장이 완화되는 듯하였으나, 근래 정부는 이념적 대립을 더욱 공고히 강화하며 선제공격 운운하며, 韓·日·美(한일·미) 공동 작전으로 우리의 통일은 더욱 요원하게 되었다. 한국전쟁은 일본의 경제를 일으켜주었고 결손 국가 체제를 완성 시킨 계기가 되었다.

    결국 한반도는 국가건설이 두 개의 국민으로 나눠지는 방식이니 정체성 역시 나뉘어졌고 民族主義(민족주의)는 복합적인 성격을 안고 있다. 일반적으로 민족주의는 남북 통일문제와 연관 될 경우, 남북한을 아우르는 민족의 政體性(정체성)을 동반하지만, 외국인과의 관계에서는 대한민국 국민으로 국한되는 정체성을 수반한다. 내가 말하는 民族主義的(민족주의적) 뿌리는 문화 의식의 뿌리를 말하는 것이다. 외국인과 결혼도 할 수 있고 유학도 어학도 좋다. 초콜릿, 버터에 길이 들여져 된장 간장을 버리고 조상의 문화유산을 버리는 外色(외색), 外道(외도)를 말한다. 남의 떡 부러워하다 나라를 팔아먹고 프린스턴 유학생이 單獨政府(단독정부)를 樹立(수립)하여 이 나라가 분단되지 않았는가?

    역사를 가르치는 학자들의 문제점은 간단히 말해서 강 건너 불구경 하듯 하는 객관적 입장이다. 이런 죽은 사상은 백년을 배워도 의미 없다. 민중의 가려운 곳을 조금 긁적거린 도올 김용옥 교수의 강의를 못하게 막는 이 나라는 하이에나 政治人(정치인)들로 우글거리고 있다. 함경도 사투리 말하는 사람은 中央情報部(중앙정보부)에 끌려가서 몇 날 며칠 동안씩 고문을 받고 각서를 쓰고 자식들은 해고지 않기로 하고 하룻밤에 政治犯(정치범)이 되어 재산을 뺏기던 이 나라는 간첩을 공장에서 만들어 내던 시절이 있었다. 북한 共産主義(공산주의)가 싫어서 월남한 사람들을 북한말을 한다고 하여 빨갱이로 몰려 공장에서 가짜 간첩을 만들어 내던 시절이 있었다. 이러니 무슨 역사를 강의하겠는가? 노래도 마음대로 못 불렀고 말도 크게 못 했다. 이렇게 세월이 흘러 統一(통일)

은 멀고 힘 있는 세력들이 통일을 원치 않으니, 분단의 기간이 당연히 長期化(장기화)가 되고 있다.

날이 갈수록 남북한의 사회 문화는 이질화로 진행되고 있지만 민족주의자들은 여전히 통일을 희구하며 노력을 잃지 않고 있다. 그러나 반세기 동안 이상 서로 다른 體制(체제)를 유지해 온 남북을 통합시키는 과정에서 정체성 요소만으로 해결할 수 있는 부분은 매우 제한되고 있음을 인식할 필요가 있다. 통일을 간절히 指向(지향)하는 민족의식은 지금 나이 70세 이상 노년층들이다. 요즘 젊은 세대들은 북한을 다른 나라로 알고 있다.

민족의식의 한구석에는 19세기 이래의 弱肉强食(약육강식)의 부국强兵論(강병론) 적 사고가 자리 잡고 있을 수 있다. 탈 冷戰(냉전) 이후의 동아시아에서 중국과 일본의 식민주의가 다시금 富國(부국) 强兵論(강병론) 사고가 꿈틀대고 있어 민족 정체성이 강조되고 있음을 주목하면서 이 부정적인 국운을 주목해야 한다. 종족적으로 同質性(동질성) 감각이 남아 있을 때 혈통, 역사, 언어, 전통 등이 근거하는 역사적 공동체 文化(문화)가 아직 살아있는 단일 혈통을 서로가 충분히 교류할 때 우리는 만나야 하는데 얼마나 더 가슴앓이를 언제까지 해야 하는가?

2. 인간의 休息

　印度人(인도인)들을 한국인들과 비교해 보면 게으를 정도로 느긋하다. 自動車(자동차)끼리 접촉 사고가 나도 화를 내거나 큰 소리로 싸우는 일이 없다. 100년 동안 식민지로 지배를 받고도 언제 그랬느냐는 식으로 英國(영국)에 대한 원한이 없다. 타지마할이나 아우랑가바드, 기타 거대한 사원들의 彫刻品(조각품)이나 미술 장식품을 다 파괴하고 무굴제국의 공격으로 건물이 파괴되고 금장식품들을 전부 마차로 실어 갔어도 그들은 느긋하다. 100일 동안 인도 여행을 하면서 내가 배운 것은 그들에게 느긋한 여유였다. 공원이나 觀光地(관광지)에서도 식당이나 滿員(만원) 列車(열차), 시장통에서도 싸우는 사람을 보지 못했다. 물론 그곳도 사람 사는 사회라 소매치기도 있고 성범죄도 있다. 그러나 인구밀도를 勘案(감안)하면 아주 조용한 나라이다. 성격이 느긋하니 高血壓(고혈압) 환자와 腦卒中(뇌졸중), 중풍 병자가 거의 없다 지팡이를 잡고 절뚝거리는 사람도 없다. 혹자들은 그들 식단 수십 종의 양념이 藥理作用(약리작용)을 하고 薑黃(강황)을 재료로 하여 카레 음식을 세계에서 가장 많이 먹는 것도 건강에 미치는 영향이 크다고 말하는 글을 읽은 적이 있는데, 어느 정도 일리는 있는 것 같으나 熱帶地方(열대지방)의 느긋한 성격이 그들의 환경을 만들어주는 것으로 나는 생각한다. 어느 날 내가 타고 있던 택시와 버스가 충돌하여 범퍼가 찌그러졌는데도 별로 당황하지도 않고 두 운전기사는 뭐라 뭐라 말하더니 서로 괜찮다며 악수하고 헤어지는 기이한 현장을 목격하였는데 지금도 눈에 삼삼하게 기억이 난다.

바라나시를 여행할 때 일이다. 블록 담이 낡아 무너지는 바람에 세 자녀가 놀고 있다가 변을 당하여 담벽에 깔려 죽게 되었다. 그러자 몰려드는 人波(인파) 사이로 아이들의 엄마 되는 여인이 나타나서는 벽돌 잔해 속에서 아이들을 꺼내어 나란히 눕혀놓으며 무표정한 얼굴을 잊을 수가 없다. 사람이 죽어도 자동차 사고가 발생해도 몸에 병이 들어도 담담한 인도인들을 보며 조급한 우리 한국인들을 떠올렸다. 인도인들은 파티가 없어도 맨입으로 잘 웃고 길거리에서도 잘 노는 것이 그들의 문화다. 循環期(순환기) 병으로 시달리지 않는 걸 보면 그들의 心靈(심령)에는 스트레스가 우리보다 훨씬 적다는 결론이었다. 그러므로 휴식을 얻으려면 마음이 쉬어야 한다,

1) 함께 休息(휴식)해야 한다.

내가 말하는 휴식은 고단한 노동자나 땀 흘려 일하는 여러 산업 노동자를 두고 말하는 게 아니다. 그들은 노동의 대가를 꿈꾸며 나름대로 휴가를 즐기고 스스로 휴식하는 법을 알고 있다. 대책 없는 조직이 있다면 宗敎(종교)와 政治(정치)이다. 종교는 정치를 업고 교세를 확장하고 군림하며 약자들에게 상품을 팔고 있으며, 정치는 날이 갈수록 兩極化(양극화)로 벼랑을 향해 멈추지 않고 달린다. 좌익, 우익이 한 번도 손을 잡고 웃으며 악수하는 일이 없다. 東學(동학), 親日(친일) 問題(문제), 東

伯林事件(동백림사건), 여·순사건, 5.18사건, 천안함 사건, 歲月號(세월호) 사건, 梨泰院(이태원) 참사 등은 그냥 잊혀가는 애매한 사건이 되고 말았다. 의식 있는 이들, 조국의 安寧(안녕)을 염원하는 사람들은 늘 신경을 곤두세우며 산다. 우익도 좌익도 나라를 위해 일한다면 얼마든지 합일점을 찾을 수 있다. 자연계의 천적이란 기껏 살기 위해서 弱肉强食(약육강식)으로 서로 사냥하고 먹고 먹히며 균등 법계를 이루며 숲과 나무처럼 어울려 살아간다. 그러나 인간은 왜 이리도 잔인하고 악할까? 한반도 역사는 어지간히도 수난이 많다, 堯舜(요순) 시대에는 임금 이름도 모르는 채 백성들이 노래를 부르며 살았다는 데 의식 있는 이들은 늘 속을 썩으며 가슴의 鬱滯(울체) 증을 안고 휴식 없는 삶을 살아가고 있다.

휴식이란 단지 개인의 휴가나 아늑한 삶의 결심에 머무르는 것이 아니다. 조국의 安寧(안녕)이 그것이다, 우리는 국민 모두 다함께 倚子(의자)를 만들어야 한다. 독일의 빌리 브란트가 平和協定(평화협정)을 일궈내듯, 공동 윤리의식으로 함께 쉼을 창조해야 한다. 이 휴식의 椅子(의자)는 힘 있는 자가 독점하여 권리를 빼앗는 것이나 밀려나는 것이 아니고 열 손가락이 모두 소중하듯이 우리 모두 하나로 돌아가야 한다는 것을 분명히 깨닫고 한 교장선생님 앞에서 머리띠를 두르고 게임을 하던 淸·白(청·백)이 호루라기 한 번 불면 교실 안으로 모이듯 잘난 마음 강퍅한 마음을 내려놓고 이웃을 생각하고 우리는 모두 언젠가는 반드시 이 땅을 내어주고 떠난다는 사실을 알아야 한다. 이런 말을 내가 끌어내면 먹물 잔이나 마신 사람들도 아이들 동화 같은 소리 하지 말라는 식이다. 역사와 이웃에게 해를 입히는 거짓 뉴스나 모함은 반드시 카르마로 돌아온다. 이조 五百年 구한말 역사와 일제강점기의 그릇된 이데올로기만 해도 얼마든지 거울이 되어 후손에게 유전되지 않았는가? 뒤늦게 國家(국가)가 배상해 주고 간첩 오해를 풀어주고 이게 무슨 짓인가?

• 당시 특권을 누린 지배 세력 친일파 125,700명 정도 중 108명은 極惡無道(극악무도)한 친일로 적극적이며 自發的(자발적)으로 동족을 해친 인물들이었다.

• 민중을 괴롭힌 죄를 물어야 할 사람들로 일제 식민체제의 질서를 악용하여 同族(동족)을 괴롭힌 사람들 그 수효가 240,000명으로 먹고살기 위해 자의 반 타의 반으로 친일한 사람들이다.

• 일제의 식민이 싫어도 먹고살기 위해 일본 편에 섰던 부류가 370,000명이다.

이것은 2014년 5월 25일 제헌 국회에서 제정된 자료이다.

• 기타 親日派(친일파) 자료는 백과사전 3권 분량으로 3,000페이지로 방대하다. 나 역시 이를 슬퍼하며 분노하지만 내가 당시에 그 현장에 있었다면 기질상으로는 친일을 싫어하지만 알 수 없는 일이기에 돌을 던질 수는 없다.

인간은 연약하지만 강하기도 하다. 한때는 살기 위해 비겁했지만, 이제는 衣食住(의식주)도 충분하고 文盲自(문맹자)도 없고 힘이 있으니, 정의와 良心(양심)을 기르고 祖國(조국)을 지켜야 하며 국제사회와 발맞추려면 우리의 숙원인 통일을 완수해야 한다. 5천만, 남한 국민과 삼천오백만 북한 동포가 하나 되는 길만이 우리의 休息(휴식)이며 안식이다. 이 문제를 도외시하면 우리는 영영 휴식할 수 없다. 집에 불이 났는데 어찌 발 뻗고 잠을 잘 수 있을까? 우리는 南北(남북)이 만나 휴식해야 한다. 7월 칠석날처럼 年(년) 간 하루라도 3·8선이 열리면 얼마나 위안이 될까?

2) 休息(휴식)은 平和(평화)다.

중세 유럽에서는 평화란 단순히 전쟁이 없는 상황을 의미하는 것이 아니라 정치적, 社會的(사회적)으로 經濟的(경제적) 안정이 유지되며 均衡(균형)이 이루어진 상태를 의미한다. 이러한 평화는 국가 간의 戰爭(전쟁)을 방지하는 것뿐만이 아니라 국내적으로도 동요나 내란이 없고 전국민이 안전하게 살 수 있는 환경을 국가가 제공하는 것을 의미한다. 中世(중세) 時代(시대) 유럽 사회에서 평화를 유지하는 데에는 다양한 요인이 작용했다. 당시는 가장 중요한 것은 교회의 역할이었다. 로마 가톨릭교회는 중세 유럽에서 권위 있는 기관으로 정치, 사회, 경제적인 영향력을 행사했고 教皇(교황)은 종교적으로나 정치적으로 중요한 인물로 위치를 자리 잡고 있었다. 초창기 교회는 전쟁을 비난하고 평화를 촉구하는 역할을 했으며, 宗敎的(종교적)인 교리를 통해 사람들에게 평화를 중요시하는 가치관을 심어주었다.

또한 중세 시대 유럽에서는 상호 의존적인 관계가 형성되어있었다. 농업 사회였던 중세 유럽에서는 상인들이 交易(교역)을 통해 자원을 교환하고, 서로 협력하여 경제적으로 이익을 얻는 관계가 형성되었다. 이를 통하여 국가 간의 협력이 강화되고 전쟁을 일으키는 원인이 줄어들었고 또한 중세 유럽에서는 騎士道(기사도)와 평화조약이라는 제도가 발전했었다. 기사도는 무장을 해제하고 평화를 유지하고 국가의 안전을 위해 싸우는 기사의 정신을 상징하며 平和條約(평화조약)은 국가 간의 갈등을 조정하고 평화를 유지하기 위한 협정을 맺는 방법으로 사용되었다. 암튼 초기 교회는 한동안 평화를 유지하며 비교적 태평한 적이 있었다. 그러다가 교회가 비대해지고 세속화되며 權力(권력)이 커지자, 교권과 領土(영토) 紛爭(분쟁)으로 명분을 세워 종교전쟁이 일어났다. 초대교회의 사람들은 나눔을 좋아했고 한동안 전쟁이 없는 시절도 있었다. 그러므로 참된 휴식은 평화로운 환경에서 가능하다.

3) 平和와 休息(휴식)은 동시적이다.

平和(평화) 人文(인문)은 성숙한 인간이 만들어가는 창조의 역사다. 노벨평화상을 받는 이들은 모진 박해와 고난 속에서도 희망을 포기하지 않았던 사람들이었으며 오로지 청춘을 다 바쳐 앞만 보며 살았던 一念(일념) 主義者(주의자)들로 공통적이다. 賞金(상금)이 주어지리라고는 생각할 겨를이 없었다. 분쟁, 갈등, 폭력, 잔인한 拷問(고문)으로 만들어내는 간첩, 武力(무력) 戰爭(전쟁) 같은 부정적 상황에 평화와 휴식의 가치를 뿌리내리기 위해서는 어떻게 해야 할까를 고민하는 일은 전문 학자들이 고민해야 할 문제이다.

힘 있는 자는 약자를 돕고 나라의 지도자는 주야로 백성의 안녕을 위하여 신경 쓰는 진지한 想像(상상)과 祈願(기원)이 문명적 계획이 돼야 한다. 이를 위해 개인과 집단, 정치, 사회, 宗敎(종교) 등이 몇 년씩만 계몽하고 코로나 시절 마스크 쓰듯 노력만 하면 통일도 앞당길 수 있다고 기대를 걸어 본다. 새로운 革新(혁신)을 단행하여 정신문화의 패러다임을 만들기 위해 우리는 이 나라 주인답게 노력해야 한다. 이제 나라의 주권을 빼앗기고 살았던 怨恨(원한)과 분단의 조국을 바라보며 병들고 상처받았던 原因(원인)에 대한 명확한 이해와 해명을 자각하고 비평화적인 구조와 상황을 뚫고 이 민족이 부끄러움 없이 나아갈 非常口(비상구)를 찾는 일에 온 국민이 마음을 모아야 할 것이다. 그러지 않으면 일본과 중국 미국 사이에서, 자유롭지 못하고 애매한 東南亞(동북아) 外界人(외계인)들에게 밀려 주인행세도 못 하고 잡종들에게 먹혀 뿌리는 사라지게 될 것이다.

또한 나 자신이 직접 당하진 않았어도 비평화 乃至(내지) 폭력과 살상으로 인하여 엄청난 트라우마나 공포에 시달리는 4.3사건의 가족들, 여순 사건의 가족들, 광주 5.18 항쟁 가족들, 세월호 가족들이 他者(타자)의 아픔에 대한 공감 능력으로 서로가 눈물이라도 닦아주는 열린 마음이 실제로 필요하다. 이러한 성찰과 소통을 통한 倫理的(윤리적)인 실천이어야 우리는 한 민족이 되는 것이다.

오랜 갈등으로 인하여 상처의 골이 깊어진 佐翼(좌익), 右翼(우익)의 골 깊은 증오와 분노를 내려놓고 이젠 서로 악수하고 부둥켜안아야 한다. 사람의 忿怒(분노)는 진심 어린 대화가 없으면 사그러들지 않는다. 지구촌에 유일한 分斷國家(분단국가)인 우리가 어찌 발을 뻗고 깊은 잠을 자고 휴식을 누릴 수 있을까? 미래의 평화 공동체는 현실적으로 준비된 힘이 중요하다. 경제와 包括的(포괄적)인 여러 힘이다. 고위 공무원들과 國會議員(국회의원)들만 애국한다면 얼마든지 통일이 가능하고 흡수통일, 아니면 중립국이라도 가능하다. 평화 없이는 진정한 휴식은 없다. 왜소한 간디는 젊은 날에는 자유분방하여 非難(비난)을 받던 인물이었으나 문득 조국의 운명을 뼈저리게 깨닫고 몸을 바쳐 투쟁하였다. 오랜 비폭력 시위로 영국군을 100년 만에 몰아냄으로 그의 비윤리적 젊은 날의 행위들은 탕감받고 인도의 아버지가 되었다.

4) 평화는 複數形(복수형)이다,

平和(평화)는 단수가 아니라 복수형이다. 사람은 모두가 각기 다른 환경 속에서 서로 다른 개성과 가치관을 가지고 주의 주장하면서 살아간다. 그러므로 평화나 휴식도 자기 방식으로 결정하고 느끼고 즐기며 살아간다. 시간의 여가 시에 어떤 이는 낚시를, 누구는 등산을, 누구누구는 극장으로, 야구장으로 或者(혹자)는 독서를 즐기며 살아간다. 그러니까 온전히 자신만의 방식으로 결정짓고 해석한다. 그러므로 대화 중에 평화를 이야기하더라도 각자의 의도와 내용, 指向點(지향점)은 여러 갈래일 수밖에 없다. 이러한 일상적이며 形而下學的(형이하학적) 생활의 경험은 어디까지나 지극히 개인적일 수밖에 없으므로 이러한 多樣性(다양성)을 이해하고 서로 인정하는 것이 조화로운 일이다. 이러한 지엽적인 문제로 취미가 다르다 하여 서로 적대시 하는 사람은 없다. 그리고 평화를 깨뜨리는 법도 없다. 평화란 모든 조건이 갖추어진 상태에서 歸納的(귀납적)으로 얻어지는 것이 아니다.

우리의 평화란 분쟁과 葛藤(갈등), 녹슨 3·8선의 원한, 전쟁의 위험 속에서 미국의 눈치를 살피며 분단의 트라우마를 안고 敵愾心(적개심)과 지역 葛藤(갈등) 속에서 살아가고 있다. 이런 와중에 하이에나들처럼 물고 늘어지는 국회 內亂(내란) 등을 바라보면서 견지하는 前望的(전망적)

사고다.

　예를 든다면 1980년대 한때 우리는 정치인들의 농간에 '금 모으기'를 했다. 북괴가 댐을 터뜨리기 전에 우리도 '평화의 댐'을 건설해야 한다는 뉴스를 대대적으로 선포할 때 전 국민은 금을 모았다. 약 7천억이 어느 입으로 꿀컥 들어갔다. '평화의 댐'은 거짓말이었다. 우리는 이렇게 말 잘 듣고 힘을 합치는 국민이다. 올바른 지도자만 정도령처럼 나타나면 우리는 또다시 뭉칠 것이다. 선진국들의 정치인들은 도덕적이며 뇌물이 없으며 맹수 같은 검사들이 없다. 무궁화꽃이 피어나는 날 이 땅에 더 나은 평화를 꿈꾸며 희망해본다.

5) 이 땅의 평화를 기다리며…

　우리는 지금 보릿고개 이야기나 나무껍질을 벗기고 칡뿌리를 캐어 먹던 전설의 고향과는 영원히 離別(이별)을 했다. 너무 잘 먹고 잘 입고 넘쳐서 환경이 오염되고 있다. 안 입는 헌 옷이 태산처럼 쌓여 인도에는 아파트 빌딩처럼 높은 쓰레기 산이 3,500개가 우뚝 솟아있고 우리나라에도 전국의 쓰레기 산이 수백 개가 썩어가며 엄청난 자체 가스로 늘 오염된 연기가 24시간 솟구치고 있다. 쌀도 남아돌고 병원도 학교도 남아돌고 빌딩도 남아돈다. 그러나 이렇게 남아서 돌아가는데 지구촌 인류는 아직도 굶어 죽는 부족들도 허다하다. 강남의 부자들은 한 끼 식사로 30만 원, 15만 원짜리를 먹고 10만 원짜리 와인을 마시고 2만 원짜리 커피를 마시는데, 貧民街(빈민가) 소년 소녀들은 한 끼 식사로 작은 감자 한 알 혹은 반 개로 갈비가 드러나 힘겹게 살아간다.

양심이 있는 사람들은 늘 자유롭지 못하다. 〈舊約聖經(구약성경)〉의 예레미아 先知者(선지자)처럼 만물보다 심히 부패한 사람의 마음을 보는 이들은 고통이다. 우리가 지금 기름진 음식을 먹고 호화스러운 생활을 한다 해도 우리는 전쟁의 위험과 동족 간의 갈등으로 역시 자유롭지 못하다. 이 현황 문제는 크게는 미소연합군의 농간이었으나 깊이 분석해 보면 우리 민족성 문제였다. 그것도 글줄이나 읽었다는 먹물들의 그릇되고 분산된 사고와 근시안적인 옹졸한 政治哲學(정치철학)이 몰고 온 오늘의 비극은 결국 원한의 3·8선을 만들었다. 그러므로 우리는 자유롭지 못하다. 여야 국회가 연합하여 손만 잡으면 반드시 통일을 일구어낼 수 있다. 남북 관계 문제는 우리 韓半島(한반도)의 장래에 그리고 우리 민족에겐 너무나 중요한 문제다. 앞장에서도 말했지만, 지금의 10대 청소년들은 북한이 다른 나라인 줄 알고 있다. 참으로 슬픈 일이다. 일상생활에서 대부분 국민은 잊고 지내지만, 통일의 중요성에 대해서는 아무리 再照明(재조명)하고 再三(재삼) 말해도 아무리 강조해도 지나치지 않다.

이 땅의 指導者(지도자)들 사명

이 땅의 지도자들 그리고 정치인들, 사회 각층의 지도자들, 대학교수들, 모든 공무원, 통반장까지 그리고 汎國民的(범국민적)으로 남북 간의 통일 문제의 그 중요성을 매 순간 염원하며 계몽하고 언급하여 에너지를 모으면 미국, 러시아, 중국도 반드시 움직인다. 뜻있는 사람들은 기도 제목으로 자신도 공부하며 만나는 사람들 모두에게 警覺心(경각심)을 주지시켜야 한다. 이 땅의 주인이라면 주인의식으로 조국을 지켜야 함은 우리의 역사적 숙제이며 또한 의무이자 사명이다.

그런데 오늘의 현실은 남북문제를 이야기하면 좌빨이니, 종북파니, 터무니없는 形容詞(형용사)를 붙여 다른 나라 사람 대하듯 취급한다. 어쩌다 이런 지렁이 수준의 꽉 막힌 멍때리는 洗腦(세뇌)가 됐는지 큰일이다. 이렇게 자신들이 하고있는 숭고한 일이 주변의 무시나 먹물이라도 묻어 알만한 사람들에게 貶下(폄하)를 당하는 일이 일쑤다. 이렇게 해서는 우리 민족의 將來(장래)는 없다. 결국 우리에겐 통일과 그 이후 통일 한국의 위상과 역량만큼 우리의 장래를 보장하는 엄중한 일이 없는데도 말이다.

우리 민족이 풀어야 할 과제는 민족의 장래이다. 이럴 때는 정치적 지도력과 과감한 대통령의 창의적 발상이 必需的(필수적)이다. 그리고 거듭난 국회가 되어야 한다. 부디 물어뜯지 말고 左翼(좌익)이든 右翼(우익)이든 조국을 위해서라면 이제 손을 잡아야 할 세기말이다. 우리만 통일의 의지를 안고 啓蒙(계몽)하여 뭉치면 核武器(핵무기)를 소유한 북측이 통 큰 양보를 할지는 모르는 일이지만 북측이 보는 남측의 軍事力(군사력)은 주한미군이라는 요소로 인해 양보 그 자체가 힘들게 될 것이다. 그러나 이 문제는 우리의 결의에 달려있다. 베트남도 독일도 지금 잘 살지 않는가? 이것이 희망 사항이다. 미국이 北韓(북한)을 무력 공격할 것이라는 시나리오는 우리가 생각하기에 불가능하다고 생각할지 모르나 반세기 이상을 怨讐(원수)로 보고 또한 길이 든 北(북) 측에게 먹혀들 논리가 아닐 수 있다. 결국 우리의 숙제는 양측의 양보안이 무엇일까 머리를 짜내는 비상구와 돌파구를 만들어야 하는 것이 숙제이다.

과거의 많은 연구가 북한의 核武器(핵무기) 保有(보유)로 의미를 상실했다고 보는 이들이 많을 것이다. 그러나 그런 논리로 접근하면 평생 답이 나오지 않는다. 이제는 동북아 지역의 다자간 안보의 틀을 짜야 한다. 남북은 물론이고 주변 국가들과 유엔(UN) 등 국제기구가 보장하는 안보의 기구 말이다. 현재 중단된 6차 회담을 되살리고 좀 더 확대된 국제기구가 가담해 논의의 틀까지 두루 망라하여 창의적 구상을 마련하는데 總體的(총체적)으로 온 국민이 힘을 모아야 한다. 반드시 緊張(긴장) 緩和(완화)의 시기가 온다. 한때는 곧 統一(통일)이 될 듯 남북문제가 서로 왕래하고 좋았었다.

통일을 원치 않는 세력들 때문에, 결국 북한을 先制(선제) 공격한다느니 韓美日(한미일) 연합 훈련이니 하며 전쟁 냄새를 피우고 있는데 이는 조국을 짓밟는 행위들이다. 지금 국제사회의 관심은 왜? 한반도에 終戰(종전) 宣言(선언)해 주지 않느냐고 세계가 주목하고 있다. 이러한 큰 문제를 안고 우리가 자유를 부르짖으며 발을 뻗고 잠을 잘 수가 있는가?

우리의 外交力(외교력)이나 국력이 국제사회에 휘둘릴 만큼 약하지는 않다. 한국의 跆拳道(태권도), 케이팝, 반도체, 고려인삼, 삼성, 현대, 스포츠 등 우리의 창의력이 그렇게 빈곤하지가 않다. 남북문제의 心理的(심리적) 장애를 극복하고 한반도의 평화적 구도를 만들어 내야 한다. 오! 천지의 주재이신 創造主(창조주)여! 이 민족에게 부디 平和(평화)를 주소서!

3. 평화를 만든 사람들

사람이 태어나면 부모의 품 안에서 말을 배우고 먹고 마시며 교육을 받으며 살아가는 방법과 문화를 익히고 점차 성숙하여 홀로서는 독립체가 된다. 주변 환경과 조상의 遺傳子(유전자)는 크게 작용한다. 니체의 아버지는 보수적인 목사였으나 니체 자신은 당시 基督敎(기독교)의 위선과 殘忍性(잔인성)을 지목하며 신의 죽음을 선언하고 유럽 사회의 宗敎(종교)장사꾼들에게 그들의 거짓된 利己主義(이기주의)를 비난했다. 그의 아버지는 니체가 목회자가 되길 원했으나, 니체는 인간의 손으로 만들어진 신을 떠났다. 결국 상황이 사람을 만든다고 나는 생각한다. 맹자의 어머니나 안중근의 어머니, 히틀러의 어머니 등 형편은 다르지만, 자식들이 궁극의 결단에 결정적인 영향을 미친 것은 분명하다.

유태인에게 돈을 빌려 쓰고 수십 배의 이자를 미처 못 갚자, 가정부로 들어가 몸으로 빚을 갚던 중 자신의 어머니가 어느 날 강제로 성폭력 당하는 현장을 20세 청년 히틀러가 목격한다. 분노한 히틀러는 그 집 맹견 '피플'에게 허벅지를 물려 살점이 떨어지고 아버지는 절망하여 술로 세상을 떠나고 어머니는 목숨을 끊고 히틀러는 대학을 포기하고 화가의 꿈을 접고 오스트리아를 떠나 독일로 망명하여 자원하여 군에 입대하였고 승승장구로 進級(진급)하여 결국 皇帝(황제)가 되어 복수의 칼을 품고 유대인을 모조리 없애려 했다.

원한은 또 하나의 원한을 낳게 된다. 세기가 지난 어느 날 빌리 브란트가 유대인들의 공동묘지 碑石(비석) 앞에서 무릎을 꿇고 3분 동안 참회의 기도를 올리는 광경이 전 세계로 생방송 되어 떠들썩하였다. 유대인들은 이 제안을 감사하게 받아들였다. 명분상 원수와 손을 잡았고 빌리 브란트에게는 노벨평화상이 주어졌다. 일본인들은 우리 민족에게 단 한 번도 진정성 있는 懺悔(참회)나 悔改(회개)를 하거나 정치 지도자들이 용서를 구한 적이 없었다. 용서에 넉넉한 우리 민족은 아마 일본인 수상이 내한하여 무릎을 꿇고 사죄하고 참회를 하였더라면 전 국민이 감동으로 용서할 것이다.

※ 1901년 장 앙리 뒤낭(프랑스) 赤十字社(적십자사)를 창설하고 1963년 노벨평화상을 받음을 시작으로 2003년 이란의 쉬린 에바디 여성 변호사가 여성과 아동의 인권 신장에 있어 여러 차례 목숨의 위험을 무릅쓰고 큰 貢獻(공헌)을 함으로 21번째 노벨평화상을 수상했다. 2014년 평화상을 받은 사람은 최연소자 17세 말랄라이다. 현재까지 총 587개의 노벨상 중에 21개가 平和賞(평화상)이다. 그중 보수파들이 간첩으로 몰아 여러 차례 죽이려 했던 김대중 전 大統領(대통령)이 북한 문제를 두고 햇볕 같은 포용 정책 논문을 발표함으로 선정되어 한국 최초로 노벨평화상을 받음으로 우리나라는 41위로 등록되어 있다. 노벨 위원회에서는 평화에 대한 진정성을 충분히 검토하여 신중하게 선정한다. 중간에 링컨, 간디, 만델라, 루터 킹 목사, 슈바이처, 레스터 피어슨, 핵실험을 반대하여 몸을 바친 미국의 라이너스 폴링 등 국제 옥수수와 밀을 改良(개량)하여 인류 평화에 크게 이바지한 멕시코의 노르만 볼라그, 죽음의 집에서 빈민들을 위해 몸 바친 테레사 등 20여 명의 평화의 사도들

이 있었다. 이는 눈에 드러난 사람들이고 지금도 숨어서 평화를 실천하는 사람들이 많아 그나마 이 지구의 인류가 살아가는 것이다. 우리나라에도 훌륭한 위인들이 많이 이름 없이 애쓰고 있다. 나는 내 가슴에 각인되어 늘 나를 일깨워주는 모델 3인을 선정하여 이 책 마지막 장에 그분들의 이름을 기록할까 한다.

한국의 모델 3인

① 宗敎人(종교인)으로서의 김용기

[그림31] 1945년 양평 남한강가에서. 가운데 모자 쓴 사람이 **김용기**, 맨 우측이 여운형
(사진. 나무위키)

직업은 가나안농군학교 교장이다. 공군, 육군, 해군처럼 농사짓는 사람은 농군으로, 陸海空軍(육해공군) 못지않은 훈련과 부지런함으로 절도 있게 농사를 배우고 익혀 하나님과 흙과 인간, 天地人(천지인)의 연관성으로 三位一體(삼위일체)를 삼는 인생관으로 살았다. 그는 독실한 기독교 장로였으나, 초종교 인으로서 최초의 하나님 나라인 우리 古朝鮮(고조선) 신앙인 마니산 天祭壇(천제단)에 아들 김평일을 데리고 다니며 이 땅에 가나안 복지가 되기를 기도하며 一平生(일평생) 몸을 바쳤다. 世宗大王(세종대왕)이 마니산에 올라 사흘 동안 기도를 드리니 산이 세 번 지진으로 흔들리며 응답했다는 내용을 전해 들으며 김용기는 47일을 기도했다. 산은 움직이지 않았다. 그러던 어느 날 마음이 크게 움직였다. 돌아가서 열심히 일을 하는 것이다.

광동 專門學校(전문학교)를 졸업한 김용기는 농사에 대한 과학적 지식이 있었다. 원주에 가나안농군학교를 세우고 수많은 사람이 교육받고 새사람이 되었다. 군인, 경찰, 직장인, 公務員(공무원), 학생들이 입교하면 새벽에 일어나 祈禱會(기도회)를 하고 4㎞를 구보로 달리고 아침 식사를 하고 강의를 듣고 체조를 하고 農業敎育(농업교육), 인성교육을 받는다, 수만 명의 교육생을 배출하였다. 다녀온 모든 사람은 그곳을 鎔鑛爐(용광로)라고 부른다. 새벽마다 울리는 산소통이 몇 개가 깨지고 수많은 건달이 나처럼 살지 말자고 손가락을 깨물어 혈서를 써서 기념관에 수도 없이 남겼다. 전쟁 후유증으로 암울하고 배고프던 1960년 ~70년 대 보릿고개는 한 많은 미아리고개가 되었다. 김용기 장로의 농사법과 그의 敎育哲學(교육철학)이 소문에 소문을 낳자 '막사이사이상'*을 받게

---

* 라몬 막사이사이 전 필리핀 대통령을 기념하기 위해 제정된 상이다. 아시아 지역에서 사회 공헌 등 업적을 남긴 개인이나 단체에게 수여된다. 다음에 소개할 장기려 박사도 1979년에 수상하였다.

되었다.

　1966년 8월 지금의 경기도 광주에 있는 가나안 농장으로 서울의 5대 일간지 지프차들이 들이닥쳤다. 김용기 장로에게 '막사이사이상'이 주어졌다는 것이다. 김용기는 한참 동안 카메라 앞에서 시달림을 받다가 정식으로 수상 통보를 받았다. 사회 公益償(공익상)'이었다. 그는 육십 평생 한 번도 구두나 넥타이를 모르고 살았다. 아무리 엄숙한 자리에도 고무신과 고르덴 바지 아니면 삼베 바지였다. 공항에서 키도 작고 까만 사람이 삼베옷에 검정 고무신을 신고 낡은 가방을 들고 공항을 서성거리니 수많은 구경꾼이 빙 둘러서 바라보았다.

　당시 필리핀은 미국하고 맞먹을 정도로 아시아에서 가잘 잘사는 경제 국가였다. 그는 상을 받으러 비행기에 올랐다. 필리핀 國王(국왕)은 그를 진심으로 축하하였다. 쌀농사가 풍성한 필리핀 들녘을 바라보며 김용기는 부러워했다. 김용기는 국왕과 대화 중에 화제를 바꿔 개인적인 부탁 하나를 들어달라고 간곡하고 진정성 있게 호소하였다. 다수확 볍씨 종자를 한 봉지를 선물해 줄 수 없느냐고 부탁했다. 한동안 한국의 농촌 실정을 말하자 국왕은 즉시 農林部長官(농림부장관)을 불러 가장 **多收穫**(다수확)으로 적합한 볍씨를 한 포대를 선물하였다. 어느 나라도 종자를 선물하는 나라는 없다. 식량은 곧 무기이기 때문이다. 이 볍씨가 1970년 중반 쌀농사의 기적을 일으킨 일명 '통일벼'다. 200평 한 마지기 논에 재래종 벼농사는 쌀 두 가마니가 수확이었는데 통일벼라고 명명한 이 볍씨는 200평 한 마지기에 쌀이 다섯 가마가 생산된다. 기적이었다. 박정희는 농대 교수들에게 이 볍씨를 연구하게 하여 5년 만에 대한민국은 쌀 문제를 완전히 해결했고 북한으로 15만 톤의 쌀을 보내줬다. 이 쌀을 改良(개량)하여 탐진 벼, 섬진 벼, 동진 벼, 밀양23호 등등으로 이름을 명명하며 질 좋은 쌀이 개량되었으며 남북이 먹고 남을 것이라 하여 '통일벼'라는 이름을 붙였다. 그리고 박정희 대통령이 농군학교에 자주 방문하여 김용기 장로의 조언을 받아 시작된 것이 전국 새마을 운동이다.

초가지붕을 없애니 빈대와 벼룩, 이 기타 寄生蟲(기생충)이 없어지고 슬레이트 지붕, 기와집, 함석집이 늘어났다. 皮膚病(피부병)이 크게 줄고 벼 다수확으로 보릿고개를 완전히 벗어나게 되었다. 김용기는 죽기까지 삼천 차례가 넘는 대중 강연을 하였고 지닌 모든 것을 나누는 데 신경 썼다. 여름에는 새벽 4시 겨울에는 새벽 5시 종소리에 맞춰 기상하며 기상과 함께 禮拜(예배)를 드리고 운동과 집 안팎의 청소, 세면 그리고 식사를 한다. 8시에 식사가 끝나면 30분 동안 휴식을 취하고 각자의 分擔(분담)된 일을 한다.

이 시대 최고의 농촌 운동가이며 淸貧(청빈)한 신앙인으로서 그는 충분히 대한민국의 모델이다. 그는 일제 신사참배에 굴하지 않았고 쌀을 공출하여 빼앗아 갈 때에도 아예 쌀농사를 짓지 않고 감자와 雜穀(잡곡) 농사로 대처하여 日帝(일제) 供出(공출)에 협조하지 않았다. 그는 한 손에는 〈성경〉을 들고 한 손에는 삽과 괭이를 들고 머리에는 애국의 면류관을 쓰고 허리에는 겸손의 띠를 띠고 발에는 개척의 신을 신고 농군학교를 세웠다. 김용기 장로의 부인은 매일 몰려오는 수십에서 수백 명의 수련생들과 교육생들의 밥을 짓느라 손에 지문이 닳아 없어져 住民登錄證(주민등록증)을 발급할 수가 없었다.

② 企業人(기업인)의 모델 유일한(柳一韓)

[그림32] 유한양행 초대 회장 **유일한**
(사진. 나무위키)

기업인의 모델 柳一韓(유일한) 博士(박사)는 1859년 1월 15일 부친 유기연의 장남으로 평양에서 태어났다. 9세 어린 나이에 미국으로 건너가 고학으로 커니 國民學校(초등학교)를 졸업하고 헤스팅 고등학교와 미시간 주립대학교를 졸업하였다. 그 후 남가주 대학원에서 경영학 석사학위를 취득하고 스탠포드 대학원에서 國際法(국제법)을 공부하였다. 그리고 1965년 연세대학교에서 法學博士(법학박사) 학위를 받았다. 그는 미국에서의 학생 시절 필라델피아 한인 자유 대회에서 '한국 국민의 목적과 열망을 釋明(석명) 하는 決議文(결의문)'을 공동 작성하여 낭독하였고 이후 재미 한인으로 구성된 抗日 武將(항일 무장) 독립군 '맹호 군 창설'에 주역으로 활동하였으며 미 육군 전략처(OSS)의 항일 투쟁계획인 냅코 작전(NAPKO Project)의 특수 공작원으로 활동하는 등, 조국의 독립을 위해 힘써 활약하였다.

그는 1926년 귀국하여 柳韓洋行(유한양행)을 세워 업계 정상의 기업으로 성장시켜 왔으며, 1971년 76세의 일기로 눈을 감았다. 유일한 박사는 새로운 기업 윤리를 이 땅에 남긴 모범적인 기업가이며 교육자, 사회사업가, 그리고 獨立運動家(독립운동가)였다.

이러한 그의 공적을 높이 평가하여, 1971년 서거 시에 최고의 영예인 '국민훈장 무궁화장'이 추서되었으며, 1995년 광복 50주년 경축식에서 '建國勳章(건국훈장) 독립장'이 추서되었고 1996년에는 문화체육부로부터 '6월의 문화 인물'로 선정되었다.

또한 유일한 박사 생애의 업적을 평가하여 유일한 박사 탄생 100주년(1995년 1월 15일)에 즈음하여 각계각층의 인사가 모여 다채로운 추모행사가 개최되었고 100주년 기념행사의 一環(일환)으로 경영학 유일한 박사 특집 〈제9집, 한국경영사학회〉〈나라 사랑의 참 기업인 유일한〉〈유일한 전집, 유한양행〉〈유일한의 독립운동 연구〉〈동방 도서, 이형이 박사 저〉 등이 출간되었다. 이외에도 유일한 박사에 대한 다수의 기념 책자가 발간되었다.

檀君(단군)이래 한 사람의 몸으로 이렇게 많은 활동으로 몸을 바친 사람은 없을 것이다. 전 재산을 회사 직원들의 주택과 교육계에 투자하였고 株式(주식)을 직원들에게 골고루 나눠주고 100% 사회에 환원하고 자식들에게는 교육 시켜준 것을 유산으로 남기고 손녀딸을 위해서 학비 한화 8천만 원을 남겼다. 유일한 박사의 고귀한 삶은 자라나는 세대에게 龜鑑(귀감)이 되도록 각종 교과서에 수록된 바도 있었다. '1991년 제1회 참 경영인 상', '1999년 부천을 빛낸 분', '2009년 한국을 대표하는 인물 100인' 등 그 뒤 눈감은 지 40년이 되는 오늘날에도 많은 분야에서 훌륭한 업적을 남긴 인물로 평가되고 있지만 그 누구도 질투나 시기, 비난하는 이는 없다.

유일한 박사는 일생의 대부분을 日帝(일제) 治下(치하)에서 민족 기업을 설립하고 발전시키는 데에 몸을 바쳤다. 그러나 그와 못지않게 미국에서의 獨立鬪爭(독립투쟁)을 통해 노력했던 그의 애국적인 생활도 그의 일생에 중요한 부분으로 높이 평가되고 있다. 유일한 박사의 기업 창업 및 운영에서 보인 애국애족 敬天愛人(경천애인) 실현은 역사상 길이 빛과 소금으로 남을 것이다. 그리고 獨立運動家(독립운동가)로서의 민족정신은 비단 기업인의 모범이 될 뿐 아니라 우리 국민 모두에게 귀감 되며 이 나라의 常綠樹(상록수)이다.

유일한 박사의 哲學(철학)

유일한 박사의 기업 철학은 아직도 수많은 이들에게 특별한 느낌을 주는 기업인으로 남아 있으며 유한양행은 대한민국 대표 기업 중 유일하게 直系(직계) 相續(상속)을 하지 않은 회사이다. 자식에게 물려주지 않고 회사 내에서 공정하게 전문 經營人(경영인)을 뽑아 그 전문 경영인에게 회사를 운영하게 하는 운영구조를 실시하였다. 1969년 전문 경영인에게 회사를 넘겨줄 때 한 가지 부탁을 하였는데 "자신의 아들딸들이 유한양행이라는 이름에 기대어 살지 못하게 하라."고 굳게 부탁하였다. "유한양행은 직원들의 것이지 개인의 소유가 아니다, 아들과 딸은 대학 공부할 때까지만 학비를 제공할 것이다."라는 유언을 남기며 敎育費(교육비)로 1만 불만 남겨둔 채 모든 재산을 사회에 還元(환원)하였다. 유일한 박사의 遺言(유언)대로 자식들은 미국으로 유학 보내 대학을 졸업시켰고 그 이후 어떻게 사는지 어디서 무엇을 하는지 알 수 없도록 하였다.

"아들은 대학까지 졸업시켰으니, 앞으로는 自立(자립)해서 살아가거

라. 나도 9살에 미국에서 고학하며 여러 대학에서 공부하였다." 이 말이 그의 냉정한 듯하나 뇌리에 남는 큰 선물이었을 것이다. 그는 이 세대의 인간 常綠樹(상록수)였다.

③ 바보 醫師(의사) 장기려 박사

[그림33] 국민훈장 무궁화장 수훈자 **장기려**
(사진. 나무위키)

장기려는 1911년 평안북도 용천에서 부친 장운섭과 어머니 최윤경 사이에서 둘째 아들로 출생하였다. 1928년 송도고보를 졸업하고 1936년 경성 의학 전문학교를 졸업하였고 그 후 외과의사 백인제의 제자로서 수련하였다. 당시 병원에 입원 중이던 춘원 李光秀(이광수)가 장기려를 알게 되어 소설 〈사랑〉의 주인공 '안빈'의 모델로 삼았다는 이야기가 전해진다.

장기려는 누구인가?

1932년 경성 의학 專門學校(전문학교)를 수석 졸업하고 당대 최고의 의사였던 백인제 교수의 지도를 받아 외과학에 입문했다. 1936년까지 약 270건의 실험을 바탕으로 '충수염 및 충수염성 腹膜炎(복막염)의 세균학적 연구'로 1940년 나고야 제국대학에서 醫學博士(의학박사) 학위를 받았고, 1947년 평양 醫科大學(의과대학), 김일성 종합대학의 외과 교수를 지냈다. 1950년 12월 한국동란의 혼란 중에 처자를 두고 1차로 차남 장가용과 함께 월남하여 서울대학교 醫科大學(의과대학) 외과 교수가 되었다. 1951년 1월 부산 서구 암남동에 현재 고신 의료원의 전신인 福音病院(복음병원)을 세워 피난민 등 가난한 사람을 무료 진료 치료를 하면서 1976년 6월까지 25년간 복음병원 원장으로서 인술을 베풀었다.

이후 한국인에게 발병률이 매우 높은 肝癌(간암)으로 硏究(연구)를 넓혀 1943년 한국 최초로 간암 환자의 간암 덩어리를 떼어내는 데 성공하였고 1959년에는 간암 환자의 간 대량 절제술에 성공하였다. 후속 연구로 '肝 內(간 내) 혈관 및 담 관계의 形態學的(형태학적) 연구'를 비롯해 '간 절제술의 절제 단의 生態學的(생태학적) 연구'를 비롯해 '간 절제술 절제 단의 처치법'과 '간경변증 시 간 절제의 한계' 및 '간의 급성 염증 시 대상의 방법들에 관한 실험' 등을 진행했다. 이러한 연구를 바탕으로 1959년 원발성 간암에 대한 간 우협 절제 수술(간 대량 절제 수술)에 성공했다. 이후에도 간 연구를 지속하여 1979년에는 20년간 한국에서 실시된 189건의 간 대량 절제 수술의 사례를 수집 및 분석하여 肝癌(간암)의 부위에 따라 수술법을 달리하는 방법을 개발하기도 했다. 1974년 한국 간 연구회 창립을 주도하여 초대 회장을 맡았으며 대한민국 최초의 의료 협동조합인 '청십자'를 운영하기도 했고 '장미회 창설', '부산 생명의 전화' 설립, '장애인 再活協會(재활협회) 부산지부' 창립 등 의료 사업에 앞장섰다. 장기려의 간 수술과 이식수술은 세계적인 권위로 現代史(현대사)에 길이 남는 업적이다.

장기려의 의료교육

서울대, 부산대, 가톨릭대학 등 여러 醫科大學(의과대학)에서 외과 교수로 재직하며 남북한 의료 인재 양성에도 공헌했으며, 현재 대한 肝(간) 학회의 전신인 '한국 肝(간) 연구회'의 창립(1981년)에도 寄與(기여) 했다. 학문적 업적에 대한 공로를 인정받아 1948년 북한에서 국가 학위 수여 위원회의 추천에 따라 박사학위를 수여받는데, 이어 남한에서는 1960년 보건의 날 공로상과 1961년 대한 의학협회 학술상 '大統領賞(대통령상)' 등을 수상했다. 또한 그가 대량 절제술에 성공한 10월 20일은 '肝(간)의 날'로 지정되어 그의 업적을 기리고 있으며, 2006년 과학기술인 명예의 전당에 헌정되었다.

한국의 슈바이처

장기려는 최고의 실력을 갖춘 외과의사였으나, 그는 평생 낮은 자리에서 아주 淸貧(청빈)한 삶을 살았고 어려운 사람을 위해 15년 동안 무료 치료 봉사를 하였고 한상동 목사는 이 병원의 재정을 모금하여 책임지는 일을 뒤에서 하였다. 재정이 힘들어 결국, 100원씩 출자하여 의료보험 조합을 만들었다. 이 보험 사업이 성공하여 오늘의 의료보험 조합이 되었다. 결국은 국가에다 이 의료보험 조합을 그대로 무료로 넘겨주며 온 국민을 치료해 주도록 축복하였다. 零細民(영세민)과 장애인들의 복지 증진에도 심혈을 기울여 의료 복지사업, 취업 알선, 장학사업, 託兒所(탁아소) 운영 등을 통해 장애인들도 건전한 사회 일원으로서 삶을 누릴 수 있게 하는 등 일생 불우한 이웃을 위해 1968년 한국 최초의 사설 醫療保險(의료보험) 조합인 '부산 청십자 의료 협동조합'을 설립해 이것이 국내 최초의 의료보험 조합이다. 현행 醫療保險(의료보험) 제도의 효시를 탄생시킴으로 1976년 청십자 의료원이 세워진 것이다.

마음이 清潔(청결)한 信仰人(신앙인) 장기려

기독교 신앙의 基盤(기반) 위에 65년간 仁術(인술)을 베풀며 봉사, 박애, 無所有(무소유)를 실천했으며, 수술비가 없는 환자를 위해 자신의 월급으로 치료해 주고 그마저 감당할 수 없을 때는 밤에 몰래 非常口(비상구)로 환자를 탈출시켜 주는 일이 허다했다. 평생 의사로 일하면서 그는 "의사를 한 번도 못 보고 죽어가는 사람들을 위해 뒷산 바위처럼 항상 서있는 의사가 되겠다."라는 명언을 남겼다. 1976년 국민훈장 '동백장'을, 1979년 '막사이사이상'(사회봉사 부문)을 받았으며, 1995년 세상을 떠나던 해에 '인도주의 실천 의사상' 등을 받았다. 그는 일평생 자기 집 한 채가 없었고 따로 비축한 通帳(통장)도 없었다. 병원 옥상 옥탑방 사택에서 홀로 살던 바보 의사 장기려는 1995년 12월 25일 성탄절 새벽에 85세의 일기로 웃으며 세상을 떠났다. 묘지는 경기도 마석의 모란공원 내에 있다. 1996년 '과학기술인 명예의 전당'에 헌액되었다.

장기려의 신앙 활동

장기려 박사는 장로교 보수 측 교단의 소속으로 공동대표 위원장이었으나, 신앙 의식은 매우 확장된 분이었다. 김교신, 함석헌, 씨알의 대표와도 교제하였고 함께 부산 산정현 교회에서 1980년대 매월 마지막 주 토요일에 모던화 된 정신세계와 성서 연구, 기타 동양 고전 등을 연구하였다. 이 모임에 나도 김현진 씨 소개로 참예 하여 교감하였다. 당시 상황을 그리며 지금 우리 명상팀도 매월 마지막 주 토요일에 모임을 하게 된 것이다. 장기려는 우찌무라 간조의 사상도 수용하였고 함석헌 선생의 건강을 돌봐주기도 하였으며 풀무 농업고등 기술학교 후원회장을 맡기도 하였다.

著書(저서)로는 〈평화와 사랑〉〈생명과 사랑〉〈나의 회고록, 외길 한 평생〉〈할아버지의 약손〉〈外科(외과) 학〉〈膽(담) 관계 질환〉〈아름다운 사람〉〈우리 곁에 살다 간 성자, 김 은식 저〉〈그 사람 장기려, 홍성사 출판〉 등 이 남아 있다.

후기

내가 존경하는 한국인 중에 첫 번째 손가락으로 동시에 꼽는 분이 장기려, 김용기, 유일한 이 세분이다. 이들은 이 땅에 조용히 혁명의 불을 붙인 위인들이다. 위 사람들의 이름만 떠올려도 우리 정신의 振動數(진동수)가 상승한다. 이분들 말고도 숨어서 빛을 전하는 수많은 정의로운 사람이 많고 愛國志士(애국지사)와 민족주의자들도 많지만, 우선 위 세분을 모델 삼아 이름을 기록해 보았다. 이 땅의 주인은 위 모델들처럼 서로 사랑하며 살아야 하기 때문이다. 우리 인류의 遺傳子(유전자)는 이들처럼 意識(의식)이 진화해야 한다.

우리는 전쟁을 증오하고 나눔과 평화를 원한다. 이 글을 읽는 독자들은 내가 생각하며 추구하는 意識(의식)의 進化(진화)가 무엇을 말하는지 감지했을 것이다. 나는 좌파도 우파도 아니며, 狂信者(광신자)도 아니다. 사촌이 땅을 사면 달걀 한 판이라도 건네주며 축복하고, 이웃에게 실수했으면 사과하고, 서로 사랑하고 나누는 바보가 되는 일이다. 이 땅과 이 지구촌의 平和(평화)를 기도하는 마음으로 붓을 놓는다.

— 나마스떼 —

하나 명상 센터에서 새벽을 열며 장 석열
단기 4357년 8월

참고문헌

북한 칠천삼백일 <동서문화원>
새 공산주의 비평 <성화사>
친일 인명사전 <민족문제연구소>
마르크스 자본론 <시라이 사토시>
이완용매국비사 <저자미상>
조선독립운동사 <박은식>
무궁화 <이학인의 詩集>
나의 아버지 최재영 <출판사상상>
태극기를 든 소녀 <그레이트 북스>
거꾸로 읽는 세계사 <푸른 나무. 유시민>
이현상 평전 <실천문학사>
제주 4.3 현지인들과의 긴 대담
KBS 라디오 다큐 진상은 이렇다
MBC 드라마 여명의 눈동자 1991년
환단고기 <정신세계사. 임승국 번역>
근대와 식민의 서곡 <이학사. 김백철>
우리안의 친일 <역사비평사. 조형근>
나의 일기 30년, 기타 잡지 자료 다수